LETTRES
DE QUELQUES JUIFS

PORTUGAIS, ALLEMANDS ET POLONAIS

A M. DE VOLTAIRE,

Avec un petit Commentaire, extrait d'un plus grand,
à l'usage de ceux qui lisent ses œuvres;

SUIVIES DES MÉMOIRES SUR LA FERTILITÉ DE LA JUDÉE,

PAR M. L'ABBÉ GUÉNÉE.

NOUVELLE ÉDITION

Revue et augmentée de plusieurs notes nouvelles,

PAR M. DESDOUITS

Professeur de physique au collège Stanislas.

TOME DEUXIEME.

PERISSE FRÈRES, IMPRIMEURS-LIBRAIRES

de N. S. P. le Pape et de Son Ém. Mgr le Cardinal-Archevêque de Lyon.

LYON
ancienne maison
RUE MERCIÈRE, 49,
ET RUE CENTRALE, 34

PARIS
nouvelle maison
RUE SAINT-SULPICE, 38,
ANGLE DE LA PLACE.

LETTRES

DE

QUELQUES JUIFS

II.

LETTRES
DE QUELQUES JUIFS
ALLEMANDS ET POLONAIS

A M. DE VOLTAIRE.

SECONDE PARTIE.

Réfutation de divers endroits du TRAITÉ DE LA TOLÉRANCE, et autres écrits de M. de Voltaire.

———◦◦———

LETTRE PREMIÈRE.

Où l'on examine s'il était impossible qu'il se trouvât dans le pays des Madianites autant de filles et autant de bestiaux que le rapporte l'auteur du livre des *Nombres*.

Nous venons de lire, Monsieur, l'endroit de votre *Traité de la Tolérance* (Voyez *Polique et Législation*, tome II, *Traité de la Tolérance*, art. *Si l'intolérance fut de droit divin*, p. 131, t. xxx.'des *OEuvres*) où vous parlez de la victoire remportée par nos pères sur les Madianites. Vous y rapportez « que les vainqueurs trouvèrent dans le camp des vaincus six cent soixante et quinze mille brebis, soixante et douze mille bœufs, soixante-un mille ânes et trente-deux mille jeunes filles. » Vous accompagnez ce texte d'une note, où vous dites : « Madian n'était point compris dans la terre promise. C'est un petit canton de l'Idumée, dans l'Arabie Pétrée ; il commence vers le septentrion au torrent d'Arnon, et finit au torrent de Zareb, au milieu des rochers, et sur le rivage oriental du lac Asphaltide. Ce pays est habité aujourd'hui par une petite horde d'Arabes. Il peut avoir huit lieues ou environ de long, et un peu moins en largeur. »

Cette opposition entre un si grand nombre de filles et de bestiaux, et la petite étendue que vous donnez à ce pays, n'est probablement point amenée sans dessein. Vous avez voulu sans doute jeter du ridicule sur ce récit, et par conséquent sur le livre où il se trouve. Tel paraît être aussi le but d'un autre écrivain, qui pense comme vous, si ce n'est pas vous-même (1); il nous assure que *plusieurs personnes doutent de ce fait :* et un troisième, qui craint moins de dire sa pensée, déclare qu'il le trouve *tout-à-fait absurde* (2). Puisque vous revenez si souvent (3) sur cette difficulté, et que vous la répétez tant de fois avec tant de confiance, il est probable que vous ne la regardez pas comme médiocrement embarrassante. Examinons-la donc, et voyons si ce récit est au fond aussi peu croyable et aussi absurde que vous le prétendez.

---

(1) *Si ce n'est pas vous-même.* C'est M. de Voltaire lui-même, dans sa *Philosophie de l'histoire.* Edit. Voyez *Introd. à l'Essai sur les mœurs,* tome XVI des *OEuvres.*

(1) *Absurde.* C'est encore M. de Voltaire. Voyez *l'Evangile de la raison.* Aut. Voyez *Philos.,* tom. 1er, Sermons des cinquante, p. 387, tom. XXXII des *OEuvres.*

(3) *Puisque vous revenez si souvent,* etc. Il est singulier que des écrivains qui se piquent d'être instruits s'aheurtent si obstinément à une objection si frivole. L'auteur qu'on réfute ici l'a répétée dix à douze fois pour sa part. Il aurait pu, ce me semble, ménager un peu plus son papier et ses lecteurs : *Occidit crambe repetita.* Edit.

§ I. *Si l'auteur du livre des* Nombres *a avancé que les Israélites trouvèrent tous ces bestiaux et toutes ces filles dans le camp des Madianites.*

Assurons-nous d'abord (car c'est toujours par-là qu'il faut commencer avec vous autres) si l'auteur du livre des *Nombres* dit effectivement ce que vous lui faites dire.

Où nos Hébreux trouvèrent-ils ces jeunes filles et ces bestiaux, dont le nombre vous étonne ? *Dans le camp des Madianites,* dites-vous. Trente-deux mille jeunes filles, soixante-douze mille bœufs, soixante-un mille ânes, etc., *dans un camp !* Il faut l'avouer, un pareil fait n'est pas fort vraisemblable ; on ne traîne pas d'ordinaire tant d'embarras et tant de suite quand on va combattre un ennemi qu'on redoute (1).

Mais puisque vous vouliez critiquer ce récit, du moins fallait-il le lire avec quelque attention. Y est-il dit que ces trente-deux milles jeunes filles et tous ces bestiaux furent trouvés *dans un camp ?* Non, Monsieur, on y voit au contraire (2) que les Hébreux vainqueurs se répandent dans le pays, qu'ils enlèvent les filles, les bestiaux, etc. et que, de retour auprès du législateur, ils trouvent, en comptant leur butin, qu'il monte aux sommes marquées par l'auteur sacré. Ce fut donc de tout le pays, et non *du camp* des Madianites, qu'ils tirèrent ces filles et ces bestiaux : ainsi la circonstance vraiment absurde qu'*ils les trouvèrent dans le camp,* ne doit point être imputée à Moïse, qui ne l'avance

(1) *Un ennemi qu'on redoute.* Il est pourtant bon d'observer que les Orientaux se faisaient suivre par leurs femmes et toute leur famille dans leurs excursions militaires. Un seul camp renfermait quelquefois toute une nation ; les historiens et les voyageurs nous l'apprennent des camps des anciens Indiens, Perses, Arabes, et même de ceux d'aujourd'hui. Nous avons cru pouvoir négliger cette réponse. *Aut.*

(2) *On y voit, au contraire,* etc. Voyez *livre des Nombres,* chapitre XXXI. *Aut.*

pas, mais aux critiques qui la lui prêtent. Ce sont eux qui l'ont
imaginée, eux qui l'écrivent et qui la débitent froidement à
leurs lecteurs; c'est donc sur eux, et sur eux seuls, qu'en doit
tomber le ridicule.

Un autre de ces écrivains juge à propos de mettre ces
filles et ces bestiaux *dans un village* (1). (Voyez *Introduction
à l'Essai sur les mœurs*, art. de vict. hum., pag. 163, tom.
XVI des *OEuvres*.) C'est ainsi que ces critiques sont d'accord.
Dans un camp, dit l'un; *dans un village*, dit l'autre. Eh!
Messieurs, que ne les laissez-vous où Moïse les met! On
voit bien que vous voulez, à quelque prix que ce soit, trouver matière à plaisanter. Mais ces plaisanteries, fondées sur
le faux, sont-elles bien philosophiques?

§ II. *S'il est impossible qu'il se soit trouvé trente-deux
    mille filles dans un pays d'environ huit lieues de long
    sur un peu moins de large?*

A la bonne heure, direz-vous, Monsieur. Ces trente-deux
mille filles ne se trouvèrent *ni dans un village ni dans un
camp;* et, puisqu'il faut en convenir, Moïse n'a point avancé
ces absurdités que nous lui imputons seulement pour égayer
nos lecteurs. Mais n'en est-ce pas toujours une de prétendre
qu'il se soit trouvé tant de filles *dans un pays de huit lieues
de long sur un peu moins de large?*

Je veux, pour un moment, que vos mesures soient justes,
et que le pays de Madian n'ait eu en effet que l'étendue que
vous lui donnez. Serait-il impossible, même dans cette hypothèse, qu'il s'y fût trouvé trente-deux mille filles? Si ce nom-

---

(1) *Dans un village.* Cet écrivain est M. de Voltaire, qui accorde
pourtant ailleurs (Voyez *Dict. philos.*, tom. V, art. Juifs, pag. 138, t.
XLI des *OEuvres*.) qu'il *y avait dans le pays sablonneux de Madian
quelques villages.* Comme s'il n'y avait eu dans ce pays que des villages! Mais l'Ecriture parle de *ses villes et de ses châteaux!* Nomb. XXX,
10. *Aut.*

bre vous paraît incroyable, c'est sans doute parce qu'il supo-
poserai trop d'habitants dans un si petit pays. Calculons
donc.

Trente-deux mille filles supposent autant de garçons , ou à
peu près. Ce serait donc en tout soixante quatre-mille jeunes
personnes de l'un et de l'autre sexe , qu'il faut compter depuis la naissance jusqu'au mariage (1). Ces jeunes personnes,
selon l'estimation commune, devaient faire au moins la moitié de la nation (2) Pour juger du nombre des Madianites
par celui de leur jeunesse , il ne s'agirait donc que de multiplier 64,000 par 2, ce qui ne donnerait qu'un total de cent
vingt-huit mille têtes (3); croyez-vous , Monsieur, qu'un pays
de huit lieues de long, sur à peu près autant de large , ne
peut pas nourrir cent vingt-huit mille habitants ?

Un pays de cette étendue doit contenir environ deux cent
quarante-huit mille arpents, et un arpent de bonne terre
peut nourrir quatre personnes. A n'en compter que trois (4),

(1) *Depuis la naissance jusqu'au mariage.* C'est sur quoi le texte
hébreu ne laisse aucun doute; et la *Vulgate* dit expressément : *Puellas
autem et omnes feminas virgines reservate vobis.* Voyez livre des
Nombres, chap. XXXI. *Aut.*

(2) *La moitié de la nation.* On n'avait dit que le tiers dans l'édition
précédente ; mais c'est en effet au moins la moitié , selon l'estimation
commune. On avait donc beaucoup trop accordé au savant critique.
Il est beau d'être généreux, mais il est nécessaire d'être vrai.

L'auteur de la Défense des livres de l'*Ancien Testament* suit l'estimation à laquelle nous nous tenons ici ; elle paraît d'autant plus vraie
pour ces temps reculés, que les obstacles qui arrêtent maintenant la
fécondité des mariages étaient alors inconnus. *Id.*

(3) *Total de cent vingt-huit mille têtes.* Il est à remarquer que Moïse
n'envoya, pour combattre les Madianites, et pour subjuguer tous le
pays, que douze mille hommes. Quand l'armée ennemie aurait été
une fois plus forte, ce qui n'est pas sûr, elle ne supposerait pas cent
vingt-huit mille habitants dans le pays , en comptant, avec M. de Voltaire, un soldat par cinq personnes. A juger donc par là du nombre
des Madianites, nous l'aurions plutôt augmenté que diminué. *Aut.*

(4) *A n'en compter que trois,* etc. C'est probablement sur une pareille estimation, que dans plusieurs distributions de terres, faites

quarante-trois mille arpents auraient suffi et au-delà pour nourrir les cent vingt-huit mille Madianites. Ajoutons-y, si vous voulez, quinze mille arpents, en supposant que les terres du pays de Madian ne rapportaient pas tous les ans, et qu'il en fallait laisser chaque année un tiers en repos ; nous n'aurons en tout que cinquante-huit mille arpents employés à la nourriture des habitants. Est-il inconcevable que, sur deux cent quarante-huit mille arpents, il s'en soit trouvé cinquante-huit mille d'une bonté ordinaire ? Trente-deux mille filles ne supposent donc point trop d'habitants dans un pays de cette étendue.

A ces preuves de calcul, joignons des exemples. *Tant d'habitants*, dites-vous, *dans un si petit pays*. Mais oubliez-vous, Monsieur, ou prétendez-vous nier (1) la population de l'Egypte, encore plus étonnante à proportion, et néanmoins attestée par tant d'écrivains ; celle de la Judée, même sous

---

non-seulement sous les rois de Rome, mais plus de quatre cents ans après sa fondation, on ne donna que deux arpents à chaque citoyen ou *colon*. On croyait sans doute que c'était assez pour les nourrir eux et leur famille ; et ces colons le croyaient aussi, apparemment, sans quoi ils ne les auraient pas acceptés pour aller mourir de faim loin de leur patrie. Voyez *Denys d'Halycarnasse*, *Tite-Live*, etc. Columelle nous apprend que quatre arpents de terre faisaient toutes les possessions du célèbre dictateur Quintus-Cincinnatus. Serait-il déraisonnable de supposer que la famille de ce dictateur, femme, enfants, esclaves, montât à douze personnes, et de mettre à six les familles des colons dont nous venons de parler ? On sait que c'était l'usage, dans ces distributions de terre, de donner la préférence aux pères de familles chargés d'enfants. *Aut.*

(1) *Prétendez-vous nier*, etc. Il le prétend en effet. Mais, quoi qu'il en puisse dire, ces nombreuses et vastes grottes taillées dans les montagnes ; ces aqueducs souterrains qui les traversaient pour porter au-delà les eaux du fleuve et la fertilité ; ces canaux, ces lacs immenses creusés de mains d'hommes ; tant de monuments prodigieux qui subsistent encore, et les ruines même dont l'Egypte est couverte depuis la mer jusqu'aux cataractes, annoncent évidemment une population, — sinon telle que les anciens la représentent, du moins fort au-dessus des petites idées que l'auteur s'en est faites, et qu'il voudrait en donner à ses lecteurs. *Edit.*

les rois Asmonéens et sous les Hérodes, population immense, reconnue par les auteurs même païens ; celle de la Grèce, et particulièrement de l'Attique, pays de peu d'étendue, sec, montueux, pierreux, et pourtant très peuplé ; enfin, celle de Rome sous Servius, c'est-à-dire, dans un temps ou l'état romain, qui n'avait pas huit lieues de long sur autant de large, nourrissait déjà plus de deux cent mille personnes (1) ? Vous inscririez-vous en faux contre tous ces faits ; et pour en combattre un de l'histoire sacrée, en nieriez-vous tant d'autres de l'histoire profane ? Combien n'y a-t-il pas de cantons, même de nos jours, dans la Chine, l'Angleterre, la Flandre, etc., qui, dans moins de huit lieues de long sur autant de large, nourrissent plus de cent vingt-huit mille habitants !

Vous dites vous-même, Monsieur, « qu'il est avéré que » l'état romain, jusqu'à l'an 400 de la fondation de Rome, » n'avait que huit lieues de long sur à peu près autant de » large. » Croyez-vous que ce pays n'avait pas alors cent vingt-huit mille habitants ? Si l'on se rappelle les dénombrements faits, les armées levées, les peuples vaincus, les tribus ajoutées aux anciennes, etc., depuis le règne de Servius jusqu'à l'époque dont vous parlez, on sera convaincu que cet état de huit lieues de long sur autant de large, avait beaucoup plus d'habitants que nous n'en supposons dans le pays des Madianites. Et vous ne pouvez pas dire que les terres des environs de Rome étaient beaucoup plus fertiles que celles des Madianites, vous qui assurez que « le terrain autour de Rome a toujours été stérile. » Cent vingt-huit mille personnes et plus peuvent donc vivre dans un pays de huit lieues de long sur autant de large, dont les terres seraient d'une bonté ordinaire, ou même au-dessous ; et c'est un aveu auquel vous ne pouvez vous refuser sans vous contredire.

(1) *Plus de deux cent mille personnes.* etc. Ils devaient monter au-delà, à en juger par le dénombrement fait sous le règne de ce prince. Voyez Tite-Live, etc. *Édit.*

§ III. *S'il est incroyable que les bestiaux dont l'auteur du livre des* Nombres *fait le détail, aient pu vivre dans le pays des Madianites.*

Mais direz-vous, Monsieur, un pays de huit lieues de long sur huit lieues de large pourrait-il nourrir, avec tant d'habitants, tous les bestiaux détaillés dans le livre des *Nombres?*

Nous n'irons pas chercher dans l'antiquité, ni loin de nous, des exemples d'un aussi grand nombre de bestiaux nourris dans dans un pareil, ou même dans un moindre espace de terrain. L'Angleterre seule peut nous en fournir plusieurs. Citons-en quelques-uns d'après un auteur estimé. Le chevalier John Nicols, écrivain très instruit dans l'économie rurale, rapporte que le Dorsetshire, dans un terrain de quatre lieues de diamètre, nourrit, indépendamment des autres bestiaux, plus de cinq cent mille moutons. Il parle encore d'un autre canton, où, dans une étendue moins considérable de terrain marécageux, il s'en trouve, dit-il, quatre à cinq cent mille; enfin, il nous apprend qu'aux environs de Dorshester, on en a compté six cent mille dans un circuit de deux lieues : n'est-ce pas à proportion autant ou plus que six cent soixante-quinze mille brebis, soixante - douze mille bœufs, etc., nourris dans un pays de huit lieues de long sur à peu près autant de large (1)? Nous croyons que votre patrie même fournirait plus d'un exemple pareil dans quelques-unes de vos provinces; et s'ils n'y sont pas plus communs, nous en dirions bien la cause.

Quoi qu'il en soit, ceux de vos compatriotes qui ont écrit sur l'agriculture posent des principes également favorables à notre sentiment. Ils nous assurent qu'un arpent de terre peut nourrir trois bœufs : ce serait donc assez de vingt-qua-

(1) *Autant de large.* Un pays de cette étendue fait environ soixante quatre lieues carrées. *Aut.*

tre mille arpents pour soixante et douze mille bœufs; et de
dix mille cent soixante et dix arpents pour soixante et un
mille ânes, même en supposant qu'un âne mange moitié autant qu'un bœuf. Selon les mêmes écrivains, douze brebis
peuvent vivre sur un arpent de terre; ainsi il ne faudrait,
pour six cent soixante-quinze mille brebis, que cinquante-
huit mille deux cent cinquante arpents. Réunissez toutes ces
sommes, vous trouverez que quatre-vingt-dix mille quatre
cent vingt arpents suffisaient pour tous ces bestiaux; et si
vous y ajoutez les cinquante-huit mille arpents réservés pour
la nourriture des habitants, vous n'aurez jamais qu'un total
de cent quarante-huit mille quatre cent vingt arpents employés.
Or, nous vous le demandons, Monsieur, était-il possible que
sur deux cent quarante-huit mille arpents que le pays
des Madianites devait contenir, il s'en trouvât cent quarante-
huit mille quatre cent vingt propres à être mis en pâture ou
en labour? Et ne sommes-nous pas en droit de conclure qu'il
n'est point du tout croyable qu'il y ait eu dans ce pays autant
d'habitants et de bestiaux que Moïse le dit; et que son récit ne
peut paraître absurde qu'à ceux qui n'auraient aucune idée
des ressources de l'agriculture ancienne ni de la moderne?

Ces calculs se trouvent confirmés par un exemple sans
réplique, surtout pour vous; c'est celui de vos Romains de
l'an 400 de la fondation de Rome. Ces Romains, aussi nombreux au moins que nos Madianites, et qui ne possédaient
pas plus de terrain, ne manquaient pas de troupeaux. Comme
ils n'étaient pas moins intelligents agriculteurs que braves
guerriers, il est à présumer qu'ils en avaient beaucoup. Vous
ne croyez pas apparemment qu'ils les envoyassent paître chez
leurs voisins. Huit lieues de long sur autant de large suffisaient
donc pour eux et pour leurs bestiaux. Pourquoi n'auraient-
elles pas suffi pour les bestiaux des Madianites et pour eux-
mêmes.

§ IV. *Avantages négligés dans les calculs précédents.*

Vous voyez, Monsieur, que nous n'exagérons rien ; il s'en faut même de beaucoup que nous ayons profité de tous nos avantages dans les calculs précédents.

D'abord sur deux cent quarante-huit mille arpents que le pays des Madianites pouvait contenir, nous n'en avons trouvé que cent quarante-huit mille quatre cent vingt nécessaires à la nourriture des habitants et de leurs bestiaux. Nous en supposons donc près de cent mille sans aucun rapport. N'aurions-nous pas pu, en cas de besoin, en supposer quelques milliers de plus, qui eussent pu fournir du moins quelque pâture ?

2° On peut estimer, avec l'auteur des *Recherches sur la population de l'Auvergne, du Lyonnais,* etc., à deux setiers de blé la consommation annuelle de chaque personne, l'une portant l'autre. Huit setiers devaient donc suffire pour nourrir quatre Madianites ; surtout en y ajoutant le lait et la chair de leurs nombreux troupeaux, et s'agissant d'un climat chaud, où l'on est naturellement plus sobre, et de ces temps reculés où la vie des hommes était plus simple, et leur table plus frugale. Or, supposez qu'un arpent de terre donne huit setiers de blé, ce n'est assurément pas supposer une fertilité peu commune. Vous en pourriez remarquer une plus grande aux environs même de votre capitale (1), si vous en

_____

(1) *Aux environs de votre capitale,* etc. On nous assure que dans le canton voisin de Paris, qu'on nomme l'Ile-de-France, l'arpent de terre rapporte, année commune, dix à douze setiers de blés. C'est ce que paraît supposer le savant abbé de Fleury, dans son *Traité des mœurs des Israélites.* Il y pose pour principe qu'un arpent de bonne terre peut nourrir deux personnes qui consommeraient chacune six setiers de blé par an, ou cinq livres et demie de pain par jour. Il dit s'en être assuré par des recherches qu'il avait faites probablement dans ce canton, où il avait une maison de campagne.

Ce savant écrivain, dans un calcul qu'il fait au sujet de la terre pro-

étiez plus près. Nous nous sommes pourtant restreint à ne compter que trois personnes par arpent.

Ajoutez que les mêmes terres qui servent à nourrir les hommes, fournissent aux bestiaux de la pâture et des fourrages.

3° Nous avons estimé la nourriture d'un âne à la moitié de celle d'un bœuf. Mais un de vos plus célèbres écrivains (1), dans l'éloge éloquent qu'il fait de l'âne, observe judicieusement qu'une des qualités estimables de cet utile quadrupède est la frugalité; qu'il vit de peu, et que les herbes les plus sèches et les plus dédaignées par les autres animaux suffisent à sa subsistance. Nous pouvions donc compter pour peu de chose la nourriture de ces soixante-un mille ânes, que vous voudriez nous faire regarder comme un objet d'importance. Voilà déjà trois articles sur lesquels nous pouvions gagner quelques milliers d'arpents sans choquer la vraisemblance.

4° Nous aurions pu observer encore que, parmi ces bestiaux nombreux dont parle Moïse, on ne voit point de chevaux, animaux plus nécessaires pour la course et pour les combats que pour les travaux pénibles de la campagne, qui

---

mise, donne à chaque Israélite cinq livres et demie de pain par jour, c'est trop assurément; et la raison qu'il en apporte n'est rien moins que concluante. Dans quelques Etats de l'Europe, la ration de chaque soldat n'est que d'une livre et demie de pain; ce n'est peut-être pas assez. Compter, comme nous faisons ici, deux livres de pain par personne, en comprenant dans le nombre les petits enfants, les femmes, les vieillards et les malades, c'est probablement donner ce qui suffit, et même au-delà. *Edit.*

Nous lisons de même, dans un agriculteur célèbre (M. Sutières), qu'il y a des terres franches de bonne nature qui donnent douze setiers de blé par arpent; on en a vu même plusieurs qui ont donné jusqu'à quinze setiers, mesure de Paris. » *Chrét.* — En mesures nouvelles, cela revient à environ 55 hectolitres par hectare. C'est le produit normal des bonnes terres de notre département du Nord.   L. D.

(1) *De vos plus célèbres écrivains*, etc. M. de Buffon, dans son *Histoire naturelle* du cabinet du roi. *Un certain abbé*, dit M. de Voltaire, *qu'on nomme je crois Pluche*, a fait la même remarque. Il

consomment beaucoup, et qu'on ne mange point (1), Il n'en est pas ainsi des bestiaux trouvés dans le pays des Madianites : les ânes qu'on ne mange pas, consomment peu ; et si les bœufs consomment davantage, on les mange.

5° Une autre remarque que nous pourions ajouter, c'est que, si les Madianites avaient manqué de terrain pour nourrir leurs bestiaux, voisins du désert comme ils l'étaient, ils auraient pu y envoyer en pâture, du moins une partie de leurs troupeaux : car ces déserts, quoi que vous en disiez, Monsieur, n'étaient pas tellement arides, qu'il n'y eût divers cantons où les bestiaux pouvaient trouver à paître. On le voit dans l'Ecriture, et les voyageurs modernes nous le confirment.

6° Nous avons supposé qu'un tiers des terres labourables du pays de Madian reposait tous les ans. Mais combien de terres ne connaissons-nous pas, même actuellement, qui ne reposent jamais, ou rarement, en Angleterre, en Flandre, etc. ? Combien, surtout dans les pays chauds, donnent des grains et des légumes à l'ombre des arbres fruitiers et des vignes, et qui, après avoir porté quelquefois plus d'une récolte, sont aussitôt ensemencées pour l'année suivante ; fertilité dont on voit plus d'un exemple, non-seulement en Italie, mais même dans quelques-unes de vos provinces, au pied des montagnes et dans les vallées. Êtes-vous sûr que celles des Madianites n'étaient pas naturellement assez fécondes, et cultivées avec assez de soin pour produire de même, et que toutes leurs terres labourables aient eu besoin de reposer comme les vôtres ?

Enfin, Monsieur, dans ces anciens temps, et particulière-

nous semble que M. de Voltaire aurait pu traiter ce sage écrivain avec plus d'honnêteté. *Edit.*

(1) *Et qu'on ne mange point.* Un de vos auteurs qui aient le mieux écrit sur l'agriculture et la population, a dit quelque part : *Otez un cheval, vous mettez deux hommes de plus dans un pays.* Edit.

ment dans ces petits états (1), les causes actuelles de l'infer-
tilité de tant de pays n'existaient point encore. Les servitudes
avilissantes, les impôts accablants, les taxes arbitraires, etc.,
tous ces fléaux de l'agriculture et de la population étaient
ignorés. On ne connaissait ni ces grands propriétaires (2) qui
envahissent tout et qui négligent tout, ni leur faste plus rui-
neux que leur négligence. On ne voyait ni ces masses de bâti-
ments qui dérobent la terre à la culture, ni ces jardins, ni
ces parcs immenses, où l'utile est sacrifié partout à l'agréable.
Point de ces remises, asiles d'un gibier destructeur, ni de
ces lois insensées de la chasse (3), codes barbares, restes
odieux et soigneusement conservés d'un gouvernement de
sauvages. La profession publique de l'oisiveté n'était point un
état respecté; et l'on ne savait point encore que ne rien faire
c'est honorer Dieu et vivre noblement. Tout y était cultivateur (4) : les arts de pur agrément, peu connus, n'occupaient
point une partie des citoyens à des travaux superflus et hono-
rés; l'agriculture *était* le grand art, et le premier de tous,
comme le plus nécessaire (5).

(1) *Petits états*, etc. On remarque que l'Egypte, la Grèce, l'Italie
ancienne et moderne, etc., n'ont guère été plus peuplées ni plus fertiles que quand elles étaient divisées en petits états. *Idem.*

(2) *Ces grands propriétaires.* etc. Nous lisons, dans quelques auteurs d'agriculture, qu'en multipliant les propriétaires des terres, on
en multiplie d'ordinaire le produit; ils mettent les grands propriétaires, et même les grands fermiers, au nombre des fléaux de la population. *Edit.*

(3) *De la chasse*, etc. On voit bien que ces Juifs allemands n'ont
point de terres. *Chrét.*

(4) *Tout y était cultivateur.* Il y a lieu de croire que les Madianites
joignaient le commerce à l'agriculture. On voit dans la *Genèse*, que des
marchands de cette nation allaient trafiquer en Egypte, et qu'ils y portaient de la résine de Galaad et des aromates, lorsque Joseph leur fut
vendu par ses frères. *Edit.*

(5) *Le plus nécessaire.* Les bestiaux sont une des plus riches bran-
ches de l'agriculture; on sait que le pays de Madian abondait en bétail.
Les Madianites le vendaient aux peuples voisins, et en rapportaient en

Voilà, Monsieur, ce qui peut rendre, et a souvent rendu de petits pays capables de nourrir un grand nombre d'habitants. Qu'un arpent de terre est fertile, quand un cultivateur, que rien ne décourage, sait en tirer tout ce qu'il peut produire ! *Laudato ingentia rura, exiguum colito*, disait le chantre de l'agriculture latine : maxime vraie, dont vous paraissez ne pas comprendre tout le sens.

§ V. *Nature du terroir des Madianites : objections de l'auteur, et réponses.*

Vous prétendez, Monsieur, que le pays des Madianites ne ressemble en rien à ceux dont nous venons de parler. *C'est, dites-vous, un canton stérile.*

Mais savez-vous d'où vient cette stérilité ? si c'est de la nature du sol, ou d'autres causes, soit politiques, soit morales ; de la tyrannie des petits princes, et des vexations qu'exercent les pachas ; de la négligence des habitants, ou de la faiblesse du gouvernement, qui n'ose les défendre contre les incursions de leurs voisins (1) ; en un mot, si c'est parce que ce pays est naturellement stérile qu'il n'est point cultivé, ou parce qu'il manque de cultivateurs qu'il est stérile ?

Il n'est habité maintenant que par une petite horde d'Arabes. Donc il n'a jamais été plus peuplé ! Quelle conséquence ! Combien d'autres pays, surtout sous la domination turque, autrefois très peuplés, sont maintenant presque déserts ! Sans aller même si loin, jetez un coup d'œil sur la campagne de Rome : voyez ce qu'elle est, et rappelez-vous ce qu'elle a été.

C'est un pays de montagnes. Mais ignorez-vous que dans cette contrée ce sont les montagnes qui donnent les plus riches

---

échange ces chaînes et ces bracelets, ces pendants d'oreilles d'or, etc., dont l'Écriture parle. *Nomb.* XXX, 50. *Id.*

(1) *Les incursions de leurs voisins*, etc. C'est à toutes ces causes que les voyageurs modernes attribuent la stérilité actuelle et la dépopulation de la Palestine et de tous les pays voisins. Voyez Shaw, etc. *Aut.*

pâturages (1), et qu'encore à présent, dans la Palestine et dans les pays voisins, on les préfère aux plaines pour nourrir les bestiaux ? Pensez-vous, Monsieur, que celles du pays de Madian, de huit lieues de long sur autant de large, fussent toutes couvertes de roches nues ? Si vous en avez des preuves, vous auriez bien dû les produire ; car enfin on n'est pas obligé de vous croire toujours sur votre parole.

Supposé même que ce pays ne soit à présent qu'un fonds naturellement stérile et couvert de rochers arides, qu'en pourriez-vous conclure ? Savez-vous avec quelque certitude si ces rochers, selon vous, aujourd'hui stériles et nus, n'étaient pas alors chargés de bonne terre, que les vents, les pluies, les torrents auront insensiblement entraînée et recouverte de gravier et de sable ? Ces révolutions, que vous devriez supposer impossibles, pour que tout votre raisonnement fût

---

(1) *Riches pâturages*, etc. Voici de quelle manière Shaw parle des montagnes de la Palestine. « Il s'y trouve, dit-il, des endroits remplis de cette herbe courte et délicate que les bestiaux préfèrent à tout, et qui rend leur lait plus délicieux, et leur chair plus succulente. Tant s'en faut que du temps des Israélites les montagnes fussent inhabitables et infertiles, ou le rebut du pays, que dans le partage qui s'en fit, celle d'Hébron fut accordée à Caleb, comme une faveur singulière. » Ces montagnes ressemblent apparemment à celles de Steyning en Angleterre, aux hauteurs de Brighelmstone, et aux plaines élevées de Salisbury. On peut faire dans ces plaines plusieurs milles sans y rencontrer d'habitation : elles n'ont ni arbres ni ruisseaux ; le terrain y est absolument inculte ; à peine quelques lignes de bonne terre couvrent la craie : mais l'herbe courte qui y croît en fait d'excellents pâturages, chargés de troupeaux de trois à cinq mille moutons chaque. Voyez *a Tour Thro Great-Britain*. Aut.

Le passage de Shaw, qu'on vient de rapporter, pourrait servir de commentaire au verset du psaume que M. de Voltaire (Voyez *Introduction à l'Essai sur les mœurs*, art. Prière, page 197, tom XVI des OEuvres) a rendu si maussadement par *montagnes de Dieu, montagnes grasses ; pourquoi regardez-vous les montagnes grasses ?* C'est-là le secret de Perrault, qui traduisait platement des endroits sublimes d'Homère, et les trouvait ensuite indignes d'un bon écrivain. Perrault était-il un modèle à être imité par M. de Voltaire ?

juste, ne sont pas rares ; la plus légère teinture de l'histoire et de la géographie ne permet pas d'en ignorer beaucoup d'exemples.

L'auteur du livre des *Nombres*, quel qu'il soit, devait connaître ce pays ; il vivait dans le voisinage, et il écrivait pour un peuple dont les terres étaient limitrophes ; aurait-il eu la maladresse de mettre tant de peuples et tant de bestiaux dans un pays qu'il aurait su n'avoir été couvert que de rochers nus et de sables brûlants, surtout étant le maître, au moins dans votre système, de placer ailleurs la scène d'un évènement que son dessein n'était pas de rendre incroyable ? Par quel trait encore d'une pareille maladresse l'auteur du livre des *Juges* aurait-il représenté comme si riches en bestiaux et en or les habitants d'un pays si pauvre (1) ? Que dirons-nous de l'historien Josèphe ? Il n'ignorait pas sans doute ce que c'était que le pays de Madian. Il ne balance pourtant pas à le donner comme un pays fertile, et ses habitants comme un peuple riche, et c'est ainsi qu'en parlent d'autres anciens écrivains. Ce pays, dans ces premiers temps, n'était donc pas tel que vous voudriez nous persuader qu'il est maintenant (2) ; et nous avons pu le supposer meilleur sans aucune invraisemblance.

§ VI. *De l'étendue du pays des Madianites. Que le critique n'a pu se flatter de la connaître au juste. Qu'il est, sur cet objet, peu d'accord et en contradiction formelle avec lui-même.*

Ainsi, Monsieur, sans rien outrer dans nos calculs, en né-

(1) *Pays si pauvre.* Voy. liv. des *Juges*, ch. VI.

(2) *Qu'il est maintenant.* Le P. Nau en donne une autre idée que M. le Voltaire ; il assure que sur le bord oriental de la mer Morte il y a des plaines fertiles, qu'elles sont peuplées d'un grand nombre d'Arabes, la plupart chrétiens ; qu'on trouve plusieurs villages aux environs du Zared, etc. *Chrét.*

gligeant même plusieurs avantages dont nous aurions pu nous prévaloir, nous vous avons prouvé que le peuple que supposent trente-deux mille jeunes filles et tous les bestiaux dont l'auteur des *Nombres* fait le détail, pourrait vivre dans un pays de huit lieues de long sur à peu près autant de large, d'une bonté médiocre ; et vous n'avez aucune preuve que le pays des Madianites soit naturellement aussi mauvais que vous le dites, moins encore qu'il l'ait été dans ces anciens temps. Nous pourrions donc nous en tenir là ; et c'en serait assez pour faire voir que l'absurdité que vous croyez apercevoir dans le récit de Moïse est imaginaire. Mais allons plus loin : donnons à votre objection une réponse plus précise, et qui n'exige ni hypothèses, ni calculs.

Quand tous ceux que nous venons de faire seraient faux, quand le pays des Madianites n'aurait pas été de cette bonté même médiocre dont nous avons supposé que pouvait être une partie du terrain, il vous resterait toujours à prouver qu'il n'avait que l'étendue qu'il vous plaît de lui attribuer ; sans cela votre objection porte à faux, et vos plaisanteries retombent sur vous-même. Or, quelles preuves en avez-vous, Monsieur ?

« Ce pays, dites-vous, est borné au nord par l'Arnon, au » midi par le Zared, au couchant par le lac Asphaltide. » A la bonne heure. Mais savez-vous jusqu'où il s'étendait vers le levant, et si, vers le sud-est, il ne s'avançait pas au-delà de la source du Zared ? Il était limitrophe de celui de Moab, ou plutôt il y était en partie enclavé, de sorte qu'on a quelquefois confondu les deux peuples. Connaissez-vous au juste les bornes qui les séparaient, et le point précis où commençait le désert dont les Madianites étaient voisins ? L'Ecriture ne détermine rien sur aucun de ces objets ; les plus habiles critiques, les plus savants géographes n'en parlent qu'avec incertitude. Quels sont donc vos garants, et où avez-vous pris ce que vous avancez avec tant de confiance ?

Nous pourrions, au contraire, citer plusieurs savants, qui,

à portée de connaître ce pays un peu mieux que vous, lui donnent beaucoup plus d'étendue que vous ne faites : Josèphe, Eusèbe, Jérome, etc. (1). Mais laissons ces autorités, dont vous affectez de paraître faire peu de cas ; bornons-nous à une qui ne peut manquer d'être de quelque poids, du moins à vos yeux : cette autorité, Monsieur, c'est la vôtre.

Si vous ne donnez ici au pays de Madian qu'*environ huit lieues de long sur un peu moins de largeur*, vous lui en donnez dans un autre endroit (Voyez *Dict. philos.*, Juifs, page 175, tom. XLI des *OEuvres*) *huit de long sur autant de large*, sans restriction, et ailleurs encore *environ neuf en tout sens* (2). Voilà déjà dans toute l'exactitude du calcul, environ dix-sept lieues carrées, c'est-à-dire à peu près soixante mille arpents de plus que vous nous accordez : c'est bien de quoi nous mettre à l'aise ; mais ce n'est pas tout.

Dans votre *Philosophie de l'histoire* (3) (Voyez *Introd. à l'Essai sur les mœurs*, art. Moïse, pag. 175, tom. XVI des *OEuvres*), vous éclatez en reproches contre Moïse ; de ce qu'ayant été comblé de bienfaits, et ayant reçu des services » signalés du grand-prêtre de Madian, qui lui avait donné sa » fille pour épouse, et son fils pour guide dans ces déserts, » il le paya de la plus noire ingratitude, en dévouant les Ma- » dianites à l'anathême. » Vous croyez donc que les Madia- nites dévoués par Moïse, et ceux de Jéthro, étaient le même peuple ; autrement vos reproches ne seraient que de vaines déclamations, et votre raisonnement serait aussi faux que vo-

(1) *Eusèbe, Jérôme*, etc. Ces deux écrivains ont vécu près du pays de Madian ; ils avaient fait sur les lieux, une étude de la géographie de l'Écriture, et ils ont laissé des traités sur cette matière. *Aut.*

(2) *Environ neuf en tout sens.* Voyez *Philos. de l'hist.*, art. *Victimes humaines. Aut.* — (Voyez *Introd. à l'Essai sur les mœurs*, p. 161, tom XVI, *ibid.*)

(3) *Philosophie de l'histoire.* Voy. *ibid.* Le même reproche est répété dans le même ouvrage, art. *Moïse*, et en plusieurs nouvelles brochures. *Édit.*

tre indignation est déplacée. Or, ce grand-prêtre et ces Madianites vivaient loin du lac *Asphaltide*, sur la partie de la
mer Rouge nommée golfe d'Elath, ou golfe Elanitique, à cinquante lieues au moins du Zared. Le pays de Madian, Monsieur, pouvait-il avoir cinquante lieues de long, et n'en avoir
que huit ou neuf? Il nous paraît que de ces deux assertions
l'une ne peut subsister avec l'autre; il faut opter. Ou les plaintes que vous faites contre Moïse dans la *Philosophie de l'histoire* sont fausses, ou ce que vous avancez dans le *Traité de
la Tolérance*, sur l'étendue du pays des Madianites, n'est pas
vrai. Choisissez, Monsieur, dans lequel de ces ouvrages vous
aimez mieux avoir raison; car il est difficile que vous l'ayez
dans tous les deux, ou plutôt il est très probable que vous
vous trompez tout à la fois dans l'un et dans l'autre.

§ VII. *Ce qu'on peut penser, avec le plus de vraisemblance,
des Madianites et de leur pays; et ce qui doit le plus
étonner dans ce que l'auteur dit de la victoire remportée
sur eux par nos pères.*

Disons le vrai, Monsieur, ou du moins ce qui paraît en approcher davantage. Ces Madianites, que vous devez confondre, pour raisonner juste dans votre *Philosophie de l'histoire*,
étaient probablement deux peuples très distingués. Ils n'avaient
ni la même origine, ni la même habitation, ni le même culte.
Ceux de Jéthro descendaient de Madian, fils de Chus (1); les
autres, d'Abraham, par Madian (2), fils de ce patriarche et
de Céthura. Ceux-ci adoraient Baal-Péor (3) ou Belphegor,
comme les Moabites leurs voisins; ceux-là paraissent avoir
conservé jusqu'au temps de Moïse quelques connaissances,

(1) *De Madian, fils de Chus.* C'est par cette raison que la madianite
Sephora, femme de Moïse, est appelée Chusie, *Num.* 12; et Habacuc
emploie les mots de Madianite et de Chusite comme synonymes. *Aut.*
(2) *D'Abraham par Madian*, etc. V. *Genèse* chap. XXV. *Idem*
(3) *Adoraient Baal-Péor.* Voy. *Num.* 31. *Id.*

et peut-être même le culte du vrai Dieu (1). Ceux de Jéthro vivaient, comme nous venons de le dire, sur le bord du golfe Elanitique. Madian, leur capitale (2), était à l'orient de ce golfe, et leur pays s'étendait jusqu'à la côte occidentale, et, selon quelques-uns, jusqu'au mont Sinaï. Au contraire, ceux que nos pères vainquirent étaient voisins de la mer Morte; leur principale ville (3) était sur l'Arnon, assez près de la capitale des Moabites. Ils étaient riches en or et en troupeaux: leur pays, qui, dans l'étendue même que vous lui donnez, suffisait, et bien au-delà, pour le peuple que trente-deux mille filles supposent, et pour tous les bestiaux que Moïse compte, en renfermait vraisemblablement davantage; car apparemment tout ne fut pas enlevé ou exterminé par les vainqueurs. Probablement une partie trouva moyen d'échapper; mais très probablement aussi ce pays ne se bornait pas aux huit lieues de long sur autant de large, que vous lui assignez. Ses esclaves dans le pays de Moab, sa proximité du désert, le silence de Moïse, et surtout le vôtre, sur ses bornes à l'Orient, permettent de lui donner plus d'étendue.

S'il y a donc quelque chose de ridicule ou de surprenant dans ce que vous dites de la victoire remportée par nos pères sur les Madianites, ce n'est pas de voir Moïse mettant tant de filles et tant de bestiaux dans un pays dont il ne fixe point les limites; c'est de voir un historien philosophe, un écrivain éclairé rebattre tant de fois, et avec tant de confiance, une objection si mince en elle-même, et qui d'ailleurs porte si évidemment sur un faux exposé; c'est de le voir décider de l'étendue d'un pays, sans en connaître au juste les bornes; et pour trouver de l'absurdité dans les récits d'un auteur

_(1) *Le culte du vrai Dieu.* Jéthro offre des sacrifices au Dieu d'Israel. *Exod.*, chap. XVIII. *Aut.*

(2) *Madian, leur capitale,* etc. Elle porte encore aujourd'hui le même nom. *Aut.*

(3) *Leur principale ville,* etc. Elle s'appelait, comme l'autre, Madian; il en restait des ruines du temps de saint Jérôme. *Id.*

respecté, et de l'odieux dans sa conduite, se mettre aveuglément en contradiction formelle avec soi-même. Voilà, Monsieur, ce qui pourra surprendre et choquer quelques lecteurs.

Pour nous, ces écarts ne nous surprendront point : nous savons que les plus grands hommes sont hommes, et que, quelque lumière qu'ils aient, de quelque impartialité qu'ils se flattent, il faut toujours qu'ils paient par quelque endroit le tribut à l'humanité.

Nous sommes, etc.

P. S. Dans l'article *Fonte*, tiré des *Questions sur l'Encyclopédie*, vous avez daigné, Monsieur, répondre à cette lettre. Votre réponse est courte, mais elle est charmante, joliment décorée d'ornements d'un goût tout nouveau.

Vous nous y parlez « des presbytériens, et de Fairfax et » de Cromwel, et de leur victoire, et du village de Nasby, » où ils trouvèrent plus de six cent soixante mille brebis, » soixante et douze mille bœufs, trente-deux mille petites » filles (qui n'étaient pas toutes des *petites filles*,) etc. »

Répliquerons-nous ici à cette ingénieuse et fine allusion (1) ? Non.

Quand vous aurez prouvé et bien prouvé que ces six cent mille brebis, etc., furent trouvées *dans un village*, que six cent soixante mille brebis, etc., ne pouvaient vivre dans un pays de *huit lieues de long sur huit de large*, et qu'il était défendu aux habitants d'aller faire paître leurs bestiaux dans les déserts voisins; quand vous aurez prouvé surtout qu'on peut dire d'un pays dont on ne connaît pas les bornes, qu'il n'a que *huit lieues de long sur huit de large*, et que ce pays

(1) *Et fine allusion.* Cette allusion, qu'on lit dans l'art. *Fonte*, tiré des *Questions sur l'Encyclopédie*, et imprimé à part, ne se lit point dans les *Questions sur l'Encyclopédie*. On n'y parle ni de presbytériens, ni de Fairfax, ni de Cromwel, etc., mais de Théopompe et de Lycophron, etc. Dans ce genre d'ornements, le moderne vaut l'antique, et l'antique le moderne. *Édit.*

de *huit lieues de long sur autant de large*, borné au midi par un ruisseau, s'étendait au midi à *cinquante lieues* pardelà ce ruisseau, etc.; quand, dis-je, vous aurez prouvé tout cela (ce qui vous sera fort aisé sans doute), nous tâcherons de vous répondre. Jusque-là nous ne reviendrons plus sur cette matière : aussi bien, contre notre intention, notre lettre paraît vous avoir donné de l'humeur.

Vous nous dites avec vivacité : « Vous êtes si attachés aux presbytériens d'Angleterre, que vous poussez l'esprit de parti jusqu'à vous emporter contre les gens sensés qui trouvent un peu d'exagération dans ces récits, et qui soupçonnent quelque faute de copistes. » Mais vous êtes si tolérant, si humain, si doux, Monsieur, pourquoi montrer tant d'antipathie et de haine contre les *presbytériens* ?

Nous ne nous étions point *emportés*; nous avions parlé de la manière du monde la plus tranquille et la plus modérée. Vous êtes le seul, Monsieur, qui ayez trouvé dans nos *Lettres* de *l'esprit de parti et de l'emportement*.

Nous ne faisons, comme on l'a vu, aucune difficulté de reconnaître des *fautes de copistes*, quand on les prouve; mais nous ne voyons pas que vous ayez bien établi la nécessité d'en admettre dans le passage en question. Ne vous bornez pas à de simples redites, Monsieur; apportez des preuves, et nous nous ferons un devoir de nous y rendre, si elles sont solides.

LETTRE II.

Si les Juifs ont été un peuple anthropophage.

Quel avantage c'est, Monsieur, de porter dans les recherches de l'antiquité un esprit impartial et des lumières supérieures ! On fait alors des découvertes que les critiques vulgaires n'auraient pas seulement soupçonnées.

C'est ainsi que vous venez d'en faire une 'qui enrichira à jamais le trésor de nos connaissances historiques ; découverte curieuse, singulière, intéressante, qui vous appartient toute entière, et dont vous ne partagez la gloire avec personne.

Cette grande découverte, que tant d'habiles interprètes et de savants commentateurs, tant d'historiens graves et de critiques éclairés, n'avaient pas même entrevue, et qu'il vous était réservé de faire, c'est que nos pères étaient *une horde de sauvages tels ou pires que les cannibales, des mangeurs de chair humaine, parmi lesquels cet horrible aliment fut en usage, même du temps de leurs prophètes.*

Voilà, Monsieur, ce qu'on avait ignoré jusqu'à vous, et ce que vous venez d'apprendre enfin à l'univers.

Cette assertion si neuve, pour ne pas dire si étrange, nous avait paru d'abord une de ces plaisanteries que certains écrivains se permettent quelquefois dans les sujets les moins plaisants ; et les folies que vous débitez si gaîment dans la lettre de M: Clocpicre (1) nous avaient confirmés dans cette idée.

Mais non, c'est une assertion sérieuse, on n'en peut plus douter. Vous la répétez gravement dans un ouvrage où vous vous donnez pour le conciliateur et l'ami du genre humain (2) : et de cet écrit elle a passé dans d'autres, jusque dans le *Dictionnaire* intitulé *Philosophique*, et même dans les *Additions* à la sage et véridique *Histoire générale*. (Les *Additions à l'hist. générale* sont, comme nous l'avons déjà dit, refondues dans l'*Essai sur les mœurs*.)

(1) La lettre écrite sous le nom de M, Clocpicre à M. Eratou, se trouve dans les *Mél. littér.* tom. III, pag. 164 et suivantes, tom. XLIX des *OEuvres.*

(2) *Ami du genre humain.* Voyez *Traité de la Tolérance.* Aut. — Voyez *Essai sur les mœurs*, tom. III, pag. 316 et suivantes, tom. XVIII des *OEuvres.*

Si la nouveauté de la découverte a surpris quelques lecteurs, la singularité des preuves sur lesquelles vous l'établissez, les étonnera sans doute encore davantage. Nous allons en rapporter quelques-unes des plus démonstratives ; par celles-ci on pourra juger des autres.

Nous ne nous arrêterons point à ce que vous faites 'dire par votre M. Clocpicre ; ce ne sont pas des raisonnements qu'il faille discuter, mais des plaisanteries dont on doit rire. C'est quand vous parlez comme historien et comme philosophe qu'il faut vous entendre.

§ I. *Première preuve, tirée de ce que plusieurs peuples ont mangé de la chair humaine.*

Il y a eu des peuples anthropophages, donc les Juifs le furent aussi ! C'est ainsi que vous raisonnez, Monsieur ; et ce raisonnement vous paraît si convaincant, que vous l'employez avec la plus grande confiance.

« La plupart des premiers voyageurs et des missionnaires, dites-vous dans les *Additions à l'Histoire générale* (Voyez *Polit. et Législ.*, tom. II.), rapportent tous que les Brésiliens, les Caraïbes, les Iroquois, les Hurons, etc., mangeaient leurs captifs, et ils ne regardent pas ce fait comme un usage de quelques particuliers, mais comme un usage de la nation. Tant d'auteurs anciens et modernes ont parlé d'anthropophages, qu'il est difficile de les nier. Je vis en 1725, à Fontainebleau, une femme sauvage de couleur cendrée; je lui demandai si elle avait mangé quelquefois de la chair humaine, elle me répondit que oui, très froidement, et comme à une question ordinaire..... On a vu, dans les siècles les plus civilisés, le peuple de Paris dévorer les restes sanglants du maréchal d'Ancre, et le peuple de la Haye manger le cœur du grand pensionnaire Wit. Nous avons parlé d'amour! dites-vous encore dans le *Dictionnaire philosophique*, article *Anthropophages* ; il est dur de passer de gens qui se

baisent à gens qui se mangent. Il n'est que trop vrai qu'il y
a eu des anthropophages, nous en avons trouvé en Amérique; il y en a peut-être encore. Les Cyclopes n'étaient pas
les seuls qui se nourrissaient quelquefois de chair humaine...
Les Tintyrites , les Gascons, les Saguntins se nourrissaient
autrefois de la chair de leurs compatriotes..... Pourquoi les
Juifs n'auraient-ils pas été anthropophages? C'eût été la seule
chose qui eût manqué au peuple de Dieu pour être le plus
abominable peuple de la terre. »

Nous ne contestons point, Monsieur, ce que *tant d'auteurs anciens et modernes* ont rapporté; et puisque la *plupart* des premiers voyageurs et des missionnaires disent *tous*
que les Brésiliens , etc., mangeaient de la chair humaine,
et qu'une femme de *couleur cendrée* (car la couleur y fait
beaucoup) (1) vous a répondu *très froidement* qu'elle en
avait mangé, nous n'avons garde de nier des faits si bien
constatés. Nous avouerons même ce que l'antiquité raconte
des Cyclopes, *qui se nourrissaient quelquefois* de chair
humaine, et des Gascons, etc., *qui se nourrissaient autrefois* de la chair de leurs compatriotes , etc.; nous ne croyons
pas que vous vouliez tirer de tous ces exemples aucune conséquence contre nos pères.

Premièrement , l'origine des Juifs est connue, et l'on sait
qu'il n'ont jamais eu, comme les peuples dont vous parlez,
l'avantage de passer par l'état de sauvages, qu'un grand

(1) *La couleur y fait beaucoup.* La couleur ne fait rien ici ; mais il
est inconcevable combien elle fait ailleurs aux yeux du grand écrivain
que nous avons l'honneur de combattre. Elle distingue , selon lui , les
races des hommes : un blond et un brun, un blanc et un noir, etc.,
ne peuvent pas être venus de la même tige, cela est évident, incontestable. Voyez pourtant ce qu'en a dit le savant auteur de la *Défense
des livres de l'ancien Testament.* Nous pourrons un jour traiter aussi
cette matière. *Aut.* — Telle est l'opinion de M. de Voltaire dans l'*Introduction à l'Essai sur les mœurs*, pag. 6 et suiv. — Dans la *Physique,
Singularités de la Nature*, pag. 459 et suivantes. tome XXXI des *OEuvres.* — Dans le *Dictionnaire philosophique*, art, Hommes, etc.

philosophe du dix-huitième siècle prétend être *l'état de la nature*. Secondement, ils n'ont point été aussi polis peut-être que les descendants des Gaulois, ni aussi flegmatiques que ceux des Bataves, mais il serait difficile de prouver qu'ils aient eu, comme eux, de ces emportements de rage dans lesquels une populace furieuse *mangea le cœur et dévora les restes sanglants de ses ennemis*. On ne lit rien de pareil dans nos annales, où nos pères pourtant ne sont point épargnés. Troisièmement, ces emportements même, lorsqu'on en trouve à peine un ou deux exemples dans toute l'histoire d'un peuple, soit qu'ils aient eu pour principe les fureurs de la vengeance ou les horreurs de la famine, ne suffisent pas pour qu'on puisse traiter ce peuple d'anthropophage. Personne ne s'est encore avisé de traiter de la sorte le peuple de La Haye, ni celui de Paris. Enfin, y ayant toujours quelque atrocité à manger son semblable, il semble qu'on n'en doit point accuser une nation tout entière sur des conjectures ou sur de simples inductions ; il faut des preuves : vous en apporterez peut-être ! Voyons.

Il est dur de passer de gens qui se baisent à gens qui se mangent. C'est ainsi que, dans votre *Dictionnaire philosophique*, vous passez de l'article *Amour socratique* à l'article *Anthropophages*. Transition heureuse, contraste piquant ! O Monsieur, qu'il y a d'esprit là-dedans et de décence (1) !

_____

(1) *D'esprit là-dedans et de décence*. C'est avec la même décence que, dans la suite du même article, on traite de *fadaises* ces abominables dérèglements. Tel est le ton léger qu'on prend dans cette œuvre philosophique. Voyez l'*Apologie de la religion chrétienne*, où cet article a été relevé avec toute la force qu'il méritait de l'être. Plusieurs écrivains étrangers, Warburton, Haller, les auteurs du *Monthly Review*, etc., en ont parlé avec la même indignation : il n'est pas d'âme honnête qu'il ne révolte. *Aut.*

M. de Voltaire a déclaré que tous les articles du *Dictionnaire* ne sont pas de la même main ; on peut donc douter que les articles *Amour socratique* et *Anthropophages* soient de lui. La nouvelle édition nous apprendra plus au juste quels sont ceux qui lui appartiennent. Quoi

Pourquoi donc les Juifs n'auraient-ils pas été anthro-pophages ? Ce *pourquoi donc* est en vérité convaincant, démonstratif ! on ne peut tenir contre des raisonnements de cette force. La suite surtout est pleine d'honnêteté, de modération philosophique, et particulièrement d'amour du vrai ; c'est une des plus belles antithèses qui soient dans vos ouvrages, où il y en a tant.

Les Tintyrites, les Saguntins et les Gascons, etc. Il y a, ce semble, quelque différence entre ces peuples et les Hébreux. Des témoins oculaires, des voyageurs instruits, déposent que les premiers se nourrissaient de chair humaine ; mais, avant vous, aucun écrivain n'avait dit que les Israélites fussent *dans l'usage* d'en manger. Votre autorité, Monsieur, est assurément très respectable ; mais elle n'est pas tout-à-fait contemporaine, ni, du moins, lorsqu'il s'agit de nos pères, tout-à-fait impartiale. N'en pourriez-vous pas citer quelqu'une plus voisine de leur temps ? Oui, dites-vous.

§ II. *Seconde preuve. Menace de Moïse.*

« Moïse même menace les Juifs qu'ils mangeront leurs enfants, s'ils transgressent sa loi. (Additions. — Voyez *Essai sur les mœurs*, tom. III, pag. 317.) Il ne leur est prescrit en aucun endroit de manger de la chair humaine, on les en menace seulement ; et Moïse leur dit que, s'ils n'observent pas ses cérémonies, les mères mangeront leurs enfants. » (*Dict. phil.* — Voyez *Dict. phil.*, tom. 1er, art. Anthropophages, page 390.)

Cette preuve, Monsieur, est dans le même genre et de la même force que la précédente.

Moïse menace les Juifs qu'ils mangeront leurs enfants, etc. Donc c'étaient des anthropophages ! Conséquence admi-

qu'il en soit, ces deux articles se retrouvent encore dans la *Raison par alphabet. Chrét.*

rablement bien tirée! D'autres en concluraient tout le contraire, mais chacun a sa, façon de raisonner, et la logique des grands hommes ne ressemble point à celle du vulgaire.

Il n'est prescrit aux Juifs en aucun endroit d'en manger. C'est toujours quelque chose que vous en conveniez ; le peuple juif vous doit des remercîments pour un aveu si généreux.

On les en menace seulement. Prenez donc garde, Monsieur. Puisqu'on les *en menace*, c'est une preuve que cette nourriture n'était ni ordinaire ni goûtée parmi eux. Si on menaçait un cannibale de lui faire manger de la chair humaine, on le ferait rire. On ne *menace* les gens de leur faire manger que ce qu'ils détestent. Ainsi vos expressions même combattent vos raisonnements, et renversent vos preuves.

§ IV. *Troisième preuve tirée des promesses d'Ezéchiel.*

Mais, dites-vous, Monsieur, si on les en *menace* dans un endroit, on le leur *promet* dans un autre.

« Ezéchiel *promet* aux Juifs, pour les encourager, qu'ils mangerontde la chair humaine.» (*Traité de la tolér.* — Voyez *Politique et Législation*, tom II, page 132.) Et encore page 22 des *Addit. à l'hist.* (Voyez *Essai sur les mœurs,* tom, III, page 317, etc.) « Le prophète Ezéchiel *promet* (1) aux Hébreux, de la part de Dieu, que, s'ils se défendent bien contre le roi de Perse, ils auront à manger de la chair de cheval et de la chair de cavalier. » Et encore *Dict. phil.,* art. *Anthropophages* (Voyez *Dictionn. philos.,* tome 1er, art. Anthropophages, page 391) : « Il faut bien que les Juifs du temps d'Ezéchiel fussent *dans l'usage* de manger de la chair humaine, puisqu'il leur prédit, ch. 36, que, s'ils se

(1) *Ezéchiel promet,* etc. Si M. de Voltaire parle sérieusement, comme il y a lieu de le penser, est-il croyable qu'il ait lu l'endroit Ed'zéchiel qu'il cite si souvent ? S'il veut plaisanter, où est le mot pour rire à travestir un écrivain, et à lui faire dire ce qu'il n'a point pensé? *Edit.*

défendent bien contre le roi de Perse, ils mangeront non-
seulement les chevaux, mais encore les cavaliers et les autres
guerriers. Cela est positif. »

Cela est du moins répété bien des fois dans vos écrits ; cette
preuve y revient souvent, tant elle vous paraît solide ! Tâchons d'en faire sentir toute la force.

*Ezéchiel promet aux Juifs qu'ils mangeront la chair du
cheval et celle du cavalier :* donc ces chairs étaient pour
eux des mets excellents. Pour le coup la conséquence est
juste ; il n'y a point moyen de s'en défendre. Il ne s'agit que
de s'assurer si le prophète dit en effet ce que le philosophe
lui fait dire. Mais peut-on en douter, ou former là-dessus le
plus léger soupçon ? Citer faux et attribuer à un auteur un
sens tout contraire au sien, non une fois et en passant, mais
en vingt endroits, non-seulement en plaisantant, mais dans
des écrits sérieux ; un historien grave, un philosophe ami
du vrai, n'en peut être capable sans doute : ce serait se jouer
avec trop peu de ménagements de la crédulité de ses lecteurs,
et abuser à l'excès de leur confiance ?

Néanmoins la chair de cheval et celle de cavalier n'étant
point un met ordinaire, *l'historien philosophe* étant poète,
et les poètes prenant quelquefois la liberté de feindre, il ne
sera pas hors de propos de rapporter ici en entier le passage
du prophète. Le voici d'après la *Vulgate.*

« Fils de l'homme, prophétise contre Gog, et dis-lui : Voici
» ce que dit le Seigneur : Je t'amènerai des contrées de l'A-
» quilon, et je te conduirai par des détours sur les monta-
» gnes d'Israël. J'y briserai ton arc dans ta main gauche, et
» j'abattrai tes flèches de ta main droite. Tu tomberas sur
» ces montagnes, toi, tes bataillons et tous les peuples qui
» sont avec toi. Je te donnerai à dévorer aux bêtes sauvages,
» aux oiseaux et aux animaux carnassiers.... Le temps appro-
» che ; il est arrivé, dit le Seigneur : voici le jour dont j'ai
» parlé. Les habitants sortiront des villes d'Israël ; ils ramas-
» seront les armes et les brûleront ; le bouclier et les javelots,

» l'arc et les flèches, les bâtons de tes mains et tes longs
» épieux seront jetés au feu. Les enfants d'Israël n'iront plus
» couper du bois dans les forêts. Ils feront du feu avec tes
» armes ; ils pilleront ceux qui les ont pillés, et ces nations
» avides deviendront leur proie, dit le Seigneur.... Dans
» ce jour, je rendrai célèbre la vallée des voyageurs. J'en
» ferai le tombeau de Gog, et l'étonnement des passants. On
» y ensevelira Gog avec toute son armée, et on l'appellera
» la vallée de l'armée de Gog....

» Toi donc, fils de l'homme, écoute ce que t'ordonne le
» Seigneur. Dis aux bêtes sauvages, aux oiseaux de proie et
» à tous les animaux carnassiers : Venez, hâtez-vous, accou-
» rez aux nombreuses victimes que je vais immoler pour
» vous sur les montagnes d'Israël ; vous mangerez la chair
» des braves, et vous boirez le sang des princes de la terre (1).
» Vous vous repaîtrez de leur graisse, et vous vous enivrerez
» de leur sang, et vous serez rassasiés à ma table (2) de la

---

(1) *Le sang des princes de la terre,* etc. Nous croyons, nous autres hébreux, qu'on pourrait trouver dans ce passage, quoique faiblement traduit, de la chaleur, des idées fortes, des figures hardies, etc. Quelques Chrétiens en jugent de même ; mais ils peuvent se tromper, et nous avec eux.

On lit quelque chose d'assez ressemblant dans les Poésies de Runniques. *Les corbeaux et les vautours,* dit le poète, *pleurent le vaillant guerrier qui leur apprêtait de superbes repas.*

Mais tous ces traits d'*une éloquence de barbares* ne valent pas ce qu'on lit dans le *Dictionnaire philosophique,* que *les guerriers pour la plus vile récompense, travaillent a la cuisine des corbeaux et des vers.* On ne doute pas que beaucoup de personnes ne trouvent ces expressions fort nobles, et la réflexion fort sensée. *Edit.*

(2) *A ma table,* etc. Nous remarquons, en passant, que, sur ces mots *à ma table,* M. l'aumônier Clocpicre fait cette réflexion très-judicieuse, c'est que, *puisqu'il est ici parlé de table, ces versets doi_ vent s'appliquer aux Juifs, parce que,* dit-il, *les animaux carnassiers ne mangent point à table.* C'est ainsi qu'on raisonne, ou plutôt qu'on plaisante dans toute cette Lettre. En vérité, s'il y a du sel là-dedans, ce pourrait bien n'être pas du sel attique. *Edit.*

» chair du cheval, du cavalier belliqueux, et de tous les
» guerriers, dit le Seigneur. »

C'est dans ce passage que vous trouvez, Monsieur, qu'Ezéchiel promet *aux Juifs de leur faire manger de la chair
humaine !* personne que vous assurément n'y verra rien de
semblable. Que signifieraient donc ces mots : *Dis au bêtes
sauvages, aux oiseaux de proie et aux animaux carnassiers : Venez,* etc. Pour apercevoir, dans ces expressions,
que *la promesse est faite aux Juifs,* il faut avoir vos yeux.
Quant à nous qui n'en avons pas de si perçants ou de si distraits, nous continuerons de penser que le texte et le bon
sens bornent évidemment cette promesse aux animaux carnassiers, et probablement nous ne serons pas les seuls à le
croire.

§ IV. *Scrupule du critique.*

Il paraît que vous avez eu vous-même quelque remords de
l'avoir étendu jusqu'à nos pères : car dans le *Nota benè,* mis
à la fin de la première édition de votre *Traité de la tolérance,*
vous dites d'un ton modeste :

« On croit s'être trompé dans l'endroit où l'on cite le
passage d'Ezéchiel qui promet qu'on mangera le cheval et le
cavalier, cette promesse est faite par le prophète aux animaux carnassiers. »

On croit ! Comme si vous n'en étiez pas sûr, ou qu'il pût
y avoir là-dessus le moindre doute !

Cette promesse est faite, etc. On dirait que vous allez
avouer votre méprise et la rétracter ; mais non, le scrupule
ne vous dure pas longtemps.

Vous ajoutez aussitôt :

« Il y a quatre versets dans lesquels le prophète promet
cette nourriture de sang et de carnage. Les deux derniers
peuvent s'adresser aux Juifs comme aux loups et aux vautours ; mais les commentateurs les appliquent seulement aux

animaux carnassiers. » Puis, comme si vous aviez regret à un aveu que la vérité vous arrache, pour nous enlever du moins une partie des commentateurs, vous assurez, dans une nouvelle édition, que : « si quelques commentateurs appliquent ces deux vers'etss aux animaux carnassiers, plusieurs les rapportent aux Juifs.. »

Les deux derniers, dites-vous, *peuvent s'adresser aux Juifs*, etc. ! Sans doute ils le peuvent ; il ne faut pour cela que renverser toutes les règles de la grammaire et du bon sens : bagatelle !

Mais les commentateurs les appliquent seulement aux animaux, etc. Rien de plus vrai : les commentateurs ne les appliquent point à d'autres.

Mais, Monsieur, si *les commentateurs les appliquent seulement aux animaux carnassiers*, comment avez-vous pu dire, dans votre nouvelle édition, que *plusieurs commentateurs les rapportent aux Juifs* ? Nous croyons que ces propositions se contredisent, et que l'une détruit assez évidemment l'autre. Nous nous trompons sans doute ; vous avez quelque manière de concilier des assertions si opposées !

Plusieurs les rapportent aux Juifs, etc. Si vous en connaissiez *plusieurs*, vous auriez bien dû en nommer du moins quelques-uns. Nous avouons pour nous, que nous n'en savons aucun : non, Monsieur ; pas un seul, à moins que vous ne vous comptiez parmi les commentateurs. Mais vous prétendez qu'il y en a : c'est assez pour quelques lecteurs. Comment ne pas croire sur sa parole un auteur qui déclare modestement que *quand il écrivait, la vérité tenait la plume* ?

Telles sont, Monsieur, vos plus fortes preuves ! telle est la justesse et la solidité de vos raisonnements ? N'est-il pas évident que voilà les Hébreux bien convaincus que la chair humaine était pour eux, non-seulement une nourriture d'usage, mais un mets appétissant ? La découverte est humiliante pour leurs descendants ; mais que faire ? A de telles démonstrations quelles réponses ?

Finissons, et après avoir un peu ri des raisonnements, plaignons sincèrement le raisonneur. (Convenait-il, Monsieur, à un homme de votre mérite, à un philosophe ennemi des préjugés, au premier historien de sa nation, de déshonorer ses ouvrages par des calomnies si grossières et des citations si fausses, et pour user de vos expressions, *d'insulter jusqu'à ce point* (1) *à la vérité et à ses lecteurs* ?

Ce n'était point ainsi que l'illustre Bossuet écrivait l'histoire. Ce grand homme, ce génie vraiment sublime, que vous osez traiter de *déclamateur*, en connaissait mieux la dignité et les devoirs. Il savait que si elle a le droit de juger les peuples, elle n'a pas celui de les calomnier.

Et quelle philosophie que celle qui, dominée par la haine et livrée à la prévention la plus aveugle, se permet ces outrageantes sorties contre un peuple dont les descendants ne sont déjà que trop à plaindre? Est-ce là celle des Montesquieu et des Loke ?

(1) *D'insulter jusqu'à ce point*, etc. Nous n'approuvons point qu'on use de ces expressions à l'égard de M. de Voltaire, quoiqu'il n'ait pas fait difficulté de les employer contre le jésuite Daniel. Il est un ton et des libertés que les grands hommes peuvent prendre, mais que les hommes ordinaires ne doivent point se donner avec eux. *Edit.*

Parce qu'il est échappé à ce jésuite de dire que *Henri IV embrassa la religion romaine, non-seulement par la raison de l'intérêt de l'état, mais par conviction*, M. de Voltaire conclut qu'*un jésuite ne peut écrire fidèlement*. Cela peut être vrai; mais ce n'est pas seulement le jésuite qui ne le peut, c'est tout écrivain partial, quelque habit qu'il porte.

Il dit ailleurs que *le Père Daniel ne passe pas pour un historien assez profond et assez hardi, mais qu'il passe pour un historien très véridique*. Accordez cela avec ce qu'il dit ici.

Il ajoute que *le Père Daniel erre quelquefois, mais qu'il n'est pas permis de l'appeler un menteur*. Il est permis de dire qu'*il insulte à la vérité et à ces lecteurs* ; il est permis de le traiter, dans des *conseils raisonnables, d'indigne historien*.

C'est ainsi que ce grand homme se permet tout; même ce qu'il ne permet à personne, même des contradictions qu'il ne manquerait pas de relever très-durement dans tout autre. *Chrét.*

Vous dites quelque part qu'*il y a des erreurs historiques et des mensonges historiques* : ajoutez, Monsieur, qu'il y a des *calomnies historiques*, et jugez vous-même dans quel rang il faut mettre l'imputation que nous venons de réfuter.

Nous sommes avec respect.

LETTRE III.

Si les Juifs immolaient des hommes à la divinité, et si leur loi autorisait ces sacrifices.

Après avoir accusé nos ancêtres d'avoir mangé des hommes, ce ne devait être qu'un jeu pour vous, Monsieur, de leur imputer d'en avoir immolés. Si l'on vous en croit, ces sacrifices barbares étaient d'usage parmi eux, et leur législation atroce les ordonnait.

Cet odieux reproche vous parait si constant, que vous ne cessez point de nous l'objecter. Vous nous l'aviez fait dans vos *premiers Mélanges*, vous le répétez dans les nouveaux (*Philosophie, Dialogues, Facéties*) : on le retrouve dans votre *Traité de la tolérance*, tom. II, *Politique et Législation* ; il reparaît dans la *Philosophie de l'histoire* (*Introd. à l'Essai sur les mœurs et l'Esprit des nations*), dans le *Dictionnaire philosophique*, etc., tant vous souhaitez de l'inculquer à vos lecteurs, tant vous vous croyez sûr de plaire, au milieu même des plus ennuyeuses redites (1) !

Il faut pourtant l'avouer, Monsieur, si vous avez souvent répété ce reproche, vous n'êtes pas le premier qui nous l'ayez fait. Plus d'un *libre penseur* anglais s'en était avisé

---

(1) *Ennuyeuses redites*. M. de Voltaire convient lui-même que, depuis quelque temps, *il aime à répéter*. Nous avouons franchement que nous ne sommes pas du nombre de ceux à qui toutes ces répétitions ont pu paraître agréables. *Edit.*

longtemps avant vous (1). Comme vous ne faites guère que transcrire les raisonnements de ces écrivains, pour vous réfuter, il suffira de vous exposer ici ce que leurs savants compatriotes y ont répondu (2).

§ I. *On avoue que quelques Juifs ont offert aux dieux des Chananéens des sacrifices de sang humain Ces sacrifices réprouvés par la loi. Horreur qu'elle en inspire.*

Tel a été longtemps le déplorable aveuglement des hommes, qu'ils crurent plaire à la divinité en lui immolant leurs semblables. Presque tous les peuples regardèrent ces sacrifices comme les plus sûrs moyens d'apaiser le ciel et de détourner ses vengeances. Cette superstition barbare se répandit chez les nations même les plus polies et les plus éclairées de l'ancien et du nouveau monde : mais elle ne régna nulle part avec plus d'empire que parmi les Chananéens. Ces cruautés religieuses, auxquelles on ne recourait ailleurs que dans des occasions extraordinaires, étaient fréquentes parmi eux. C'était une des principales abominations pour lesquelles Dieu avait résolu de les détruire ; et Moïse n'avait rien défendu plus expressément à son peuple que d'imiter ce détestable culte : « Tu ne donneras pas, leur dit-il (3), tes enfants à » Moloch... Ne vous souillez point par ces abominations, » comme ont fait les nations que je vais chasser de devant » vous pour les punir de ces crimes. (*Et plus bas*) : Si quel- » qu'un donne ses enfants à Moloch, il sera mis à mort, et » tout le peuple le lapidera. Que si le peuple néglige de le » punir, et n'obéit point à mes ordres, j'exterminerai le cou-

(1) *Avant vous.* Voyez le *Christianisme aussi ancien que le monde*, par Tindal, et le *Moral philosopher* de Morgan, etc., *Aut.*

(2) *Y ont répondu.* Voyez surtout les Réponses du docteur Léland aux deux ouvrages que nous venons de citer. *Aut.*

(3) *Leur dit-il.* Voy. *Lévit.*, chap. XVIII, v. 21, et chap. XX, v. 2. *Aut.*

» pable, toute sa race, et tous ceux qui auront consenti à son
» crime. »

Mais nous ne pouvons le dissimuler, malgré toutes les précautions que le législateur avait prises, et les défenses qu'il
avait faites, ce culte affreux s'introduisit parmi nos ancêtres,
et l'Écriture leur en fait, en plus d'un endroit, d'amers reproches. « Ils se sont mêlés parmi les nations, *dit le Psal-*
» *miste* (1), et ils ont appris leurs œuvres. Ils ont servi les
» idoles de Chanaan, ils leur ont immolé leurs fils et leurs
» filles : la terre a été inondée de sang innocent et souillée
» par leurs abominations. Va, *dit le Seigneur à Jérémie* (2),
» va dans la vallée du fils d'Ennon, et tu diras : Ecoutez la
» parole du Seigneur, rois de Juda, et vous, habitants de
» Jérusalem. Voici ce que dit le Seigneur des armées, le Dieu
» d'Israël : Je vais répandre sur ce lieu mes vengeances, des
» fléaux tels, que tous ceux qui en entendront parler en seront
» épouvantés. Parce qu'ils m'ont abandonné pour servir des
» dieux étrangers que leurs pères n'ont point connus, qu'ils
» ont rempli ce lieu de sang innocent, et bâti des hauts lieux
» pour y brûler leurs enfants, et les offrir en holocauste à
» ces dieux; choses que je n'ai point ordonnées, dont je
» n'ai point parlé, et qui ne sont jamais montées dans mon
» cœur; les jours viennent, dit le Seigneur, et la vallée d'En-
» non sera appelée la vallée du carnage. »

Vous voyez, Monsieur, quand et à qui ces Israélites, indignes de l'être, offraient ces odieux sacrifices. Ce n'était
point *à leur dieu :* c'était lorsqu'ils le quittaient pour des
dieux étrangers, ou lorsqu'au mépris de la loi ils mêlaient au
culte qu'elle prescrit les rites impurs des nations idolâtres.
Mais vous voyez aussi quelle horreur Moïse et les prophètes
leur inspiraient pour ces pratiques barbares.

(1) *Dit le Psalmiste.* Psaume CV, v. 37, etc. *Aut.*

(2) *A Jérémie.* Chap. XIX, v. 2, etc. *Aut.*

§ II. *Que la loi d'ordonner ou d'approuver qu'ils offris-*
sent à leur Dieu ces sacrifices, le leur défendait expres-
sément.

Vous nous dites pourtant, avec ce ton d'assurance que
vous savez prendre, mais qui n'en impose plus à personne,
que si « la loi juive condamne les sacrifices de sang humain,
» offerts par les Juifs aux dieux des Chananéens, elle leur
» prescrit d'en offrir de pareils à leur Dieu ; que ces sacri-
» fices sont clairement établis dans la loi de ce détestable
» peuple, et qu'il n'y a aucun point d'histoire mieux con-
» staté. »

Nous vous l'avouons, Monsieur, ces expressions de *peu-*
ple détestable, exécrable, etc., nous étonnent toujours dans
vos écrits. Il nous semble que ces termes emportés n'étaient
point faits pour trouver place dans les ouvrages d'un écrivain
poli et d'un philosophe humain et doux. Est-ce donc là l'ur-
banité française ? Est-ce là la modération qu'inspire une certaine philosophie ?

Quoi qu'il en soit, laissons les injures, et répondons aux
assertions ; voyons si ce que vous avancez avec une si étonnante confiance, comme le point d'histoire le mieux constaté,
a, je ne dis pas quelque certitude, mais seulement l'ombre de
la vraisemblance.

1° Si nous ne nous trompons, il est difficile de lire attentivement les passages que nous venons de rapporter, et surtout
ces mots de Jérémie « choses que je n'ai point ordonnées,
» dont je n'ai point parlé, et qui ne sont jamais montées
» dans mon cœur », sans sentir que ce n'est pas seulement
la destination, mais la barbarie de ces sacrifices que la loi
réprouve, et que les prophètes condamnent.

2° Si le Dieu des Juifs eût agréé ces sacrifices, aurait-il
arrêté la main d'Abraham, prêt à lui immoler son fils ? Content d'avoir éprouvé l'obéissance et la foi de son serviteur, il

lui défend d'étendre son bras sur une victime si chère, et lui
en substitue une autre. Cette conduite dans un temps où,
selon vous (1), les Chananéens immolaient déjà leurs enfants
à leurs dieux, n'annonce-t-elle pas que le Dieu d'Abraham
n'était point, comme les divinités de ces idolâtres, un dieu
qui se plût à voir couler le sang innocent? Le refus de cette
victime, dans ces circonstances, était sans doute une leçon
frappante, par laquelle Dieu, en même temps qu'il éprouvait
la foi d'Abraham, voulait apprendre pour toujours à ce saint
homme et à sa postérité l'horreur qu'il a de ses superstitions
barbares.

3° Si ces sacrifices avaient été prescrits ou approuvés par
la loi, aurait-on tant de peine à en trouver des exemples, et
comment auraient-ils été si rares? Comment tant de saints
personnages, tant de rois pieux, un David, un Josias, un
Aza, un Josaphat, un Ezéchias, etc., n'ont-ils jamais offert
ces sacrifices, qu'elle aurait autorisés et prescrits, ni recouru
à un aussi puissant moyen d'obtenir le secours du Seigneur
dans les fâcheuses extrémités où quelques-uns d'entre eux se
trouvèrent réduits? N'y a t-il pas lieu de croire que si ces
sacrifices avaient été permis, ils auraient été plus communs?
Jugeons-en par les autres peuples.

4° La loi juive entre dans les plus grands détails sur l'article des sacrifices; elle marque les espèces de quadrupèdes
et d'oiseaux qui pouvaient être offerts au Seigneur, les qualités qu'ils devaient avoir, le temps et les circonstances où
l'on devait les offrir, la manière de les préparer au sacrifice,
les cérémonies qui devaient l'accompagner, etc. Si cette loi
eût ordonné qu'on sacrifiât des hommes, si elle eût regardé

---

(1) *Selon vous.* « Philon dit que, dans la terre de Chanaan, on im-
molait quelquefois ses enfants, avant que Dieu eût ordonné à Abraham
de lui sacrifier son fils unique Isaac, pour éprouver sa foi. » Cette note
est de M. de Voltaire (Voyez *Politiq.* et *Législ.*, t. II, art. : Si l'intolérance fut de droit divin, pag. 133, t. XXX des *OEuvres*), à qui nous nous
joignons volontiers dans cette occasion. *Aut.*

les victimes humaines comme une des oblations les plus agréables au Seigneur, serait-il possible qu'elle n'eût rien prescrit, rien réglé sur les rites et les cérémonies de ces sacrifices ? N'aurait-elle pas déterminé quelles personnes devaient et pouvaient être offertes, en quelle occasion, et de quelle manière elles devaient l'être, etc. ? On n'y trouve néanmoins aucun détail, pas un seul règlement sur tous ces objets. Nous osons le dire, Monsieur, ce silence de la loi est une démonstration qu'elle n'exigeait ni n'approuvait ces sacrifices sanguinaires.

5° Mais voici quelque chose de plus positif. Il y a dans la loi juive une prohibition expresse d'offrir au Seigneur ces sacrifices. Elle se trouve au chapitre XII du *Deutéronome*, v. 29, 30, 31. Voici ce qu'on y lit : « Quand le Seigneur aura » chassé de devant toi ces nations (les Chananéens), et qu'il » t'aura établi à leur place, garde-toi de les imiter et de pren- » dre leurs cérémonies, en disant : « Comme ces nations ont » adoré leurs dieux, ainsi j'adorerai le mien. » Tu ne feras pas » de même à l'égard de ton Dieu. Car ces nations ont fait, » pour honorer leurs dieux, des abominations que le Seigneur » déteste, leur offrant leurs fils et leurs filles, et les brûlant » dans les flammes. » Il est clair que Dieu défend ici à son peuple, non-seulement d'honorer les dieux des Chananéens, mais d'imiter la manière dont ils les honoraient, déclarant spécialement que les sacrifices qu'ils leur faisaient de leurs fils et de leurs filles sont des usages abominables à ses yeux, un culte qu'il abhorre et qu'il proscrit : « Tu ne feras pas de » même, *dit-il*, à l'égard de ton Dieu : tu observeras ce que » je t'ai ordonné, et tu n'y ajouteras ni n'en retrancheras » rien. » En vérité, Monsieur, croire et soutenir, après une défense aussi formelle, jointe à toutes les réflexions précédentes, que la loi juive ordonnait ou autorisait les sacrifices de sang humain, n'est-ce pas s'aveugler volontairement et combattre l'évidence ?

§ III. *Objection tirée de la loi du Cherem, Lévitique , chap.* XXVII , v. 29. *Réponse.*

Cependant vous nous faites une objection à laquelle il faut répondre. Le Lévitique, dites-vous, *défend expressément, au verset* XXVII *du chap.* XXIX (1) , *de racheter ceux qu'on aura voués ; il dit ces propres paroles :* Il faut qu'ils meurent. (*Premiers Mélanges.* — Voyez *Diction. philos.*, tome v. art. Juifs, p. 139, t. LXI des *OEuvres.*) Et dans un autre endroit, vous assurez qu'*il était expressément ordonné par la loi juive d'immoler les hommes voués du Seigneur.* Tout *homme voué ne sera point racheté , mais sera mis à mort sans rémission.* La Vulgate *traduit*, non redimetur, sed morte morietur. (Dict. phil. art. *Jephté.*)

Mais puisqu'il est certain , comme on vient de le voir, que la loi juive ; loin d'exiger ou d'approuver les sacrifices de sang humain, les défendait expressément, on ne peut douter que le passage du *Lévitique* que vous citez , ne soit susceptible d'un autre sens que celui que vous lui donnez, et ce sens n'est pas difficile à découvrir.

Si vous eussiez pris la peine de lire avec attention, et dans l'original, ce chapitre du *Lévitique*, vous auriez vu, Monsieur, que dans la première partie il est question du *neder*, ou vœu simple , après lequel on pouvait racheter ce qu'on avait voué au Seigneur. On était si libre de faire un rachat, que la loi fixa dans le plus grand détail ce qu'on devait payer pour les personnes , les animaux, les maisons , les terres , ainsi voués. Lorsque quelqu'un , dit-elle , aura prononcé le *neder*, et voué son âme, c'est-à-dire sa vie, sa personne au Seigneur, si c'est un mâle, depuis vingt ans jusqu'à soixante ; il paiera

(1) *Chapitre* XXIX. Il fallait dire *au verset* XXIX du chapitre XXVII, car le *Lévitique* n'a pas vingt-neuf chapitres. C'est une faute à corriger dans la nouvelle édition. L'exactitude et la fidélité dans les citations ne sont pas le grand mérite de M. de Voltaire. *Edit.*

cinquante sicles d'argent, poids du sanctuaire, la femme trente.
Depuis cinq ans jusqu'à vingt, on donnera pour le mâle quinze
sicles, pour la femme dix : depuis un mois jusqu'à cinq
ans, pour le mâle cinq sicles, pour la femme trois; pour
l'homme de soixante ans et au-dessus, quinze sicles, pour la
femme dix. Si l'homme est pauvre, il se présentera devant
le prêtre, et paiera ce que le prêtre aura estimé qu'il pourra
payer. Si l'animal voué est un des animaux purs, il sera im_
molé; s'il est impur, le prêtre en déterminera la valeur; et
si l'homme qui l'a voué veut le racheter, il ajoutera à la somme déterminée par le prêtre un cinquième en sus.

Dans le vingt-huitième verset, il s'agit du *Cherem* particulier et volontaire. Ce *Cherem* était un vœu indispensablement
obligatoire; c'était un dévouement irrévocable accompagné
de serment, une consécration absolue et sans retour, par
laquelle on cédait au Seigneur tous ses droits à la chose. Tout
Israélites pouvait ainsi dévouer ce qui lui appartenait, *quæ
habet : quæ illius sunt;* sa maison, ses terres, ses bestiaux,
ses esclaves, etc., et les choses ainsi dévouées ne pouvaient
être ni vendues ni rachetées à quelque prix que ce fût. « Ce
» qui avait été voué par le *neder* était saint à l'Eternel; mais,
» *dit le verset* 28 ce qui aura été dévoué par le *Cherem,*
» homme, animal, terre, sera très saint à l'Eternel », c'est
à-dire lui appartiendra sans pouvoir retourner au premier
maître par échange ou par rachat. En conséquence de cette
loi, les animaux, les terres, les maisons restaient en propriété au temple et à ses ministres. Quant aux hommes, c'est-
à-dire aux enfants et aux esclaves (car ce sont là les personnes qui appartenaient au père de famille, et les seules qu'il
pouvait dévouer), ils n'étaient point *sacrifiés;* ils étaient consacrés au Seigneur, et employés pour toute leur vie au service
du temple et des prêtres. C'est ainsi, Monsieur, que tous les
écrivains juifs, qui apparemment entendaient leurs lois, ex-
pliquent ce vingt-huitième verset.

Enfin, dans le vingt-neuvième que vous citez seul, et sur

lequel vous vous appuyez uniquement, il n'est plus question
de ce *Cherem particulier et volontaire*. Ce verset ne regarde
que les personnes dévouées à la destruction par le *Cherem
pénal*, *l'anathême solennel*, prononcé par l'autorité publique. Tels furent les Chananéens dévoués par Dieu même à
être exterminés en punition de leurs abominations exécrables,
tels Sehon et les Amorrhéens ses sujets, les Amalécites, dont
il avait été dit : *Exterminez le nom d'Amalec*, *et qu'il n'en
soit plus parlé sous le ciel ;* les Madianites, les habitants de
Jéricho, etc. Ce Cherem pénal est prononcé au chapitre XXII
de l'*Exode*, et XIII du *Deutéronome*, contre tout particulier
et toute ville Israélite qui tomberaient dans l'idolâtrie, et
sacrifieraient à d'autres dieux qu'au Seigneur. On en voit encore un exemple dans le livre des *Juges* (chap. XXI, v. 5),
où l'assemblée générale du peuple d'Israël soumet à l'anathême, et s'engage de mettre à mort tous ceux qui ne se
rendraient pas à Masphat pour combattre les Benjamites :
dévouement en conséquence duquel les habitants de Jabès
en Galaad, qui ne s'y trouvèrent point, furent passés au fil
de l'épée.

Toutes les personnes ainsi dévouées devaient être exter-
minées, comme exécrables et maudites. Aucune rançon ne
pouvait être acceptée à leur place, quelque considérable
qu'elle pût être. Elles étaient mises à mort sans rémission :
mais elles n'étaient point *sacrifiées* ; peine de mort et sacrifice ne sont pas la même chose ; ce serait ignorance ou mauvaise foi de vouloir les confondre. « Tout homme, *dit le
» texte*, dévoué par le Cherem ne pourra être racheté, il
» mourra de mort. »

Voilà, Monsieur, comme ce chapitre du *Lévitique* doit
s'entendre, au jugement de tous nos écrivains anciens et
modernes ; et leur consentement unanime doit être, ce semble, de quelque poids, du moins lorsqu'il s'agit de l'intelligence de nos lois et de la connaissance de nos usages.

Cette explication, qui, comme vous voyez, n'est pas nou-

velle, concilie parfaitement tout ce passage du *Lévitique* avec
l'horreur que l'Ecriture inspire partout pour l'homicide en
général, et pour les parricides religieux en particulier, et
avec la défense très expresse et très claire que nous avons
citée du *Deutéronome*. Elle a de plus l'avantage d'être conforme à l'usage constant de la nation juive, chez laquelle il ne
se trouve aucun exemple de maître qui ait immolé ses esclaves, ni de père qui ait sacrifié ses enfants *au Seigneur*,
si ce n'est peut-être celui de Jephté, dont il faut dire ici
quelque chose.

§ IV. *S'il est évident que Jephté immola réellement sa
fille : si ce sacrifice, en le supposant réel, était dans
l'esprit de la loi.*

Vous commencez, Monsieur, par décider la question. *Il
est certain*, dites-vous, (Traité de la tolérance, — Voyez
Politiq. et Législat., tom. II, *Traité de la tolérance*, pag.
131 et 132.) *par le texte de l'Ecriture, que Jephté immola sa fille.* A quoi vous ajoutez, dans le *Dictionnaire philosophique*, article Jephté : *Il est évident par le texte du livre
des Juges que Jephté promit de sacrifier la première personne qui sortirait de sa maison pour venir le féliciter de
sa victoire. Sa fille unique vint au devant de lui : il déchira
ses vêtements, et l'immola, après lui avoir permis d'aller
pleurer sur les montagnes le malheur de mourir vierge....*
Je m'en tiens au texte : *Jephté voua sa fille en holocauste,
et il l'immola.*

Si vous vous en teniez au texte, vous auriez raison, Monsieur, il ne resterait plus qu'à savoir si vous l'entendez bien.
Mais dire que Jephté promit de sacrifier la première *personne*
qui sortirait de sa maison pour venir le *féliciter sur sa victoire*, et qu'il permit à sa fille d'aller pleurer sur les montagnes *le malheur de mourir vierge*, est-ce vous en tenir au
texte, ou l'accommoder à vos idées ? Où trouvez-vous dans le

texte cette *première* personne sortie de sa maison, ces *féli-citations sur sa victoire*, et ce malheur de *mourir vierge*.

D'autres n'y voient, Monsieur, que le vœu alternatif de consacrer au Seigneur ou d'offrir en holocauste, non la *pre-mière personne*, mais *ce qui se présenterait le premier à lui en entrant dans sa maison*; et la permission donnée à sa fille d'aller *pleurer sa virginité*, et non pas *le malheur de mourir vierge*. Ces expressions ne sont pas tout-à-fait les mêmes : les vôtres tranchent la question ; celles du texte la laissent en quelque sorte indécise.

Joignez à cette espèce d'indécision du texte combien il est difficile de se persuader que Jephté ait fait un vœu barbare auquel la nature répugnait, que la raison condamnait, et qu'il ne devait pas ignorer que Dieu avait en horreur : com-bien il est peu vraisemblable qu'il l'ait exécuté lui-même, ou que les prêtres lui aient servi de ministres, que les magistrats l'aient permis, que le peuple l'ait souffert, etc.

Aussi ce qui vous paraît *évident et certain par le texte* a-t-il paru fort douteux à plusieurs savants, tant juifs que chrétiens (1). Ils prétendent au contraire, et non sans fonde-ment, que la fille de Jephté ne fut pas réellement sacrifiée, mais seulement consacrée au service du tabernacle, dans une perpétuelle virginité ; et que ce fut cette consécration, cette nécessité de passer ses jours dans le célibat humiliant

_____

(1) *Que chrétiens.* Voyez ce qu'en ont écrit entre autres les savants commentateurs de la *Bible anglaise*, ceux de *l'Histoire universelle*, etc. Joignez-y Grotius, Le Clerc, Masham, Vatable, Jenkins, le Père Houbigan, une Dissertation donnée nouvellement par M. Bauer sur-tout, Schudt, qui a recueilli tout ce qui s'est dit de plus fort en faveur de la consécration de la fille de Jephté au célibat. Nous croyons qu'a-près avoir lu tous ces écrivains, on pourrait au moins former des doutes raisonnables sur ce qui paraît si *évident* à M. de Voltaire. Au reste, on peut prendre sur cette question le sentiment qu'on juge à propos ; que le sacrifice de Jephté ait été réel ou non, il n'en résul-tera jamais que la loi juive ait exigé ou permis de tels sacrifices ; ce que M. de Voltaire veut prouver. *Aut.*

aux yeux de toutes les femmes juives, qu'elle alla pleurer sur les montagnes, et qui arracha des larmes à son malheureux père, privé par là de l'espoir de ne se voir aucune postérité d'une fille si chère.

Quoi qu'il en soit, Monsieur, quand on vous accorderait que ce sacrifice fut réel, comme en effet plusieurs de nos écrivains anciens et modernes l'ont pensé, comme l'ont soutenu quelques-uns de nos savants (1), et comme nous serions portés à le croire, s'ensuivrait-il qu'il a été dans l'esprit de la loi? Jephté put se croire obligé de l'offrir; mais Jephté était-il infaillible? N'a-t-il pas pu être emporté hors des règles, par un zèle plus ardent qu'éclairé, par un attachement scrupuleux et mal entendu, à l'engagement imprudent qu'il avait pris? Est-ce par la conduite d'un seul homme, qui pouvait se tromper, ou par l'usage constant de la nation, et par le texte même de la loi, qu'il faut juger de son véritable sens?

A quelle loi Jephté aurait-il voulu obéir? A la loi du *Neder* ou vœu simple? Mais après le vœu simple, on pouvait racheter ce qui avait été voué. A la loi du *Cherem*? Mais, dans tout le récit du vœu de Jephté, il n'est question que du *Neder* et jamais du *Cherem*. Jephté parle de sacrifier, d'offrir en holocauste; et la loi du *Cherem* ne parle pas d'holocaustes, ni de sacrifices, mais de dévouement et de peine de mort.

Enfin, si Jephté n'agit que par obéissance à une loi expresse et connue, si ce fut un trait de zèle et de piété d'avoir fait ce vœu, et une fermeté louable de l'avoir exécuté, comment n'a-t-il jamais eu d'imitateurs? Comment les écrivains inspirés n'ont-ils loué en aucun endroit, ni proposé cette action pour modèle? *Saint Augustin et presque tous les Pères de l'Eglise l'auraient-ils blâmée* (Voyez *Polit. et Législ.*, t. II, *Traité de la tolérance*, p. 131 et 132), comme vous dites qu'ils l'ont fait? Et tous ceux de nos écrivains qui ont cru ce sacri-

(1) *Quelques-uns de nos savants.* Nous pouvons citer entre autres Louis Capelle, Dom Martin, Guillaume Dodwel; M. Chais paraît se décider aussi pour ce sentiment.

fice réel se seraient-ils réunis, anciens et modernes, à dire comme Josèphe, *qu'il ne fut ni conforme à la loi, ni agréable à Dieu?*

Mais l'Ecriture dit *que Jephté fut rempli de l'esprit de Dieu, et saint Paul, dans son épître aux Hébreux, chap. II, fait l'éloge de Jephté, et le place avec Samuel et David.*

Oui, Monsieur, l'Ecriture dit que Jephté fut rempli de l'esprit de Dieu; mais elle ne dit nulle part que ce fut lorsqu'il voua sa fille, et qu'il accomplit son vœu; et il nous paraît que les chrétiens prouvent assez bien que si *saint Paul* met Jephté au rang des héros Israélites, ce n'est pas à raison de ce sacrifice, dont il ne dit rien, quoiqu'il parle de celui d'Abraham.

Mais, ajoutez-vous encore, *saint Jérôme, dans son épître à Julien, dit : Jephté immola sa fille au Seigneur, et c'est pour cela que l'Apôtre le compte parmi les saints. Dieu,* dit dom Calmet, *n'approuve pas ces dévouements, mais lorsqu'on les a faits, il veut qu'on les exécute, ne fût-ce que pour punir ceux qui les faisaient. —* Voyez *Politique et Législation*, tome II.

Saint Jérôme, Monsieur, était un des plus savants hommes de son temps : il connaissait notre langue, notre histoire, notre géographie, etc. Mais nous ne croyons pas qu'il soit une autorité infaillible, même parmi les chrétiens, ni dom Calmet, non plus.

Au reste, *si saint Jérôme a dit que Jephté est mis par l'Apôtre au nombre des saints parce qu'il immola sa fille,* il dit aussi que ce ne fut point le sacrifice qui fut agréable au Seigneur, mais l'intention de celui qui l'offrait : *Non sacrificium placet, sed animus offerentis.* C'est ce que remarque dom Calmet, à qui vous devez la citation de l'épître à Julien, qu'apparemment vous n'avez pas lue.

Puis donc qu'il n'est pas sûr que le sacrifice de Jephté ait été réel, et qu'il est certain que s'il a été réel, il ne fut point conforme à la loi, cet exemple ne prouve point ce que vous

voulez en conclure. Ceux que vous y ajoutez ne le prouvent
pas davantage.

§ V. *Autres prétendus exemples de sacrifices de sang humains; d'Agag, des trente-deux filles madianites, de
Jonathas, etc.*

Vous regardez, Monsieur, la mort d'Agag comme une
conséquence de la loi du *Lévitique*. C'est, dites-vous, (*Trai-
de la tolérance*, Voyez *Politique et Législation*, tome II;
— *Philosophie de l'histoire*, voyez *Introd. à l'Essai sur les
mœurs*, pag. 161 et 162, et ailleurs, car ce trait est souvent
répété.) *en vertu de cette loi que Samuel coupa en morceaux
Agag, à qui Saül avait pardonné, et c'est même pour
avoir épargné Agag que Saül fut réprouvé du Seigneur.*

En vertu de cette loi. Vous avez raison, Monsieur, si par
cette loi vous entendez celle du vingt-neuvième verset, la loi
du *Cherem pénal*. Mais puisqu'elle était si formelle, Saül n'a-
vait-il pas tort de l'enfreindre?

Observons pourtant qu'Agag, soumis à l'anathême, comme
Amalécite, est mis à mort par une autre raison encore, pour
ses cruautés personnelles. *Comme ton épée*, lui dit Samuel
en l'égorgeant, *a enlevé leurs enfants à des mères, ainsi
ta mère sera sans enfants.* Le traitement qu'il éprouve est
donc en partie la peine de son inhumanité. C'était non-seulement le chef d'un peuple proscrit, mais un tyran sanguinaire.
Quel si tendre intérêt croyez-vous devoir prendre au sort
de ce barbare?

Samuel coupa en morceaux Agag. C'est ainsi qu'on traduit d'ordinaire ce passage, et c'est apparemment ce qui vous
a donné lieu de traiter Samuel de *prêtre boucher.* Mais :
1° le mot hébreux, qui signifie tailler en pièces, couper en morceaux signifie aussi simplement mettre à mort avec l'épée.
2° L'âge de Samuel, les expressions du texte, le génie de la
langue hébraïque, tout porte à croire que le prophète ne mit

pas lui-même à mort Agag, mais seulement qu'il donna ordre de le faire mourir ; et c'est ainsi que Josèphe l'a entendu. Rien n'est plus commun, non-seulement dans les auteurs hébreux et grecs, mais même dans les latins, que de dire que quelqu'un a fait une chose, pour dire qu'il l'a fait faire. Pourquoi assurez-vous donc si positivement ce qui probablement n'a aucun fondement raisonnable ?

Vous oubliez encore que l'Ecriture reproche à Saül la conservation des bestiaux et des effets précieux des Amalécites. Ainsi ce ne fut pas précisément et uniquement *pour avoir épargné Agag* qu'il fut réprouvé.

Vous concluez de sa mort que *les Juifs offraient des hommes à la divinité : témoin*, dites-vous, *le roi Agag coupé en morceaux. En effet, on peut regarder la mort d'Agag comme un vrai sacrifice. On voit dans cette fatale aventure un dévouement, un prêtre, une victime : c'était donc un vrai sacrifice* (1).

Non, Monsieur, *Agag coupé en morceaux* ne prouve point que les *Juifs immolaient des hommes à la divinité*. Il est mis à mort, mais il n'est point offert en sacrifice. Dire qu'on voit dans cette aventure *un prêtre, une victime, etc.* ; que ce fut donc *un vrai sacrifice*, c'est jouer puérilement sur les mots, et, par une adresse plus digne d'un sophiste qui veut éblouir, que d'un philosophe qui cherche à instruire, conclure du figuré au propre.

Il n'y a pas plus de vérité dans ce que vous dites (*Philosophie de l'histoire*, Voyez *Polit. et Législ.*, tom. II, *Traité de la tolérance*, page 162. art. *Victimes humaines*), en parlant des Madianites, que *Moïse commanda qu'on massacrât tous les mâles, mais qu'on gardât les filles, dont trente-deux seulement furent immolées au Seigneur ;* et (Traité de la tolérance), *que plusieurs commentateurs prétendent que trente-deux filles furent immolées au Seigneur.*

(1) *Un vrai sacrifice.* Voyez *Traité de la tolérance.* Aut. — Voy. *Introd. à l'Essai sur les mœurs*, pag. 162.

Cesserunt in partem Domini triginta duæ animæ (Nomb., ch. XXXI).

Ces trente-deux filles furent la part du butin réservé au Seigneur : elles étaient destinées à servir dans son tabernacle comme esclaves (1) ; elles ne furent donc point immolées. *Si plusieurs commentateurs prétendent* qu'elles le furent, ils le *prétendent* sans fondement. Le texte ne le dit point, ou plutôt il dit, ou du moins il donne à entendre tout le contraire. Croyez-nous, Monsieur, *tenez-vous-en au texte.*

C'est encore selon vous (Premiers mélanges, Voyez *Philos.,* tome 1er, Sermons des cinquante, p. 388, tom. XXXII des *Œuvres) en suivant cette loi, la loi du* Lévitique, *que Saül voulut immoler son fils. Le premier roi juif,* dites-vous, *immola des hommes : il jura d'immoler au Seigneur celui qui aurait mangé. Le peuple heureusement fut plus sage que lui, et ne permit pas que le fils du roi fût sacrifié pour avoir mangé un peu de miel.*

Le premier roi Juif immola des hommes ! Quels hommes ? Où ? Quand les immola-t-il ? Daignez en instruire vos lecteurs. Quelle idée voulez-vous qu'on se fasse de vous, Monsieur, quand on vous voit avancer froidement des faussetés si palpables ? Si vous ne respectez ni la postérité, ni votre siècle, ne faudrait-il pas du moins vous respecter vous-même ?

Il jura d'immoler au Seigneur celui qui aurait mangé. Non, Monsieur, il ne jura pas *d'immoler au Seigneur celui qui aurait mangé* : il fit défense de manger, et serment de mettre à mort quiconque contreviendrait à cet ordre. Jonathas aurait donc perdu la vie pour avoir enfreint l'ordre de son général ; et encouru, par cette désobéissance, l'anathê-

---

(1) *Comme esclaves.* Les filles qui furent données aux combattants, au peuple et aux Lévites, devaient les servir comme esclaves. Il en était de même de celles qui furent *la part du Seigneur* : elles étaient destinées au service du tabernacle, et par conséquent elles ne devaient point être immolées ; on ne voit pas ici la moindre trace de sacrifice. Qu'importe à M. de Voltaire ? *Aut.*

me, la peine qui venait d'être prononcée; mais il n'aurait point été *immolé au Seigneur*. Etre puni de mort, ce n'est pas être offert en sacrifice. Quand vos rois s'engagent par serment de ne jamais faire grâce aux duellistes, et qu'en conséquence on les condamne à mort, est-ce un *sacrifice* qu'on offre au Seigneur?

§ VI. *Si c'est une question de nom, que les Juifs aient sacrifié ou non des hommes à la divinité.*

Enfin, Monsieur, on lit dans vos *Mélanges* (Voyez *Dictionn. philosoph.*, tom. v, art. Juifs, pag. 139, tom. XLI des Œuvres.) ce singulier raisonnement : *Les savants ont agité la question si les Juifs sacrifiaient en effet des hommes à la divinité, comme tant d'autres nations. C'est une question de nom. Ceux que ce peuple consacrait à l'anathème n'étaient point égorgés sur un autel avec des rites religieux; mais ils n'en étaient pas moins immolés.*

Si *les savants ont agité cette question*, c'est une preuve qu'ils n'en ont pas toujours agité de fort raisonnables. Il suffisait de savoir combien la loi juive condamne ces cruelles pratiques idolâtres, pour être persuadé qu'elle ne les a point ordonnées.

C'est une question de nom. Si c'en est une, si vous la regardez comme telle, pourquoi y revenez-vous si souvent? Pourquoi la rebattez-vous en tant de manières? Une question de nom ne méritait pas tant d'attention de votre part.

Mais encore, comment prouvez-vous que c'en est une? *Ceux que ce peuple dévouait*, dites-vous, *n'étaient point égorgés sur un autel, avec des rites religieux.* Vous dites vrai, Monsieur; mais vous ne dites pas tout. Ajoutez qu'ils n'étaient point offerts à la divinité, et concluez que ce n'étaient donc point de vrais *sacrifices.* Autrement, il faudrait dire que tout ennemi, tout citoyen rebelle, tué dans une place prise d'assaut, surtout dans une guerre de religion, est sacrifié à la divinité : en ce cas que de sacrifices offerts dans la seule journée de la Saint-Barthélemy ?

Mais ils n'en étaient pas moins immolés, c'est-à-dire, tués. Vous revenez encore à jouer sur les mots !

§ VII. *Récapitulation et conclusion.*

Nous finissons en le répétant, Monsieur ; dans le vingt-neuvième verset du vingt-septième chapitre du *Lévitique*, il n'est point question de *sacrifices*, mais de châtiments sévères et irrémissibles, de dévoûments et de condamnations à la mort irrévocables. Ceux que l'autorité publique avait ainsi dévoués étaient mis à mort sans rémission, mais ils n'étaient point *immolés*. Chaque chose a son nom dans les langues : nommer *immolation et sacrifice* ce que tous les autres appellent châtiment, peine de mort, exécution militaire, etc., c'est abuser évidemment des termes, et brouiller à plaisir les mots et les idées.

On ne doute point que les sacrifices de sang humain n'aient été en usage chez les Chananéens, les Egyptiens, les Carthaginois, les Romains, etc. L'histoire nous l'apprend ; mille témoignages incontestables nous le confirment. Il y avait des rites prescrits, des circonstances et des temps marqués pour ces cérémonies barbares : le gouvernement et la religion les autorisaient également. Des prêtres inhumains égorgeaient ces malheureuses victimes ; leur sang coulait sur les autels, et le peuple l'offrait aux dieux, comme l'oblation la plus propre à mériter leurs bienfaits et à détourner leur vengeance. Il aurait fallu montrer de pareils traits dans l'histoire de nos pères : alors on aurait pu vous croire. Mais un texte mal entendu et des équivoques puériles ne suffisent pas pour leur imputer un culte détestable qu'ils étaient venus punir dans les peuples de Chanaan ; un culte que leur loi proscrit formellement, et dont vous trouvez à peine dans toutes leurs annales un seul exemple condamné par ceux mêmes qui l'avouent, et qui n'a été imité par personne.

Oui, Monsieur, loin de croire que notre législation ait prescrit ou approuvé ces pratiques barbares, on avouera, pour peu que l'on connaisse notre histoire et nos lois, que c'est à notre religion et aux religions sorties de son sein, que l'univers doit l'abolition de cet horrible culte. Et vous, écrivain instruit, philosophe impartial, vous venez accuser nos pères de l'avoir pratiqué? En vérité, il faut que vous soyez bien sûr de vos lecteurs, si vous ne craignez pas que tous ces reproches, dont le faux saute aux yeux, ne leur rendent à la fin vos lumières et votre bonne foi suspectes.

Nous sommes avec respect, etc.

LETTRE IV.

De la permanence de l'âme après la mort : des peines et des récompen-- ses d'une autre vie. Ce qu'en pensaient les Hébreux, et ce qu'en pense M. de Voltaire.

Il paraît que le dogme de la permanence de l'âme, et la croyance des peines et des récompenses d'une autre vie, vous ont souvent occupé, Monsieur (*Philosophie de l'histoire* — Voyez *Introduction à l'Essai sur les mœurs, Traité de la tolérance, Lettres de Memmius* (1), etc., etc.,) il n'est presque aucun de vos ouvrages philosophiques où vous ne soyez revenu sur ces questions. Nous n'en sommes point surpris : elles sont en effet importantes; il n'en est guère de plus dignes des réflexions et de l'examen d'un sage.

Vous envisagez ce sujet, Monsieur, principalement sous deux points de vue, par rapport au peuple hébreu, et par rapport à vous-même. Dans ce que nous allons en dire, nous

(1) Les Lettres de Memmius sont dans le tome 1er de la *Philosophie.*

nous proposons de le considérer aussi sous ces deux aspects.
Ni l'un ni l'autre ne pouvaient nous être indifférents ; et probablement nous ne serons pas les seuls à qui il paraîtra intéressant de savoir ce que pensait sur cette manière l'un des
plus anciens peuples du monde, et ce qu'en pense aujour-
d'hui l'oracle de la philosophie moderne ; si ce peuple célèbre était moins instruit sur ces questions que tous les peuples
d'alors, et si un homme de génie dont les écrits doivent immortaliser la gloire (1), juge son âme esprit ou matière,
corruptible ou immortelle, ou même s'il croit avoir une âme.
Telle sera, Monsieur, si vous le permettez, le sujet de cette
Lettre.

§. I. *Sentiments des Juifs sur la permanence des âmes, etc.*

Vous ne doutez pas, Monsieur, que ces dogmes ne fassent
aujourd'hui partie de notre croyance. C'est un des articles
du symbole que nous a donné un de nos plus savants rabbins (2). Cette profession de foi est adoptée dans toutes nos
synagogues ; et nous regardons comme séparé de notre
Eglise, quiconque combat cette doctrine ou refuse de la
croire.

Ces sentiments ne sont pas nouveaux parmi nous, Monsieur, Les écrivains de la Grèce et de Rome qui nous ont
connus, rendent témoignage de cette croyance du peuple
juif (3) ; et l'auteur de votre religion, ainsi que ses disciples,
l'attestent de même (4).

(1) *Immortaliser la gloire.* Tous les écrits de M. de Voltaire ne sont
pas faits pour immortaliser sa gloire. Faut-il qu'il y en ait tant qui
pourront immortaliser... ? Arrêtons-nous. Nous ne cherchons point
à mortifier ce grand écrivain. On nous a reproché cent fois de le louer
fastidieusement : nous le louons toujours avec plaisir ; nous ne le blâ-
mons qu'à regret. *Aut.*

(2) *Savants rabbins.* On trouve cette profession de foi dans le *Traité
de Buxtorf* sur *la synagogue* ; elle fut dressée par Maimonide. *Chrét.*

(3) *Du peuple Juif.* Voyez Tacite, Pline le naturaliste, etc. *Aut.*

(4) *De même.* Voyez *Evangile de saint Mathieu*, chapitre XXII ;

Il est vrai que dès-lors s'était élevée parmi nous une secte qui niait ces dogmes. Vous donnez adroitement à entendre ce que le déiste *Morgan* avait dit ouvertement avant vous, que ces *Sadducéens* étaient les restes des anciens Juifs, et qu'ils n'avaient fait que persister dans les sentiments de leurs pères en refusant d'adopter la nouvelle doctrine de l'immortalité de l'âme. Mais l'origine de leur secte est connue : on sait qu'Antigonus et Sadoc en furent les premiers auteurs, et que celui-ci même lui donna son nom. Ainsi elle ne remonte pas à deux siècles au-delà de l'ère chrétienne; elle commença au temps où nos pères eurent plus de commerce avec les Grecs et plus de connaisance de leur philosophie (1) : c'est un des fruits qu'elle produisit parmi nous. Avant ce commerce, ces dogmes étaient crus dans la nation. Dès le temps des Machabées, on en voit des preuves frappantes dans notre histoire. On y prie, on y offre des sacrifices pour les morts : on y meurt dans l'espérance d'une meilleure vie; et c'est par cet espoir qu'une mère généreuse soutient ses enfants au milieu des tourments qu'ils souffraient pour la défense de la religion de leurs pères (2)

§ II. *Qu'il n'est pas probable que les Juifs n'aient connu ces dogmes que depuis la captivité de Babylone.*

Vous ne niez pas ces derniers faits, Monsieur : vous prétendez seulement que ces dogmes ne nous furent connus que depuis la captivité de Babylone. C'est une de vos assertions favorites et des plus souvent répétées : elle ne doit point sur-

de S. Marc, chap. xii; les Epîtres de S. Paul, et surtout celle aux Hébreux, etc. *Chrét.*

(1) *Philosophie.* Il paraît que les philosophes grecs, Démocrite, Epicure, etc., furent les premiers à douter de l'immortalité de l'âme, crue alors chez la plupart des peuples. *Aut.*

(2) *De leurs pères.* Voyez *Machabées*, livre 2, et Josèphe, *Discours sus les Machabées. Aut.*

prendre de votre part. Quand on en est venu jusqu'à soutenir de sang-froid que les Juifs apprirent tout, même à écrire,
pendant la captivité de Babylone, on peut bien assurer aussi
qu'ils y ont appris les dogmes de la permanence des âmes et
d'une autre vie. Mais pour être souvent répétée, cette assertion n'en est pas plus vraie.

D'abord la manière même dont vous vous y prenez pour
l'établir suffirait seule pour la réfuter. « C'étaient, dites-vous,
les dogmes des Perses, des Babyloniens, des Chaldéens,
des Syriens, des Crétois, des Phéniciens, des Arabes; ils
étaient admis dans toute la Grèce, dans les îles, dans l'E-
gypte; les Juifs seuls parurent ignorer les mystères. »

Mais, Monsieur, les ancêtres des Juifs étaient nés Chaldéens; ils avaient habité dans la Syrie; ils furent longtemps
voisins des Arabes; ils avaient fait deux cents ans de séjour en
Egypte; ils s'étaient enfin établis près de la Phénicie. Et vous
prétendez qu'ils ignorèrent toujours un dogme connu par les
Phéniciens, cru par les Chaldéens, les Syriens, les Arabes;
un dogme qu'on professait hautement en Egypte, et qui y
tenait à la religion et à la police ! Vous prétendez que ce dogme, leur naissance en Chaldée, leur demeure en Syrie,
le voisinage de tant de peuples qui le croyaient, et leur séjour
de deux cents ans dans l'Egypte où il était public, n'avaient
pu le leur apprendre; une captivité de soixante-dix ans à
Babylone, aurait suffi, non-seulement pour les en instruire,
mais pour le leur persuader, et les en convaincre, au point
de braver la mort, et de donner leur vie en conséquence de
cette doctrine. Sont-ce là, Monsieur, des conjectures vraisemblables? Elles le sont d'autant moins, qu'Ezéchiel, Jérémie, Baruch, Daniel, en un mot, tous les prophètes d'alors
ne cesssaient de les prémunir contre les dogmes et contre les
cultes des peuples chez lesquels ils étaient captifs; et qu'en
effet, instruits par leur malheur, ils conservèrent dans ces
pays la pureté de leur religion.

« Mais, dites-vous, ils apprirent, dans cette captivité, les noms des Anges, on ne trouve ces noms dans aucun des livres qui l'ont précédée (1).

Nous convenons, Monsieur, que la doctrine de l'existence des anges est intimement liée à celle de la permanence des âmes : elle prouve que des substances intelligentes peuvent exister sous l'enveloppe grossière d'un corps mortel. Mais, outre qu'il est ridicule d'imaginer qu'avant cette époque les Juifs ne connaissaient absolument rien que ce qui se lit dans le petit volume des livres antérieurs à la captivité; si nos pères ne connaissaient pas, avant la captivité, tous ces noms, tous ces ordres d'anges, dont ils parlèrent dans la suite, on ne peut nier du moins qu'ils n'en connussent l'existence : témoin tant d'apparitions d'anges à Abraham, à Jacob, à Josué, à David, etc., rapportées dans les livres antérieurs à la captivité. Ils n'avaient donc pas besoin d'emprunter des Babyloniens cette raison de croire la permanence des âmes.

§ III. *Que la plupart des raisons qui prouvent que les Perses, les Babyloniens, etc., croyaient la permanence des âmes, prouvent aussi que les anciens Hébreux la croyaient de même.*

Nous ne vous disputerons pas que les Perses, les Babyloniens, tous les anciens peuples croyaient ces dogmes. Longtemps avant vous, l'orateur romain assurait que c'était la croyance commune de toute l'antiquité : « Autorité, disait-il, d'autant plus respectable, qu'elle approche de plus près de l'origine des choses et de la source pure de toutes les vérités (2). » Mais nous vous demanderons comment les anciens

____

(1) *Précédée.* Voyez *Philos. de l'hist.* (*Introduction à l'Essai sur les mœurs*, art. Anges, et *Dict. philosophique*, art. Juifs.) etc. *Aut.*

(2) De toutes les vérités. *Permanere animos arbitramur consensu omnium nationum.... Auctoribus quidem ad istam sententiam uti optimis possumus; primùm quidem omni antiquitate, quæ quo propiùs ab ortu aberat et diviná progenie, hoc meliùs fortassè*

peuples ont connu celle dont nous parlons. Si c'est par la lumière naturelle, les Hébreux l'avaient comme eux ; et, à en juger par leurs livres, ils l'avaient cultivée plus qu'eux. Si c'est par les traditions anciennes, aucun peuple ne les a conservées avec plus de soin que les Hébreux : c'est à eux plus qu'à tout autre, que vous devez la connaissance de l'histoire et des dogmes de l'ancien monde.

Nous vous demanderons encore sur quoi vous jugez que les Perses, les Babyloniens, tous les peuples de l'antiquité croyaient ces dogmes. Est-ce par le soin qu'ils prenaient des morts, de leurs sépultures et de leurs tombeaux ? Vous trouverez les mêmes soins chez les Hébreux, et les sépulcres célèbres d'Abraham, de Jacob, de David, et de nos autres rois. Est-ce parce que « les anciens peuples regardaient la vie comme un voyage, leurs maisons comme des habitations passagères, et les tombeaux comme leurs demeures éternelles (1)? » Nos pères se disaient de même *étrangers et voyageurs sur la terre. Les jours de mon pèlerinage*, disait l'un d'entre eux au roi d'Egypte, *sont de cent trente ans, jours courts et malheureux, qui n'approchent point de ceux de mes pères* (Gen. XLVII 9). Or, reprend un de vos apôtres, en se déclarant étrangers et voyageurs sur la terre, ces saints hommes faisaient voir, par ces expressions, qu'ils n'étaient point dans leur patrie, mais qu'ils la cherchaient. Si cette patrie eût été celle qu'ils avaient quittée, il ne tenait qu'à eux d'y retourner ; mais non, c'en était une autre, la patrie céleste que Dieu leur avait préparée. » Est-ce enfin par le mépris généreux de la mort, et par la constance à la

---

quæ vera erant, cernebat. Omni autem in re, consensio omnium gentium lex naturæ putanda est (Tuscul.) *Aut.*

(1) *Leurs demeures éternelles.* Ces expressions étaient communes, surtout parmi les Egyptiens. Moïse, élevé parmi eux, et parlant aux Hébreux qui étaient restés si longtemps en Egypte, attachait sans doute à ces expressions de voyage, de pèlerinage, etc., les mêmes idées que les Egyptiens. *Aut.*

braver dans l'espérance d'une meilleure vie? Quel autre espoir pouvait soutenir nos prophètes au milieu des persécutions, des tourments et des différents genres de mort qu'ils souffrirent? Quel motif animait nos patriarches errants sur la terre sans habitation et sans demeure fixe, si ce n'étaient pas, comme le dit votre apôtre, la vue « de la récompense qu'ils attendaient, la vue de cette ville qui a des fondements, et dont Dieu même est l'architecte et le constructeur? (Héb. XI.) »

On donne encore comme une preuve du dogme de la permanence des âmes, chez les anciens peuples, l'usage superstitieux où ils étaient d'évoquer et d'interroger les morts. Or, cette pratique était si commune parmi les Hébreux, que Moïse crut devoir la leur défendre par une loi expresse. Leur premier roi fut obligé de menacer de peine de mort, ceux qui, malgré la loi, exerçaient cet art criminel. Après ces menaces, il y recourut lui-même. Aurait-il pensé à consulter l'âme de Samuel, s'il n'eût cru que les âmes existaient encore après la mort? Et si cette croyance n'avait été commune de son temps, cette pensée lui serait-elle venue à l'esprit?

Vous essayez, Monsieur, d'infirmer ce raisonnement. Mais à qui persuaderez-vous qu'on ait consulté ce qu'on ne croyait pas exister? Assurément, Monsieur, tous ceux qui ont évoqué les âmes des morts pour les interroger, soit Juifs, soit païens, en supposaient la permanence (1). *On n'interroge point ce qu'on ne croit point exister.*

Vous direz peut-être « que les anciens peuples avaient leur empire des morts, les Latins leurs *enfers*, les Grecs leur *hadès*, les Egyptiens leur *amenthès*, etc.; lieux souterrains,

---

(1) *La permanence.* C'était aussi le raisonnement de Fréret. « Ce passage, disait-il en parlant de cette loi, mérite beaucoup d'attention, parce qu'il prouve, contre les Sadducéens modernes, qu'au temps de Moïse, les Hébreux croyaient communément les âmes immortelles; sans cela, ils ne se seraient point avisés de les consulter. On n'interroge point ce que l'on ne croit point exister. Il est singulier que cette conséquence ait été si peu aperçue jusqu'à présent. » Voyez *mémoires de l'Académie des inscriptions. Aut.*

où, selon eux, les âmes descendaient 'après; la mort pour y être punies ou récompensées. Les anciens Hébreux eurent-ils rien de semblable ? »

Les anciens Hébreux, Monsieur, divisaient l'univers en trois parties : la supérieure, qu'ils appelaient *sciamaïm*, les cieux, palais du Très-Haut; l'inférieure, qu'ils nommaient *scheol*, séjour des morts, et la surface de la terre, demeure des vivants. Ils figuraient ce *scheol* comme un vaste et profond souterrain. De là les expressions dont ils usaient en parlant de la présence de Dieu partout. « Il est plus élevé que les cieux, *disaient-ils*, et plus profond que le *scheol*. Si je monte au ciel, vous y êtes; si je descends au *scheol*, je vous y trouve (*Job, Psaumes*). »

Vous assurez, avec le ton le plus confiant, que leur *scheol* n'était qu'un tombeau. Mais d'abord, Monsieur, les deux textes que nous venons de citer suffisent seuls pour réfuter cette assertion. D'ailleurs, les Hébreux ont un autre mot pour exprimer le tombeau, le mot *keber*, qu'on trouve souvent dans leurs livres. Si le *scheol* n'était autre chose que le lieu de la sépulture; si les Hébreux n'y attachaient aucune autre idée, pourquoi n'usent-ils de ces expressions, *descendre au scheol*, qu'en parlant des hommes, et jamais en parlant des bêtes ! Et pourquoi ne joignent-ils jamais le mot *nephesches*, l'âme, avec le *keber*, les tombeaux, mais toujours avec le *scheol*; sinon parce que dans leur idée le *keber* était le tombeau, le réceptacle du corps, et le *scheol*, le rendez-vous commun des âmes après la mort ?

Ce fut sans doute cette idée qui donna lieu à ces expressions si fréquentes dans nos Ecritures, *d'aller se réunir à ses peuples, se rejoindre à ses aïeux, retrouver ses pères, etc.*; expressions dont elles usent même en parlant de ceux de nos patriarches dont les tombeaux étaient à de grandes distances de ceux de leurs ancêtres.

Si le *scheol* n'était pour les anciens Hébreux que le tombeau, comment entendre ce que Jacob disait à ses enfants,

qu'il irait rejoindre son fils Joseph au *scheol* ? Il le suppose
devoré par une bête féroce : ce n'est donc point du tombeau
qu'il parle, mais du séjour commun des morts ; c'est là qu'il
doit descendre et le retrouver.

Enfin, une preuve que les Hébreux entendaient par le *scheol*
autre chose que le tombeau, c'est l'usage constant des Septante.
Ces savants interprètes connaissaient sûrement la langue grecque et la langue hébraïque. Or, ils traduisent constamment
le mot *scheol*, non par le *taphos* des Grecs (le tombeau),
mais par *hadès* (1). Ils y attachaient donc la même idée, c'est-
à-dire l'idée du séjour commun des morts.

Il y a plus, Monsieur : il paraît clair que les Juifs parta-
geaient leur *scheol*, comme les Grecs leur *hadès*, et les Egyptiens leur *amenthès*, en deux parties : l'une réservée aux
justes, l'autre habitée par les méchants. Et cette division n'est
pas seulement des temps postérieurs, des temps de la naissance du christianisme (2), on en voit des traces dans les livres mêmes qui précédèrent la captivité. Isaïe, par exemple,
dans un de ses cantiques, décrivant poétiquement la mort du
roi de Babylone, vaincu et tué dans le combat, le représente
descendant au *scheol*. « A cette nouvelle, les profondeurs
de l'abîme sont émues. Les *rephaïm*, les morts autrefois
puissants sur la terre, princes, rois, conquérants, se lèvent
de leurs siéges : ils vont à sa rencontre, et le recevant dans
leur sombre séjour : Te voilà donc, lui disent-ils d'un ton
moqueur, astre brillant, fils du matin, qui disais dans ton
cœur : je monterai au ciel, je placerais mon trône au-dessus
des étoiles, je serai semblable au Très-Haut ; te voilà aus-

(1) *Leur hadès.* Le mot *scheol* se trouve environ soixante fois dans
nos Ecritures ; il y est toujours traduit par le mot ἅδης, excepté dans
un ou deux endroits, où on le rend par θάνατος. C'est la remarque du
docteur Péters, dans sa *Dissertation critique* sur Job, d'où nous
avons tiré une partie de ces observations. *Aut.*

(2) *Du christianisme.* Vos auteurs font allusion sans doute à la pa-
rabole de Lazare et du mauvais riche, où ce partage est supposé être
la croyance commune de ceux à qui Jésus-Christ parlait. *Chrét.*

descendu parmi nous !» Noble et sublime figure (1), mais discours intelligible pour les Hébreux, s'ils n'avaient pas eu de leur *scheol*, l'idée du rendez-vous commun des morts, et d'un lieu destiné, dans ce séjour, aux *rephaïm*, à ces géants célèbres par leur force et par leurs crimes, aux rois impies, aux conquérants injustes, tyrans orgueilleux des nations.

Bornés au dogme simple des peines et des récompenses d'une autre vie, nos pères, il est vrai, n'avaient pas mis dans leur *scheol* ce Tartare et ce Phlégéton, ces furies vengeresses occupées à tourmenter les coupables, ces roues où ils étaient attachés, ces vautours qui dévoraient leurs entrailles renaissantes, etc., folles imaginations des poètes grecs. Mais la simplicité même de la croyance de nos Hébreux en prouve l'ancienneté. Ils avaient conservé le dogme dans sa pureté primitive : après eux, la Grèce, croyant l'expliquer, l'altéra par ses fables, comme l'Inde et l'Egypte par leur métempsycose.

Ainsi, lumières naturelles, traditions anciennes, soin des tombeaux, mépris de la mort, existence des anges ou des génies, évocation et séjour commun des morts, etc., toutes les raisons qui prouvent que les anciens peuples croyaient les peines et les récompenses d'une autre vie, se trouvent aussi chez les Hébreux.

§ IV. *Preuves particulières de la croyance de ces dogmes chez les anciens Hébreux, tirées des livres de Moïse.*

Mais ouvrons leurs livres : outre ces preuves de leur croyance commune à tous les peuples, ils nous en fourniront de particulières. Attachons-nous aux principales, et commençons par celles que nous offrent les écrits de Moïse.

_____

(1) *Sublime figure.* Voyez Isaïe, chap. XIV. On en trouve une semblable dans Ezéchiel. Quand on a vu ces endroits de nos écrivains sacrés, et cent autres pareils, et qu'on entend M. de Voltaire avancer froidement qu'il n'y a ni éloquence ni poésie chez les Hébreux, on voit bien que ce bel esprit se moque de ses lecteurs. *Edit.*

Dieu crée l'homme; et, comme s'il eût voulu marquer dès-lors distinctement la double substance dont il le compose, c'est le seul être qu'il fait, pour ainsi dire, à deux fois. D'abord, *il forme son corps du limon de la terre*, puis *il l'anime de son souffle ; il le fait*, dit-il, *à son image et à sa ressemblance*. Or, ce n'est point par le corps que l'homme est l'image de Dieu; c'est par l'intelligence, par la raison, en un mot, par l'âme qu'il lui ressemble. Cette intelligence, cette âme, surajoutée au corps après sa formation, en est donc réellement distinguée; elle peut donc exister sans lui : conséquences claires que nos pères pouvaient tirer aussi bien que nous.

Plus loin, le Seigneur apparaît à Moïse dans le buisson ardent. Il s'y donne un nom qui puisse le distinguer de cette multitude de fausses divinités que les autres peuples adoraient. Il s'y nomme *je suis* : expression qui marque son éternité et son immutabilité. A ce titre il en joint un autre ; il se dit le *Dieu d'Abraham*, *d'Isaac et de Jacob*. Or, reprend l'auteur de votre religion, *Dieu n'est pas le Dieu des morts*. Ce raisonnement est simple, mais il est sans réplique.

L'Etre éternel, immuable, est le Dieu d'Abraham, d'Isaac et de Jacob, non-seulement le Dieu qu'ils servaient, mais le Dieu *leur allié, leur protecteur, qui leur avaient promis d'être leur grande récompense*. Ils étaient morts sans voir l'accomplissement de ses promesses : ils les avaient seulement *aperçues et saluées de loin*, dit un de vos apôtres. Or, l'Etre éternel et immuable ne saurait manquer à ses paroles. Ils devaient donc la recevoir un jour, *cette grande récompense :* ils n'avaient donc pas cessé d'être.

C'est pour eux qu'il va délivrer leurs descendants du joug de l'Egypte ; c'est pour eux, et *spécialement à cause d'eux*, comme il le déclare en termes exprès, qu'il va donner à leur postérité la terre qu'il leur avait promise ; il les aime donc encore. *Il récompense*, dit-il, *dans les enfants, jusqu'à la millième génération, ceux qui le craignent et le servent.*

S'il les aime tant de siècles après leur mort, croirons-nous qu'ils ne sont plus? L'Eternel, le Tout-Puissant, aime-t-il une cendre froide? Et l'homme qui croirait que tout finit à la mort, serait-il fort touché de ce qui arriverait si longtemps après lui?

Dans une de nos lois, il nous défend de nous désoler à la mort de nos proches : « Ne vous coupez point les cheveux, dit-il, ne vous faites point d'incisions au corps, à la mort de vos proches et de vos amis (comme faisaient les autres peuples) ; vous êtes les enfants de Dieu, un peuple saint et consacré à l'Eternel (*Deut.* XIX.) » Les enfants de Dieu! titre glorieux qui nous donne droit aux plus hautes espérances, et qui, comme dit votre apôtre, nous assure *la rédemption de notre corps*. « Les enfants des hommes, disait un philosophe chrétien, trop instruit pour ressembler aux sophistes qui se parent de son nom (1), les enfants des hommes sont mortels comme leurs pères; les enfants de Dieu participent à sa divine nature, et sont immortels comme lui. » On ne doit donc pas s'abandonner aux transports d'une douleur excessive quand on les perd. Pourquoi? sinon parce que tout ne finit pas pour eux avec cette courte vie? C'était sans doute ce qu'envisageait Balaam, lorsqu'il souhaitait que *son âme mourût de la mort des justes, et que sa fin fût semblable à la leur;* c'est-à-dire, sans inquiétude sur le passé, et pleine d'espérance pour l'avenir.

Vous prétendez qu'il n'est pas question d'une autre vie dans le *Deutéronome.* Voici pourtant ce qu'on y lit : « L'Eternel

---

(1) *De son nom.* C'est de Loke que nos auteurs veulent parler. Voyez son *commentaire* sur l'Epître de saint Paul, Si ce sage pouvait renaître, avec quelle indignation ne verrait-il pas l'abus qu'on a fait de quelques-unes de ses idées! M. de Voltaire prétend s'autoriser de ce nom célèbre en faveur de la *tolérance universelle* qu'il voudrait introduire. Mais on sait que la tolérance de Loke n'est point une tolérance illimitée; il en exclut nommément les athées, les matérialistes, les déistes, etc. Il n'aurait donc toléré ni les écrits où ces absurdes et dangereux systèmes sont établis, ni leurs auteurs. *Edit.*

circoncira ton cœur et le cœur de ta postérité, afin que tu aimes l'Eternel de tout ton cœur, de toute ton âme et de toutes tes forces, et que tu vives. » Et plus loin : « Je prends aujourd'hui le ciel et la terre à témoin que je vous ai offert la vie et la mort, la bénédiction et la malédiction : choisissez-donc la vie. (*Deut.* XXX, 6.) » Quelle vie ? Voulez-vous le savoir, Monsieur ? L'auteur de votre religion va vous l'apprendre : « Un docteur de la loi demande ce qu'il doit faire pour obtenir la vie éternelle. —Qu'est-il écrit dans la loi ? Qu'y lisez-vous ? lui répondit-il. — Tu aimeras le Seigneur ton Dieu de tout ton cœur et de toute ton âme, dit le docteur, et ton prochain comme toi-même. — Tu as bien répondu, réplique-t-il : fais cela et tu vivras. » Prenez garde, Monsieur. On lui parle de vie *éternelle*, et il répond que la récompense promise à l'observation de ces deux grands préceptes est la *vie*. Sa réponse serait-elle juste, si cette *vie* n'était pas celle sur laquelle on le consulte ? Il renvoie le docteur aux livres de Moïse, comme enseignant les moyens de parvenir à cette *vie éternelle*. Il ne croyait donc pas que Moïse n'en avait point parlé, et qu'il ne l'avait jamais proposée à son peuple. Pour exprimer cette vie éternelle, il se sert du terme même de Moïse ; il croyait donc que par ce terme le législateur n'entendait pas simplement une vie mortelle et passagère. Il nous semble qu'il eût été difficile de faire sur ces paroles de Moïse un commentaire plus clair.

Nous aimons à citer, sur cette matière, l'auteur de votre religion, et ses premiers disciples, non-seulement parce que leur autorité doit être respectée par tout chrétien, mais parce qu'on peut voir, par ce qu'ils disent, comment les Juifs de leur temps entendaient les écrits de Moïse. Ces Juifs étaient plus à portée que nous d'en connaître le sens : et ce qui paraît obscur aujourd'hui, pouvait bien ne pas l'être alors, et moins encore dans les temps antérieurs.

Joignez ces preuves, Monsieur, aux apparitions des anges, aux défenses d'évoquer les morts, etc., rapportées plus haut, d'après les livres de Moïse ; et jugez si ce législateur ne suppose pas évidemment la croyance de la permanence des âmes, et d'une autre vie établie parmi son peuple.

§ V. *Preuves de la croyance de ces dogmes chez les Hébreux avant la captivité de Babylone, tirées des livres postérieurs à Moïse.*

Si nous descendons à des temps plus récents, nous trouverons, dans les livres postérieurs à Moïse, de nouvelles preuves de cette croyance chez les anciens Hébreux.

Nous ne citerons ni le livre de Job, ni les psaumes. Vous exigeriez de nous d'examiner par qui et dans quels temps ils urent écrits ; et ces discussions nous mèneraient trop loin. Salomon est incontestablement l'auteur des *Proverbes* : il les écrivait cinq cents ans avant la captivité. Or, voici ce qu'il y déclare : *L'impie*, dit-il, *meurt dans son impiété, mais le juste a de l'espérance à la mort* (xxv, 32.) N'est-ce pas supposer évidemment qu'à la mort tout ne périt pas pour l'homme juste ? Quelle espérance, que celle d'une autre vie, pouvait avoir le *juste* Abel, mourant de la main de son frère?

Vous citez vous-même l'*Ecclésiaste*, comme un ouvrage de Salomon. Nous croyons, Monsieur, qu'il est en effet de ce prince ; il est du moins d'un écrivain antérieur à la captivité. On y lit : *A la mort, la poussière* (c'est-à-dire, *le corps*) *retourne à la terre, d'où elle est venue ; l'esprit retourne à Dieu, qui l'a donné* (xii, 7). Et plus haut : *Dieu citera en jugement toutes les actions des hommes, même les plus secrètes, soit bonnes, soit mauvaises* (xi, 14). Et encore : *Dieu jugera toutes choses* (xi. 9). Comment, disait-on à Morgan et à Bolingbroke de qui vous tenez vos objections, comment, après des textes si formels, pouvez-vous assurer qu'avant la captivité, les Juifs ne croyaient point un jugement futur, une autre vie, en un mot, la permanence des âmes ?

Dès le commencement de la captivité, Daniel, ainsi que

ses compagnons, s'expose à la mort par attachement à la loi
de ses pères. Est-ce dans les dogmes étrangers qu'il a puisé ce
courage ? Il déclare que, *de cette foule de morts qui dor-*
ment dans la poussière de la terre, les uns se réveilleront
pour une vie éternelle, et les autres pour un éternel oppro-
bre (XII, 2). Apprit-il cette vérité de ces peuples idolâtres,
dont il regardait en pitié la religion et la croyance ?

§ VI. *Réponses à quelques objections du critique.*

« Mais, dites-vous, ce n'est que par inductions qu'on tire
cette doctrine des écrits de Moïse. Si ce législateur l'eût connue, ne l'aurait-il pas annoncée plus clairement ? S'il l'avait
annoncée, une grande école de Juifs l'aurait-elle toujours
combattue ? »

Ce n'est que par inductions, etc. Nous l'avouons, Monsieur ; mais ces inductions sont claires, et ces conséquences
aisées à tirer.

Si Moïse l'eût connue, etc. En doutez-vous ? Moïse, élevé
dans les écoles des Egyptiens, et instruit dans leur sagesse,
pouvait-il ignorer un dogme professé publiquement en Egypte?

Ne l'aurait-il pas annoncée plus clairement, etc. Nous
l'avons déjà dit, Monsieur, ce qui vous paraît obscur pouvait
paraître plus clair à nos aïeux. D'ailleurs, le législateur était
à portée d'expliquer clairement, de vive voix, ce qu'il vous
paraît n'annoncer qu'obscurément dans ses écrits ; et la tradition, règle de croyance parmi nous, pouvait le transmettre des pères aux enfants.

Une grande école, etc. Une école ! dites, s'il vous plaît,
une secte.

L'aurait-elle combattue? Il n'y a rien là d'incroyable. Tous
les jours on combat les dogmes les plus clairs, on combat
même les vérités naturelles. Il y a tant d'hommes distraits,
inconséquents, prévenus ; les préjugés ont tant d'empire sur
les esprits, et les passions sur les cœurs, qu'on ne doit point

être surpris de voir l'erreur soutenue, et la vérité attaquée, surtout quand elle gêne et réprime les penchants.

« On a encore objecté, ajoutez-vous, que tous les législateurs de l'antiquité ont établi de sages lois sur ces fondements; que Moïse aurait bien pu en user de même; que s'il ignorait ces dogmes, il n'était pas digne de conduire une nation; que, s'il les savait et les cachait, il en était encore plus indigne. » (Voyez *Introd. à l'Essai sur les mœurs*, art, des Législateurs grecs, etc., pag. 116, tom. XVI des *Œuvres*.)

Cette objection, que vous tenez de Bolingbroke, vous a paru forte sans doute. Tâchons d'y répondre. Reprenons.

On a objecté, etc. Qui? Des gens qui ne croient ni l'immortalité de l'âme, ni les peines et les récompenses d'une autre vie, qui regardent et qui donnent ces dogmes comme de vieilles opinions, ou fausses, ou très douteuses. Cette objection leur va bien! et c'est bien à eux à la faire!

Si tous les législateurs de l'antiquité, etc. Tous, c'est beaucoup dire, Monsieur. Vous engageriez-vous à démontrer que tous les législateurs de l'antiquité ont établi leurs lois sur ce fondement? Vous auriez de la peine à y réussir.

Warburton l'a tenté; vous pouvez voir ce qu'on lui a répondu.

Vous nous citez les préambules des lois de Zaleucus et de Charondas; mais, outre que d'habiles critiques contestent l'authenticité de ces fragments, Zaleucus n'y parle pas formellement d'une autre vie, et Charondas n'en parle point du tout; et quand ils en parleraient, deux législateurs ne sont pas *tous les législateurs*.

Tous! Vous oubliez, Monsieur, ce que vous avez dit et répété (car vous répétez) « que les lois de la Chine ne parlent point des peines et des récompenses d'une autre vie, et que les premiers législateurs chinois crurent qu'il était suffisant d'exhorter les hommes à révérer le ciel et à être justes. » (Voyez *Introduct. à l'Essai sur les mœurs*, art de la Chine, pag. 90.) *Moïse aurait donc bien pu en user de même*, se dispenser aussi d'établir ces dogmes et n'en être pas moins *digne de conduire une nation.*

Vous remarquez, avec une espèce de complaisance et d'admiration, *cette différence entre les Chinois et tous les grands peuples policés.* Elle vous paraît *étonnante. Cette doctrine,* dites-vous, *pouvait être utile, et le gouvernement chinois ne l'a point admise!* Vous louez en conséquence Confucius et les autres législateurs de cet empire « de n'avoir pas voulu affirmer ce qu'ils ne savaient pas; d'avoir cru qu'une police exacte serait plus d'effet que des opinions qui peuvent être combattues, et qu'on craindrait plus une loi présente qu'une vie à venir. » (*Ibid.*) Vous les en louez et vous blâmez Moïse, que vous supposez avoir agi comme eux : vous le jugez, par cette raison-là même, *indigne de conduire une nation!* Ces jugements, Monsieur, sont un peu contradictoires; et l'impartialité n'en est pas tout-à-fait le caractère.

Faites ici une réflexion, Monsieur. Le peuple chinois a toujours cru la permanence des âmes; le culte des ancêtres, établi à la Chine de temps immémorial, en est une preuve incontestable. Cependant les législateurs chinois n'établirent point leur législation sur ce dogme. Donc, quand Moïse en aurait usé comme eux, quand il n'aurait rien dit de ce dogme dans ses lois, vous n'auriez pas droit d'en conclure qu'il l'ignorait, et que cette croyance n'était pas la croyance commune de son peuple.

S'il ignoroit ces dogmes, etc. Eh! non, Monsieur, il ne les ignorait pas; il ne pouvait les ignorer : nous venons de le voir.

S'il les cachait, etc. Est-ce les *cacher* que de faire des défenses qui les supposent, d'user d'expressions qui les prouvent, de rapporter des faits qui les établissent? Si Moïse eût voulu les *cacher,* il aurait effacé de ses écrits tous les traits que nous avons cités plus haut, et beaucoup d'autres que nous avons omis. Il les y laisse; il ne veut donc point *cacher*

ces dogmes. Mais, sans les cacher, il pouvait avoir des raisons de n'en pas parler autrement qu'il ne l'a fait.

« Mais quelles peuvent être ces raisons, dites-vous? Pourquoi ne s'est-il pas servi du moyen le plus efficace et le plus
utile pour mettre un frein à la cupidité et au crime? Pourquoi n'a-t-il pas annoncé expressément l'immortalité de l'âme,
les peines et les récompenses après la mort, dogmes reçus
depuis longtemps en Egypte, en Phénicie, en Mésopotamie?
Vous avez été, instruit, lui dirions-nous, dans la sagesse des
Egyptiens, et vous négligez absolument le dogme le plus
nécessaire aux hommes; croyance si salutaire et si sainte,
que vos propres juifs, tout grossiers qu'ils étaient, l'ont embrassée longtemps près vous. » (Voyez *Introd. à l'Essai sur les
mœurs*, art. Moïse, chef de nation, pag. 175 et 176, tom.
XVI des *OEuvres*.)

Il ne s'est pas servi, il a négligé absolument, etc. On
vient de vous prouver le contraire.

Mais en supposant avec vous, pour un moment, qu'il ne
s'en est point servi, on pourrait vous dire : Ces dogmes
étaient un moyen efficace pour réprimer le crime et contenir
les peuple dans l'obéissance aux lois; plusieurs législateurs
l'avaient employé avec succès; Moïse ne l'ignorait pas. S'il a
négligé des dogmes si utiles parce qu'il les croyait faux, c'é-
tait donc un homme bien vrai, un législateur bien honnête,
et ce serait bien injustement qu'on le mettrait au rang de ces
imposteurs qui se servirent de la religion pour conduire les
peuples en les trompant. Si les croyant vrais, ces dogmes,
il les a négligés; s'il n'a donné pour sanction à ses lois que
des peines et des récompenses temporelles, il était donc bien
sûr de l'exécution de ses promesses et de ses menaces; et
dès-lors la divinité de sa mission est prouvée.

Pourquoi ne l'a-t-il pas annoncée expressément? Vous
fournissez vous-même, Monsieur, la réponse à votre question:
c'est que ce dogme, cru partout, n'était contesté nulle part.
Les Hébreux le connaissant et le croyant, comme tous les

peuples , il n'était pas nécessaire de le leur annoncer expressément ; c'était assez de les laisser dans cette croyance , et de les y entretenir comme fait Moïse.

C'est même parce qu'il ne les annonce pas *expressément* qu'on doit conclure qu'ils étaient répandus et crus parmi eux : car si ces dogmes , qu'il ne pouvait ignorer , qu'il voyait utilement employés par tant de législateurs , et dont un politique si habile devait connaître, aussi bien que vous, l'importance et la nécessité , eussent été inconnus à son peuple , est-il croyable qu'il ne les eût pas enseignés clairement , s'il les eût crus vrais ? et ne les aurait-il pas expressément combattus s'il les eût crus faux , les voyant répandus parmi les peuples voisins, et sachant qu'ils avaient donné lieu à des abus qu'il réforme , à des superstitions qu'il prohibe , à des cultes qu'il proscrit ? Il connaît ces dogmes, et il ne les annonce ni ne les combat expressément ; donc il les juge vrais et généralement crus par ses Hébreux. Ainsi votre objection se tourne en preuve contre vous.

Si nous ne craignions de paraître indiscrets , à vos questions nous pourrions en opposer d'autres. *Nous pourrions vous demander pourquoi cette croyance utile, salutaire, sainte, nécessaire aux hommes ,* est-elle si hardiment et si impunément attaquée dans un siècle philosophique ? Pourquoi un tas d'écrivains téméraires s'efforcent-ils de l'arracher de l'esprit et du cœur des hommes ? Pourquoi un grand homme , qui s'annonce pour n'aimer ni leur style , ni leurs systèmes (1), semble-t-il se joindre à ces imprudents ? Pour-

_____

(1) *Leurs systèmes.* Voyez les discours du célèbre écrivain, contre l'athéisme ; (*L'Homélie sur l'athéisme* se trouve dans la *Philosophie,* tome 1er, page 416 et suiv., tom XXXII des *OEuvres,*) sa *Réfutation du Système de la nature,* etc. Quant au style de ces *messieurs,* voici ce qu'il en dit dans ses *Questions encyclopédiques ,* au mot *Style* (Voyez *Dict. phil.* , tom. art. Style, pag. 227 , t. XLIII des *OEuvres:*) « La profusion des mots est le grand vice de style de presque tous nos philosophes modernes. Le *Système de la nature* en est un grand exem-

quoi , après l'avoir établie, en sapé-t-il sourdement les fondements ? Penserait-il donc comme eux? C'est ce qui nous reste
à examiner (1).

§ VII. *Ce que pense M. de Voltaire de la spiritualité et de
la permanence des âmes. S'il a une âme.*

Vous reprochez aux Juifs de n'avoir point été instruits de
la spiritualité de l'âme ; vous êtes sans doute, sur ces questions, beaucoup plus éclairé qu'eux. Vous dites que l'âme est
spirituelle ; mais « vous ne savez point du tout ce que c'est
qu'esprit. Vous ne connaissez que très imparfaitement la matière ; et il vous est impossible d'avoir une idée distincte de
ce qui n'est pas matière. » Voilà de grandes lumières , Monsieur ! Les anciens Juifs sont bien à plaindre de ne les avoir
pas eues !

Mais si vous n'avez pas d'idée bien claire de la spiritualité de
votre âme , vous avez peut-être des connaissances plus sûres
de son immortalité. Consultons vos derniers écrits : après
tant de variations et de contradictions , c'est là apparemment que se trouvera votre dernier mot. Nous ouvrons vos
lettres de Memmius (2), et votre A, B, C, (2), dialogue très
philosophique ! voici à peu près comme vous y parlez.

ple, il y a dans ce livre confus quatre fois trop de paroles ; et c'est en
partie par cette raison qu'il est si confus. »

Il est vrai que M. de Voltaire joint ici les anti-philosophes aux philosophes. Qu'il n'aime point le style de ceux-là ; on n'en est pas surpris,
il n'est pas payé pour en faire l'éloge ; mais s'il témoigne tant de dé-
goût du style de ceux-ci, il faut qu'ils le méritent bien. Admirateurs
de ces écrivains, jugez-les d'après M. de Voltaire! *Edit,*

(1) *Examiner.* Il paraît que le sentiment de nos auteurs est que la
loi mosaïque avait tout-à-la-fois la double sanction des peines et des
récompenses temporelles, et de celles d'une autre vie ; les unes, comme
loi civile et nationale ; des autres en tant que renfermant la loi naturelle, et un renouvellement de l'alliance de Dieu avec Abraham. *Chrét.*

(2) Les lettres de Memmius à Cicéron se trouvent dans la *Philosophie,*
tome 1er, tome 51 des *OEuvres*, et les passages cités , pages 275 et suivantes.

(3) Les entretiens d'A, B, C font partie des Dialogues, et ce dont il

L'âme est-elle immortelle? *La question est un peu brusque.* — En quoi brusque, s'il vous plaît? — *Pour savoir si l'âme est immortelle, il faut d'abord être bien certain qu'elle existe.* — En doutez-vous? — *Je n'ai là-dessus aucune connaissance, sinon par la foi qui tranche toutes les difficultés.* — On pourrait être édifié de vous voir vous retrancher dans la foi, si l'on ne savez pas ce que cela veut dire. Mais, Monsieur, indépendamment de la foi, la raison ne nous apprend-elle pas que votre âme existe? — *Lucrèce disait : On ignore la nature de l'âme; il pouvait dire, on ignore son existence.* — Y pensez-vous, Monsieur? Si votre âme n'existe pas, votre âme n'est rien, vous n'avez réellement point d'âme. Quoi! auteur de tant de chefs-d'œuvre, de tant d'écrits immortels, vous n'auriez point d'âmes? — *Je ne dis point cela, je dis seulement que je n'en sais rien par moi même.* — En ce cas, la foi vous est donc bien nécessaire. Sans elle, vous ne sauriez pas si vous avez une âme. Vous riez!

Parlons plus franchement : il n'y a point d'âme; ce système, le plus hardi, le plus étonnant de tous, est au fond le plus simple. — Ce système étonne en effet, de votre part surtout. Vous pensez, Monsieur, et souvent très bien : comment avez-vous des pensées, si vous n'avez point d'âme? *L'intelligence donne à tous les animaux bien organisés des facultés.* Des facultés! Votre système *simple* commence un peu à s'embrouiller. Qu'est-ce que ces *facultés*? Ce ne sont pas des facultés de votre âme; car dans ce système simple, vous n'avez pas d'âme : ce sont donc des facultés de votre corps. Mais alors nous vous demanderons, avec Locke, si la faculté de penser a été donnée à toutes les parties de votre corps, ou à une seule : si à toutes, vous n'êtes pas un être pensant, mais une multitude d'êtres pensants; si à une seule, nous vous demanderons si cette partie est étendue ou non. —

est question ici, pages 254 et suivantes, tome XXXVI des *OEuvres*.

Tout ce que vous voudrez. Si Locke se contredit, je l'abandonne. Je suis ici entièrement pour Epicure et pour Lucrèce.

Vous voulez donc absolument n'avoir point d'âme ? — *Les animaux n'ont que des facultés, et nous n'avons que des facultés.* — Grand homme, vous vous mettez au niveau des animaux, vous craignez d'être plus qu'eux ! Voilà le fruit de tant d'études, et les belles connaissances que tant de recherches vous ont procurées, *à l'âge de plus de quatre-vingts ans.* Quelle humiliante et triste philosophie ! et vous insultez Moïse, et vous traitez les Juifs de peuple ignorant et grossier, parce qu'ils ignoraient la permanence des âmes ; vous, Monsieur, qui croyez ou feignez de croire que tout finira pour vous avec le corps, et que vous n'avez pas *d'âme*, mais seulement *des facultés.*

Vous n'avez point d'âme ! Tant de pensées ingénieuses, justes, nobles, sublimes, sont donc le produit de la matière. Quand nous avons l'honneur de vous écrire, ce n'est point à un esprit intelligent, c'est à de la *matière et à des facultés matérielles* que nous écrivons ; et tous ceux qui, comme nous, vous estiment, vous admirent et vous aiment, n'aiment et n'estiment que *des facultés matérielles* et de la *matière !* Vous plaisantez sans doute, Monsieur ; mais un tel sujet n'est guère susceptible de plaisanteries, et à l'âge de *plus de quatre-vingts ans,* elles sont bien déplacées. Ah ! Monsieur, il est temps de penser plus sérieusement. Les moments pressent, la onzième heure est sonnée.

Nous sommes avec respect, etc.

II

PETIT COMMENTAIRE

EXTRAIT D'UN PLUS GRAND;

A L'USAGE DE M. DE VOLTAIRE ET DE CEUX QUI LISENT SES ŒUVRES.

SUITE.

D'Abraham. S'il a existé. Qui il était.

Dans la crainte qu'une trop longue suite de Lettres ne vous fatigue, Monsieur, nous suspendons ici notre commerce épistolaire, et, pour varier un peu, nous reviendrons au Petit Commentaire, dont nous vous avons déjà envoyé quelques extraits. Nous recommencerons, s'il vous plaît, par l'histoire d'Abraham; et après avoir discuté avec vous s'il a réellement existé, et qui il était, nous examinerons ce que vous avez dit de son histoire et de ses voyages.

§ I. *Si l'histoire d'Abraham est certaine, et si les Juifs descendent de ce patriarche.*

Les Juifs se vantent de descendre d'Abraham; cette descendance fait leur gloire; vous voulez la leur ravir. Dans ce dessein, vous commencez vos recherches critiques sur ce patriarche, par comparer son histoire aux fables qu'on débite de quelques personnages fameux dans l'antiquité.

TEXTE. « Abraham est un de ces noms célèbres dans l'Asie mineure et dans l'Arabie, comme Thoth chez les Egyptiens, Zoroastre chez les Perses, etc., plus connus par leur célébrité que par une histoire bien avérée. » (*Dict. phil.* art. Abraham.)

COMMENT. Les histoires de Thoth, de Zoroastre, etc., ne sont effectivement pas des plus *avérées* (1). On n'a guère sur *ces noms célèbres* que des faits incertains, des époques douteuses, des récits opposés ou contradictoires.

Mais, de bonne foi, Monsieur, croyez-vous réellement qu'Abraham ne nous soit pas mieux connu? Faut-il vous rappeler que nous avons són histoire suivie, détaillée, écrite par un historien qui touche à son temps, et dont le bisaïeul avait vécu plus de trente ans avec le petit-fils de ce patriarche?

Dans cette histoire, l'écrivain aussi exact qu'impartial, nous apprend l'origine et la patrie de ce grand homme, ses voyages, ses vertus et ses fautes. Il y marque aux Hébreux, qui rentraient dans le pays qu'Abraham avait habité, les lieux où le patriarche, son fils et son petit-fils avaient fait leur résidence, les autels qu'ils avaient bâtis, les puits qu'ils avaient creusés, les terrains qu'ils avaient acquis, les peuples et les rois avec lesquels ils avaient eu des démêlés ou fait des alliances. Il entre dans les mêmes détails sur les divers endroits que ses douze arrières petits-fils avaient rendus célèbres par leurs aventures ou par leurs crimes. Est-ce ainsi qu'on parle d'un personnage fabuleux?

Pour preuve de leur descendance de ce patriarche, les Juifs produisent des généalogies, regardées parmi eux comme authentiques; généalogies sur lesquelles étaient fondées, non-seulement l'espérance et le droit commun de la nation à la possession de la terre de Chanaan, mais les droits respectifs de chaque tribu, et de chaque particulier dans chacune des tribus. Dites-nous, Monsieur, quelle famille ancienne pourrait produire de sa descendance des titres aussi incontestables?

(1) *Des plus avérées.* Plusieurs savants, Bryant, Pluche, etc., regardent comme démontré que Thoth ne fut jamais un personnage réel et tout ce qu'on raconte de Zoroastre n'est, au jugement même de Bayle, qu'un ramas d'incertitudes et de contes bizarres. *Edit.*

Ce n'est pas tout : les Juifs ne sont pas les seuls qui prétendent descendre d'Abraham : les Arabes ismaélites s'en glorifient comme eux. Ainsi deux nations, selon vous, *si différentes, qu'à en juger par les exemples de vos histoires modernes, il serait difficile de croire qu'elles pussent avoir la même origine;* deux nations toujours jalouses, toujours ennemies l'une de l'autre, loin de se disputer mutuellement cette commune descendance, se réunissent pour l'attester à toute la terre; et toutes deux en portent l'empreinte et la preuve sur leur chair même.

Le témoignage de ces deux nations, déjà si puissant par lui-même, est confirmé par celui des deux autres peuples voisins et ennemis, les Moabites et les Ammonites, qui se disent descendants du neveu d'Abraham; et par celui des peuples de Chanaan, qui, en donnant à nos pères le nom d'Hébreux, les déclaraient étrangers à leur pays, et originaires d'au-delà de l'Euphrate.

Enfin le Dieu que les Juifs adoraient, la religion qu'ils professaient, la terre qu'ils habitaient, les monuments qu'ils avaient sous les yeux, leurs traditions, leurs écritures, tout annonçait Abraham. A tant de témoignages irréfragables on pourrait ajouter, s'il en était besoin, ceux d'une foule d'auteurs, même païens; de Bérose, d'Hécatée, de Nicolas de Damas, cités par Josèphe; d'Alexandre Polyhistor, d'Eupolème, etc., cités par Eusèbe; de Trogue-Pompée, de Justin, etc.; tout l'Orient rempli de sa renommée et de la réputation de sa piété, de ses lumières, de sa sagesse, réputation qui s'y conserve encore.

Si après cette multitude de preuves, l'existence de ce patriarche et la descendance des Juifs ne sont pas des faits *avérés*, il n'y en a aucun dans toute l'histoire ancienne.

Vous dites pourtant avec confiance :

TEXTE. « Les Juifs se vantèrent d'en être descendus (d'Abraham), comme les Francs d'Hector, et les Bretons de Tubal. » (*Ibid.*)

COMMENT. Apparemment les Francs, et les Bretons ont aussi leur généalogie, la religion, le gouvernement, les droits communs et respectifs des villes et des particuliers, tout chez eux porte sur cette base ; tout suppose, tout démontre cette descendance ! Leurs voisins et leurs ennemis en conviennent ; leurs écrivains l'attestent, et des monuments de tout genre confirment leur témoignage !

En vérité, Monsieur, quand on pense à cette multitude de faits liés les uns aux autres, qui constatent cette descendance des Juifs, et qu'on voit un écrivain célèbre assimiler froidement ces titres incontestables aux vaines prétentions des Bretons et des Francs, n'y a-t-il pas de quoi perdre patience ?

Ne la perdons pourtant pas : écoutons tranquillement les singuliers raisonnements que vous allez nous faire.

§ II. *Traditions des Arabes sur Abraham ; qu'elles ne détruisent pas ce que les livres des Juifs en rapportent.*

Pour rendre suspecte l'histoire d'Abraham, vous mêlez à ce qu'en rapportent nos écritures les fables qu'en débitent les Arabes ; et, feignant de n'en vouloir qu'à ces traditions fabuleuses, vous dites :

TEXTE. « Je ne parle que de l'histoire profane ; car nous avons pour celle des Juifs les sentiments que nous devons avoir... Nous ne nous adressons qu'aux Arabes. » (*Dict. phil.*, art. Abraham.)

COMMENT. Vous ne vous adressez qu'*aux Arabes !* On vous entend, Monsieur : pourquoi dissimuler ? Vous jouissez depuis longtemps d'une assez belle liberté de tout dire. Levez le masque et combattez à découvert.

TEXTE. « On nous dit qu'il (Abraham) était fils d'un potier, qu'il bâtit La Mecque, et qu'il y mourut. » (*Ibid.*)

COMMENT. Si *les Arabes disent qu'Abraham était fils d'un potier*, la *Genèse* ne le dit pas, Vous auriez pu vous abstenir de le lui attribuer, comme vous faites (1). Un critique de votre réputation, Monsieur, devrait être un peu plus exact.

Les Arabes disent, etc. Quels Arabes ? Les anciens ? Vous n'avez pas leurs livres. Les modernes ? Mais les modernes, postérieurs de plus de deux mille ans à Moïse, « sont tous des écrivains sans critique, sans goût, et d'une ignorance profonde sur les temps qui précèdent l'hégire. » Ce sont vos propres termes. Et vous quittez des sources pures pour puiser dans ces ruisseaux bourbeux ! Ce sont là des autorités que vous opposez à celle d'un auteur judicieux, instruit, presque contemporain, et à tant d'autres !

Qu'Abraham était fils d'un potier. Il se peut que les Arabes le disent ; mais ils disent aussi qu'il était un grand seigneur, un des premiers favoris du monarque. Ils disent qu'il leva des troupes ; qu'avec leur secours il rétablit la vraie religion, etc.; car que ne disent-ils pas ?

Qu'il bâtit La Mecque, etc. Eh bien ! Monsieur, que les Arabes le disent ou non, que nous importent les fables des Arabes ? De ce que les Arabes *font bâtir La Mecque par Abraham,* irez-vous conclure que l'existence de ce patriarche est douteuse, et la descendance des Juifs incertaine ? Peut-on nier des faits *avérés,* parce que des écrivains *sans goût* y ont mêlé des récits fabuleux tant de siècles après ?

Si vous aimez mieux vous en rapporter aux auteurs profanes qu'à nos saints livres, consultez Hécatée, qui avait écrit l'histoire d'Abraham, et les autres auteurs que nous venons de nommer ; tous ces écrivains, quoique païens, vous diront qu'Abraham fut un homme aussi distingué par ses richesses et par son rang, que célèbre par ses lumières et ses vertus. Ces autorités, Monsieur, même indépendamment du témoignage de nos écrivains sacrés, ne valent-elles pas bien celles de vos Arabes modernes ?

(1) *Comme vous faites.* Voyez *Dictionnaire philosophique,* art. Abraham.

§ III. *Traditions des Persans sur Abraham : si les Per_
sans le connurent avant les Juifs. S'il est le même que
Zoroastre : trois sentiments sur Zoroastre et sur ses
écrits. Que dans aucun de ces sentiments Abraham ne
peut être Zoroastre. Réflexions sur les livres de Zoroastre.*

Des traditions des Arabes vous passez à celles des Persans ; et il ne tiendrait point à vous qu'on ne crût qu'Abraham était Persan, ou du moins que le nom et la connaissance
de ce patriarche nous sont venus de Perse par Babylone.

TEXTE. « La nation juive n'a connu probablement le nom
d'Abraham que par les Babyloniens. » (*Dict. philosophique,*
art. Abraham.)

COMMENT. *Probablement !* Ainsi ce sont des probabilités,
des conjectures que vous opposez à une multitude de faits,
aux monuments, aux traditions, à l'histoire, aux archives
de toute une nation, aux témoignages même de ses ennemis, etc ! Et quelles probabilités !

Ne connut le nom d'Abraham que par les Babyloniens.
Que voulez-vous dire, Monsieur ? Qu'Abraham était Chaldéen ? Nos livres l'attestent, et nous le croyons. Que nos
pères n'ont connu Abraham qu'après leur transmigration à
Babylone ? Cette assertion exigerait des preuves : quelles
sont les vôtres ?

TEXTE. « Ce nom de Bram, Ibrahim, était fameux dans
la Perse. » (*Ibid.*)

COMMENT. Oui, mais quand commença-t-il d'y être fameux ? Est-ce avant que les Hébreux le connussent, ou depuis que, répandus dans la Perse, ils l'y eurent rendu célèbre ? C'est sur quoi il eût été à propos de vous expliquer.
Vous allez peut-être le faire.

TEXTE. « Les Perses prétendaient que cet Abraham, ou
Ibrahim, était de la Bactriane, et qu'il avait vécu près de

la ville de Balk. » (*Philos. de l'histoire*, art. Abraham.
— Voyez *Introduct. à l'Essai sur les mœurs*, art. Abraham,
page 74, tome XVI des *Œuvres*.)

COMMENT. *Les Perses prétendaient*, etc. Mais des prétentions, dont vous n'établissez ni les preuves ni l'existence, suffisent-elles pour détruire celles des Juifs, leurs monuments, leur histoire, leurs archives, etc?

Prétendaient que cet Abraham, etc. Mais le prétendaient-ils avant les temps où les Juifs placent la naissance d'Abraham? Vous nous le laissez à deviner.

TEXTE. « Ils révéraient en lui un prophète de la religion de Zoroastre. » (*Ibid.*)

COMMENT. Ils pouvaient faire plus : car, selon vous :

TEXTE. « Plusieurs doctes prétendent que c'était le même législateur que les Grecs appellent Zoroastre. » (*Dict. philosoph.*, art. Abraham.)

COMMENT. *Plusieurs doctes*, etc. Pourquoi ne pas les nommer? Ces citations vagues nous sont toujours un peu suspectes, et (vous le savez) avec quelque raison. De grâce, Monsieur, nommez ces *doctes* ; on verra de quel poids est leur autorité.

Prétendent que c'est le même que Zoroastre. Mais ces doctes ne reconnaissent-ils qu'un Zoroastre? en admettent-ils plusieurs? Sous quelle époque les placent-ils? Cette époque est importante : on vous la demande, et vous ne la fixez pas!

Plusieurs doctes anciens et modernes (1), Monsieur, distinguent deux Zoroastre : l'un, qui vivait sous Darius, fils d'Hystaspe, par conséquent très postérieur au père des croyants; l'autre, dont l'époque est incertaine, mais que quelques savants mettent cinq ou six cents ans avant Darius, d'autre plus haut.

Si c'est du Zoroastre contemporain de Darius que parlent

(1) *Anciens et modernes.* Voyez *Mémoires de l'Académie des belles-lettres*, tome XXVII. *Aut.*

vos *doctes*, l'époque est trop réccente pour rien prouver contre nos Ecritures. Si c'est l'ancien qu'ils confondent avec Abraham, permettez-nous de vous demander sur quel fondement. Le voici, dites-vous.

TEXTE. « L'ancienne religion de toutes les contrées, depuis l'Euphrate jusqu'à l'Oxus, était appelée *Kish Ibrahim, Millat Ibrahim.* » (*Ibid.*)

COMMENT. *L'ancienne religion, etc.* Ce mot est bien vague : il eût été bon d'en déterminer l'étendue. Car, vous ne l'ignorez sûrement pas, Monsieur, plus d'un savant, et entre autres, le *savant Hyde*, Prideaux, Pocock, etc., distinguent deux anciennes religions des Perses : l'une avant, l'autre sous le Zoroastre contemporain de Darius, qui, disent-ils, réforma l'ancien culte du feu, et apprit aux Perses à ne reconnaître qu'un seul Dieu, créateur et gouverneur du monde, et à lui rapporter ce culte.

Nous conviendrons sans peine avec vous que cette réforme s'appela *Kish Ibrahim*, *Millat Ibrahim*; mais que l'ancienne religion de ces contrées, la religion qu'on y suivait avant qu'Abraham fût connu des Hébreux, se soit appelée *Kish Ibrahim*, etc., c'est, Monsieur, ce qu'il aurait fallu prouver, et, nous vous en avertissons, ce que vous ne prouverez pas aisément.

Mais, pourtant, dites-vous :

TEXTE. « C'est ce que toutes les recherches faites sur les lieux par le savant Hyde nous confirment. » (*Ibid.*)

COMMENT. Avez-vous lu Hyde, Monsieur ? Nous ne *parierons* pas que non, nous ne parions jamais : mais assurément qui le parierait, gagnerait.

Non, vous n'avez pas lu Hyde; si vous l'eussiez lu, vous n'auriez eu garde de le citer; vous êtes trop vrai, Monsieur, ou du moins, trop adroit.

Nous n'avons pas actuellement sous les yeux l'ouvrage de ce savant, mais nous l'avons encore assez présent à l'esprit pour pouvoir vous assurer que le *savant Hyde* pensait tout

autrement que vous ; et que, loin de croire que les traditions
et les livres des Persans détruisent ce que nos Ecritures nous
apprennent d'Abraham, il jugeait que ces traditions et ces
livres ne font que le confirmer.

Hyde dit bien, d'après *ses recherches faites sur les lieux*,
que l'ancienne religion des Perses, la religion de Zoroastre,
était appelée *Kish Ibrahim*, *Millat Ibrahim*. Mais, Monsieur, *le savant Hyde* ne reconnaît qu'un Zoroastre, le Zoroastre contemporain du fils d'Hystaspe, postérieur à la
transmigration du peuple juif à Babylone. Il assure que ce
Zoroastre avait été instruit de la religion des Juifs; qu'il
avait connu leurs dogmes, et profité de leurs écrits; que la
plupart des auteurs persans en font l'aveu, et que c'est dans
cette persuasion qu'ils appellent, non leur première religion,
mais cette religion réformée par Zoroastre, *la religion d'A-
braham*. Loin donc que ces noms *Kish Ibrahim*, *Millat
Ibrahim*, prouvent que les Juifs n'ont connu Abraham que
par les Perses, il est clair que les Perses, selon Hyde, n'ont
connu ce grand homme et sa religion que par les Hébreux,
dispersés dans l'Orient pendant leur captivité.

Ainsi pensait le savant Hyde ; et vous, Monsieur, qui
citez Hyde, et qui vous appuyez de son autorité, vous venez
nous dire « que ce sont les Juifs qui ont emprunté des Perses leur religion, leurs lois, et même le nom de leur patriarche : » vous venez nous dire que *la petite nation juive, qui
est très récente, n'a eu de dogmes, de religion fixe, en
un mot, n'a su écrire que depuis sa transmigration à
Babylone!* Soit dit entre nous, Monsieur, c'est porter un
peu loin l'abus d'une haute réputation.

Au lieu de Hyde, que probablement vous n'avez pas lu,
et qui n'est en effet ni aisé ni agréable à lire, ouvrez les savants Mémoires de M. l'abbé Foucher *sur la religion des
anciens Perses* (1); il y parle à peu près comme Hyde. Il

(1) *Des anciens Perses.* Voyez *Mémoires de l'Académie des belles lettres*, tome XXVII. *Aut.*

distingue, il est vrai, et cette idée est heureuse, deux Zoroastre, dont il croit que le contemporain de Darius fut le second ; mais du reste il pense, avec Pocock, Reland, Prideaux et les écrivains orientaux cités par Hyde, que ce Zoroastre était Juif, et qu'il avait été disciple de Daniel, ou de quelque autre de ces illustres Hébreux élevés aux plus importants emplois par les rois de Perse ; que de Juif devenu chef des mages, il réforma la religion des Perses sur celle de ses pères ; que, dans cette vue, il donna aux culte du feu un sens plus sublime, annonça l'unité de Dieu, la nécessité de n'adorer que ce seul Dieu, etc.

Il ajoute que l'habile imposteur, ayant ramassé avec soin ce qui pouvait rester des livres de l'ancien Zoroastre, et ce qu'on en savait par tradition, mit le tout en ordre en y ajoutant beaucoup du sien, et la publia sous le nom de l'ancien Zoroastre ; que, non content de s'être autorisé d'un nom si célèbre, il composa quelques livres sous le nom d'Abraham, pour faire croire que ce patriarche, si révéré alors dans l'Orient, avait été un des grands zélateurs de la religion du feu, entendue comme il la proposait ; que c'est de là que cette religion s'était appelée *Kish Ibrahim*, *Millat Ibrahim*.

Et une preuve que le savant académicien nous donne avec Prideaux, Reland, Pocock, Hyde, etc., que les livres de Zoroastre, ces livres que vous nous avez tant de fois objectés d'un air triomphant, ont été écrits par un auteur juif ou très instruit de la religion juive, c'est qu'on voit une conformité frappante entre ces livres et les nôtres ; que non-seulement on y trouve des lois toutes semblables à celles de Moïse sur la dictinction des animaux purs et impurs, sur l'entretien du feu sacré, le paiement des dîmes, la conservation du sacerdoce dans la même famille, la consécration d'un archimage, etc.; mais que l'auteur use en plusieurs endroits des pensées et des paroles de nos Ecritures; qu'il y copie une partie des psaumes de David; qu'il y raconte l'histoire de la création à peu près comme elle est rapportée dans la *Genèse* ; qu'il y parle non-seulement d'Adam et d'Abraham, mais de Joseph, de Moïse, de Salomon, de la même manière que nos saints livres.

Voilà, Monsieur, ce que vous apprendra M. l'abbé Foucher, qui vous a déjà appris quelque chose (1), si vous vous donnez la peine de lire les derniers volumes des *Mémoires de l'Académie des belles lettres*. Donc, selon M. l'abbé Foucher, ce n'est pas l'ancienne religion des Perses, mais leur religion réformée sur celle des Juifs, qui s'appelait *Kish Ibrahim, Millat Ibrahim*.

Vous préférez peut être aux opinions de Hyde, de Prideaux, de M. l'abbé Foucher, etc., celle du laborieux et intrépide académicien qui s'est transporté dans l'Inde au milieu

---

(1) *Qui vous a déjà appris quelque chose.* Voici ce qu'on lit en note au bas d'un des *mémoires* de M. l'abbé Foucher : « M. de Voltaire, par une méprise assez singulière, transforme en homme le titre de cet ouvrage (du *Sadder.*) Zoroastre, dit-il, *dans les écrits conservés par Sadder, feint que Dieu*, etc. L'auteur du *Sadder* n'est connu que sous le nom de *Melich-Schah* ; d'ailleurs ce mage n'a pas *conservé* les écrits de *zoroastre* ; il a prétendu en faire un abrégé. Je parierais bien que M. de Voltaire n'a jamais lu ni le *Sadder*, ni le livre de M. Hyde. »

Depuis cette observation de M. l'abbé Foucher, M. de Voltaire a parlé un peu plus exactement du *Sadder*. Il y a donc tout lieu de croire que c'est M. l'abbé Foucher qui lui a appris que le *Sadder* est *un poème* et non *un homme*.

Mais l'illustre auteur ne veut point avoir cette obligation au savant académicien : il nie qu'il ait fait cette méprise. Il eût été, ce me semble, plus généreux d'en convenir, et de remercier M. l'abbé Foucher. *On peut être un galant homme*, et même un grand homme, sans savoir le persan et sans connaître le *Sadder* ; mais il faut un peu de reconnaissance pour ceux qui nous instruisent.

C'est sans doute à l'occasion de cette méprise de M. de Voltaire, qu'on dit dans la *Défense des livres de l'ancien testament* ; « Du moins le philosophe sait maintenant que le *Sadder* est un livre.... Je doute qu'il fût si bien instruit il y a quelques années. » La réponse de M. de Voltaire à la note de M. l'abbé Foucher n'a persuadé personne. *Réponse comique n'est pas raison valable.* Édit.

des descendants des Perses, et «qui, après y avoir étudié leur
leur ancien idiôme, y a traduit en votre langue le tant vanté
Zend-Avesta, qu'il vient de donner au public. Mais ce savant,
Monsieur, ne vous est pas plus favorable que ceux que nous
venons de nommer.

M. Anquetil, à la vérité, ne pense pas que Zoroastre ait
été Juif, ni qu'il ait emprunté ses dogmes des Juifs; il le croit
né en Perse, et descendant des anciens rois du pays : mais
il nous le représente partant de l'Irack pour Babylone, y
étudiant les mathématiques, l'astronomie, toutes les sciences,
et les enseignant ensuite dans cette capitale, où il eut Pythagore pour disciple. Il nous le peint « s'instruisant de dogmes
qu'il avait jusqu'alors ignorés (1), transporté à la vue de ces
traditions qui lui montrent l'origine du genre humain, et la
cause des maux qui l'accablent, etc. »

Or dans quel temps Zoroastre se livrait-il à ces recherches!
Dans un temps, dit M. Anquetil, où *les Juifs étaient connus dans la Perse*. Ajoutons, de notre côté, dans un temps
où les prophéties d'Isaïe, montrées à Cyrus, les édits de ce
prince et de ses successeurs en faveur des Juifs et de leur
religion, la réputation, le savoir, le crédit de plusieurs d'entre eux qu'on voyait dans les premiers emplois de l'état avaient
dû répandre la connaissance de leurs dogmes et de leurs lois,
l'histoire et les noms de leurs patriarches dans toutes les provinces, et surtout dans la capitale de l'empire.

---

(1) *Jusqu'alors ignorés.* « Ces dogmes, dit M. Anquetil, étaient attribués à Heomo. » Mais qu'était-ce qu'Heomo ? Un ancien législateur
des Perses ? Est-il probable qu'un Perse de la naissance et de l'esprit
de Zoroastre eût été obligé, à plus de trente ans, d'aller en Chaldée
pour apprendre les grands dogmes de l'ancien législateur des Perses ?
Était-ce Abraham ? Que ce patriarche, en quittant la Chaldée, y ait
annoncé les dogmes de l'existence, de l'unité de Dieu, etc., c'est ce que
croient les écrivains arabes et persans, mais cette croyance ne contredit point les monuments juifs, ni ce qu'ils rapportent d'Abraham ;
au contraire, *Aut.*

II. 8

Le savant académicien n'admet pas non plus entre les livres
de Zoroastre et les nôtres autant de conformité que Procock,
Prideaux, M. l'abbé Foucher, les écrivains cités par Hyde,
etc. Mais, outre que M. Anquetil reconnaît que le *Zend-Avesta* ne renferme pas tous les ouvrages du législateur des Perses,
et que les écrivains orientaux cités par Hyde en ont pu voir
en Perse d'inconnus dans l'Inde, ce savant ne disconvient
point qu'il n'y ait *quelque rapport* entre les livres mêmes qu'il
a traduits et les nôtres. On y voit en effet des prières (1),
des lois, des maximes (2), des dogmes tout semblables,
un Etre suprême, l'Eternel, principe de tous les êtres; le
monde créé en six époques (3), le même ordre de la création (4) que dans Moise, et toute l'histoire des premiers parents du genre humain, etc. Ormusd y dit : « *Je suis* : parole
lumineuse, ô Zoroastre, que je te charge d'annoncer à toute
la terre. » Et c'est précisément l'expression sublime qu'avait
employée le législateur des Hébreux pour désigner le Dieu
qu'ils adorent, l'être par essence.

Si cette conformité incontestable d'expressions, de lois, de
dogmes, n'est qu'un effet du hasard, ce qui n'a nulle vraisemblance; ou si elle n'est, comme le croit M. Anquetil, qu'une

(1) *Des prières*, etc. On en trouve une, entre autres, qui commence
par ces mots. » Je t'implore, ô tout-puissant Ormusd ! Que ma voix
s'élève jusqu'à toi ! que mes cris parviennent à ton oreille ! » Traduction littérale d'un verset des psaumes. *Aut.*

(2) *Des maximes*, etc. On y lit : « Lorsque le corps est formé, l'âme,
qui vient du ciel, s'y établit ; à la mort, le corps se mêle à la terre, et
l'âme retourne au ciel. » C'est ce qu'avait dit Salomon. *Aut.*

(3) *Six époques.* etc. Ces six époques, selon les livres des Perses, sont
des révolutions de plusieurs jours ; et quelques savants prétendent que
les six jours de Moise doivent être regardés moins comme des jours
naturels, que comme six périodes de temps: il est certain du moins que
le terme hébreu est souvent pris en ce sens dans nos Ecritures. *Aut.*

(4) *Même ordre de la création.* Dans le Boundesch, l'un des livres
de Zoroastre traduits par M. Anquetil, Ormusd créa, 1o le ciel, 2o l'eau;
3o la terre, 4o les arbres, 5o les animaux, 6o l'homme. *Aut.*

suite des anciennes traditions du genre humain (1), elle ne prouve pas sans doute que le législateur des Perses ait emprunté des Juifs ses lois et ses dogmes ; mais par la même raison, elle ne saurait prouver que les Juifs aient emprunté les leurs des Perses.

Ainsi tomberaient sous les raisonnements de M. Anquetil, comme sous ceux de Hyde, de Prideaux, de M. l'abbé Foucher, etc., les petits arguments que vous avez tirés quelquefois de la conformité de nos lois et de nos dogmes avec ceux des Perses, et que vous voudriez tirer ici des noms d'*Ibrahim*, *Kish Ibrahim*, etc.

Au reste, remarquez, Monsieur, comme vous vous accordez avec le savant dont nous parlons. Vous nous donnez le *Zend-Avesta* pour *un des plus anciens livres connus sur la terre ;* vous allez plus loin, vous l'appelez ailleurs *le plus ancien livre du monde*. Et M. Anquetil, qui aurait plutôt intérêt de reculer que de rapprocher l'époque de Zoroastre et de ses ouvrages, le place vers le milieu du sixième siècle avant l'ère chrétienne. Quoi, Monsieur, le *Zend-Avesta*, un livre du sixième siècle (2) avant l'ère chrétienne, *le plus ancien livre du monde !*

Qu'on ouvre la traduction de M. Anquetil, on y voit à toutes les pages les deux principes ; partout Arimane y combat Ormusd ; et vous, Monsieur, vous voulez persuader qu'*on*

---

(1) *Des anciennes traditions du genre humain*, etc. Nous ne pensons point sur cet article comme M. Anquetil : la conformité est trop grande pour qu'elle ne soit plus qu'une suite des anciennes traditions. Plus on lira avec attention la traduction même du *Zend-Avesta* par M. Anquetil, plus on se convaincra que l'auteur de cet ouvrage a connu et copié les livres des Juifs. *Édit.*

(2) *Du sixième siècle*, etc. On trouve dans ses ouvrages tant de petitesse, de minuties superstitieuses, de mysticités raffinées, tout y est si éloigné du goût simple de l'antiquité, qu'il y a bien de l'apparence qu'il faut encore en rapprocher l'époque. Plusieurs mots arabes qui s'y trouvent pourraient aussi appuyer ce soupçon.

*n'admit réellement les deux principes en Perse que du
temps de Manès.*

Vous, contempteur obstiné des livres des Hébreux, qui,
au mépris des jugements de tant d'hommes célèbres, décla-
mez, contre à tout propos, vous exaltez ceux de Zoroastre ;
et le traducteur même de Zoroastre a le courage et la sincérité
de nous apprendre « que si l'on en excepte quelques idées assez noble de la divinité et une morale assez pure, ces livres
si vantés ne sont que de longues litanies ; qu'ils heurtent
notre façon de penser et d'écrire ; que le peu de vérités qu'ils
renferment est comme absorbé dans une multitude de ce qu'on
appelle petitesses d'esprit ; qu'ils sont fades, ridicules, aussi
mal raisonnés que l'*Alcoran*, aussi ennuyeux et dégoûtants
que le *Sadder* (1). »

Tels sont, au jugement même de M. Anquetil, les livres
fameux du législateur des Perses. Si vous mettiez sérieusement ces rapsodies en parallèle avec les discours touchants et
les cantiques sublimes de Moïse et de nos prophètes, nous
vous plaindrions, Monsieur ; il faudrait que la fièvre philosophique eût bien altéré en vous les principes du goût (2).

---

(1) *Aussi dégoûtants que le Sadder.* C'est en ces termes que l'abbé
Renaudot parle du *Sadder*, *sordidissimus*, dit-il ; et M. de Voltaire
nous le vante ! il l'appelle *un ancien commentaire du plus ancien
livre du monde* : et cet ancien commentaire peut bien avoir deux cent
cinquante à trois cents ans. La respectable antiquité ! *Edit.*

(2) *Les principes du goût.* Rendons justice à M. de Voltaire. Depuis nos Lettres, le célèbre écrivain a lu enfin les prétendus livres de
Zoroastre, qu'il vantait tant sans les connaître ; et il a bien changé
d'idée. Ces Livres étaient, selon lui, *les plus anciens livres du monde
et les écrits incontestablement authentiques du législateur des Perses.* Aujourd'hui, ce ne sont plus à ses yeux que des ouvrages supposés, postérieurs à Zoroastre, et très-indignes du nom qu'ils portent.
C'étaient des écrits admirables, fort supérieurs à tous les livres des
Juifs ; aujourd'hui ce n'est plus *qu'un fatras abominable, dont on
ne peut lire deux pages sans avoir pitié de la nature humaine.*
(Voyez Dictionnaire philosophique, art. Zoroastre.) L'aveu est généreux ; s'il ne fait point d'honneur au *Zend-Avesta*, il en fait beau-

Enfin M. Anquetil ne juge pas plus favorablement du caractère même de Zoroastre. Il le regarde comme un philosophe éclairé ; mais il ne peut s'empêcher de reconnaître en même temps que cet homme si vanté fut un enthousiaste, un imposteur, un persécuteur, qui, pour établir sa religion, fit couler le sang des peuples.

; Mais revenons. Quoi qu'il en soit, Monsieur, des systèmes de tous ces savants sur Zoroastre et sur les livres sacrés des Perses, il est évident qu'avant de pouvoir tirer de la conformité de ces livres avec les nôtres, et de la dénomination de *Kish Ibrahim* et de *Millat Ibrahim* donnée à l'ancienne religion de ces peuples, quelque avantage contre nous, i. faudrait établir, mais établir solidement, que les livres des Perses sont antérieurs aux nôtres, et que la religion qu'ils enseignent s'appelait *Kish Ibrahim*, etc., avant qu'Abraham fut connu des Hébreux. Là-dessus, Monsieur, nous attendons vos preuves ; elles pourront faire un article curieux de vos *Questions encyclopédiques*. Il fera beau vous y voir combattre les Freret, les Renaudot, les Hyde, les Procock, les Prideaux, les Foucher, les Anquetil, etc. (1), et montrer à

---

coup à M. de Voltaire. Mais pourquoi cet homme célèbre se hâtait-il
; si fort de louer ces ouvrages ? et que penser de son empressement à
; tirer des objections d'écrits qu'il connaissait si mal !

Les idées de M. de Voltaire n'ont pas moins changé sur Zoroastre
; que sur ses écrits. Ce *grand homme, ce sage législateur* n'est plus
; à ses yeux « qu'un fou dangereux. Nostradamus et le médecin des urines sont des gens raisonnables en comparaison de cet énergumène.
; *Ibid.* Edit.

. (1) *Les Anquetil*, etc. M. de Voltaire s'est fait l'interprète de la reconnaissance publique envers l'anglais M. Holwel, qui a traduit quelques prétendus fragments du *Vedan* et du *Shastah*. Témoignons la nôtre au savant M. Anquetil, dont les travaux ont fait connaître au public les livres attribués à Zoroastre, et ont mis M. de Voltaire à portée de rétracter les éloges qu'il leur avait si mal à propos do _és. Il en sera de même probablement un jour de ceux qu'il donne maintenant aux beaux livres sacrés des Indiens.

tous ces savants qu'avec toutes leurs méditations, toute leur connaissance des langues anciennes et modernes et *toutes leurs recherches faites sur les lieux*, ils en savent moins que vous sur ces matières.

§ IV. *Si les Indiens sont les premiers qui aient connu Abraham.*

A beau conter qui vient de loin : c'est, dit-on, un proverbe de votre pays. Vous ne venez pas de loin, Monsieur, mais vous nous menez bien loin : de la Palestine dans l'Arabie, de l'Arabie dans la Perse, de la Perse dans l'Inde. N'auriez-vous pas dessein de nous en conter ?

Quoi qu'il en soit, en voyageant avec vous, on apprend des choses fort curieuses et fort sensées. On apprend, par exemple, que c'est dans l'Inde qu'on a commencé à connaître Abraham. « Car, dites-vous, si plusieurs doctes ont prétendu qu'Abraham est le Zerdust ou le Zoroastre des Perses,

TEXTE. « D'autres disent que c'est le Brama des Indiens; ce qui n'est pas démontré. » (*Dict. phil.*, art. *Abraham.*)

COMMENT. Nous ne vous demandons point ici quels sont ces *doctes*; nous en connaissons un, un seul; vous, Monsieur. Quoique *ce sentiment ne soit pas démontré*, vous le soutenez gravement dans votre *Philosophie de l'histoire.* Mais si vous n'en avez pas de démonstration, vous en avez du moins quelques preuves apparemment; voyons.

TEXTE. « Il semble que ce nom Bram, Brama, Abraham, soit un des plus communs aux anciens peuples de l'Asie. » (*Phil. de l'hist.* Voyez *Introduction à l'Essai sur les mœurs*, page 71, t. XVI des *OEuvres.*)

COMMENT. Communs ou non, peu importe; ce n'est pas là de quoi il s'agit : la question est de savoir si ces noms sont le même nom. Or de ces noms, l'un est hébreu, l'autre est indien; l'un signifie *père élevé d'une multitude*, l'autre, *es-*

prit puissant (1). Ces deux noms ne sont pas le même nom, ce sont deux noms fort différents, tant pour l'origine que pour le sens.

TEXTE. « Les Indiens nommaient *leur dieu* Brama, et leurs prêtres bramines ou brachmanes. » (Dict. phil., art. *Abraham.*)

COMMENT. Eh bien ! de ce que les mots de Brama et brachmanes ont quelques rapports à celui d'Abraham, s'ensuit-il qu'Abraham et Brama soient la même chose ? Est-ce ainsi que vous raisonnez des Huet et des Bochart, parce qu'ils s'appuient quelquefois sur des ressemblances de noms (2) ?

TEXTE. « Ces peuples (les Indiens) que nous croyons une des premières nations, font de leur Brama un fils de Dieu, qui enseigna aux brames la manière de l'adorer. Ce nom fut en vénération de proche en proche : les Arabes, les Chaldéens, les Persans se l'approprièrent, et les Juifs le regardèrent comme un de leurs patriarches.

Les Arabes, qui trafiquaient avec les Indiens, eurent probablement les premiers quelques idées confuses de Brama, qu'ils appelèrent Abrama, et dont ensuite ils se vantèrent de

----

(1) *Esprit puissant.* M. Holwel, qui a résidé longtemps dans l'Inde, et qui y avait traduit une grande partie du *Shastah*, nous apprend que le nom de Brama vient de *bram*, *esprit*; et de *mah*, *puissant*, « C'est, ajoute-t-il, le nom que les Indiens donnent à l'auteur du *Shastah*, par où ils marquent la spiritualité et la divinité de sa mission et de sa doctrine. De là vient que ses successeurs prennent le nom de bramines, pour donner à entendre qu'ils ont hérité de son esprit divin. » On sait que le nom d'Abraham vient d'*ab*, père, *ram*, élevé, *hammon*, multitude. M. de Voltaire, apparemment, quand il écrivait cet article, n'avait point encore lu M. Holwel. *Edit.*

(2) *Des resemblances de noms.* Guillaume Postel, dans ses *Origines*, argumente, comme M. de Voltaire, de la ressemblance des mots brachmane et Abraham : il en conclut, au contraire, qu'Abraham est le père des brachmanes, et que les Indiens tirent leur origine des Juifs. Le raisonnement du savant est de la même solidité que celui du poète : *Agit error utrumque, sed variis illudit partibus*, etc. *Edit.*

descendre. » (*Phil. de l'hist.* Voyez *Introduction à l'Essai sur les mœurs*, art. Abraham, page 74).

COMMENT. Voilà, Monsieur, l'origine indienne du nom d'Abraham, et la route qu'il a suivie pour venir de l'Inde dans la Palestine, admirablement exposées !

Il y a pourtant ici quelques réflexions à faire. Souffrez que nous entrions dans ce détail.

Les Indiens, que nous croyons une des premières nations, etc. Quand vous croyez les Indiens une des premières nations, vous pouvez avoir raison, Monsieur ; mais quand vous en faites ailleurs *de toutes les nations la plus ancienne,* vous pourriez bien avoir tort.

. *Font de leur Brama un fils de Dieu.* Ils en font donc tantôt *leur Dieu,* tantôt *un fils de Dieu qui leur apprit la manière de l'adorer.* Soit : mais depuis quand les Indiens font-ils de leur Brama un fils de Dieu? Etes-vous bien sûr que cette croyance des Indiens soit antérieure aux livres des Hébreux et même aux livres des chrétiens? Vos preuves, Monsieur, s'il vous plaît.

Ce nom fut en vénération de proche en proche, etc. On ne doute point que cette vénération ne se soit répandue *de proche en proche* dans l'Orient ; mais on peut douter qu'elle ait pénétré de l'Inde dans la Perse, et de la Perse l'Arabie ; car où sont les monuments qui l'attestent ?

Les Arabes qui trafiquaient dans l'Inde, eurent les premiers, etc. Nous serait-il permis de vous demander pourquoi les Arabes auraient trafiqué dans l'Inde avant les Perses, si voisins de l'Inde ? Vous le savez sans doute.

Eurent problablement les premiers des idées confuses. Il eût été mieux, pour votre système, qu'ils en eussent eu de distinctes. Des idées confuses, présentées assez confusément, ne sont pas fort propres à éclaircir une question. Et sur quelle autorité, s'il vous plaît, assurez-vous que les Arabes eurent ces *idées confuses* ? Exigez-vous qu'on vous en croie sur votre parole ?

De Bramà, qu'ils nommèrent Abrama. Rien de plus *probable* assurément ; l'étymologie de ces deux noms y conduit tout droit : on vient de le voir.

Et dont ils se vantèrent de descendre, etc. Les Arabes, ou, pour parler plus exactement, une partie des Arabes se sont vantés et se vantent encore d'être descendus d'Abraham, père de la nation juive. Mais dans quel auteur arabe avez-vous lu, Monsieur, que les Arabes se soient jamais vantés d'être descendus du Brama des Indiens ? Auraient-ils fait de ce dieu des Indes un homme, *un potier de terre* ? Auraient-ils mieux aimé se dire descendus de ce *potier* que du Dieu adoré par la *nombreuse, la savante et heureuse* nation des Indiens ?

Les Chaldéens, les Persans se l'approprièrent, etc. Toujours des assertions et jamais des preuves. Cette façon de raisonner est commode ! Elle n'exige pas beaucoup de travail, ni des recherches fort profondes ; un peu de hardiesse suffit. Avec cela on peut, tant qu'on veut, confondre l'Abraham des Arabes avec le Brama des Indiens.

Passons ; c'est trop nous arrêter à des chimères. Mais dites-vous :

TEXTE. « Le nom des prêtres de l'Inde et plusieurs institutions sacrées des Indiens, ont un rapport immédiat avec le nom de Brama, au lieu que chez les Asiatiques occidentaux, nulle société ne s'est nommé *Abramique* ; nul rite, nulle cérémonie de ce nom. » (*Ibid.*)

COMMENT. *Nulle société ne s'est nommée Abramique nul rite,* etc. Ignorez-vous donc, Monsieur, qu'une partie du peuple hébreu tire son nom de l'arrière petit-fils d'Abraham, et que tout ce peuple a longtemps porté *le nom* du petit-fils de ce patriarche ? Ignorez-vous que ce peuple a pratiqué et pratique encore un *rite* singulier et douloureux, et qu'il ne l'a pratiqué que parce qu'il le tient d'Abraham ?

Le nom des prêtres de l'Inde a un *rapport immédiat*

avec le nom d'Abraham. Oui, un rapport de son : donc Abraham fut connu des Indiens avant de l'être des Hébreux !
Quelle façon de raisonner !

Quoi, Monsieur, ce sont là les preuves que vous opposez à l'existence d'Abraham, et à la descendance des Juifs
confirmée par tant de titres ! Qu'appellera-t-on se jouer de
ses lecteurs, si ce n'est pas cela ?

Que la connaissance d'Abraham nous soit venue des Indiens
par les Arabes et les Persans, assurément vous n'en avez
jamais cru le mot. Quand cette idée folle vous a passé par la
tête, vous en avez ri tout le premier sans doute, et vous en
riez encore. Mais vous connaissez ceux qui vous lisent : vous
savez qu'il y en a beaucoup pour qui tout est bon ; et vous
êtes apparemment dans le principe très philosophique, que,
quand on a de l'esprit, on peut sans scrupule se moquer des
sots. Monsieur, moins de philosophie et plus d'humanité.

VIe EXTRAIT.

*Voyages d'Abraham. Petites méprises de géographie,
accompagnées de plusieurs autres. Voyage en Palestine.*

Si, comme vous le remarquez, Monsieur, très ingénieusement, *Abraham aimait à voyager*, vous n'aimez pas beau-
-coup ses voyages ; vous les trouvez *étranges* : voyons s'ils le
sont en effet, et commençons par celui qu'il fit à Sichem.

Ce voyage vous paraît incompréhensible ; vous ne concevez pas comment ni pourquoi Abraham put prendre sur lui
de faire un si long et si épouvantable trajet. A vous en croire,
il dut y trouver des obstacles invincibles ; et il n'avait aucun
motif raisonnable de l'entreprendre.

§ I. *Des obstacles qu'Abraham eut à surmonter. S'ils étaient tels que le critique les représente.*

Abraham, en se transportant de Haran à Sichem, eut sans doute des difficultés à vaincre, et c'est ce qui prouve que sa foi était vive, et son obéissance courageuse. Mais ces difficultés étaient-elles insurmontables ?

D'abord, pour juger si le trajet qu'il avait à faire était si long, il nous semble qu'avant tout il faudrait savoir d'où Abraham partit. Or, c'est sur quoi vos idées, Monsieur, ne sont ni claires, ni fixes, ni justes.

Vous dites :

TEXTE. « La *Genèse* dit qu'Abraham sortit d'Haran après la mort de Tharé son père. « (*Phil. de l'hist.*, art *Abraham.* — Voyez *Introduction à l'Essai sur les mœurs*, art. *Abraham*, pages 72 et 73).

« Après la mort de son père, Abraham quitta la Chaldée... Il est étrange qu'il ait abandonné le fertile pays de la Mésopotamie, pour aller, à trois cents milles de là, dans la contrée stérile de *Sichem*. » (*Ibid.*)

« Abraham sortit de la Chaldée, immédiatement après la mort de son père. » (*Dict. phil.* art. *Abraham.*)

COMMENT. La Genèse dit qu'Abraham, ayant quitté la Chaldée, se rendit à Haran avec Tharé son père, et qu'ensuite il partit de Haran pour aller à Sichem, et cela se conçoit.

Vous dites, vous, Monsieur, comme on vient de le voir, *qu'après la mort de Tharé, Abraham quitta la Chaldée, et qu'il sortit de Haran après la mort de Tharé son père;* or, tout cela ne se conçoit guère.

1° Tharé mourut à Haran : il vivait donc encore lorsqu'Abraham *quitta la Chaldée.* Il ne fallait donc pas dire qu'il la *quitta après la mort de son père ;* c'est déjà une méprise.

2° Si Abraham, après la mort de son père, partit de Haran, il ne partit pas de la Chaldée, mais de la Mésopotamie. Mettez-vous, Monsieur, Haran dans la Chaldée ? ou confondez-vous la Chaldée avec la Mésopotamie ? Ce serait à peu près comme si vous confondiez l'Ile-de-France avec la France ; et comme si vous disiez que partir de France est partir de l'Ile-de-France. Quand il s'agit de fixer des distances, il faut un peu plus d'exactitude et de précision dans les termes.

Qu'importe, direz-vous, qu'Abraham soit parti de la Chaldée ou de la Mésopotamie, il n'en avait pas moins une très longue route à faire! Et combien donc?

Texte « Trois cents milles, ou cent lieues : car Sichem est à plus de cent lieues de la Chaldée (*Dict. phil.* art. *Abraham*) et du fertile pays de la Mésopotamie à la stérile contrée de Sichem il y a trois cents milles, ou cent lieues. » (*Phil. de l'hist.* — Voyez *Introduction à l'Essai sur les mœurs*, page 73).

Comment. *Trois cent milles ou cent lieues*, éloignement terrible! distance effrayante! *cent lieues!* Comment faire *cent lieues?*

Mais, Monsieur, si cent lieues vous font peur, pour une famille nomade accoutumée à vivre sous des tentes et à changer souvent d'habitation, cent lieues pouvaient bien n'être pas un long voyage.

D'ailleurs, vous croyez qu'il y avait cent lieues d'*Haran ou de Haran* à Sichem ? Cela vous paraît-il bien certain? Si vous en êtes sûr, Monsieur, vous savez donc où était Haran?

Vous nous dites pourtant :

Texte. « Des soixante-quinze systèmes inventés sur l'histoire d'Abraham, il n'y en pas un qui nous apprenne au juste ce que c'est que cette ville ou village de Haran, ni en quel endroit elle était. » (*Dict. philosoph.* art. *Abraham*).

Comment. Il est vrai que les commentateurs et les géographes varient sur la position *de la ville ou village de Haran*, qu'on nomme aussi *Charan*. Les uns croient que c'est la ville de Carres en Mésopotamie, célèbre par la défaite de Crassus; d'autres, un autre ville de Carres, près de Tadmor ou Palmire; et quelques-uns une troisième Carres dans les environs de Damas.

Pour vous, Monsieur, vous n'avez sur ce point de géographie aucun doute, pas la moindre incertitude. Vous en savez là-dessus plus que tous les commentateurs et tous les géographes ensemble, ou, sans en savoir plus qu'eux, *sans connaître au juste ce que c'était que cette ville ou village de Haran, ni où il était situé*, vour commencez toujours par affirmer qu'il y avait *plus de trois cent milles*, ou cent lieues de Haran à Sichem. Ne pourrait-on pas trouver qu'il est un peu hardi de décider de la distance de deux places, quand on ignore la situation de l'une des deux?

Vous n'êtes donc pas sûr de la longueur de la route qu'Abraham avait à faire pour aller de Haran à Sichem; et ne sont-ce pas là des difficultés pitoyables? et quand elle aurait été de *cent lieues*, comme vous le dites, était-il impossible de faire *cent lieues?*

Mais, ajoutez-vous, si cette route n'était pas excessivement longue, elle était horriblement incommode et dangereuse.

TEXTE. » Il fallait passer par des déserts. » {*Ibid.*}

COMMENT. C'est selon d'où vous le faites partir, Monsieur, et quelle route vous lui faites tenir.

En allant tout droit de la Chaldée à Sichem. il y aurait aujourd'hui des déserts à passer, cela est vrai; et peut-être en avait-il du temps d'Abraham.

Mais en partant de Haran, même de Haran d'au-delà de l'Euphrate, il n'était pas nécessaire de traverser des déserts. Abraham pouvait gagner Apamé, Ephèse, Damas; de Damas passer à Sidon, de Sidon au Carmel, et du Carmel à Sichem; ou, ce qui était encore plus court, de Damas aux sources du Jourdain; de là au lac de Tibériade, et du lac de Tibériade, par de belles et fertiles plaines, à Sichem. Il n'y a pas là de déserts, Monsieur.

Or, non-seulement Abraham pouvait prendre cette route.
mais il y a toute apparence qu'il la prit. Car la *Genèse* dit qu'il
partit, non de Chaldée, mais de Haran ; et c'était une tradition, même chez les païens (1), qu'il *régna,* ou plutôt qu'il
résida quelque temps à Damas (2).

Ces déserts, dont votre imagination s'effraie, ne se trouvèrent donc pas sur sa route ; ou, s'il s'en trouva, ils n'étaient
pas aussi *horribles* qu'il vous plaît de les figurer.

Aussi ces prétendus *déserts horribles,* cette route, dont
la longueur et les dangers vous épouvantent, ni n'épouvan-
tèrent Eliézer, ni la jeune Rebecca, qui la firent sur les chameaux d'Abraham ; ni Jacob, qui la fit seul et à pied. Elle
n'épouvanta ni Lia, ni Rachel, que ce patriarche amena de
Haran à Sichem, avec tous ses troupeaux, *dont les femel-*
les étaient pleines ou venaient de mettre bas (3). Croirez-
vous encore qu'elle dut effrayer Abraham ?

Autre embarras, dites-vous, pour le patriarche :

TEXTE. « La langue chaldéenne devait être fort différente
de celle de Sichem : ce n'était point un lieu de commerce.
(*Ibid*).

COMMENT. *La langue chaldéenne devait être fort diffé-*
rente, etc. Qui vous l'a dit ? et quelles preuves en avez-vous ?
aucune : non, Monsieur, aucune. Ces langues que vous
croyez *différentes,* n'étaient guère que les dialectes d'une
seule et même langue. Comment un si savant homme ignore-
t-il une chose si connue ?

Ce n'était pas un lieu de commerce, etc. Non, mais
Abraham ne cherchait point *un lieu de commerce,* il cher-

____

(1) *Chez les païens,* etc. Voyez *Justin,* etc. *Aut.*

(2) *Résida quelque temps à Damas.* La *Genèse* confirme cette tradition : elle donne en effet assez clairement à entendre qu'Abraham vécut quelque temps à Damas, lorsqu'elle dit, dans un endroit, qu'Eliézer
était de Damas ; et dans un autre ; qu'il était né dans la maison d'A-
braham. Cette observation est du savant évêque de Clogher. *Edit.*

(3) *Ou venaient de mettre bas.* Voyez *Gen.* XXXII. *Aut.*

chait des pâturages, et le mont Carmel, la plaine d'Esdraëlon,
etc., tous les environs de Sichem luï en fournissaient d'excellents. Abraham était pasteur : que venez-vous nous dire avec
vos *lieux de commerce ?*

§ II. *Si Abraham n'eut aucun motif raisonnable d'entre-*
prendre ce voyage.

Mais enfin, ajoutez-vous, quels motifs purent l'engager à
faire un pareil voyage ?

TEXTE. « Il quitta la Mésopotamie : il alla d'un pays qu'on
nomme idolâtre, dans un autre pays idolâtre. Pourquoi y
alla-t-il ? Pourquoi quitta-t-il les bords fertiles de l'Euphrate
pour une contrée aussi éloignée, aussi stérile et pierreuse
que celle de Sichem? » (*Dict. phil.*, art. *Abraham.*)

COMMENT. *Il vlla dans un pays qu'on nomme idolâtre,*
etc. On le nomme *idolâtre* avec raison, car on y adorait le
soleil, la lune, toute la milice du ciel ; on y adorait même
des idoles, témoin les idoles que faisait Tharé, selon les
traditions des Arabes, traditions que vous citez et que vous
respectez fort.

Pourquoi y alla-t-il? Quand nous ne saurions pas pourquoi, s'ensuivrait-il qu'il n'y alla pas, ou qu'il n'eut pas de
motif raisonnable d'y aller ?

Pourquoi ? Parce que le pays qu'il quittait était idolâtre ;
parce que, dans le pays où il allait, le vrai Dieu avait encore de fidèles adorateurs (1) ; en un mot, parce que *Dieu,*
comme vous le dites vous-même, *voulait qu'il y allât.* Sont-
ce là des motifs absurdes, des *raisons que l'esprit humain*
ait peine à comprendre (2) ?

_____

(1) *Fidèles adorateurs*, etc. Témoin Melchisédech, roi de Salem. Il
paraît qu'Abimélech et son peuple avaient aussi conservé quelque connaissance du vrai Dieu. On ne voit point que la religion d'Abraham,
lui ait attiré aucune persécution dans le pays de Chanaan : au contraire
on l'y révérait comme un prophète du Très-Haut. *Edit.*

(2) *Ait peine à comprendre.* Après ces motifs tirés de l'Ecriture, il

Pourquoi quitta-t-il les bords fertiles de l'Euphrate pour une contrée aussi éloignée, etc.? Ne dirait-on pas qu'Abraham allait au bout du monde, dans un autre hémisphère?

Une contrée aussi stérile et pierreuse que celle de Sichem, etc. Cette contrée, Monsieur, fut celle où les Israélites se fixèrent pendant quelque temps, après leur entrée dans la Palestine et la prise de Jéricho. Ce fut celle où les rois d'Israël placèrent le siége de leur empire, et où les Samaritains élevèrent le temple qu'ils opposèrent à celui de Jérusalem. Aurait-on préféré cette contrée à tant d'autres, si elle eût été dans ces anciens temps aussi stérile que vous le dites?

Elle ne l'était pas même du temps de l'exact et judicieux Belon. « A Naplosa, dit-il, qui, à notre avis, avait anciennement nom *Sichar* ou *Sichem*, les collines sont bien cultivées d'arbres fruitiers : les oliviers croissent gros ; les habitants cultivent le mûrier blanc pour nourrir les vers dont ils filent la soie ; et aussi les figuiers croissent en petits arbres, etc. » Le docte Ludolphe atteste de même que le mont Garisim (c'était là, Monsieur, la contrée de Sichem) était de son temps *d'une grande fertilité ;* et Maündrell, plus récent encore, nous assure qu'on voit aux environs de Sichem de belles et fertiles compagnes, d'agréables côteaux et de riches vallées. Cette contrée put donc plaire à Abraham. Elle pourrait plaire même aujourd'hui, si les Arabes en laissaient l'habitation plus sûre.

§ III. *Age d'Abraham lorsqu'il entreprit ce voyage.*

Mais ce qui nous étonne le plus, c'est qu'Abraham ait entrepris ce voyage dans un âge si avancé.

TEXTE. « Abraham avait cent trente-cinq ans lorsqu'il quitta

n'est pas nécessaire d'ajouter que, selon les *traditions des Arabes,* ce fut pour conserver sa foi et pour éviter les persécutions de l'idolâtre Nembrod, qu'Abraham quitta la Chaldée. *Edit.*

son pays. Voilà d'étranges voyages entrepris à l'âge de près de cent quarante années. » (*Dict. phil.,* art. Abraham.)

« Abraham avait juste deux cent trente-cinq ans lorsqu'il se mit à voyager. » (*Défense de mon oncle.* Voyez *Mélanges historiques*, tome 1ᵉʳ, *Défense de mom oncle*, page 209, tome XXVII des *OEuvres.*)

COMMENT. *Lorsqu'il quitta son pays.* Vous voulez dire. apparemment lorsqu'il partit de *Haran,* qui n'était pas *son pays* (1).

Mais, Monsieur, lorsqu'Abraham partit de Haran, il n'avait ni *cent trente-cinq ans,* ni *près de cent quarante,* ni *deux cent trente-cinq* (car, comme on voit, vos calculs varient un peu sur ce point, preuve de leur justesse) : il n'en avait, dit l'Ecriture, que *soixante-quinze.*

Or, dans un temps où l'on commençait d'avoir des enfants à soixante-dix ans, où l'on vivait des cent cinquante, des cent quatre-vingts années, avoir soixante-quinze ans, c'était être dans la vigueur de l'âge.

Abraham lui-même vécut cent soixante-quinze ans : à l'âge de soixante-quinze, il n'avait donc pas atteint la moitié de sa carrière; il était à peine ce que serait parmi nous un homme de trente-cinq à quarante ans. Croyez-vous qu'un homme de trente-cinq à quarante ans serait d'un âge trop avancé pour entreprendre un voyage de *cent lieues* ?

Mais, dites-vous,

TEXTE. « Abraham pouvait-il être à la fois âgé de soixante-quinze années seulement et de cent trente-cinq ? » (*Dict. phil.,* art. Abraham.)

COMMENT. Non, Monsieur. Aussi la *Genèse* ne dit-elle nulle part qu'il était *âgé de cent trente-cinq années* lorsqu'il partit de Haran.

Elle dit, au contraire, en termes formels, qu'il n'avait alors que *soixante-quinze ans.* Elle remarque expressé-

(1) *Qui n'était pas son pays.* Abraham n'était point de Haran, mais d'Ur en Chaldée. *Edit.*

ment que longtemps après son retour d'Egypte, lorsque le Seigneur lui promit qu'il aurait un fils dans l'année, il avait *quatre-vingt-dix-neuf ans*. Elle dit qu'il avait *cent ans*, lorsqu'Isaac naquit, etc.

Ces textes sont clairs : l'âge d'Abraham y est fixé d'une manière précise, et il ne s'accorde point avec les *cent trente-cinq années* que vous lui supposez à son départ de Haran.

TEXTE. « Mais la même *Genèse* nous dit que Tharé ayant engendré Abraham à soixante-dix ans, vécut jusqu'à deux cent cinq, et qu'Abraham ne partit de Haran qu'après la mort de son père. Abraham avait donc juste cent trente-cinq ans. » (*Dict. phil. et Phil. de l'hist.* — Voyez *Dictionnaire philosophique et Introduction à l'Essai sur les mœurs,* art. Abraham.)

COMMENT. Ce raisonnement suppose que vous entendez bien le passage de la *Genèse* sur lequel vous vous appuyez. Or, c'est ce qu'on pourrait vous contester.

1° Vous faites dire à la *Genèse* qu'Abraham ne partit qu'après la mort de son père. Mais d'habiles critiques ne voient rien de pareil dans la *Genèse*. Selon ces critiques, qui pourraient n'avoir pas tort, ces mots si souvent répétés, qu'*il sortit de la maison de son père*, font assez entendre qu'au départ d'Abraham, son père vivait encore; et si l'historien sacré, pour ne plus revenir à Tharé, parle de sa mort avant le départ d'Abraham, ce n'est, selon eux, qu'une de ces transpositions dont on a cent exemples dans les écrivains sacrés, et même dans les profanes.

2° Quand on supposerait qu'Abraham partit en effet après la mort de son père, qu'en pourriez-vous inférer ?

La *Genèse* dit . *Tharé vécut soixante-dix ans, et il engendra Abraham, Nachor et Aran.* Vous concluez de là qu'Abraham était l'aîné de ses frères, et qu'il naquit juste l'année *soixante-dix* de la vie de Tharé : conclusion au moins fort douteuse ; car la *Genèse* dit de même de Noé qu'il engendra trois fils, Sem, Cham et Japhet ; et cependant Sem n'était pas l'aîné, mais Japhet. Il n'est donc pas certain que par ces mots : *Tharé vécut soixante-dix ans, et il engendra Abraham*, etc., la *Genèse* ait voulu donner Abraham pour l'aîné de ses frères, et fixer l'année précise de sa naissance.

3° On pourrait peut-être (1) vous répondre encore que le passage du texte hébreu vulgaire, où la vie de Tharé est portée jusqu'à deux cent cinq années, est contredit par le texte samaritain, qui ne donne à Tharé que *cent quarante cinq années* de vie ; leçon qui s'accorde exactement avec les autres nombres, qui ôte toute apparence de contradiction entre ces différents passages, et lève toute difficulté.

Aussi la plupart de vos savants la préfèrent à celle du texte hébreu vulgaire, qu'ils croient altéré dans cette partie par les copistes. Ainsi l'ont pensé Bochart, Knatchbull, Cleyton, Houbigan, etc.

Que faites-vous donc, Monsieur, pour prouver l'âge extrêmement avancé d'Abraham lorsqu'il entreprit ses voyages ? Vous jugez de son temps par le vôtre, et vous opposez à quatre ou cinq passages précis et formels, un raisonnement faux ou incertain, et un texte altéré, ou que vous entendez mal. Vous montreriez sans doute plus d'impartialité, s'il était question d'un auteur profane ; vous expliqueriez le passage obscur par ceux qui sont si clairs et précis ; c'est ainsi qu'en usent tous les critiques. Est-ce trop de vous demander la même équité ?

Ainsi, Monsieur, les obstacles qu'Abraham pouvait trou-

***

(1) *Peut-être*, etc. Cette réponse serait solide, et nous ne doutons pas que ce ne soit la vraie ; mais nos auteurs juifs ont apparemment quelque peine à convenir que le texte samaritain est plus exact que l'hébreu. De ces trois réponses, toutes plausibles, M. de Voltaire peut choisir celle qui lui plaira davantage. Quand il se trouve dans un auteur ancien, soit sacré, soit profane, des textes altérés, ou que l'éloignement des temps et l'ignorance de la langue et des usages rendent obscurs, des explications plausibles sont tout ce que peut exiger la plus sévère critique. *Chrét.*

ver à ce voyage n'étaient point insurmontables : il avait de raisonnables et pressants motifs de l'entreprendre; il n'était point d'âge à ne pouvoir le faire. Il n'est donc point si *inconcevable* qu'il l'ait entrepris et exécuté.

VIIᵉ EXTRAIT.

Voyage d'Abraham : suite. Voyage en Egypte.

Le voyage dont nous venons de parler fut suivi d'un autre que vous ne trouvez pas moins *étrange*, parce que, dans vos distractions, vous ne vous en faites pas des idées plus justes.

§ I. *Route qu'Abraham avait à faire. Si elle était aussi longue et aussi difficile que le croit M. de Voltaire.*

TEXTE. « A peine est-il arrivé dans le petit pays montagneux de Sichem, que la famine l'en fait sortir; il va en Egypte chercher de quoi vivre. » (*Dict. phil.*, art. Abraham.)

COMMENT. *A peine est-il arrivé*, etc. Il pouvait y avoir un an ou plus; mais qu'importe?

Il va chercher en Egypte de quoi vivre, etc. Cela est fort étonnant! Fallait-il donc qu'il restât dans un pays où la famine régnait, pendant qu'il pouvait passer dans un pays voisin où il y avait du blé? Mais

TEXTE. « Il y a deux cents lieues de Sichem à Memphis; est-il naturel qu'on aille demander du pain si loin, dans un pays dont on n'entend point la langue? Voilà d'étranges voyages. » (*Ibid.*)

COMMENT. *Il y a deux cents lieues de Sichem à Memphis.*

Pas tout-à-fait, Monsieur : on n'en compte guère que cent trente à cent quarante (1). Vous ne vous trompez donc que de près d'un tiers ! petite méprise !

Cette distraction que vous avez eue en écrivant le *Dictionnaire philosophique*, vous l'aviez encore en écrivant votre *Philosophie de l'histoire*. En vérité, Monsieur, si vos distractions sont légères, elles sont un peu longues.

Vous faites partir Abraham *de Sichem*; mais Abraham avait déjà quitté Sichem; il avait habité quelque temps à Béthel, et s'était avancé vers la frontière méridionale de la Palestine, lorsqu'*il partit pour aller en Egypte*. Or, de là en Egypte il n'y avait guère qu'une vingtaine de lieues, peut-être moins. N'était-il pas *naturel d'aller demander du pain* si près, dans un pays où l'on était sûr d'en trouver ?

Il était si *naturel* de recourir à l'Egypte dans cette circonstance, qu'Isaac s'en rapprocha de même, et que Jacob y envoya ses enfants en pareille rencontre.

Ce n'est pas tout. La *Genèse* fait aller Abraham *en Egypte*, ce qui est fort aisé de concevoir. Vous, Monsieur, vous l'envoyez à *Memphis*, ce qui est effectivement *fort étrange*.

Mais qui vous a dit qu'Abraham ait été à Memphis ? Qui vous a dit que Memphis fût alors la capitale de l'Egypte, ou même qu'elle existât du temps d'Abraham ? Il y a des raisons d'en douter. Tanis seule est connue de nos anciens écrivains. Homère, qui parle de Thèbes, ne dit rien de Memphis; et, de tous les auteurs hébreux, Isaïe est le premier qui en ait fait mention. Si Memphis eût existé, si elle eût été

---

(1) *Cent quarante.* Nous en jugeons par ce que dit Belon, qu'il ne mit que dix jours à faire cette route, quoique de son temps il y eût, dit-il, *un étrange et difficile chemin entre le Caire et Jérusalem.* Or on sait que du Caire à Memphis il n'y a que trois petites lieues. On a remarqué de même dans la *Défense des livres de l'ancien testament*, que le Père Eugène, qui a voyagé dans ce pays, ne compte que cent lieues du Caire à Gaza; et qu'il n'y en a pas quarante de Gaza à Sichem. *Aut.*

la capitale de l'Egypte du temps d'Abraham, nos écrivains n'en auraient-ils rien dit jusqu'à Isaïe (1) ? Envoyer Abraham à Memphis, c'est donc l'envoyer dans une ville qui, très probablement, n'existait pas. Trouvez-vous cela fort adroit, et croyez-vous bien *naturel* de l'envoyer chercher du pain si loin, pendant qu'il pouvait en trouver plus près ?

Dans un pays dont on n'entend point la langue ! Mais que savez-vous, Monsieur, si Abraham n'entendait point cette langue ? Que savez-vous si cette langue était alors aussi différente de la langue des Hébreux qu'elle put l'être depuis : D'ailleurs, était-il impossible de trouver quelque interprète ?

L'esprit humain peut donc, sans tant de peine, *comprendre les raisons d'un tel voyage.*

§ II. *Conduite d'Abraham en Egypte. Odieuse imputation de l'illustre écrivain.*

On s'est partagé depuis longtemps parmi les chrétiens, sur la conduite qu'Abraham tint en Egypte.

Les uns ont dit, pour le justifier (1), qu'en se donnant pour frère de Sara, il ne mentait point, puisqu'elle était effectivement sa sœur ; qu'il se réservait par-là une inspection sur elle ; qu'il gagnait du temps, et qu'il put se flatter que, pendant cet intervalle, la providence, qui l'avait conduit dans ces lieux, lui ménagerait quelque évènement qui

---

(1) *Jusqu'à Isaïe.* On trouvera toutes ces raisons plus détaillées par Bochart, dans sa réponse au poète Saint-Amant. Bochart y soutient que, du temps même de Moise, Memphis n'existait pas ou du moins n'était pas la capitale de l'Egypte.

(1) *Pour justifier.* De tous ceux qui justifient ou excusent Abraham, et qui sont en grand nombre, nous ne nommerons ici que le savant et modeste Waterland. Il prétend dans son *Ecriture vengée*, contre Tindal, qu'Abraham en cette rencontre, ne fit rien d'indigne d'un homme sage et d'un homme de bien ; et, outre les raisons rapportées ci-dessus, il s'appuie de l'autorité du Père Alexandre, auquel il renvoie ses lecteurs. Voyez *père Alexandre*, tome I, page 202. *Aut.*

le tirerait d'embarras; qu'il pouvait compter sur la fidélité de
Sara, pour peu que le roi d'Egypte fût susceptible de quelque sentiment de vertu; qu'autrement, en avouant qu'elle
était sa femme, Abraham aurait exposé inutilement sa vie,
sans mettre plus en sûreté l'honneur de son épouse; que si
l'on ne doit jamais mentir, on n'est point tenu de dire à un
ravisseur et à un homicide des vérités dont on prévoit qu'il
abusera pour commettre le crime, et faire périr l'innocent, etc.

D'autres, plus sévères (1), l'ont condamné hautement d'a-
voir usé d'équivoque envers Pharaon, et d'avoir exposé té-
mérairement la chasteté de Sara.

Il vous était réservé (2), Monsieur, d'imputer à ce saint
homme le plus bas et le plus criminel dessein. Vous ne l'accusez de rien moins que d'avoir cherché à faire un honteux
trafic des charmes de son épouse.

TEXTE. « Comme elle était belle, il résolut de tirer parti de
sa beauté. (Dict. phil., art. *Abraham*.)

COMMENT. Une imputation si grave, faite contre un homme
que sa religion et sa vertu ont fait respecter depuis tant de
siècles et par tant de peuples, exigerait les plus fortes preuves. Quelles sont les vôtres, Monsieur ? D'indignes soupçons,
et une odieuse altération du texte de nos Écritures. A vous
en croire, Abraham dit à Sara :

TEXTE. « Feignez que vous êtes ma sœur, afin qu'on me
fasse du bien à cause de vous. » (*Ibid.*)

COMMENT. Mais, dans la *Genèse*, Abraham parla en ces
termes à Sara : « Vous êtes belle; quand les Egytiens vous
auront vue, ils diront : C'est la femme de cet homme, et ils
me tueront. Dites donc, je vous prie, que vous êtes ma sœur,

(1) *D'autres, plus sévères*, etc. De ce nombre sont Origène, Jérôme,
Calvin, et beaucoup d'autres, tant anciens que modernes. *Aut.*
(2) *Il vous était réservé.* Non; car tout ce qu'objecte ici l'illustre
écrivain n'est qu'un réchauffé de ce qu'avaient dit avant lui Bayle,
Tindal, etc.

afin que je sois bien traité, et que la vie me soit conservée par votre moyen. »

Vous le voyez, Monsieur; ce n'est point pour *tirer parti de la beauté* de son épouse, c'est pour se dérober à une mort, qu'il croit inévitable, qu'il prie Sara, non de *feindre*, mais de dire qu'elle était sa sœur, comme elle l'était effectivement (1). Blâmez-le donc, si vous voulez, d'avoir trop craint la mort; reprochez-lui sa faiblesse, condamnez son équivoque; mais ne joignez point à un jugement, au moins sévère, une imputation évidemment calomnieuse.

§ I. *Sara enlevée.*

L'évènement ne tarda pas de justifier que les soupçons d'Abraham et ses alarmes n'étaient que trop fondés. Les Egyptiens, ayant vu Sara (2), en donnèrent avis à Pharaon: elle fut enlevée; sur quoi vous dites:

(1) *Comme elle l'était effectivement.* Elle était *fille de son père et non de sa mère,* comme le dit Abraham.

(2) Au reste, quoique nous pensions, avec la foule des rabbins, que Sara était fille de Tharé, d'une autre mère que celle d'Abraham, nous reconnaissons que plusieurs savants juifs et chrétiens, Jarchi, Polus, Wells, Patrick, Hyde, Waterland, etc., prétendent qu'elle était sœur de Loth, fille de Haran, et par conséquent nièce, par son père, et non sœur d'Abraham. Ces savants se fondent sur ce que Sara est appelée dans la *Genèse* bru de Tharé, et que, dans le langage de l'Ecriture, les mots *frère* et *sœur* ne signifient souvent que proche parent ou parente; d'où vient que Loth, neveu d'Abraham, est appelé son *frère.*

Dom Calmet n'est donc ni le premier, ni le seul qui ait cru Sara nièce d'Abraham. Il s'en faut un peu que cette idée soit aussi ridicule que le pense M. de Voltaire, et c'est assez mal à propos qu'il la lui reproche fort durement. « Dom Calmet, dit-il, dont le jugement et la sagacité sont connus de tout le monde, dit qu'elle pouvait bien être la nièce d'Abraham. » (*Questions encyclopédiques. — Voyez Diction naire philosophique,* art. Abraham.) Nous ne croyons pas qu'il ait là matière à traiter si cavalièrement le savant religieux. Son commentaire, cité avec éloge par les étrangers, même de différentes communions, paraît avoir fourni à l'illustre écrivain plusieurs traits qu'il

TEXTE. « Dès qu'il arrive en Egypte, le roi devient amoureux de sa femme, âgée de soixante-quinze ans. » (*Phil.
de l'histoire.* — Voyez *Introd. à l'Essai sur les mœurs*, art
Abraham, p. 73.)

COMMENT. *Soixante-quinze ans !* Dans le *Dictionnaire philosophique* et dans les *Questions sur l'Encyclopédie*, vous ne donnez à Sara que *soixante-cinq ans*; ne
pouvez-vous donc être sur rien d'accord avec vous-même ?

Mais, dites-vous, une femme de *soixante-cinq ans* peut
elle encore avoir des charmes ? Vous jugez, Monsieur, de
ces anciens temps par le vôtre. Vous oubliez que Sara vécut
jusqu'à l'âge de cent vingt-sept ans, et qu'ainsi elle devait
être à soixante-cinq ans ce que serait parmi vous une femme
de trente-six ans. Croyez-vous qu'à cet âge une belle femme
qui n'aurait point eu d'enfants, ne pourrait pas s'être assez
bien conservée pour inspirer des sentiments ? Vous connaissez trop votre histoire (1) et votre siècle pour ignorer que
l'un et l'autre pourraient en fournir plus d'un exemple (2).

---

aurait probablement ignorés, et dont il pare ses écrits. Est-ce par reconnaissance qu'il traite ailleurs Dom Calmet d'*écrivain sans jugement*, d'*imbécile ?* Il nous semble que ces termes n'étaient pas faits
pour être appliqués à Dom Calmet par M. de Voltaire. *Aut.*

(1) *Votre histoire.* M. Bullet, dans ses *réponses critiques*, cite,
d'après Brantôme, la duchesse de Valentinois, « en l'âge de soixante-
dix ans, aussi belle de face, aussi fraîche, aussi aimable comme en
l'âge de trente ans, et fort aimée d'un des grands rois du monde ; une
grande dame qui, en l'âge de soixante-seize ans, se maria, vécut
cent ans, et pourtant s'y entretint belle ; la grand'mère de la princesse
Dauphine. belle et fraîche en l'âge de cent ans, etc, » *Chrét.*

(2)*Plus d'un exemple.* M. de Voltaire n'aura pas oublié du moins ce
qu'il raconte de Ninon, sa bienfaitrice, et de *son bon parrain Châ-
teauneuf, à qui il doit son baptême.* Ce qu'il en dit est une étrange
façon d'immortaliser des personnes dont la mémoire devait lui être
chère. Voyez la *Défense de mon oncle.* (Voyez *Mélanges historiques*,
tome 1er, *Défense de mon oncle*, page 210, tome XXXVII des OEuvres.)
Edit.

Guénée. II.　　　　　　　　　　　　　　　10

§ IV. *Raisonnements curieux du savant critique sur les présent faits à Abraham.*

S'il est affligeant pour vos lecteurs de voir un grand homme calomnié par un écrivain célèbre, vous les en dédommagez bientôt par vos raisonnements (1) sur les présents qu'Abraham reçut de Pharaon. Les conséquences que vous en tirez, Monsieur, sont tout-à-fait curieuses.

Vous dites d'abord que :

TEXTE. « Ces présents étaient de grands présents, des présents considérables. » (*Phil. de l'hist. ; Dict. phil.* — Voyez *Introduction à l'Essai sur les mœurs,* et *Dictionn. philosophique,* art. Abraham.)

COMMENT. Qu'était-ce donc ? De grosses sommes, de superbes vases d'or ou d'argent, de riches étoffes, des bijoux de grand prix ! Non.

TEXTE. « C'étaient *beaucoup* de brebis, de bœufs, d'ânes, d'ânesses, de *chevaux*, de chameaux, de serviteurs et de servantes. » (*Ibid., ibid.*)

COMMENT. A la manière dont vous annonciez ces *grands présents*, on pouvait s'attendre à quelque chose de mieux ; et l'on est peu surpris de voir les largesses et la magnificence *d'un grand roi* réduites tout d'un coup à *des bœufs et des brebis, des ânes, des ânesses,* etc.

Au reste, ce qui ne vous arrive pas souvent, Monsieur, vous êtes ici d'accord avec nos Ecritures, excepté pourtant sur les *chevaux,* dont elles ne parlent pas, et sur le mot de *beaucoup,* qu'on ne trouve ni dans le texte, ni dans les plus exactes versions, mais qu'on peut y ajouter, pour faire honneur à Pharaon et rendre la phrase plus harmonieuse.

_____

(1) *Vos singuliers raisonnements.* Il faut rendre justice à l'illustre écrivain ; les raisonnements qu'il va faire sur ces présents ne sont ni dans Bayle, ni dans Tindal, tout est de lui. *Aut.*

Tels furent, Monsieur, selon vous, ces *grands présents*, voyons maintenant ce qu'ils prouvent selon vous.

TEXTE. « Ces présents qui sont *considérables*, prouvent que les Pharaon étaient donc déjà d'assez puissants rois, le pays d'Egypte était donc déjà très peuplé. Mais pour rendre la contrée habitable, pour y établir des villes, il avait fallu des travaux immenses, faire écouler dans une multitude de canaux les eaux du Nil, élever ces villes vingt pieds du moins au-dessus de ces canaux.... Probablement même plusieurs grandes pyramides étaient déjà bâties. » (*Dict. phil.*, art. *Abraham.*)

« Ils prouvent que dès-lors l'Egypte était un royaume très puissant et très policé, par conséquent très ancien. » (*Ibid.*)

« Ils prouvent que dès-lors ce pays était un puissant état : la monarchie y était établie ; les arts y étaient donc cultivés. Le fleuve avait été dompté ; on avait creusé partout des canaux pour recevoir ses inondations, sans quoi la contrée n'eût pas été habitable. Or je demande à tout homme sensé s'il n'avait pas fallu des siècles pour établir un tel empire dans un pays longtemps inaccessible et dévasté par les eaux mêmes qui le fertilisèrent ? Il faut donc pardonner aux Manethon, aux Hérodote, aux Diodore, aux Eratosthènes, la prodigieuse antiquité qu'ils accordent tous au royaume d'Egypte ; et cette antiquité devait être très moderne en comparaison des Chaldéens et des Syriens, etc. (*Phil. de l'hist.* — Voyez *Introduction à l'Essai sur les mœurs*, art. Abraham.)

COMMENT. Ainsi, Monsieur, des présents qu'Abraham reçoit de Pharaon, vous concluez que le monde est d'une antiquité prodigieuse, et que les calculs des Manethon et des Eratosthène sont beaucoup plus raisonnables que ceux des écrivains juifs (1). Pharaon donne à Abraham *des bœufs et*

(1) Nous croyons devoir défendre ici le judicieux Eratosthène, que l'auteur associe bien à tort à Manéthon, à propos de *calculs de Chronologie antibiblique*, et nous avons pour cela plusieurs motifs. D'abord Eratosthène n'a pas fait de calculs sur la Chronologie égyptienne,

des brebis; donc c'était un *très puissant monarque*. Il lui donne *des ânes et des ânesses*; donc *les pyramides étaient bâties*, donc les auteurs hébreux ne savent ce qu'ils disent, quands ils ne donnent au monde que six à sept mille ans. Ces idées sont neuves, et ces raisonnements admirables !

Ils ont encore un autre avantage, c'est que quand on les applique à quelque autre, au roi de Gérar, par exemple, qui fit aussi présent à Abraham *de bœufs et de brebis*, ils deviennent si plaisants, qu'on ne peut guère s'empêcher de rire.

En effet, si nous disions : Dès qu'Abraham arrive à Gérar, dans *le désert horrible* de Cadès, on lui enlève son épouse pour le roi du pays, dont ce pays était *très policé*. Ce roi lui donne des bœufs et des brebis, donc c'était un *très puissant monarque*. Il lui fait présent d'ânes et d'ânesses; donc dans *ce désert horrible* le commerce était florissant, et les manufactures nombreuses; donc on y avait *bâti des villes*, dompté l'aridité du sol; donc *le monde est prodigieusement ancien*. Ces raisonnements, Monsieur, ne vous feraient-ils pas *pouffer de rire* tout le premier ? Pardonnez-nous donc si nous rions un peu des vôtres.

Comment, Monsieur, vous n'avez pas vu que ces présents

mais s'est contenté de consigner dans sa liste les renseignements recueillis dans les archives de Thèbes, sans les discuter ni les adopter. Mais en second lieu, le célèbre catalogue d'Eratosthène, bien loin de s'accorder avec les listes antibibliques de Manethon, leur donne au contraire un démenti formel. En effet, ils s'accordent remarquablement avec les listes du prêtre Egyptien, *mais seulement en admettant que les premières dynasties manethoniennes ont été [collatérales]*; de sorte qu'en déterminant les époques par l'identité des personnages des deux listes, il en résulte dans les chiffres chronologiques de Manethon une diminution énorme. Aussi, envisagée sous ce point de vue, la chronologie Egyptienne s'accorde tout-à-fait avec celle de la Bible, en suivant, bien entendu, le texte de la traduction des Septante. Ce résultat remarquable, pour lequel nous renvoyons au septième chapitre des *soirées de Montlhéry*, donne au catalogue d'Eratosthènes une très haute importance.   L. D.

du roi d'Egypte prouveraient précisément tout le contraire de ce que vous voulez prouver? Si le roi d'Egypte fait présent à Abraham d'*ânes et de brebis*, c'est le présent d'un chef de peuplade naissante (1) à un autre chef à peu près tel que lui. S'il lui donne des esclaves, c'est ce qu'aurait donné Romulus lorsqu'il était *roi d'un village, et qu'il avait pillé quelques villages voisins.* Mahomet était-il déjà un puissant monarque quand il donnait, comme vous le dites, *quarante moutons à sa nourrice.*

La monarchie était établie en Egypte ; les arts y étaient donc cultivés. Si vous ne connaissez point d'états où la monarchie ait été ou soit établie sans que les arts y soient ou y aient été cultivés, vous n'avez guère lu, ou vous avez beaucoup oublié. Croyez-vous donc que *les arts étaient cultivés* du temps de Romulus et d'Evandre? Croyez-vous qu'ils le soient dans toutes les hordes des nègres de l'Afrique, dans toutes les peuplades sauvages de l'Amérique qui ont des rois? L'étaient-ils sous le roi de Gérar? Vous avez dit tant de fois qu'ils ne le furent *jamais* chez les Juifs, où très certainement la *monarchie était établie.*

On avait creusé partout des canaux, sans quoi la contrée n'eût pas été habitable. Quoi! l'Egypte n'eût pas été habitable, si l'on n'eût creusé *partout* des canaux? Apparemment, Monsieur, les Egyptiens habitaient quelque part avant de creuser *partout* des canaux?

Nous concevons que, sans ces canaux, *la contrée* que le Nil inondait *n'aurait pas été habitable* pendant l'inondation, mais nous concevons aussi qu'on pouvait habiter sur les bords

---

(1) *De peuplade naissante.* Mais, dira M. de Voltaire, si les rois d'Egypte n'étaient alors que de chefs de *peuplade naissante*, comment ce royaume se trouva-t-il si florissant et si policé du temps de Joseph? Nous répondrons que les peuples se multiplient et se civilisent plus promptement qu'il ne le croit : témoin les Mexicains et les Péruviens, très nombreux, très policés, gouvernés par de bonnes lois, et connaissant divers arts et sciences, quoiqu'ils ne se donnassent que trois cent cinquante ans lorsque les Espagnols les découvrirent. *Chré.*

et, dès que l'eau s'était retirée, cultiver et ensemencer les terres, qu'elle laissait à sec après les avoir fertilisées.

Nous concevons encore que les habitants auront gagné peu à peu du terrain sur l'inondation, *creusé des canaux, élevé des villes vingt pieds au-dessus de ces canaux;* mais nous concevons de même qu'il n'était pas absolument nécessaire qu'on eût creusé *partout* ces canaux, dompté le fleuve, élevé des villes et *bâti des pyramides*, pour qu'un roi d'Egypte pût donner à Abraham *des bœufs et des brebis.*

Or, je demande à tout homme sensé s'il n'avait pas fallu des siècles, etc. Et nous, Monsieur, nous demandons à tout homme judicieux, nous vous demandons à vous-même si, de ce que le roi d'Egypte donna des *ânes et des ânesses* à Abraham, il faut conclure que *les pyramides avaient été bâties* et que le monde est *prodigieusement ancien,* c'est un raisonnement fort sensé; et si, présenter de pareils raisonnements à ses lecteurs, ce n'est pas les prendre assez évidemment *pour autant de tête de choux* (1)?

TEXTE. « C'est là ce qu'on peut remarquer à propos d'Abraham, touchant les arts et les sciences. » (*Dict. philosophique*, art. Abraham.)

COMMENT. *Ce sont là,* Monsieur, de belles et de judicieuses remarques, de savantes conclusions tirées des bœufs et des brebis de Pharaon! Convenez-en.

Reprenons. Donc un éloignement mal déterminé, une imputation fausse, des railleries déplacées et des raisonnements *un peu* ridicules; c'est, en quatre mots, le précis de vos difficultés sur le voyage d'Abraham en Egypte. Les trouvez-vous encore solides, et ce voyage *inconcevable.*

---

(1) *Pour autant de têtes de choux.* Expressions de M. de Voltaire, dont nos auteurs n'auraient pas usé sans doute, si l'illustre écrivain ne les eût ennoblies en les employant. *Édit.*

VIIIᵉ EXTRAIT

Autre voyage d'Abraham : autres méprises.

Continuons, Monsieur, d'examiner avec impartialité l'histoire d'Abraham et de ses voyages. La suite ne vous paraît
pas moins incompréhensible que le commencement ; il faut
tâcher de vous la faire aussi comprendre.

§ I. *Abraham poursuit les quatre rois, et les défait.*

Que quatre rois se soient ligués contre Sodome et les quatre villes voisines ; qu'Abraham ait poursuivi ces *quatre rois*,
qu'il les ait atteints, attaqués et battus, c'est, à vous en croire,
un fait *au-dessus de toute conception* Voyons d'abord si
vous en faites une exposition fidèle.

Texte. « Abraham, au retour de l'Egypte, est représenté
comme un pasteur nomade, errant entre le mont Carmel et
le lac Asphaltide. C'est le désert le plus aride de l'Arabie
Pétrée. » (*Phil. de l'hist.* — Voyez *Introduction à l'Essai sur
les mœurs*, art. Abraham, page 74.)

Comment. *Abraham est représenté comme un pasteur
nomade*, etc. Soit, mais un pasteur nomade, possesseur
d'un grand nombre de bestiaux et d'esclaves, pouvait être,
surtout alors, un homme de quelque importance.

Errant entre le mont Carmel, etc. Il y avait dans la Palestine, deux monts Carmel ; l'un vers le sud-ouest, l'autre
vers le sud-est, voisin aujourd'hui du lac Asphaltide, que
vous nommez toujours *Aspaltide* (1). C'est sans doute de ce
dernier Carmel que vous voulez parler.

(1) *Que vous nommez toujours Aspaltide.* Le nom de ce lac nous
vient des Grecs, qui disent *Asphaltite* : et c'est ainsi que parle l'Aca-
cadémie des belles lettres ! Aut.

C'est le désert le plus aride de l'Arabie Pétrée. 1° Tout le monde ne met pas comme vous, Monsieur, *dans l'Arabie Pétrée* les lieux qui sont entre ce Carmel et le lac *Asphaltide:* on les croit d'ordinaire dans la Judée, dans la Palestine, et non dans l'Arabie Pétrée

2° Il est vrai que ces lieux sont aujourd'hui *des plus arides;* mais l'étaient-ils lorsque Abraham revint d'Egypte ? C'est de quoi il s'agit. Or c'est ce que vous ne prouvez pas, et, nous l'osons dire, ce qu'il vous serait impossible de prouver.

Songez, Monsieur, qu'alors il n'y avait point de lac *Asphaltide.* Toute l'étendue qu'il occupe était encore un pays riant, fertile, arrosé de belles eaux. Etes-vous sûr que la ter-rible catastrophe qui *métamorphosa* cette belle contrée *en un lac bitumineux* n'apporta aucun changement aux terres voisines (1) ?

(1) Nous sommes obligé de faire observer ici que le savant auteur s'avance beaucoup trop en affirmant que le lac Asphaltite n'existait point à cette époque. C'est une hypothèse qui peut être soutenue et qui semble appuyée sur le texte même de l'Ecriture : *ubi nunc est mare salis.* Toutefois, cette supposition n'est pas admise par beaucoup de savants orthodoxes qui fondent l'opinion contraire sur la disposition du sol. Ils font observer d'une part que la mer Morte est le débouché du Jourdain ; d'autre part qu'elle est aussi celui de beaucoup de rivières qui coulent du sud au nord ; donc la vallée dont elle occupe le fond est le réceptacle nécessaire de tous ces courants ; donc ce grand lac a dû exister de tout temps. Rien ne prouve d'ailleurs que ce lac occupe l'emplacement des villes de la Pentapole qui ont été détruites; bien loin de là, ainsi que nous le dirons plus loin, les ruines de ces villes existent encore, et viennent d'être reconnues récemment par un voyageur français, M, de Saulcy, membre de l'*Académie des Inscriptions.* Enfin l'expression *ubi nunc est mare salis* peut-être entendue en ce sens, qu'une partie de la riche vallée de Sodome, située au bord du lac, aurait, par suite du bouleversement du sol, été envahie et recouverte par le lac dont le niveau se serait élevé. Il faut dire toutefois que les partisans de la première opinion croient pouvoir répondre d'une manière satisfaisante à ces considérations. Ils font remarquer que, par suite d'un bouleversement du sol très considérable, la direction de beaucoup de courants a pu et dû être changée, et qu'avec un changement de pente provenant d'exhaussement et d'affaissement du

Il nous semble qu'on peut présumer ce changement. Le nom même du Carmel annonce un lieu abondant en pâturages ; lieu par conséquent qui convenait fort à Abraham, à cause de ses nombreux troupeaux.

Assurément, Monsieur, quand vous écriviez tout ceci, vous aviez un peu perdu de vue l'époque du retour d'Abraham et celle de l'évènement effrayant qui bouleversa tout ce canton. Celle-ci fut postérieure à l'autre ; et juger de ce qu'était le pays avant cette révolution par ce qu'il a été depuis, ce n'est pas, ce nous semble, juger fort raisonnablement. Avançons.

TEXTE. « Un roi de Babylone, un roi de Perse, un roi de Pont, et un roi de plusieurs autres nations, se liguent ensemble pour faire la guerre à Sodome et à quatre bourgades voisines : ils prennent ces bourgs et Sodome ; Loth est leur prisonnier.

» Il n'est pas aisé de comprendre comment cinq grands rois si puissants se liguèrent pour ainsi venir attaquer une horde d'Arabes dans un coin de terre si sauvage. » (*Ibid.*)

COMMENT. Cherchons le vrai, Monsieur, et n'en imposont point à nos lecteurs. Vous supposez *cinq rois et cinq grands rois ligués contre cinq bourgades situées dans un coin de terre sauvage :* tout cela est-il bien exact ?

1° Vous comptez *cinq rois.* Permettez-nous de vous le dire, vous vous trompez : l'Écriture ne parle que de *quatre.*

2° Vous faites de ces quatre rois, de *grands rois*, de *puissants monarques.* C'est là, s'il vous plaît, ce qu'il faudrait

terrain, des rivières qui coulaient vers le sud ont pu être rejetées vers le nord. Quant au Jourdain lui-même, ils font remarquer qu'à partir de la pointe sud de la mer Morte, il règne jusqu'à la Mer Rouge une longue et étroite vallée, l'Ocadi-el-Arabah, qui représente parfaitement le lit desséché d'un fleuve. Ce pouvait être l'ancien lit du Jourdain qui se serait alors jeté dans la mer Rouge, et qu'un pli du terrain, formé, lors du bouleversement dont il s'agit, aurait alors coupé interrompu et terminé au lac de nouvelle formation qui limite aujourd'hui son cours. On voit que les deux opinions peuvent être également soutenues. L. B.

prouver; et comment le prouveriez-vous? vous ne pouvez
juger de leur puissance que par nos Ecritures. Or ces rois,
que, pour nous étonner par de grands noms, vous nommez
rois de Babylone, rois de Perse, etc., étaient, selon le
texte original de nos Ecritures, un roi de *Sinhar*, un roi
d'*Elam*, un roi d'*Ellazar*, et un roi de *Goïm*. Mais qu'était-
ce qu'*Elam, Sinhar, Ellazar* et *Goïm?* Le savez-vous bien
sûrement?

Le savant Hyde, que vous avez lu ou que vous n'avez pas
lu, mais que vous citez et que vous estimez, ne fait pas comme
vous, Monsieur, du roi de *Sinhar* un roi de *Babylone*. C'é-
tait, selon lui, un roi de la ville de *Sinhar*, placée, dit-il, au
pied du mont *Sinhar*, que vous prononcez *Singare*, et dont
parle Pline (1). D'autres aiment mieux croire que c'était un
roi de *Sennaar*. Les sentiments, comme vous voyez, sont
donc partagés sur ce sujet. Et dans ce partage, vous n'hésitez
point à en faire un roi de Babylone, vous qui dites ailleurs
qu'*alors Babylone n'existait pas encore.* Le roi d'*Elam*,
dont il vous plaît de faire *un roi de Perse*, était, selon Bochart, un roi d'Elymaïde, pays voisin de la Mésopotamie,
différent, quoique voisin, de la Perse.

Vous croyez, avec la *Vulgate*, que le roi d'*Ellazar* était
un roi *de Pont;* mais d'autres, Monsieur, placent Ellazar ailleurs. Quelques-uns le mettent sur le Tigre, près de sa jonc-
tion avec l'Euphrate; quelques autres dans la Célé-Syrie, où
se trouve en effet une ville d'Ellas. Quant au roi de *Goïm* ou
des *Nations*, c'était probablement un roi de quelques hordes
d'Arabes, voisines de l'Euphrate, ou peut-être un roi de la
partie de la Galilée appelée *Galilée des Nations*.

Quoi qu'il en soit de la situation et de l'étendue de ces états,
sur lesquels, dans une si haute antiquité et avec si peu de

(1) Dont parle Pline. *Rex Sinhar*, dit Hyde, *non in 'chaldeâ seu
Babylonid, sed Sinhar in Mesopotamid, quæ urbs ad radices mon-
tis Singaræ; de quo Plinius.* Edit.

monuments, on ne peut avoir que des conjectures, il est clair que, dans un temps où la population était encore si faible, pour faire de vastes conquêtes, il n'était pas besoin de ces armées nombreuses que les rois de Perse et de Babylone eurent douze ou quinze siècles après. La ligue même de ces quatre rois est une preuve convaincante que ce n'étaient ni de *si grands rois*, ni de *si puissants monarques.*

3° Vous ne concevez pas que ces *cinq*, il fallait dire ces *quatre rois*, se soient ligués *contre cinq bourgades*. Aussi, Monsieur, Chodorlaomor et ses alliés ne s'étaient pas ligués seulement contre Sodome et les quatre villes voisines, mais contre tous les peuples des environs du Jourdain ; contre les Rephaïm, les Emim, les Horiens, les Amorrhéens ; et ce ne fut qu'après avoir vaincu tous ces peuples, qu'ils vinrent attaquer le roi de Sodome et ses alliés, qui, soumis douze ans auparavant par le roi d'Elam, avaient secoué le joug, et refusaient de lui payer tribut.

Enfin, Monsieur, pendant que vous faites des quatre rois de Sinhar, d'Elam, etc. *cinq puissants monarques*, vous changez les *cinq villes* de la Pentapole en *cinq bourgades* : vous faites de leurs habitants une horde d'Arabes, et de leur pays *un coin de terre sauvage.* Sur quel fondement, s'il vous plaît ?

Ce pays, selon nos Ecritures, *était une contrée délicieuse, couverte de bocages, une contrée arrosée comme l'Egypte, ou comme le jardin de l'Eternel.* Ce n'était donc alors rien moins qu'une *terre sauvage ;* et vous confondez encore ici assez mal adroitement les époques.

Les auteurs, même profanes, parlant de ce pays d'après les traditions anciennes, nous le représentent comme une belle et fertile campagne. Mais sans y mettre, avec Tacite (1),

_____

(1) Avec Tacite. *Haud procul indè campi, quos ferunt olim uberes magnisque urbibus habitatos fulminum jactu arsisse et manere vestigia.* Hist., lib. v. *Aut.*

de *grande villes*, sans en compter jusqu'à *treize* avec Strabon, sans croire avec lui que les ruines de Sodome, qu'on voyait, dit-il, de son temps, eussent *soixante-douze stades de circuit*, on peut du moins penser que Sodome, Gomorrhe, etc., étaient quelque chose de plus que de simple *bourgades* (1).

Il y a donc quelque lieu de croire qu'en nous donnant les quatre rois alliés pour de *grands et de puissants monarques*, Sodome, Gomorrhe, etc., pour *des bourgades*, et tout ce pays pour *un coin de terre sauvage*, vous usez un peu du

---

(1) Aujourd'hui les idées peuvent être fixées sur ces divers objets après l'exploration que vient de faire autour de la mer Morte M. de Saulcy, en janvier 1851. Il a reconnu d'abord que les bords du lac présentent une végétation luxuriante comparable à celle des lieux les plus favorisés de la Palestine actuelle ; or on sait combien celle-ci était fertile aux temps de son ancienne histoire, En second lieu, il a reconnu les emplacements et les ruines des villes maudites. Celles de Sodome, appelée *Esdoum* par les Arabes, sont voisines de la pointe sud du lac; celles de Gomorrhe, au contraire (*El Goumran*), sont situées vers l'extrémité septentrionale. Adana, et Seboim, et Ségor, celle-ci surtout, sont voisines de Sodome. Les noms arabes de ces villes, très affines des noms bibliques, montrent que la chaîne des traditions locales s'est parfaitement conservée. L'impression produite par la vue de ces ruines sur M. de Saulcy, vient parfaitement à l'appui des témoignages de Tacite et de Strabon : « Sur les flancs de la montagne de Sel, dit notre voyageur, sont les ruines d'une *ville immense* ; ces ruines, les Arabes les appellent *Kheibet-Esdoum*. » Les soixante-douze stades de Strabon constitueraient une grande ville qui pourraient être le quart de Paris, mais ne dépassent pas l'effet qui se traduit au simple coup-d'œil par l'expression de *ville immense*. Le chiffre donné par Strabon indique par sa précision qu'à l'époque de ce géographe les ruines étaient bien mieux conservées qu'aujourd'hui. Ce qui est d'ailleurs fort naturel ; mais en même temps elles représentaient déjà celle d'une cité extrêmement ancienne, et à laquelle on ne pouvait assigner ni date ni origine qui se rapportassent à l'*histoire profane*. Enfin, cette étendue des villes de la Pentapole vient de l'appui de notre auteur : de pareilles *bourgades* pouvaient aisément mettre sur pied bien des milliers d'hommes. **L. D.**

privilége des poètes, et que vous ne vous êtes pas tenu avec scrupule dans les bornes de l'exacte vérité. Mais,

TEXTE. « Il n'est pas aisé de concevoir comment Abraham défit de si puissants monarques avec trois cents valets de campagne, ni comment il les poursuivit jusque par-delà Damas. Quelques traducteurs ont mis Dan pour Damas; mais Dan n'existait pas du temps de Moïse, encore moins du temps d'Abraham. Il y a de l'extrémité du lac Asphaltide, où Sodome était située, jusqu'à Damas, plus de trois cents milles de route. Tout cela est au-dessus de nos conceptions. » *(Ibid.)*

COMMENT. Si vous ne comprenez pas, Monsieur, comment Abraham défit les quatre rois, ni comment il les poursuivit jusqu'à Damas, n'est-ce pas encore un peu votre faute?

Il y a, dites-vous, *de l'extrémité du lac Asphaltide, où Sodome était située, jusqu'à Damas, plus de trois cents milles de route.* Vous savez donc au juste où était Sodome? Nous vous en félicitons, Monsieur, c'est une découverte. Jusqu'ici les plus savants géographes étaient partagés sur ce point. Plusieurs la mettaient à l'entrée de la mer Morte, près de l'embouchure du Jourdain; quelques-uns plus bas, d'autres, comme vous, à l'extrémité du lac; mais tous convenaient que sa position est incertaine; et c'est sans doute par cette raison que votre savant M. Danville, ne sachant où la placer, avait pris le parti de ne pas la mettre sur sa carte. Grâces aux lumières que vous portez dans la géographie, comme dans toutes les sciences, ces incertitudes sont dissipées; la position de Sodome n'est plus douteuse : *elle était à l'extrémité du lac Asphaltide* (1).

_____

(1) *Du lac Asphaltide.* Il serait pourtant à propos que M. de Voltaire daignât en donner la preuve; ne fût-ce que pour avoir la gloire d'apprendre quelque chose en géographie à M. Danville, et forcer ce savant scrupuleux à se décider sur la position de Sodome. *Edit.*

— *Voir notre note précédente.* Sodome était bien à l'extrémité sud du lac Asphaltite, ce qui du reste ne fait rien à la question, comme on le voit à la page suivante. L. D.

II. 11

Or, de l'extrémité du lac Asphaltide jusqu'à Damas, il y a plus de trois cents milles. En êtes-vous bien sûr? Nous en doutons un peu; car vous ne comptez ailleurs que *plus de cent milles.* Assurément, entre *plus de trois cent milles* et *plus de cent milles*, il y a quelque différence. Serait-ce que vos typographes auraient ajouté *trois* dans un de vos textes, ou qu'ils l'auraient omis dans l'autre? ou est-ce une de vos distractions ordinaires? Entre nous, Monsieur, plus de trois cents milles, c'est beaucoup, plus de cent milles, c'est bien peu. Le vrai est qu'il pouvait y avoir environ deux cent vingt ou deux cent trente milles; vous aurait-il tant coûté de le dire?

Mais qu'importe où Sodome était située, et combien il y avait de Sodome à Damas? Abraham ne partit pas de Sodome, mais de la vallée de Mambré, où il résidait. Or, de cette vallée à Dan, où il joignit l'ennemi, il n'y a guère plus de cinquante lieues. Ne pouvez-vous comprendre qu'Abraham ait fait cinquante lieues pour arracher des fers un neveu qu'il aimait? Et est-il inconcevable que sa petite troupe ait atteint, au bout de quelques jours de marche, une armée qui, outre ses propres bagages, traînait avec elle un butin considérable en esclaves et en bestiaux? En vérité, Monsieur, si tout cela était au-dessus *de vos conceptions,* vos conceptions seraient un peu bornées.

Il n'est pas aisé de concevoir comment Abraham défit de si puissants monarques. Mais nous venons de voir qu'ils n'étaient pas de si *puissants monarques,* et qu'ils ne pouvaient pas avoir de grandes armées dans des temps si voisins de la renaissance du monde.   *4*

Avec trois cents valets de campagne. Il nous paraît que trois cents valets de campagne, endurcis à la fatigue, exercés au maniement des armes, accoutumés à défendre leurs troupeaux contre les bêtes féroces et contre les brigands, pouvaient faire une troupe capable de quelques exploits, surtout si l'on y joint, comme il paraît qu'on doit le faire, les trois

alliés d'Abraham, Mambré, Aner et Escol, avec peut-être
deux ou trois cents de leurs gens. Nous concevons, et vous
pourriez sûrement concevoir de même, que cette troupe,
partagée en plusieurs pelotons, attaquant brusquement, de
nuit et de différents côtés, une armée que le sommeil et la
sécurité qu'inspire la victoire livraient sans défense à ses
coups, pût, sans miracle, y semer le carnage et la terreur;
et qu'après l'avoir mise en déroute, elle pût, encore sans miracle, la mener battant quinze à vingt lieues par-delà: il n'y
a rien là d'impossible, rien qu'on ne puisse comprendre même
assez aisément. L'histoire profane comme la sacrée, la moderne comme l'ancienne, vous le savez, Monsieur, fournissent plusieurs exemples de pareilles défaites.

Si quelques traducteurs ont mis Dan au lieu de Damas,
ces traducteurs ont eu tort; car le texte porte qu'Abraham
ayant battu les quatre rois à Dam, *les poursuivit jusqu'à*
Hoba à la gauche de Damas; et Hoba était en effet près de
Damas, et non près de Dan. Laissez-là ces traducteurs, Monsieur; ce n'est pas de leurs traductions, c'est du texte qu'il
s'agit.

Vous ajoutez que *Dan n'existait pas du temps de Moïse,*
encore moins du temps d'Abraham. Il est vrai que du temps
d'Abraham, et même du temps de Moïse, la ville de Dan
n'avait point encore ce nom, qu'elle reçut des Danites. Mais
de ce que les Danites n'avaient point encore donné leur
nom à ce lieu, s'ensuit-il qu'il n'existait pas? Le sens de ce
verset est donc qu'Abraham atteignit l'ennemi au lieu qui fut
dans la suite nommé Dan (1), et qu'après l'y avoir défait, il

_____

(1) *Nommé Dam.* M. de Voltaire en pourra conclure que le nom de
Dam fut donc mis dans le texte longtemps après Moïse. Quand nous en
conviendrions, nous ne voyons pas quel avantage il pourrait en tirer.
Nous avons déjà dit qu'il paraît certain que quelques-uns des prophètes ou écrivains publics ont ajouté au texte de l'Écriture quelques notes
explicatives. Ils auront de même substitué à quelques noms propres
anciens, des noms modernes plus connus de leur temps. *Aut.*

le poursuivit jusqu'aux environs de Damas. Cela est-il encore *au-dessus de vos conceptions?*

§ II. *Voyage d'Abraham à Gérar.*

TEXTE. « Abraham qui aimait à voyager, alla dans le désert horrible de Cadès, à l'âge de cent soixante ans, avec sa femme, qui en avait quatre-vingt-dix. Un roi de ce désert ne manqua pas d'être amoureux de Sara, comme le roi d'Egypte l'avait été. Le père des croyants fit le même mensonge qu'en Egypte : il donna sa femme pour sa sœur, eut encore des brebis, des bœufs, des serviteurs et des servantes. » (*Dict. phil.*, art. *Abraham*).

COMMENT. *Abraham, qui aimait à voyager, etc.* Si vous eussiez été, Monsieur, un peu plus attentif aux époques et à l'enchaînement des évènements dont vous parlez, vous vous seriez probablement aperçu qu'Abraham, en se retirant à Gérar, put avoir quelqu'autre motif que le *plaisir de voyager*.

Il venait d'être témoin du plus formidable spectacle ; des torrents de soufre et de bitume enflammés avaient consumé cinq villes et tous leurs coupables habitants. A la place d'une fertile et riante vallée, il ne restait plus qu'un lac affreux, d'où s'exhalaient aux loin des vapeurs aussi malsaines qu'importunes ; une cendre aride couvrait toutes les terres d'alentour. Est-il étonnant qu'Abraham, qui, selon vous, errait entre le mont Carmel et ces lieux devenus si sauvages, se soit éloigné de ce funeste séjour ? et ne peut-on pas croire que ce fut par ce motif, et non *parce qu'il aimait à voyager*, qu'il changea de demeure ? Avouez, Monsieur, que si vous avez le talent de plaisanter, vous n'avez pas celui de placer toujours heureusement vos plaisanteries.

Dans le désert horrible de Cadès. Nous ne prétendons pas que ces *déserts* fussent des lieux de plaisance ; mais si vous vous les figurez comme absolument stériles, nous vous

l'avons déjà dit, Monsieur, vous vous trompez ; ils étaient
coupés de verdure, de forêts et de montagnes ; on y trouvait
des pâturages, et même quelques terrains fertiles. Le terrain
de Cadès en particulier était cultivé, planté de palmiers, et
abondant en grains. Aussi Isaac s'y retira-t-il dans un temps
de famine ; et il n'est pas incroyable que la révolution arrivée
à Sodome ait été suivie de quelque disette, et que cette
disette ait été un des motifs qui conduisit Abraham à Gérar.

Vous lui donnez *cent soixante ans, lorsque Sara en avait
quatre-vingt-dix*. C'est une erreur que vous vous obstinez
à répéter, Monsieur ; Abraham n'avait pas alors *cent soixante
ans*, il n'en avait que *cent*. L'Écriture y est expresse.

Ne manqua pas de devenir amoureux, etc. Il n'est pas
ordinaire qu'une femme de quatre-vingt-dix ans inspire une
passion, nous l'avouons. Mais, comme vous le remarquez
très bien, Sara était grosse : le même miracle qui la mit en
état d'être mère et d'allaiter son enfant pouvait, ou plutôt
devait lui avoir rendu les agréments d'un âge moins avancé.
On n'est pas mère avec les rides et l'épuisement de la vieillesse. Sara redevenue belle devait donc moins vous étonner
que Sara devenue mère.

Le père des croyants fit le même mensonge, etc. Ainsi,
vous ne mettez, Monsieur, aucune différence entre le mensonge et l'équivoque ! Nous ne justifions pas l'une, nous
croyons pourtant qu'on ne doit pas la confondre avec l'autre ;
et qu'on pourrait vous dire que, quand il s'agit d'Abraham,
votre morale a beaucoup plus de sévérité que de précision.

Il eut encore de cette affaire, etc. Quand on se rappelle
le noble désintéressement qu'Abraham montra après sa victoire sur les quatre rois, peut-on ne pas rejeter avec indignation le soupçon odieux que vous formez contre ce saint homme ? Abraham vainqueur remet généreusement les dépouilles
qu'il a retirées des mains de l'ennemi ; il refuse de rien accepter d'un butin auquel il a droit, qu'on lui offre, qu'on le
presse d'accepter, et vous l'accusez d'avoir fait un honteux

trafic de la chasteté de son épouse avec le roi *d'un désert!*
Il nous semble que de telles imputations devraient coûter da=
vantage à une âme honnète.

Eut encore des bœufs, des brebis, etc. Vous voyez, Mon=
sieur, que Pharaon n'était pas le seul qui fît de ces *grands
présents;* le roi d'un désert donnait comme lui des *brebis et
des bœufs.* Etait-ce aussi un *grand roi,* un *puissant monar=
que* que ce roi d'un *désert horrible?*

Il y a donc aussi, Monsieur, dans ce que vous dites du
voyage d'Abraham à Gérar, bien des choses qu'il serait bon
de n'y pas laisser.

§ III. *Trait contre les commentateurs des livres saints.*

Finissons par une réflexion que l'histoire d'Abraham et de
ses voyages vous a donné lieu de faire sur les *commenta=
teurs* de nos saintes écritures.

TEXTE. « Les commentateurs ont fait un nombre prodi=
gieux de volumes pour justifier la conduite d'Abraham et pour
concilier la chronologie : il faut donc renvoyer le lecteur à
ces commentaires. Ils sont tous composés par des esprits fins
et délicats, excellents métaphysiciens, gens sans préjugés,
et point du tout pédants. » (*Dict. phil.,* art. *Abraham*).

COMMENT. Plusieurs *commentateurs,* loin *de faire des
volumes pour justifier la conduite d'Abraham,* l'ont con=
damnée sans hésiter : nous venons de le dire : et ceux qui
l'ont voulu justifier n'ont pas fait pour cela des *volumes.*

On n'a pas fait non plus *des volumes,* ni *un nombre pro=
digieux de volumes, pour concilier la chronologie d'Abra=
ham :* tout roule sur un passage (1) qu'on a éclairci ou pu
éclaircir en peu de mots.

(1) *sur un passage.* Ce passage, comme nous l'avons déjà dit plus
haut, est le verset 32 du chap. XI de la *Genèse,* où il est dit que Tharé
mourut âgé de deux cent cinq ans. Nous observions que cette difficulté
peut être levée par le texte samaritain, qui ne donne à Tharé que cent

Il faut donc renvoyer le lecteur à ces commentaires. Le lecteur gagnerait apparemment bien davantage, si on le renvoyait aux savantes recherches de *ces Messieurs* ; elles sont toutes écrites par des esprits judicieux et modérés, d'une érudition profonde, excellents raisonneurs, gens sans prévention, et, comme on vient de le voir, point du tout distraits.

IXᵉ EXTRAIT.

Promesses faites à Abraham.

Vous avez manqué, Monsieur, une occasion bien favorable, et un moyen bien facile de rendre vos *Questions encyclopédiques* le plus intéressant de vos écrits ! C'était de profiter de l'ordre alphabétique que vous y suivez, pour revoir successivement et plus mûrement vos idées et vos assertions

quarante-cinq ans lorsqu'il mourut ; ce qui s'accorde parfaitement avec l'époque de la naissance d'Abraham, soixante-dix ans après la naissance de son père.

Nous croyons faire plaisir aux lecteurs en rapportant ici ce qu'en dit un des hommes les plus versés dans la science des écritures (M. Rondet, Journal de Verdun, août 1769.) « La différence entre le texte hébreu et le texte samaritain, dit-il, n'est pas si grande qu'elle le paraît d'abord. Ces sommes ont pu être écrites en lettres numérales ; et alors la différence se réduit à un seul trait de plume. La lettre *qof* vaut cent, et la lettre *mem* quarante ; or le *mem* ne diffère du *qof* que par un trait de plume. En vain objecterait-on que cette lecture contredit le texte hébreu, la *Vulgate* et les *Septante* ; bien au contraire, elle vient à leur secours, et lève la difficulté qui se trouve dans ces trois exemplaires, et qui paraissait insoluble à saint Jérôme. Les fautes qui se glissent dans un texte ne sont pas le texte : ce n'est point contredire le texte que de les faire connaître ; c'est en écarter les taches, c'est lui rendre son premier éclat. Cette lecture ne contredit aucune partie du texte sacré ; au contraire, elle les concilie toutes. »

Voilà une solution solide, claire ; et, comme on voit, ce n'est pas un *volume.* Chrét.

sur l'immensité de matières que vous avez traitées. Par là ces *Questions*, le dernier ouvrage peut-être que vous aurez le temps de donner au public, seraient devenues un utile, un nécessaire, et par conséquent très précieux *errata* à mettre à la fin de tous vos écrits. On aurait été édifié de cette modeste et scrupuleuse défiance de ses lumières dans un grand homme, on aurait admiré votre généreux courage à convenir de vos méprises ; et vos ennemis même n'auraient pu nier que la vérité ne vous soit chère.

Mais loin de rétracter vos anciennes erreurs, vous ne faites que les répéter à chaque article, et y en ajouter de nouvelles.

C'est ainsi que l'article *Abraham*, que nous avons sous les yeux, n'est qu'une répétition de ce que vous aviez déjà plusieurs fois répété (1) ; il n'offre de nouveau que ce qui n'y a point de rapport, et une petite objection copiée encore de Tindal, etc., à laquelle nous allons répondre.

Il s'agit des promesses faites à Abraham. S'il faut vous en croire, des *critiques hardis* prétendent que ces promesses furent illusoires, et que le Seigneur fut infidèle à ses engagements.

§ I. *Promesse de la terre de Chanaan.*

Vos critiques, Monsieur, attaquent d'abord cette promesse. Ils disent :

TEXTE. « Le Seigneur apparut à Abraham, et lui dit : *Jetez les yeux de tous côtés : Je vous donne pour toujours, à vous et à votre postérité, jusqu'à la fin des siècles*, in sempiternum, *à tout jamais, tout le pays que vous voyez.* (*Gen.,* XIII.)

_____

(1) *Plusieurs fois répété.* Il faut l'avouer, depuis longtemps, l'illustre auteur ne fait plus que redire, non-seulement ce que d'autres ont dit, mais ce qu'il a déjà dit plus d'une fois lui-même : *Il répète, répète, répète.* Edit.

« Le Seigneur, par un autre serment, lui promet ensuite *tout ce qui est depuis le Nil jusqu'à l'Euphrate.* » (Ibid. xv.). (Dict. phil., art. *Abraham*).

COMMENT. Que voulez-vous conclure de ces passages, Monsieur ? Que cette terre était promise et donnée à Abraham pour la posséder et en jouir lui-même ? Quelques libres penseurs l'ont prétendu : mais voyez ce qu'en écrivait le célèbre abbé Fourmont (1). « Cette assertion, disait-il avec vivacité, ne peut être fondée sur autre chose que sur l'ignorance de nos Écritures. Non, Dieu n'avait pas donné cette terre à Abraham ; il la lui avait promise, et cela pour sa postérité. La promesse est en termes formels au chap. xii de la *Genèse. Le Seigneur apparut à Abraham, et lui dit : Je donnerai cette terre à ta postérité.* Et si au chapitre xiii Dieu dit ensuite à Abraham. *Je te donnerai cette terre et à ta postérité,* le sens de la promesse est déterminé, et l'accomplissement fixé pour le temps, c'est-à-dire, pour quatre cents ans après. *Sache,* lui dit le Seigneur, *et apprends d'avance, que ta postérité sera persécutée, captive, affligée pendant quatre cents ans dans une terre étrangère, et que ce ne sera qu'à la quatrième génération qu'elle reviendra ici, parce que les iniquités des Amorrhéens ne sont point à leur comble.*

Qu'est-il nécessaire, ajoutait ce savant, de mettre ici des passages que tous les enfants savent par cœur ? N'y a-t-il pas dans le reste du *Pentateuque* mille endroits qui marquent précisément la même chose ? Et quel est le livre qui aille mieux à son but, etc. ? »

On ne peut donc pas dire que cette terre ait été donnée ou promise à Abraham pour en jouir lui-même. Aussi vos

---

(1) *Abbé Fourmont.* Ceci est tiré de sa *Monacaïah, ou Ceinture de douleur,* ouvrage dans lequel ce savant professeur de langue arabe combat vivement M. l'abbé d'Asfeld, qui, assurément (dans d'autres vues que les libres penseurs, avait laissé échapper cette assertion, *Chrét.*

hardis critiques abandonnent aisément ce point ; ils se rabattent à demander :

TEXTE. « Comment Dieu a-t-il pu promettre aux Juifs ce pays immense (le pays d'entre l'Euphrate et le fleuve d'Egypte), que les Juifs n'ont jamais possédé ? (*Ibidem.*)

COMMENT. *N'ont jamais possédé !* Il nous semblait, Monsieur, que David avait porté ses conquêtes de l'Euphrate au fleuve d'Egypte (1) ; et que les états de Salomon, et les nations qui lui étaient tributaires, s'étendaient d'un fleuve à l'autre. Les Hébreux possédèrent donc ce pays immense.

Oui, Monsieur, *ils le possédèrent*, non comme héritage ; il ne leur fut ni donné, ni promis à ce titre (2), mais comme conquête : et si cette conquête ne fut ni aussi entière, ni d'aussi longue durée (3) qu'ils avaient lieu de l'espérer, vous en verrez bientôt la raison.

TEXTE. « Comment Dieu a-t-il pu leur donner à tout jamais la petite partie de la Palestine dont ils sont chassés depuis si longtemps ? » (*Ibid.*)

COMMENT. *Comment ?* Parce que, quand des promesses sont conditionnelles, et que les conditions n'ont point été remplies par une des parties, l'engagement cesse pour l'autre.

Or, que les promesses de posséder la terre de Chanaan aient été faites à nos pères sous condition, c'est ce qu'attestent toutes nos Ecritures. Et que signifient autre chose tant d'exhortations d'observer la loi, s'ils voulaient rester possesseurs de cette terre ; et ces menaces, qu'elle les vomirait

---

(1) *De l'Euphrate au fleuve d'Egypte.* Voyez ROIS, livre II, chapitre VIII ; *Paralipomène*, livre I, chapitre XVIII, etc.

(2) *Ni promis à ce titre.* La terre de Chanaan seule avait été donnée aux Israélites, comme héritage ; l'Ecriture le remarque expressément en plusieurs endroits. *Edit.*

(3) *Ni d'aussi longue durée.* David n'avait pas conquis le pays des Sidoniens, des Tyriens, etc. ; et la plupart des peuples qu'il avait rendus tributaires ne tardèrent pas longtemps à secouer le joug ; les uns à la fin du règne de Salomon, les autres bientôt après. *Edit.*

hors de son sein, comme elle en avait vomi les anciens habitants, s'ils imitaient leur idolâtrie et leurs crimes?

Vos critiques insistent sur les mots *toujours, à tout jamais,*
in sempiternum, *jusqu'à la fin des siècles.* Nous pourrions
leur répondre que les mots hébreux que vous traduisez de
la sorte ne marquent souvent qu'un temps long et indéfini ; il
y en a cent exemples dans nos Écritures.

Mais qui leur a dit que les révolutions des siècles et les
décrets de la providence ne ramèneraient pas des temps plus
heureux pour nous, et que les Juifs, chassés depuis tant de
siècles de leur héritage, n'y rentreront jamais ? Israël n'est
point éteint, et l'espérance de revoir encore sa chère patrie
florissante vit toujours dans son cœur.

En un mot, la promesse de posséder la terre de Chanaan
était conditionnelle : elle ne fut faite à Abraham que pour
sa postérité ; sa postérité posséda longtemps cette terre promise ; les termes de la promesse peuvent ne signifier que cela ;
et quand ils signifieraient autre chose, toute espérance n'est
pas perdue pour ses descendants.

Nous croyons, Monsieur, que ces considérations justifient
assez, sur cet objet, la fidélité du Seigneur dans ses promesses.

§ II. *Promesse d'une nombreuse postérité.*

Mais, dites-vous :

TEXTE. « Le Seigneur ajoute à ses promesses que la postérité d'Abraham sera aussi nombreuse que la poussière de
la terre. *Si on peut compter la poussière de la terre, on
pourra compter aussi vos descendants.*

Nos critiques disent qu'il n'y a pas aujourd'hui sur la surface de la terre quatre cent mille Juifs, quoiqu'ils aient toujours regardé le mariage comme un devoir sacré, et que leur
plus grand objet ait toujours été la population. On répond à
ces difficultés, etc. » *(Dict. phil., art. Abraham.)*

Comment. *On répond à ces difficultés, etc.* (1) Si l'on n'y répondait que comme vous le faites, les réponses seraient assez faibles : tâchons d'en donner de plus solides.

1° Quand il serait certain qu'il n'y aurait pas aujourd'hui plus de *quatre cent mille Juifs sur la surface de la terre*, en pourrait-on conclure que la postérité d'Abraham n'aurait pas été, selon la promesse, prodigieusement nombreuse ? Ne parlons point, comme vous, de cette multitude infinie d'enfants d'adoption dans la foi ; ne comptons ni les descendants d'Ismael et d'Esaü, ni ceux des fils d'Agar et de Céthura. Les Israélites seuls, qui, depuis Abraham jusqu'à nos jours, sont nés de son sang, ne seraient-ils pas une race assez nombreuse pour justifier l'hyperbole hébraïque qui la compare aux étoiles du firmament et à la poussière de la terre ? Et quelle autre suite innombrable de descendants ne promettent pas encore à ce patriarche *quatre cent mille Juifs qui regardent le mariage comme un devoir sacré, et la population comme leur plus grand objet ?*

2° Mais *vos critiques*, Monsieur, sont-ils bien sûrs qu'il n'y ait pas aujourd'hui *quatre cent mille Juifs sur la surface de la terre?* Nous n'aimons point à faire parade de notre grand nombre ; c'est même un point de politique pour nous de le cacher en divers lieux (2). Mais sans entrer ici dans des détails qui pourraient nous nuire ; sans ressusciter les chimères dont notre nation s'est longtemps repue, ces prétendus royaumes de Théma, de Cosar, de Chavila, le fabuleux empire d'au-delà des Cordilières, etc. (3), vos critiques n'ont-ils

(1) *A ces difficultés*, etc. La réponse de M. de Voltaire est que « l'Église, substituée à la synagogue est la véritable race d'Abraham, et qu'elle est en effet très nombreuse. » Cette réponse n'était pas propre à satisfaire des Juifs. *Chrét.*

(2) *En divers lieux.* Le Père Nau, dans son *Voyage de la Terre sainte*, attribue cette politique aux Juifs de Jérusalem. Hassekquis suppose qu'ils sont maintenant au nombre de trente mille dans cette ville seule. *Chrét.*

(3) *Des Cordilières*, etc. Quelques rabbins, même des plus célèbres,

jamais fait attention qu'il n'est aucune partie du monde où nous n'ayons des établissements ? Jetez les yeux des extré-

trompés sans doute par de fausses relations, ont longtemps bercé leur nation de ces chimères. Benjamin de Ludèle, qui voyagea dans le douzième siècle, raconte qu'à vingt jours de marche de Babylonne, vers le septentrion, on trouve le royaume de Théma habité par des juifs appelés *enfants de Rechab* ; que ce royaume s'étend à seize journées dans les montagnes : qu'on y compte deux cents villages, cent bourgs, quarante villes, et dans ces villes trois cent mille Juifs aguerris et redoutés de leurs voisins.

Eldad, qui se dit de la tribu de Dan, et qui écrivait probablement à la fin du treizième siècle, raconte que la tribu de Dan, suivie de celles de Gad, de Nephtali et d'Azer, se retira en Ethiopie avant la destruction du premier temple, qu'ils s'établirent dans l'ancienne Chavila, où ils ont de 'or, de l'argent, des pierres précieuses, de nombreux troupeaux, etc. ; que quand ils veulent faire la guerre, on sonne la trompette, et que cent mille hommes de cavalerie et autant d'infanterie s'assemblent; que chaque tribu fait la guerre seule pendant trois mois, après lesquels on fait la distribution du butin ; qu'il y a parmi eux un grand nombre de descendants de Samson, qui sont tous des héros, etc.

Selon le même Eldad, la tribu de Siméon et la demi-tribu de Manassé possèdent le royaume de Cosar, et vingt-cinq royaumes voisins leur paient tribu. Il parle encore d'une autre tribu, c'est celle de Moïse, établie près du fleuve Sambation, dans un pays délicieux, rempli de châteaux et de superbes maisons Là, point d'animaux impurs ou destructeurs, point de mouches, de renards, de serpents, etc. en un mot, rien qui puisse nuire ; les brebis portent deux fois l'année, et les enfants ne meurent jamais avant leurs pères, qui vivent jusqu'à cent et cent vingt ans. Le fleuve rouge roule, pendant six jours, des flots de sable mêlés de rochers, avec un bruit pareil à celui du tonnerre ou d'une mer en courroux; le septième, il s'arrête, et est entouré d'un feu qui, s'étendant de tous côtés à un demi-mille, ne permet à personne d'en approcher, etc.

Perifol, Juif de Ferrare, dans ses *Sentiers du monde*, ouvrage publié en 1525, et le rabbin Gerson, fils d'Eliézer, dans une *Relation* imprimée vers le milieu du dernier siècle, débitent des choses encore plus merveilleuses sur le fleuve et le pays de Sambation. Manassé, rabbin célèbre, fondé sur le rapport d'Aron-Lévi, Juif espagnol, nommé aussi Montécinos, parle, dans son *Espérance d'Israël*, d'un vaste pays au-delà des Cordilières, peuplé de juifs qui y sont nombreux et puissants, etc.

Tels sont les romans dans lesquels la nation juive se console de ses

mités de l'Italie à celles de l'Angleterre , et du Tyrol au fond
de la Sibérie ; passez de là chez les Tartares , dans la Chine ,
dans l'Inde , la Perse , l'Arabie , tout l'empire ottoman ; partout vous trouverez des Juifs. L'Afrique les voit non-seulement sur ses côtes , en Egypte , à Alger , à Maroc , etc. ,
mais dans l'intérieur même ces terres ; et déjà nous comptons plusieurs synagogues dans l'Amérique. Croyez-vous,
Monsieur, que ces Juifs , répandus d'un bout du monde à
l'autre , ne montent pas à *quatre cent mille* ?

Il nous paraît que vous n'en jugiez pas de même lorsque ,
nous comparant aux Banians et aux Guèbres (1) vous disiez :

TEXTE. « Ces deux peuples ne sont répandus que dans
une partie de l'orient ; mais les Juifs sont dispersés sur
la surface *de toute la terre* ; et , s'ils se rassemblaient,
ils composeraient une nation *beaucoup plus* nombreuse
qu'elle ne le fut jamais dans le court espace où ils furent
souverains de la Palestine. » (Premiers Mélanges, art. *des
Juifs.* — Ce passage se trouve maintenant dans le *Dictionnaire philosophique*, tome v, art. Juifs, page 137, tome
XLI des *Œuvres*.)

COMMENT. C'est là contredire , ce nous semble , très
clairement vos critiques ; car, apparemment, vous ne prétendez pas que , quand les Juifs étaient *souverains de la
Palestine*, quand David battait les Ammonites , subjuguait
l'Idumée, s'emparait de Damas , étendait ses conquêtes de

---

disgrâces et nourrit ses espérances. Il paraît que nos auteurs ne font
pas beaucoup de fond sur ces récits. *Voy.* Basnage, Baratier, *Essais
historiques sur les Juifs*, etc. Chrét.

(1) *Et aux Guèbres*. C'est-à-dire aux Perses. Le mot de Guèbres est
une injure ; il signifie *infidèles*. C'est le nom que les Turcs donnent
par mépris à ce peuple, qu'ils regardent comme idolâtre, adorateur
du feu, et qu'ils haïssent et ont longtemps persécuté comme tel. Comment M. de Voltaire désigne-t-il par ce mot injurieux ses chers Perses,
peuple qui, selon lui , *professe depuis l'origine du monde une religion pure !* Edit. — Voyez *Introduction à l'Essai sur les mœurs*, art
des Prophètes juifs, page 189, tome XVI des *Œuvres*.

l'Euphrate aux frontières de l'Egypte, la nation juive n'était composée que de *beaucoup moins de quatre cent mille âmes.*

Si elle eût *toujours été beaucoup au-dessous de ce nombre*, les rois d'Assyrie, de Babylone, ceux d'Egypte, de Syrie, les Romains même, auraient-ils envoyé (pour la soumettre, dans les temps de sa décadence, de si puissantes armées et leurs plus habiles généraux? Il faudrait donc croire que cette *petite nation* aurait toujours été bien guerrière ; or, vous nous dites qu'elle *l'était moins* que les Egyptiens *toujours lâches.*

Vos critiques, Monsieur, ne peuvent donc avoir raison que vous n'ayez tort, et plus d'un tort. Nous aimons mieux croire que ce sont eux qui se sont trompés ; et, opposant votre autorité à la leur, nous conclurons que le nombre des Juifs actuellement existants est fort au-dessus de ce qu'en disent vos *critiques hardis.*

Nous vous en faisons la confidence, n'en abusez pas, Monsieur : mettre dans l'Italie (1), le Comtat, la France, la Hollande et l'Angleterre, plus de cent cinquante mille Juifs, et le double au moins dans l'Allemagne, le Danemarck et la Russie, ce n'est point exagérer. Un de nos rabbins italiens, Simon Luzzoti, en comptait quatre-vingt-dix mille, tant à Salonique qu'à Constantinople, et plus d'un million dans les états du Grand-Seigneur, *passano,* dit-il, *li millioni.* Et Basnage, chrétien très instruit de nos affaires, s'explique encore plus nettement, et d'une manière qui approche plus de la vérité. « Il est difficile, dit-il, de fixer au juste le nombre dont cette nation est composée ; cependant on a tout lieu de croire qu'il y en a encore près de trois millions. » Il y a loin, comme vous voyez, de ces cal-

---

(1) *Dans l'Italie.* Les Juifs sont tolérés dans tous les états d'Italie, ils ont des académies à Rome, à Livourne, à Venise, etc., et plus de cent synagogues dans l'état ecclésiastique. *Edit.*

culs à ceux de vos *hardis critiques* ; et nous voulons bien vous avouer qu'on pourrait porter ce nombre à plus de quatre millions, sans craindre d'en trop dire (1).

La promesse faite à Abraham, qu'il serait *père d'une grande multitude*, pourrait donc être regardée comme accomplie à la lettre, à ne considérer même que les Juifs actuellement existants. Que sera-ce si à cette multitude de descendants on ajoute tous ceux qui sont morts depuis ce patriarche jusqu'à nos jours, et tous ceux qui pourront naître d'ici à la fin du monde, de quatre millions de Juifs peuplant par instinct naturel et par devoir religieux? Ce nombre n'étonne-t-il pas l'imagination, comme celui des *étoiles du firmament, et des grains de sable qui couvre le rivage de la mer?*

§ III. *Résumé des difficultés du savant critique et de nos réponses sur l'histoire d'Abraham.*

Voulez-vous maintenant, Monsieur, voir d'un coup-d'œil à quoi se réduisent, sur l'histoire d'Abraham et de ses voyages, vos difficultés et nos réponses? Le voici :

Vous nous opposez les traditions des Arabes ; et ces traditions, vous les tenez d'auteurs très modernes, qui n'ont, selon vous, ni goût, ni critique ; des écrits que vous nous donnez pour les plus anciens du monde, et qui datent à peine de six cents ans avant l'ère chrétienne, un livre que

(1) Le nombre de quatre millions est en effet celui qui est adopté comme chiffre de la population juive actuelle, par les statisticiens les plus accrédités. Il nous suffira de citer les noms de *Malte-Brun* et *Balbi*.

De plus, on s'accorde encore à supposer que ce chiffre est la valeur moyenne de toute la population juive à toutes les époques, au moins depuis le règne de David. Si donc on met quatre générations dans un siècle, ce qui n'est pas trop, eu égard aux nombreux massacres que ce peuple a subis, il en résulte que la postérité d'Abraham a dépassé jusqu'ici le nombre de 500 millions.   **L. D.**

vous vantez et que son traducteur juge dégoûtant, un abrégé de ce livre que vous connaissez si bien, que vous le preniez pour un homme.

Vous faites d'Abraham un potier de terre, avec quelques Arabes; et d'autres Arabes en font un grand seigneur; quelques païens, un roi; et vous-même, *un homme considérable, révéré dans l'Orient.*

Vous objectez, contre ce passage en Chanaan, des déserts qui n'existent que dans votre imagination; une vieillesse qui était la force de l'âge; un défaut de motifs raisonnables, tandis qu'il en avait de pressants; et de prétendus anachronismes, pendant que vous en faites de très réels.

Vous nous opposez le long trajet qu'il avait à faire, et vous ne savez pas d'où il partit; un éloignement épouvantable, et, selon vous-même, il ne s'agissait que de cent lieues; une différence extrême entre les langues, et ces langues se rapprochaient si fort, que qui entendait l'une devait aisément entendre l'autre.

Vous envoyez Abraham de Sichem à Memphis chercher du pain à deux cents lieues, et il n'y a pas deux cents lieues de Sichem à Memphis; et Abraham ne partit point de Sichem; et il n'alla point à Memphis; et il ne pouvait y aller, par la bonne raison que Memphis n'existait pas; et quand Memphis aurait existé, il aurait pu trouver du pain plus près.

Pour rendre sa victoire incroyable, au lieu de quatre rois, vous en comptez cinq; vous faites de ces rois de puissants monarques, et vous ne connaissez point leurs états: vous leur supposez de nombreuses troupes, et le monde renaissant ne commençait qu'à se repeupler.

Vous vous figurez la vallée de Sodome, etc., comme un coin de terre sauvage, et c'était une belle et riante contrée; vous y mettez un lac bitumineux, et il n'y avait point de lac bitumineux. Vous ne voulez pas qu'une petite armée en ait battu une grande; et l'histoire en fournit mille exemples.

Abraham dédaigne les dépouilles de quarante rois vaincus,

et vous l'accusez d'avoir indignement trafiqué des charmes de son épouse pour des ânes et des brebis ; et c'est avec cette indécence que vous traitez cet homme *révéré dans l'Orient, que les Perses et les Chaldéens revendiquaient* (1).

Vous prétendez que Dieu n'a pas fait posséder aux Israélites le pays qu'il leur avait promis ; et les Israélites vous assurent qu'ils l'ont possédé, et que si cette possession n'a pas été plus entière et plus longue¹, c'est leur faute.

Enfin, pour prouver que la postérité d'Abraham n'a pas été aussi nombreuse qu'il lui avait été promis, vous réduisez les Juifs actuels à moins *de quatre cent mille*, et les Juifs vous avouent tout bas qu'ils sont plus de quatre millions, et ils croient que quatre millions d'hommes actuellement existants, sans compter ceux qui sont morts depuis Abraham jusqu'à nos jours, et ceux qui naîtront jusqu'à la consommation des siècles, sont une assez belle postérité.

Nous vous laissons à juger, Monsieur, si les réponses ne valent pas bien les objections.

Xᵉ EXTRAIT.

De la Circoncision. Ancienneté et pratique constante de ce rite parmi les Hébreux. Méprises et contradictions du savant critique.

C'est au grand patriarche dont nous venons de parler, Monsieur, que nous devons le rite de la circoncision. Dieu. en lui ordonnant de s'y soumettre avec toute sa maison, lui prescrivit en même temps de l'établir à perpétuité dans

(1) *Revendiquaient.* Voyez *Dictionnaire philosophique*, art. *Abraham.* **Edit.**

sa famille, comme le sceau inviolable de son alliance, et le gage éternel de ses bénédictions sur sa postérité.

Depuis cette institution, c'est-à-dire, depuis près de quatre mille ans, ce rite étonnant se conserve religieusement parmi les descendants d'Abraham; et le laps du temps, l'éloignement des climats, la douleur qui l'accompagne, le danger auquel il expose, les insultes même et les persécutions des nations étrangères, rien n'a pu leur en faire quitter l'usage. Il est encore aujourd'hui pour eux la marque caractéristique qui les distingue des autres peuples, le titre précieux de leur descendance de ce grand homme, la preuve incontestable de l'exécution fidèle de la promesse qui lui avait été faite d'une innombrable postérité, enfin le sacrement par lequel ils deviennent enfants de la foi, et membres de l'église.

La singularité de ce rite, dont les nations idolâtres ignoraient l'origine, l'objet et les effets, nous a souvent attiré de leur part d'amères railleries. Vous y joignez les vôtres, Monsieur, et vous ne vous en tenez point là : vous prétendez sérieusement nous en contester tout à la fois la pratique constante et l'institution primitive. Heureusement ce sujet n'est pas un de ceux qui vous aient réussi : vous n'en avez jamais parlé sans donner dans des méprises, des contradictions qui étonnent toujours dans un écrivain de votre mérite. Trouvez bon, Monsieur, que nous vous en fassions remarquer ici quelques-unes.

Nous commencerons par celles qui vous sont échappées sur la pratique de ce rite parmi les anciens Hébreux.

§ I. *Si la pratique de la circoncision remonte à Abraham.*

On l'avait cru jusqu'ici, Monsieur; mais après environ quarante siècles, vous venez nous enseigner le contraire. Nous ouvrons le *Dictionnaire Philosophique*, et nous lisons :

TEXTE. « La circoncision d'Abraham n'eut point de suite. » (Dict. phil. article *Circoncision.*)

COMMENT. *La circoncision d'Abraham n'eut point de suite !* Mais ne connaissez-vous donc, Monsieur, ni les passages de la *Genèse*, où il est dit qu'*Ismaël et Isaac furent circoncis* (1), ni le discours des enfants de Jacob au père du jeune Sichem (2) ? « Nous ne pouvons faire, *lui disent-ils*, ce que vous demandez : il ne nous est pas permis de donner notre sœur à un incirconcis, ce serait un crime et un déshonneur pour nous. Mais si vous voulez vous rendre semblable à nous et vous circoncire, nous vous donnerons en mariage nos sœurs et nos filles, et nous épouserons les vôtres. Nous habiterons parmi vous, et nous ne ferons avec vous qu'un même peuple.» Ce discours ne prouve-t-il pas clairement que les descendants d'Abraham, non-seulement conservaient l'usage de la circoncision, mais qu'ils en regardaient la pratique comme d'une obligation indispensable, comme le caractère qui les distinguait d'avec les autres peuples de la Palestine ?

A ces textes joignez celui de l'*Exode*, où il est rapporté que la circoncision fut donnée au fils de Moïse (3), lorsque son père était en route pour retourner en Egypte ; et celui de Josué, où il est dit expressément que *les Israélites morts dans le désert* (par conséquent avant la circoncision de Galgal, et le temps de Josué) *avaient tous été circoncis* (4).

Les Israélites entrèrent donc circoncis en Egypte, et ils en sortirent de même. C'est ainsi *que la circoncision d'Abraham n'eut point de suite.*

(1) *Furent circoncis.* Gen., XVII, 126 ; XXI, 4, *Aut.*

(2) *Du jeune Sichem.* Gen. XXXIV, 14. *Aut.*

(3) *Au fils de Moïse.* Voyez Exod. IV, 25. *Aut.*

(4) *Avaient tous été circoncis.* Voyez Josué, verset 5. *Aut.*

§ II. *Où et quand les Israélites furent circoncis, selon M. de Voltaire.*

Si l'on vous en croit, Monsieur ;

Texte. « Il est dit, dans le livre de Josué, que les Juifs furent circoncis dans le désert. » (Dict. phil., art. *Circoncision.*)

Comment. *Il est dit dans le livre de Josué* précisément tout le contraire. Il y est dit expressément qu'*aucun des enfants d'Israel n'avait reçu la circoncision dans le désert* (1) ; que ce fut après le passage du Jourdain, et avant la prise de Jéricho, *à Galgal, dans la terre promise,* que Josué les fit circoncire ; et que cette circoncision générale fut comme un rétablissement, ou une *seconde institution* de cette pratique religieuse interrompue dans le désert (2). L'opposition entre ce que dit le livre de Josué et ce que vous lui faites dire pouvait-elle être plus complète ?

C'est peu de faire dire au livre de Josué, en le citant, tout le contraire de ce qu'il dit, vous vous contredites vous-même de la manière la plus formelle ; car vous nous assurez ailleurs que :

Texte. « La circoncision, ce sceau de l'alliance de Dieu, ne fut point pratiquée dans le désert. » (Tolér. page 18. — Voyez *Politique et Législation,* tome II, Traité de la tolérance. page 118, xxx des *OEuvres.*)

Comment. Ainsi, selon le *Dictionnaire philosophique, nos pères furent circoncis dans le désert,* et selon le *Traité de la tolérance, ils ne furent pas circoncis dans le désert.*

Ce n'est pas tout : vous ajoutez que :

Texte. « La postérité d'Abraham ne fut circoncie, ou

(1) *Dans le désert.* Voyez Josué, verset 5.
(2) *Interrompue dans le désert.* Ibid., versets 2, 5.

circoncise (1), que du temps de Josué. (Dict. phil., art. *Circoncision.*)

COMMENT. Nous venons de voir que la postérité d'Abraham fut circoncise du temps d'Abraham, du temps de Jacob et de ses enfants, du temps de Moïse, etc. Ainsi elle le fut *longtemps avant Josué.*

Remarquons ici que *le temps de Josué* ne commence qu'après la sortie du désert; et que *du temps de Josué,* la postérité d'Abraham fut circoncise dans la terre promise.

Donc, selon le même article du *Dictionnaire* la postérité d'Abraham fut circoncise, quelques lignes plus haut, *dans le désert,* et quelques lignes plus bas, *dans la terre promise;* quelques lignes plus haut, *avant Josué,* et quelques lignes plus bas, *du temps de Josué.* Quelles contradictions! Vous avez dit, en plaisantant, Monsieur, que *les choses contradictoires se concilient souvent :* conciliez celles-ci, si vous pouvez.

Vous prétendez encore que :

TEXTE. « Les Juifs, qui demeurèrent deux cent cinq ans en Egypte, disent qu'ils ne se firent point circoncire dans cet espace de temps. (*Ibid.*)

COMMENT. *Les Juifs* n'ont jamais *dit* ni pu dire rien de pareil.

En effet, Moïse, Aaron et tous les Juifs qui moururent dans le désert ayant été circoncis, et ne l'ayant point été dans le désert, comme l'Ecriture nous l'apprend, et comme vous l'assurez vous-même, nous vous supplions, Monsieur, de nous apprendre où ils l'avaient été.

TEXTE. « Il est dit dans le livre de Josué (2) : *Je vous ai délivrés de ce qui faisait votre opprobre chez les Egyp-*

(1) *Circoncie* ou *circoncise.* On lisait en plus d'un endroit du *Dictionnaire philosophique* circoncie. On lit *circoncise* dans la *Raison par alphabet.* Nous adoptons ce changement. A qui peut-on s'en rapporter sur la langue plus qu'à M. de Voltaire? *Edit.*

(2) *Dans le livre de Josué.* Josué. verset 9. *Aut.*

tiens. Or quel pouvait être cet opprobre pour des gens qui se trouvaient entre les peuples de Phénicie, les Arabes et les Egyptiens, si ce n'est pas ce qui les rendaient méprisables à ces trois nations? Comment leur ôte-t-on cet opprobre? en leur ôtant un peu de chair. N'est-ce pas là le sens naturel de ce passage? »

COMMENT. Vous concluez promptement, Monsieur : doucement, s'il vous plaît.

1° Vous ne pouvez dire que ce peu de chair fût un opprobre pour les Juifs chez les Egyptiens et les Arabes, qu'en supposant que ces deux peuples pratiquaient la circoncisiou avant les Hébreux. Or, c'est de quoi vous ne produisez aucune preuve. Ne voyez-vous pas, Monsieur, que le supposer, c'est supposer précisément ce qui est en question?

2° Vous supposez encore que la circoncision était en usage chez les Phéniciens, du temps de Josué. Mais nos écrivains sacrés, qui les connaissaient apparemment, nous les représentent partout comme un peuple incirconcis de tout temps. Avez-vous, Monsieur, quelques preuves du contraire? Ou mettez-vous en parallèle les témoignages de ces écrivains contemporains, voisins de {la Phénicie, et qui ne pouvaient ignorer de pareils faits, avec le témoignage d'Hérodote, étranger, très postérieur à ces temps, qui n'en parle que sur des ouï-dire, et qui, selon vous-même, *lorsqu'il raconte ce que lui ont dit les barbares chez lesquels il a voyagé, raconte des sottises?*

3° Dans le passage que vous citez, il est dit : *Je vous ai délivrés de l'opprobre de l'Egypte.* Vous prétendez que ces paroles signifient : *Je vous ai délivrés de ce qui faisait votre opprobre chez les Egyptiens.* Mais est-ce bien là le sens de ce passage? et ne pourrait-on pas, avec autant ou même avec plus de fondement, lui en donner un autre?

Qu'est-ce qui empêcherait, par exemple, de soutenir, comme quelques commentateurs l'ont fait, que l'*opprobre de l'Egypte* n'est autre chose que la servitude d'Egypte, de sorte que Dieu dirait aux Juifs : « Le caractère que vous venez de recevoir dans votre chair vous rend aujourd'hui mon peuple d'une manière spéciale, un peuple indépendant de tout autre que de moi, et met le dernier sceau à votre délivrance. Ou, encore mieux, que cet *opprobre* est le défaut même de circoncision, qui avait si longtemps rendu les habitants de l'Egypte un objet d'abomination pour les Hébreux, et qui alors les dégradait eux-mêmes aux yeux du Seigneur, en les confondant avec les Egyptiens (1). » Ces explications, Monsieur, valent bien la vôtre, quoique vous vous en applaudissiez comme d'une belle découverte.

N'est-ce pas là, dites-vous, *le sens naturel de ce passage?* Non, Monsieur, ni ce ne l'est, ni ce ne peut l'être : car à qui s'adresserait ce discours ? aux Israélites circoncis à Galgal ? Ils n'avaient jamais vécu en Egypte. A leurs pères ? Ils y avaient été circoncis ; l'Ecriture y est expresse. Le défaut de circoncision n'avaient donc pu être ni pour les uns ni pour les autres un sujet d'opprobre chez les Egyptiens : et si c'en eût été un pour leurs ancêtres, qui les empêchait de se circoncire ? Dieu le leur avait ordonné, et les Egyptiens ne le leur défendaient pas. Seraient-ils restés volontairement dans un mépris qu'il leur était si facile d'éviter !

Concluons donc, Monsieur, que la circoncision établie par Abraham fut religieusement observée par tous ses descendants ; qu'ils se circoncirent non-seulement du temps de Josué, mais en Egypte et dans la terre de Chanaan, longtemps avant d'entrer en Egypte ; en un mot, que la pratique de ce rite singulier remonte constamment et sans autre interruption que celle du désert, de nos temps à ceux d'Abraham, c'est-à-dire à près de quatre mille ans.

Voyons maintenant ce que vous allez dire de son origine,

_____

(1) Si c'est là, comme il paraît certain, le vrai sens de ce passage, c'est une preuve incontestable qu'alors les Egyptiens, du moins le gros de la nation, étaient encore incirconcis. *Edit.*

et si vous nous prouverez bien clairemeint qu'il fut connu et
mis en usage par les Egyptiens avant cette époque.

XIe EXTRAIT.

*De la circoncision : suite. Origine de ce rite. Si les Juifs
l'ont emprunté des Egyptiens. Maladresse avec laquelle
le savant critique soutient l'affirmative.*

Posons d'abord un principe, Monsieur; c'est que la question qui va nous occuper n'affecte point le fond de la révélation. Qu'on croie la circoncision établie chez les Hébreux
antérieurement à tout autre peuple, ou qu'on pense que les
Egyptiens l'ont pratiquée avant nos pères, cette diversité
d'opinions n'intéresse point la croyance. En embrassant le
dernier sentiment, on peut choquer les règles de la critique
de l'histoire, mais on ne blesse point la foi.

En effet, comme vous l'observez très bien (1) , « quand il
serait vrai que ce rite eût été plus ancien que la nation juive,
Dieu aurait pu le sanctifier; il est le maître d'attacher ses grâces
aux signes qu'il daigne choisir. »

Aussi les savants se sont-ils partagés de sentiments sur ce
sujet. Les uns, et c'est l'opinion des Juifs, des Arabes et de
presque tous les chrétiens, soutiennent qu'Abraham et sa
famille ont été les premiers à pratiquer la circoncision. Les
autres, et c'est ainsi qu'on pensé quelques savants chrétiens,
Marsham, Le Clerc, Ludolph, etc., l'ont cru d'origine égyptienne (2).

(1) *Comme vous l'observez très bien.* Voyez *Dictionnaire philosophique*, art. Circoncision. *Aut.*

(2) *D'origine égyptienne.* On aurait pu citer des autorités d'un autre
genre, Celse, Julien, etc., qui ont aussi prétendu que les Egyptiens
pratiquèrent la circoncision avant les Hébreux. *Edit.*

L'opinion de ces derniers vous paraissant moins favorable aux Juifs, et plus analogue à vos préjugés contre eux, vous ne manquez de l'embrasser. Nous ne vous en faisons point un crime; mais permettez-nous de vous le faire remarquer, Monsieur, il s'en faut beaucoup que vous la défendiez aussi habilement qu'eux. Fausse en elle-même, ou du moins très incertaine, elle le devient encore davantage entre vos mains. Tel est l'art avec lequel vous la soutenez!

§ I. *Improbabilité qu'il donne à l'opinion qu'il défend.*

Si, comme vous le prétendez, Monsieur, les Hébreux avaient emprunté des Egyptiens le rite de la circoncision, ils l'auraient sans doute pratiqué en Egypte. Ainsi l'ont cru, Le Clerc, Marsham, etc., d'après nos Ecritures.

Mais, vous, Monsieur, qui ne vous en rapportez pas toujours à nos Ecritures, vous ne savez ni où, ni quand les Juifs commencèrent à pratiquer ce rite. Vous variez, vous vous contredites là-dessus, comme on vient de le voir, de la manière la plus formelle. Tout ce que vous savez et ce que vous affirmez contre le témoignage de nos livres saints, et contre le sentiment des savants dont vous défendez l'opinon, c'est que :

TEXTE. « Les Juifs ne se firent point circoncire en Egypte. » (*Dict. phil.*, art. *Circoncision.*)

COMMENT. Ainsi les Juifs, qui, selon vous, empruntèrent la circoncision des Egyptiens, ne l'empruntèrent point pendant leur long séjour en Egypte ! Ils vécurent incirconcis pendant *deux cent cinq ans* parmi les Egyptiens circoncis; et ils n'adoptèrent ce rite égyptien que quarante ans après leur sortie d'Egypte, lorsqu'ils ne dépendaient plus des Egyptiens, et qu'ils n'avaient aucun rapport avec eux !

Comment ne vous êtes-vous point aperçu, Monsieur, que soutenir, d'une part, que les Juifs ne se firent point circoncire pendant tout le temps qu'ils demeurèrent en Egypte, et de l'autre, qu'ils empruntèrent la circoncision des Egyptiens, c'est réunir deux opinions dont l'une détruit évidemment l'autre ? Assurément, Monsieur, si les Juifs ont négligé la circoncision pendant les deux cent cinq années de leur séjour en Egypte, c'est une forte preuve que ce rite n'était point encore établi parmi les Egyptiens.

Vous continuez de prouver contre vous-même. Vous dites :

Texte. « La chair que la circoncision retranche était un sujet d'opprobre chez les Egyptiens. » (*Ibid.*)

Comment. Les Hébreux, *esclaves en Egypte*, auraient donc eu un motif pressant d'*imiter leurs maîtres.* Cependant, selon vous, ils ne les imitent pas; ils vivent deux cent cinq ans dans *l'opprobre* de cette chair, et ne se font circoncire que quand cela n'était plus pour eux *un sujet d'opprobre !* Vous concevez cela, vous, Monsieur, qui trouvez tant de choses *au-dessus de vos conceptions !*

Mais tout le monde, Monsieur, ne le concevra peut-être pas de même. On pourra croire que cette obstination des Hébreux à rester deux cent cinq ans dans un mépris qu'ils pouvaient éviter, n'est pas fort vraisemblable ; et que prétendre que les Juifs ne se firent point circoncire en Egypte, ce n'est pas ajouter un degré de probabilité à l'opinion déjà peu probable de Marsham et de Le Clerc, etc.

§ II. *Il contredit une des plus fortes preuves qu'il allègue.*

Vous avez très bien jugé, Monsieur, qu'une des meilleures raisons qu'on puisse apporter pour prouver que les Egyptiens n'empruntèrent point la circoncision des Hébreux, c'est l'antiquité, la puissance, etc., de la nation égyptienne. Aussi dites-vous avec confiance :

Texte. « Serait-il probable que la nation antique et puissa nte des Egyptins ·eût pris cette coutume d'un petit peuple qu'elle abhorrait ? (*Ibid.*)

COMMENT. Mais ce raisonnement qui peut avoir quelque force dans Marsham , Le Clerc , etc., la perd un peu dans vos écrits. Vous n'y parlez pas toujours si avantageusement des Egyptiens. Vous paraissez l'avoir oublié, Monsieur, il est bon de vous en rappeler le souvenir. Voici ce que vous en dites :

TEXTE. « On a fort vanté les Egyptiens; je ne connais guère de peuple plus méprisable. » (*Dict. phil.,* art. *Apis.*)

« Les Egyptiens, peuple en tout temps méprisable. » (Tolérance. —Voyez *Politique et Législation*, tome II, *Traité de la tolérance,* art. Martyr, page 103, tome XXX des *OEuvres.*)

COMMENT. Ce n'est pas là , ce semble , de quoi nous persuader que les Juifs empruntèrent des Egyptiens le rite de la circoncision. On imite aisément !une nation qu'on estime; mais on n'imite pas de même un peuple *méprisable.* Vous le voyez , Monsieur , la contradiction nuit à la preuve.

Au reste , on admirera sans doute ici avec quelle facilité votre imagination vous sert au gré de vos désirs , et comme elle sait prêter aux objets les couleurs dont-vous avez besoin pour le moment.

Vous dit-on que nos pères, formés à l'école des Egyptiens, purent avoir quelque connaissance des sciences et des arts ? *Les Egyptiens sont* le peuple le plus *méprisable,* un peuple *méprisable en tout temps.*

Voulez-vous prouver que les Egyptiens n'ont rien emprunté des Hébreux ? « Les Egyptiens étaient un *grand peuple,* une nation *antique et puissante,* et l'Egypte un royaume *depuis longtemps florissant,* lorsque Abraham s'y transporta (1). »

(1) *Lorsqu'Abraham s'y transporta,* etc., etc. Voyez *Dictionnaire philosophique* (ou *Introduction à l'Essai sur les mœurs*) et *Philosophie de l'histoire,* art. Abraham, Circoncision, Egyptiens, etc. *Aut.*

Cependant, Monsieur, il est difficile que ces assertions soient vraies toutes ensemble. Si les Egyptiens étaient une nation *antique et puissante*, ce n'était point *un peuple méprisable*; ou si c'était *un peuple en tout temps méprisable*, ce ne fut jamais *une nation puissante*, ni un *royaume florissant*. Ce n'est pas un moyen de persuader que de se conredire.

§ III. *Il s'appuie de l'autorité d'Hérodote, et il la renverse.*

A l'exemple de Le Clerc et de Marsham, etc., vous vous appuyez, Monsieur, de l'autorité d'Hérodote, historien païen, grec, pas tout-à-fait contemporain, mais qui pourtant n'écrivait guère que quatorze ou quinze cents ans après l'établissement de la circoncision chez les Hébreux, environ mille ans après Moïse.

Ce témoignage, comme on voit, serait fort respectable ! Mais ce que Le Clerc, Marsham, etc., n'ont eu garde de faire, vous, Monsieur, en vous appuyant de l'autorité d'Hérodote, vous avez l'adresse de dire tout ce qu'il faut pour l'affaiblir.

Ce Grec est, selon vous :

TEXTE. « Un faiseur de contes, un conteur de fables ridicules, propres à amuser des enfants, et à être compilées par des rhéteurs. » (*Dict. phil.*, art. *Circoncision*.)

COMMENT. Voilà, Monsieur, l'historien *exact et véridique* (c'est ainsi que vous l'appelez vous-même par dérision) que vous opposez au *Pentateuque*, au livre de Josué, et à toute la tradition des Juifs, des Arabes et des Chrétiens. Tel est le cas que vous nous apprenez à faire de son autorité !

Mais, dites-vous, Hérodote fait de temps en temps *des contes de ma mère l'oie*.

TEXTE. « Quand il parle de ce qu'il a vu, des coutumes des peuples qu'il a examinées, des antiquités qu'il a consultées, il parle à des hommes. » (*Ibid.*)

COMMENT. Fort bien, Monsieur. Hérodote apparemment avait vu l'établissement de la circoncision chez les Hébreux, ou même chez les Egyptiens !

Non, répondrez-vous ; mais il *avait consulté*. Qui ? les Egyptiens ? On peut récuser le témoignage de « ce peuple, follement entêté de ses chimériques antiquités, et ridiculement jaloux de passer pour avoir tout enseigné aux autres peuples, à n'en avoir rien appris (1). » Leurs prêtres ? Vous assurez que *tout ce qu'il tient des prêtres d'Egypte est faux* (2).

Sérieusement, Monsieur, quel fond voulez-vous qu'on fasse sur un écrivain qui ne cite que des témoins intéressés, et que vous vous attachez vous-même si souvent à rendre suspect ? Selon vous, Hérodote est *un faiseur de contes*, et vous voulez qu'on le croie ! *Tout ce qu'il tient des prêtres d'Egypte est faux* : il tient d'eux ce qu'il dit de la circoncision, et vous voulez qu'on le regarde comme vrai !

§ IV. *Il traduit mal le passage d'Hérodote qu'il cite.*

Après avoir parlé d'Hérodote en termes si avantageux et si propres à lui mériter la confiance de vos lecteurs, vous vous mettez à le traduire. Pour vous faire apercevoir, au premier coup-d'œil, combien votre traduction est exacte et fidèle, nous vous mettrons sous les yeux, d'un côté ce que dit Hérodote, et de l'autre ce que vous lui faites dire.

(1) *Et n'en avoir rien appris*. Voyez *défense des livres de l'ancien Testament*, ouvrage excellent que nous invitons M. de Voltaire à lire enfin. *Aut.*

(2) *Est faux*. Voyez les *Mélanges*, tome II, chapitre XLVII. *Aut.* —Voyez *Mélanges historiques*, tome II, art. des Mensonges imprimés, page 257, tome XXVIII des *OEuvres*.

TEXTE.

Ce que dit Hérodote.   *Ce que M. de Voltaire lui fait dire.*

« Les Colques paraissent originaires d'Egypte. *Je le dis pour en avoir ainsi jugé par moi-même, avant de l'avoir ouï dire à d'autres.* Car, *cherchant à m'assurer si ma conjecture était vraie j'ai interrogé les deux peuples,* et j'ai trouvé *que les Colques se souvenaient bien plus des Egyptiens que les Egyptiens des Colques.*

Les Egyptiens me dirent que les Colques étaient un détachement de l'armée de Sésostris ; et je le conjecturais de même, non-seulement parce qu'ils ont le tein basané et les cheveux *crépus (ce qui ne prouve rien, d'autres peuples les ayant de même),* mais beaucoup plus parce que les peuples de Colchide, d'Egypte et d'Ethiopie, sont les seuls sur la terre qui se font circoncire *dès le commencement.* En en effet, les Phéniciens *et les Syriens de Palestine* avouent eux-mêmes qu'ils tiennent cette coutume des

« Il semble que les habitants de la Colchide sont originaires d'Egypte. J'en juge par moi-même plutôt que par ouï-dire ; car j'ai trouvé qu'en Colchide on se souvenait bien plus des *anciens Egyptiens qu'on ne se ressouvenait des anciennes coutumes de Colchos en Egypte.*

Ces habitants des bords du Pont - Euxin prétendaient être une colonie établie par Sésostris ; pour moi, je ne le conjecturais, non-seulement parce qu'ils sont basanés, et qu'ils ont les cheveux *frisés,* mais parce que les peuples de Colchide, d'Egypte et d'Ethiopie sont les seuls sur la terre qui se sont fait circoncire de tout temps; car les Phéniciens, *et ceux de la Palestine* avouent qu'ils ont pris la circoncision des Egyptiens. Les Syriens, qui habitent aujourd'hui sus les rivages du Termondon *et de Parthénie,* et les Macroni

Egyptiens. Et les Syriens qui habitent sur les bords du Thermodon et du *Parthénius*, ainsi que les Macrons, leurs voisins, *conviennent qu'ils l'ont reprise depuis peu des Colques.* Ce sont là les seuls peuples du monde qui se font circoncire ; en quoi ils paraissent aux Egyptiens imiter leur usage.

Quant aux Egyptiens et aux Ethiopiens, je ne saurais dire lequel de ces deux peuples tient cette coutume de l'autre : car elle paraît ancienne chez tous les deux. Je crois pourtant que les Ethiopiens, *qui commercèrent avec l'Egypte,* en empruntèrent cet usage : et une forte preuve, pour moi, c'est que ceux des Phéniciens qui commercèrent avec les Grecs cessent de même d'imiter ce rite Egyptien, et ne circoncisent plus leurs enfants. »

leurs voisins, *avouent qu'il n'y a pas longtemps qu'ils se sont conformés à cette coutume d'Egypte. C'est par là principalement qu'il sont reconnus pour Egyptiens d'origine.*

A l'égard de l'Ethiopie et de l'Egypte, comme cette cérémonie est très ancienne chez ces deux nations, je ne saurais dire qui des deux a pris la circoncision de l'autre : il est toutefois vraisemblable que les Ethiopiens la prirent des Egyptiens, comme au contraire les Phéniciens ont aboli l'usage de circoncire les enfants *nouveaunés,* depuis qu'ils ont eu plus de commerce avec les Grecs. (Voyez *Dictionnaire philosophique,* art. Circoncision.) »

COMMENT. S'il est nécessaire d'être exact et fidèle en traduisant un passage, c'est surtout lorsqu'on en réclame l'autorité, et qu'on prétend en tirer des conséquences. De bonne foi, Monsieur, pouvez-vous vous flatter d'avoir rendu fidèlement le texte d'Hérodote, et de ne lui avoir fait dire que ce qu'il dit ? Voyons et entrons dans quelque détail.

J'en juge plutôt par moi-même que par oui-dire. La

pensée d'Hérodote est que, sur les traits de ressemblance (1)
qu'il voyait entre les habitants de la Colchide et les E-
gyptiens, il conjecture que les Colques étaient originaires
d'Egypte, et que cette idée lui était venue *avant que per-*
sonne ne lui eût parlé de leur origine égyptienne. C'est
évidemment le sens des mots πρότερον ἢ ἀκούσας, Mais ce sens,
ou vous ne l'avez point aperçu, ou vous n'avez pas jugé
à propos de le rendre. C'est déjà une inexactitude : voici
quelque chose de mieux.

En Colchide on se souvenait bien plus des anciens
Egyptiens qu'on se ressouvenait des anciennes coutumes
de Colchos en Egypte. Où avez-vous pris, Monsieur, ces
anciens Egyptiens et ces *anciennes coutumes de Col-*
chos ? Il n'est question, dans le texte d'Hérodote, ni d'anciens *Egyptiens,* ni d'anciennes *coutumes de Colchos* ; il est
dit seulement « que les Colques se souvenaient mieux des É-
gyptiens que les Egyptiens des Colques : ἢ Ἀιγύπτιοι τοῦ Κολχου, »
ce qui s'entend.

Mais vous, Monsieur, que voulez-vous dire avec vos *an-*
ciennes coutumes de Colchos ? Les anciennes coutumes
de Colchos, colonie d'Egypte, selon votre auteur, devaient-
être *les coutumes de l'Egypte.* Comment ! on ne se ressouvenait pas en Egypte des coutumes de l'Egypte ? On ne se
ressouvenait pas en Egypte, du temps d'Hérodote, de la
coutume de la circoncision, que les Colques avaient prise
de l'Egypte, et que les Egyptiens pratiquaient du temps
d'Hérodote ! Eh ! Monsieur, comme vous faites raisonner
Hérodote !

Vos *anciennes coutumes* de Colchos ne sont donc pas
seulement une inexactitude ; c'est, *si vous nous le par-*

(1) *Traits de ressemblance.* Ces traits ne se bornaient pas à leur
teint basané et à leurs cheveux crépus; Hérodote en rapporte plusieurs
autres, tels que la langue, les mœurs, la manière de travailler le lin,
etc. *Edit.*

donnez, un bon contre-sens, ou plutôt un vide de sens absolu.

Ces habitants des bords du Pont-Euxin prétendaient être une colonie établie par Sésostris. Ces habitants des bords du Pont-Euxin sont une périphrase élégante pour désigner les Colques. Mais, prenez-y garde, Monsieur, vous attribuez aux *Colques* ce que que votre auteur dit des *Egyptiens*. Dans Hérodote, ce sont les *Egyptiens qui disent que les Colques étaient une colonie établie par Sésostris* (ἔφασαν Αἰγύπτιοι). Cela est un peu différent, surtout pour ceux qui font attention à la vanité égyptienne.

Je le conjecturais, non-seulement parce qu'ils sont basanés et qu'ils ont les cheveux frisés, mais parce que les peuples de Colchide, d'Egypte, etc. Ici, Monsieur, vous omettez une partie du texte. Hérodote observe que *le teint basané des Colques et leurs cheveux crépus ne prouvent point qu'ils fussent de race égyptienne : cela ne prouve rien,* dit-il (τοῦτο γε οὐδὲν αὐγκαι). Pourquoi supprimer cette observation? elle est curieuse, intéressante. Il en résulte qu'Hérodote ne soupçonnait pas ce que vous nous donnez comme certain, que la ressemblance ou la différence du teint et de la chevelure suffit pour prouver qu'on est de la même race d'hommes ou de race différente: grande et sublime découverte dont l'histoire naturelle moderne vous est redevable !

Si l'observation que vous supprimez vous a déplu, Monsieur, elle pouvait plaire à d'autres ; il était bon de ne pas la leur cacher. On peut être bien aise d'apprendre qu'Hérodote n'avait pas le bonheur de penser comme vous sur ce point d'histoire naturelle, et qu'il n'en savait pas plus là-dessus que les Buffon, les Daubenton et les Guettard.

Mais il fallait bien trouver quelque moyen de dérober au commun de vos lecteurs l'opposition qui se trouve entre ce que dit Hérodote et ce que vous lui faites dire ailleurs.

Hérodote, comme on vient de le voir, déclare expressément que *le teint basané et les cheveux crépus des Colques ne prouvent rien;* et selon vous (Phil. de l'hist. — Voy.
Introduction à l'Essai sur les mœurs, art. de l'Egypte,
page 94, tome xvi des *OEuvres*), Hérodote croyait les Colques originaires d'Egypte, *parce qu'il leur avait vu le
teint basané et les cheveux crépus.* Est-ce par inadver-
tance, ou pour vous moquer d'Hérodote que vous lui faites
dire si formellement tout le contraire de ce qu'il dit? Prenez donc garde, Monsieur; Hérodote n'est pas un écrivain
juif; c'est le père de l'histoire grecque, qui mérite quelque
égard.

Les Phéniciens et ceux de la Palestine, etc. Le grec
porte: *et les Syriens de Palestine* (και Συριοι οι Παλεστινη).
Si c'est ainsi qu'Hérotode désigne les Juifs, il ignorait donc
jusqu'à leur nom, preuve qu'il avait des connaissances bien
sûres de l'origine de leurs usages!

*Avouent eux-mêmes qu'ils avaient pris la circonci-
sion des Egyptiens.* D'où Hérodote le savait-il? Avait-il
interrogé sur ce sujet *les Syriens de Palestine?* Dit-il qu'il
tenait d'eux l'aveu qu'il leur prête? Non, Monsieur: on
peut donc douter qu'ils l'aient fait *eux-mêmes*, et penser
que ce prétendu aveu n'était guère fondé que sur le rapport que lui firent quelques habitants de Tyr, pendant son
séjour dans cette ville (1).

*Les Syriens qui habitent aujourd'hui sur les rivages
du Termodon et de Pathénie.* Et *de Pathénie!* Faute, au
moins de typographie, à corriger dans la nouvelle édition. Mettez, s'il vous plaît *sur les rivages du Thermodon*

_____

(1) *Dans cette ville.* Si quelques Syriens de Palestine circoncis firent
cet aveu à Hérodote, on peut croire, dit le docteur Findlay, que ce
furent quelques Samaritains. On sait que ce peuple aimait mieux paraître tenir ses usages des Egyptiens que des Juifs. Les Samaritains
occupaient alors une partie de la Palestine, où les Juifs étaient tout
récemment de retour de leur captivité. *Edit.*

et du Parthénius. Nous vous en avertissons, Monsieur, parce que cette faute a passé du *Dictionnaire philosophique* dans la *Raison par alphabet.*

Avouent qu'il n'y a pas longtemps qu'ils se sont conformés à cette coutume d'Egypte. Le grec dit qu'ils l'ont apprises *des Colques*. (απο των Κολχων μεμαθηκασι). Ainsi, pour appuyer vos idées égyptiennes, au lieu de *Colques* vous mettez *l'Egypte* ; et c'est la seconde fois que vous substituez l'une à l'autre. On ne peut rendre plus exactement un auteur ! Vous serez le modèle, Monsieur, des traducteurs fidèles !

Si ces Syriens du Thermodon et du Parthénius étaient réellement, comme d'habiles gens l'ont pensé, des Syriens enlevés du royaume de Damas par les rois d'Assyrie, et envoyés aux extrémités de leur empire, leur aveu ne prouverait rien contre les Juifs. Si vous vous figurez, avec quelques savants, que c'était une partie des dix tribus transportées par Teglat-Phalazar et par Salmanazar, d'abord on vous demandera vos preuves ; et, si nous ne nous trompons, vous n'en avez aucune. On vous demandera ensuite s'il n'est pas plus naturel de croire qu'Hérodote a été mal instruit, que d'imaginer que ces Israélites qui pratiquaient la circoncision depuis tant de siècles aient pu lui dire qu'ils la tenaient *tout récemment* (νεωστι) des Colques, leurs nouveaux voisins ?

C'est par là principalement qu'ils sont reconnus pour être Egyptiens d'origine. Vous venez de nommer les Colques, les Syriens de Palestine, les Syriens du Thermodon, et les Macrons leurs voisins. Prétendez-vous, Monsieur, que tous ces peuples étaient *originaires d'Egypte*, et qu'Hérodote l'a dit ? Il le conjecture des Colques, mais il ne le dit point des *Syriens de Palestine, ni de ceux du Thermodon,* non plus que des *Macrons leurs voisins :* il dit seulement qu'en pratiquant la circoncision, ces peuples *paraissaient imiter les Egyptiens* (φαινεται ποιουντες κατα ταυτα);

ce qui ne signifie certainement pas *qu'ills étaient originaires d'Egypte.* C'est donc encore un contre-sens. Voilà sur quoi vous appuyez votre opinion ! Mais des contre-sens, Monsieur, ne sont pas des preuves.

Cette méprise, qui nous avait d'abord étonnés de votre part, ne nous surprend plus : nous venons d'en découvrir la source ; elle est dans le traducteur latin, que vous suivez bonnement, et qui vous égare. Vous voilà pris sur le fait, et il n'y a pas moyen de vous en défendre. Vous traitez Hérodote comme nos livres sacrés : vous les traduisez sur la traduction latine.

Or, prétendre qu'on sait le grec, qu'on sait l'hébreu, etc., et traduire sur le latin, sans jeter un coup d'œil sur l'original......, vous sentez, Monsieur, ce qu'on pourrait dire là-dessus : c'est assez ; nous sommes Juifs ; nous nous taisons. Que de critiques chrétiens ne se tairaient pas de même (1) !

Ce sont là les seuls peuples du monde qui se font circoncire. Vous avez encore omis cette partie du texte. On y voit qu'Hérodote ignorait que les Arabes se faisaient circoncire ; tant il était instruit sur la circoncision ! Pourquoi cacher à vos lecteurs cette méprise ?

Les Phéniciens ont aboli l'usage de circoncire leurs enfants nouveau-nés. On pourrait vous contester, Monsieur, que le moi grec d'Hérodote (των επιγινομενων) signifie des enfants *nouveau-nés* ; et vous soutenir qu'il signifie tout au plus les enfants nés aux Phéniciens depuis leur commerce avec les Grecs ; ou seulement, et probablement mieux encore, *leurs enfants;* que c'est là le sens d'Hérodote, et que vous lui en substituez mal à propos un autre.

Mais nous ne devons pas manquer du moins de vous faire

---

(1) *Ne se tairaient pas de même.* Voyez le *Supplément à la Philosophie de l'histoire,* la *Défense des livres* (de l'ancien Testament, etc. *Aut.*

observer que si c'était l'usage des Phéniciens de circoncire les *enfants nouveau-nés*, ce pourrait bien être une preuve qu'ils tenaient la circoncision des Hébreux et non des Egyptiens ; car les Hébreux circoncisaient leurs enfants *nouveau-nés* ; au lieu que les Egyptiens attendaient que les leurs eussent treize ou quatorze ans pour leur faire cette oppération. Ainsi la manière dont vous traduisez ce mot d'Hérodote, si elle était fidèle, prouverait précisément tout le contraire de ce que vous voulez prouver.

§ V. *Il contredit Hérodote dans la partie principale du récit même sur lequel il s'appuie, l'expédition de Sésostris.*

Qu'Hérodote, qui regardait comme incontestable l'expédition de Sésostris en Colchide, ait cru les Colques originaires d'Egypte, on n'en est point surpris ; ces deux opinions sont liées naturellement ; l'une explique l'autre et lui sert d'appui. Mais n'a-t-on pas lieu d'être étonné quand on vous voit, Monsieur, d'un côté vous référer, dans le *Dictionnaire philosophique*, à l'autorité d'Hérodote sur la circoncision et sur l'origine égyptienne des Colques, et de l'autre combattre, dans la *Philosophie de l'histoire*, la réalité de l'expédition de Sésostris ? C'est, dites-vous :

TEXTE. « Une fable, un conte, une histoire de Picrocole. » {*Phil. de l'hist.*, *Addit.* etc. —Voyez *Introduction à l'Essai sur les mœurs*, art. de l'Egypte, page 93.)

COMMENT. Vous continuez, Monsieur, de traiter fort honorablement le père de l'histoire grecque, et ses récits ! C'est toujours la même manière de nous apprendre à respecter son autorité, et à compter sur son témoignage.

. L'expédition de Sésostris est *une fable, un conte, etc.* Oserions-nous vous demander pourquoi ?

TEXTE. « Ce sont les peuples du nord qui subjuguent les

peuples du midi, et non les peuples du midi qui subjuguent ceux du nord. » (Hist. génér.) (1).

COMMENT. Faible raison, Monsieur, qu'Hérodote n'aurait point admise, et que les faits démentent ; témoin les Romains, les Arabes, etc. Mais :

TEXTE. « Hérodote raconte que Sésostris sortit d'Egypte dans le dessein de conquérir toute la terre ; or, le dessein de conquérir toute la terre est *un projet de Picrocole.* » (*Ibid.*)

COMMENT. *Le dessein de conquérir toute la terre*, etc.

Oui, *toute la terre* telle que vous la connaissez, les deux hémisphères, le globe entier.

Mais, 1° *toute la terre* était-elle connue des *méprisables* Egyptiens?

2° Ce qui pourrait être un projet de Picrocole que de vouloir *conquérir le monde, toute la terre* à la lettre. Mais comment un écrivain plein de lumières et de goût, comme M. de Voltaire, va-t-il prendre à la lettre une expression figurée ? Qui ne sait que cette expression ne signifie que porter au loin ses conquêtes? C'est ainsi qu'on l'entend, et il n'y a point là d'absurdité : autrement quand vous avez dit que les disciples de Mahomet, *dès leur première victoire, espérèrent la conquête du monde,* vous auriez dit une absurdité, ce dont vous n'êtes pas capable ; ou vous auriez prêté à vos héros une espérance *de Picrocole,* ce qui serait ridicule.

3° Vous expliquez vous-même cette expression : *conquérir toute la terre,* dites-vous, *c'est-à-dire conquérir les provinces voisines.* Or, se proposer de subjuguer *les peuples voisins,* et étendre de proche en proche ses conquêtes, est-ce dans un *puissant monarque* un projet de *Picrocole?*

Donc, Monsieur, mauvais raisonnements que les vôtres contre l'expédition de Sésostris.

_____

(1) Telle est la pensée de M. de Voltaire dans son *Traité de la tolérance,* Act. des Martyrs, page 103 et 104, tome XXX des *OEuvres.*

Au reste, nous ne prétendons point établir ici la certitude de cette expédition, qui ne nous importe guère. Nous nous contenterons de remarquer qu'elle n'est pas rapportée au hasard et sans preuve par Hérodote; qu'il en donne pour garants, non-seulement les prêtres d'Egypte, mais des monuments existants de son temps et qu'il avait vus de ses yeux; cette ressemblance des Colques avec les Egyptiens, ces statues, ces colonnes dont il parle, chargées d'inscriptions en caractères hiéroglyphiques, etc., que son récit est confirmé par Diodore de Sicile et par un un grand nombre d'anciens écrivains; et que des critiques du premier mérite regardent cette expédition comme *un point d'histoire incontestable*, du moins pour le fond (1).

Mais si quelqu'un peut en combattre la vérité ce n'est pas vous, Monsieur. Pourquoi? parce que refuser de croire Hérodote, *lorsqu'il parle des antiquités qu'il a examinées* (or, il avait examiné ce point d'histoire), c'est vous contredire vous-même, et aller directement contre vos principes ?

(1) *Incontestable, du moins pour le fond*, etc. C'est ainsi qu'en parle M. l'abbé Mignot dans le dernier volume des *Mémoires de l'Académie des belles-lettres*. On y lit aussi un très bon *Mémoire* de M. Dupui, en réponse à quelques difficultés proposées contre cette expédition par le savant auteur de l'*Origine des arts, des sciences et des lois.* Voyez encore la *Défense de la chronologie* contre le système de Newton, par M. Fréret, etc. Il nous paraît qu'on pourrait opposer avec quelque avantage, de telle autorités à celle de M. de Voltaire. *Aut.*

Les monuments cités par les anciens historiens, sont aujourd'hui sous nos yeux; on lit leurs inscriptions et l'on sait en pénétrer le sens. L'obélisque de Luxor qui orne la place Louis XV à Paris, est un monument de l'époque de *Sésostris*; et ses légendes célèbrent les exploits de ce conquérant dont le nom égyptien est *Rhamsès*. Un manuscrit sur papyrus que nous avons déjà signalé, vante les conquêtes de Sésostris dans le pays de Kausch, c'est-à-dire en Ethiopie, et chez le peuple de *Schito*, ce qui désigne les Scythes. Enfin on connaît le fameux monument de Beyrouth, qui représente les conquêtes de Rhamsès gravées sous forme colossale sur des rochers non loin de cette ville.

L. D.

parce que soutenir la circoncision et l'origine égyptienne des Colques, et combattre l'expédition de Sésostris, c'est embrasser une opinion, et nier ce qui pourrait la rendre vraisemblable ; parce que combattre l'expédition de Sésostris, et vouloir expliquer, comme vous le faites, la circoncision égyptienne des Colques par une prétendue invasion de ce peuple en Egypte, c'est abandonner maladroitement un fait probable et attesté pour vous attacher à une vaine idée, à une chimère dont vous n'avez aucune preuve assurée ; enfin parce que cette invasion prétendue, même supposée vraie, expliquerait encore assez mal, surtout dans vos principes, l'origine de la circoncision chez les Colques ; car il faudrait dire que *le peuple conquérant aurait imité le peuple esclave,* ce que vous jugez *absurde* ; et qu'il l'aurait imité dans un rite douloureux, et, selon vous, fort inutile ; ce qui n'est pas croyable.

Après tout, Monsieur, pour tirer parti de cette prétendue invasion des Colques en Egypte, il aurait été nécessaire d'en fixer l'époque ; car si elle est postérieure au temps d'Abraham, et à l'institution de la circoncision parmi les Hébreux, vous sentez bien qu'elle ne peut rien prouver en faveur de votre système. Or, où trouverez-vous des preuves de son antériorité? dans quel écrivain, dans quel monument de l'antiquité les irez-vous chercher ?

Mais c'en est assez, et peut-être trop, sur Hérodote. Vous le traduisez mal, vous le combattez, vous le décriez ; vous n'en pouvez donc tirer aucun avantage.

§ VI. *Examen de quelques autres raisons alléguées par l'habile écrivain. Prétendu aveu de Josèphe. Autorité de Clément d'Alexandrie, etc.*

Jusqu'ici, Monsieur, nous vous avons vu détruire vous-même les preuves sur lesquelles on appuie d'ordinaire l'opi-

nion que vous avez embrassée. Vous allez sans doute en produire de plus convaincantes.

Vous nous opposez d'abord un texte de Josèphe. Vous
dites :

TEXTE. « Flavien Josèphe, dans sa *Réponse à Appion*,
liv. II, chap. V, avoue, *en propres termes*, que ce sont les
Egyptiens qui apprirent à d'autres nations à se faire circoncire, comme Hérodote le témoigne. » (*Phil. de l'Hist.*)

COMMENT. Un aveu, *en propres termes*, d'un écrivain
tel que Josèphe, serait assurément une forte preuve. Mais
nous avons lu, Monsieur, et relu sa *Réponse à Appion*,
et nous n'y avons trouvé nulle part que Josèphe avoue, ni *en
propres termes*, ni même indirectement, *que ce sont les
Egyptiens qui ont appris à d'autres nations à se faire
circoncire*. (Voyez *Introduction à l'Essai sur les mœurs*, si
les Juifs ont enseigné les autres nations, page 221, t. XVI des
OEuvres.) Il cite Hérodote sans le contredire, parce que ce
n'était point son objet ; mais il ne fait là-dessus aucun aveu.
Tout ce qu'il conclut du passage d'Hérodote, c'est que les
Juifs ne furent pas absolument inconnus de cet historien, ce
qui peut être vrai.

Le prétendu *aveu en propres termes*, que vous attribuez
à Josèphe, est donc une méprise, ou, si nous osions le dire,
quelque chose de moins excusable qu'une méprise.

A l'autorité de Josèphe vous joignez celle de Clément d'A-
lexandrie.

TEXTE. « Clément d'Alexandrie rapporte que Pythagore,
voyageant chez les Egyptiens, fut obligé de se faire circoncire pour être admis à leurs mystères. Il fallait absolument
être circoncis pour être au nombre des prêtres d'Egypte. »
(*Dict. phil. art., Circoncision.*)

COMMENT. Oui, du temps de *Pythagore* ; mais il y a un
peu loin, Monsieur, de Pythagore à Abraham. Un intervalle
d'environ quinze cents ans suffit sans doute pour qu'un rite
s'introduise dans une nation ; et ce rite, au bout d'environ

quinze siècles, pouvait bien être donné à un étranger, par les prêtres d'Egypte, comme d'une antiquité très reculée.

Mais :

TEXTE. « Il fallait être circoncis pour être au nombre des prêtres d'Egypte. Ces prêtres existaient lorsque Josèphe arriva en Egypte. Le gouvernement était très ancien, et les cérémonies antiques de L'Egypte, observées avec la plus scrupuleuse exactitude. » (*Ibid.*)

COMMENT. Ces prêtres *existaient lorsque Joseph arriva en Egypte.* Soit; mais existaient-ils circoncis? Dire, les prêtres d'Egypte étaient circoncis du temps de Pythagore, donc ils l'étaient du temps de Joseph, douze cents ans avant Pythagore, *c'est une logique qui doit paraître un peu surprenante dans le siècle où nous vivons.*

Il est vrai que les *cérémonies antiques de l'Egypte étaient observées avec exactitude;* mais la circoncision était-elle une de ses *antique cérémonies?* C'était là ce qu'il fallait prouver, Monsieur, et c'est ce que vous ne prouvez pas.

On sait que Joseph, lorsqu'il entra en Egypte, était circoncis; il n'est pas moins constant que ses frères et leurs enfants l'étaient de même, et que leurs descendants persévérèrent dans cet usage tout le temps qu'ils restèrent en Egypte. Ils ne l'avaient donc point emprunté des Egyptiens.

Mais, dites-vous :

TEXTE. « Abraham voyagea en Egypte, qui était depuis longtemps un royaume gouverné par un puissant roi. Rien n'empêche que dans ce royaume si ancien la circoncision ne fût dès longtemps en usage avant que la nation juive fût formée. » (Dict. phil., art. *Circoncision.*)

COMMENT. Si rien ne l'*empêche*, rien ne le prouve. On vous demande des preuves, et vous répondez que *rien n'empêche :* cette façon de prouver est convaincante !

Rien n'empêche ! Mais avez-vous fait une réflexion, Monsieur? C'est qu'Abraham ne revint pas d'Egypte circoncis comme Pythagore : il ne prit la circoncision que vingt ans après son retour, à l'âge de quatre-vingt dix-neuf ans. S'il la prit pour imiter les Egyptiens, pourquoi tarda-t-il tant ? Que ne les imitait-il pendant qu'il vivait parmi eux ? Conçoit-on que, pour les imiter, vingt ans après les avoir quittés, il ait voulu subir, dans un âge si avancé, une opération si dangereuse, ou qu'il eût pris pour signe de son alliance avec le Seigneur, et pour caractère distinctif de ses descendants, un rite pratiqué dès longtemps par une nation voisine ? Voilà, Monsieur, des raisons qui pourraient *empêcher* de croire que la circoncision fût dès lors établie en Egypte, et même prouver assez bien qu'elle ne l'était pas.

A ces raisons, ajoutez qu'il est marqué dans la *Genèse* qu'Abraham fit circoncire tous ses esclaves (1), qui n'étaient donc pas circoncis, que parmi eux il y en avait d'Égyptiens (2). Ajoutez que les Philistins, colonie d'Egypte, sont toujours traités d'incirconcis (3) dans nos Ecritures, et qu'on ne voit pas qu'il ait jamais été question de circoncision parmi les colonies conduites d'Egypte en Grèce par les Cécrops, Danaüs, Amphion, etc., trois faits d'où l'on pourrait encore inférer que la circoncision ne fut pratiquée par les Egyptiens, ni *de tous temps*, ni du temps d'Abraham. Mais :

TEXTE. « Avant Josué, les Israélites, de leur aveu même, prirent beaucoup de coutumes des Egyptiens : ils les imitèrent dans leurs cérémonies, dans les jeûnes, les ablutions, etc. » (Dict. phil., art. *Circoncision.*)

COMMENT. Sans vous accorder, Monsieur, que les Israélites aient, *de leur aveu même*, pris des Egyptiens toutes les coutumes que vous détaillez, on peut convenir qu'ils en empruntèrent quelques usages. Mais de ce qu'ils en auraient emprunté quelques pratiques indifférentes, communes peut-être à tous les peuples d'alors, s'ensuivrait-il qu'ils en ont pris

(1) *Tous ses esclaves.* Voyez *Genèse*, XVII, 27. *Aut.*

(2) *Il y en avait d'Egyptiens.* Voyez *Genèse*, XII, 16. *Aut.*

(3) *D'incirconcis.* I Rois, XVII, 26; XVIII, 24, etc. *Aut.*

un rite singulier, douloureux, dangereux; rite qu'il n'est
nullement certain que l'Egypte ait connu avant eux?

§. VII. *Qu'il n'est pas probable que les Israélites aient
emprunté la circoncision des Egyptiens.*

Vous n'avez donc produit, Monsieur, aucune preuve solide, que nos pères aient emprunté la circoncision des Egyptiens. Loin de rendre cette opinion de Marsham plus probable, vous n'avez fait que l'embarrasser de nouvelles difficultés. Vos idées sur la pratique de la circoncision chez les
Hébreux sont incertaines et fausses, vos assertions sur les
Egyptiens contradictoires, l'autorité d'Hérodote combattue
par vous-même, son texte infidèlement traduit, celui du livre
de Josué pris à contre-sens, l'aveu de Josèphe supposé, le
témoignage de Clément d'Alexandrie, étranger à la question,
etc. De telles raisons, Monsieur, sont-elles capables de ba-
lancer la tradition constante des Juifs et des Arabes, deux
anciens peuples, qui, malgré leur perpétuelle antipathie,
s'accordent à regarder ce rite comme institution de leur père
commun ?

A cette tradition, déjà d'un si grand poids, joignez les textes de l'Ecriture, où l'établissement de cette cérémonie est
rapporté, ceux où elle paraît annoncée comme le signe qui
distinguait les enfants de Jacob d'avec les Chananéens, les
Philistins et les Egyptiens incirconcis (1).

Enfin, ce rite a chez les Hébreux une origine certaine, un
motif raisonnable, une pratique constante. Une origine certaine : il remonte incontestablement au père commun de la
nation ; un motif raisonnable, c'est le sceau de l'alliance de
ce patriarche avec son Dieu, et le gage des bénédictions du
Seigneur sur ses descendants ; une pratique constante, ex-

(1) *Les Egyptiens incirconcis.* Nous avons cités plus haut tous ces
textes. *Aut.*

cepté les quarante années passées dans le désert, les Juifs
l'ont observée sans interruption depuis Abraham jusqu'à nos
jours.

Il n'en est pas de même des Egyptiens; l'origine de ce rite,
parmi eux, était si peu certaine, qu'Hérodote ne saurait dire
s'ils le prirent des Ethiopiens, ou si les Ethiopiens l'avaient
pris d'eux. Vous réfutez vous-même les divers motifs qu'on
leur attribue d'une cérémonie si *étrange* : santé, propreté,
fécondité ; et celui que vous substituez, pour être plus ingénieux, n'en est pas plus solide (1). La pratique même de ce
rite a tellement varié chez les Egyptiens, qu'on ignore également quand elle commença et quand elle finit ; et qu'on ne
sait ni si, ni quand toute la nation l'adopta, ni quand elle fut
restreinte aux prêtres seuls et aux initiés.

Pouvez-vous croire, Monsieur, que le peuple qui a pratiqué la circoncision universellement, invariablement, constamment, pendant près de quarante siècles, par un motif raisonnable, l'ait empruntée d'un peuple qui ne la pratiqua que
si peu de temps, avec tant de variations, et par des motifs
que vous jugez si vains ?

§ VIII. *D'où les Egyptiens ont pris la circoncision.*

Mais, direz-vous, d'où les Egyptiens empruntèrent-ils donc
la circoncision ? D'où vous voudrez, Monsieur : il nous importe peu de le savoir, et nous croyons qu'on ne peut guère
avoir là-dessus que des conjectures.

Quelques savants ont prétendu que les Egyptiens tenaient
ce rite de leurs prêtres, et que ces prêtres le tenaient de Joseph. Nous ne voyons rien là que de très probable : il n'est
assurément point hors de vraisemblance que les prêtres d'E-

(1) *Pas plus solide.* Il y substitue je ne sais quelle idée d'oblation
faite aux dieux de la partie retranchée, c'est-à-dire une chimère de
son invention, à des raisons qui peuvent avoir quelque vraisemblance.
Chrét.

gypte aient imité un rite pratiqué par un premier ministre en faveur, dont ils admiraient la sagesse, et à qui ils étaient redevables de la conservation de leurs biens et de leurs franchises. Ce n'aurait point été là des *maîtres qui avaient imité leurs esclaves.*

D'autres, Bouchart, par exemple, etc., aiment mieux croire, et nous serions volontiers de cet avis, que les Egyptiens prirent cet usage des Arabes descendants d'Abraham; car ces Arabes dominèrent quelque temps en Egypte, et il ne serait point étonnant que *le peuple esclave eût imité cette coutume de ses maîtres.* C'est à quoi il y a d'autant plus d'apparence, qu'au rapport de Clément d'Alexandrie, la circoncision des Egyptiens avait beaucoup plus ressemblance à celle des Arabes qu'à celle des Juifs (1).

---

(1) *Celle des Juifs.* Les Juifs donnaient et donnent encore la circoncision à leurs enfants le huitième jour après la naissance. Les Egyptiens attendaient plus tard, communément jusqu'à la treizième année, ainsi que les Arabes, qui conservèrent cet usage en mémoire d'Ismaël, circoncis à cet âge par Abraham. *Aut.*

LETTRES

DE

QUELQUES JUIFS

ALLEMANDS ET POLONAIS

A M. DE VOLTAIRE.

TROISIÈME PARTIE.

SUITE.

LETTRE PREMIÈRE.

De Moïse.

Nous avons répondu, Monsieur, à vos principales difficultés sur les histoires d'Adam et d'Eve, de Noé et de ses enfants, d'Abraham et de ses voyages, etc. Nous allons maintenant, si vous le trouvez bon, discuter avec vous ce que vous dites de notre législateur et de nos prophètes. Commençons par Moïse.

§ I. *De l'existence de Moïse : si l'on peut raisonnablement la mettre en question.*

Vous débutez, Monsieur, par une question neuve ; vous demandez « s'il est bien vrai qu'il y ait eu un Moïse. » (Dict. phil., art. *Moïse.*)

Guénée. II. $\frac{1}{4}$

Abbadie vous aurait répondu que depuis notre législateur jusqu'à lui, pendant plus de trois mille ans, ce fait avait passé pour incontestable. « Je n'ai jamais ouï parler, disait-il, d'aucun impie qui ait eu là-dessus le moindre doute : ils conviennent tous qu'il y a eu un Moïse, et que ce Moïse a donné une loi. »

Ce qu'Abbadie n'avait point vu, vous nous le faites voir aujourd'hui, Monsieur. Plus éclairé ou plus hardi que tous ceux qui vous avaient précédé dans la carrière, vous ne craignez point de mettre en question l'existence de ce législateur.

« Y a-t-il eu un Moïse ? » dites-vous. Un Moïse? Si tout autre que vous faisait une pareille demande, on ne devrait y répondre que par un sourire d'indignation ou de pitié. Mais puisque c'est un grand homme, puisque c'est vous, Monsieur, qui nous la faites, nous entrerons dans quelques détails. Vos talents et votre réputation, le penchant, et peut-être l'intérêt secret que trop de lecteurs ont à vous croire sur parole, exigent une réponse motivée.

Vous demandez *s'il est bien vrai qu'il ait existé un Moïse*; et nous, Monsieur, nous vous demandons si dans toute l'histoire il est un homme dont toute l'existence soit plus incontestablement prouvée. On ose vous défier d'en nommer un seul.

Ne parlons ici que des législateurs. Vous ne doutez point qu'il y ait eu un Zoroastre (1) ; vous l'avez assuré tant de fois ! Vous croyez apparemment aussi qu'il y a eu un Zéleucus, un Lycurgue, un Numa, un Solon, un Pythagore, un Confucius, etc. Quelles preuves avez-vous de l'existence de ces hommes célèbres, que nous n'ayons, et plus fortes et en plus grand nombre, de l'existence de Moïse.

---

(1) *Un Zoroastre*. M. de Voltaire, qui feint de douter de l'existence de Moïse, ne doute point de celle du grand Zoroastre. Il faut pourtant avouer qu'elle n'est pas si réellement prouvée, que plusieurs savants ne la contestent. *Voyez* Bryant, *Aut.*

Est-ce le témoignage de leurs concitoyens? Mais parmi les Juifs, depuis plus de trente siècles, les magistrats, les prêtres, le peuple, regardent Moïse comme les ayant tirés de l'Egypte, conduits dans le désert, instruits et gouvernés. Faut-il, au témoignage de la nation, joindre les aveux des peuples étrangers? Les Chaldéens, les Arabes, les Egyptiens, les Phéniciens, les Grecs, etc., ont reconnu cette existence.

Et remarquez-le, Monsieur, la nation juive ne se borne point à un témoignage vague. Elle vous montre ses dogmes, ses rites religieux, sa police, ses lois qu'elle dit tenir de Moïse, et qu'elle révère parce qu'elle les tient de lui. Elle vous montre des écrits dont elle atteste qu'il est l'auteur ; une histoire suivie et détaillée, où les divers évènements de sa vie, ses discours, ses ordonnances, ses succès, ses fautes même sont rapportés avec candeur ; et les temps, les lieux, toutes les circonstances marqués avec exactitude. Elle fait plus : elle vous montre la famille de ce législateur encore existante ; et pendant plus de mille ans elle aurait pu vous montrer les descendants de Moïse prouvant, comme ceux d'Aaron, leur commune origine par des titres consignés dans les archives de la nation, par des généalogies plus soigneusement conservées, et plus dignes de foi que toutes celles de vos nobles d'Europe.

Sérieusement, Monsieur, un esprit raisonnable, un homme sans prévention, peut-il se refuser à tant de preuves réunies ? Il faut s'y rendre, ou soutenir que dans toute l'antiquité, il n'y a pas un personnage dont on ne puisse nier l'existence.

Aussi les ennemis les plus déclarés du judaïsme et du christianisme n'ont-ils jamais contesté celle de Moïse. Ni les Julien, les Celse, les Porphyre, etc., parmi les Grecs ; ni les Appion, les Cheremon, les Lisimaque, etc., parmi les Egyptiens, n'ont témoigné, sur ce sujet, le plus léger soupçon. Auraient-ils négligé une objection si tranchante,

s'ils avaient cru pouvoir la faire avec quelque apparence de
raison ? On ne les voit jamais incidenter là-dessus ; au contraire, ses critiques, dont l'esprit et la sagesse égalaient la
haine, qui étaient de quinze, de dix-huit cents, de deux mille
ans plus près que vous des temps de Moïse, par conséquent
plus à portée de s'instruire de la certitude de ce fait, le supposent tous avéré et incontestable. Vous, Monsieur, qui venez
hardiment le mettre en question tant de siècles après eux,
avez-vous découvert des preuves qui leur aient échappé,
déterré des monuments qui leur aient été inconnus, acquis
des lumières qu'ils n'aient pu se procurer ?

§ II. *Autorités dont le critique prétend s'appuyer ; si
elles sont fort respectables.*

Oui, dites-vous, « la philosophie dont on a quelquefois
passé les bornes, les recherches de l'antiquité, l'esprit de
discussion et de critique ont été poussés si loin, qu'enfin
plusieurs savants ont douté s'il y avait jamais eu un Moïse.
(*Dict. phil.*, art. *Moïse.*)

« *La philosophie dont on a quelquefois passé les bornes.* »
Quelquefois ! Dites tant de fois, Monsieur, et avec tant
de licence, tant de déraison, qu'on en est devenu ridicule.

Les recherches de l'antiquité, etc. On connaît parmi les
Juifs, et parmi les chrétiens, un grand nombre de savants,
célèbres par les *recherches de l'antiquité*: on en connaît peu
parmi vos prétendus philosophes. Jusqu'ici le philosophisme
et l'érudition ont rarement marché de compagnie.

L'esprit de critique, etc. Mais nier un fait cru pendant
plus de trois mille ans par une nation entière, par ses voisins, par ses ennemis, par tous ceux qui avaient intérêt et
qui étaient à portée de s'en assurer ; le nier sans preuve,
contre une multitude de preuves qui l'établissent ; se fonder
sur des raisonnements d'après lesquels on pourrait contester l'existence des personnages les plus fameux de l'antiquité;

est-ce là *l'esprit de critique*, ou l'abus de la critique le plus complet ?

« Qu'enfin plusieurs savants ont douté, etc. » *Qu'enfin !* il faut l'avouer, ces *savants* se sont fait assez longtemps attendre. Venir, après plus de trois mille ans, mettre en question un fait dont personne n'avait douté, c'est s'y prendre un peu tard.

Mais quels sont-ils donc ces *savants* ? Puisqu'ils sont en si grand nombre, pourquoi n'en pas nommer quelques-uns ? Les lecteurs ont appris à se défier de ces citations vagues.

De tant de *savants*, Monsieur, nous n'en connaissons qu'un, le *savant* Boullanger, dont vous ne dédaignez pas de vous faire l'écho. Ce savant bizarre avait, dit-on, quelque connaissance des langues de l'orient. Ces langues ont une propriété particulière, celle de pouvoir fournir aux érudits toutes les étymologies qu'ils souhaitent. Il n'est rien à quoi elles ne se prêtent en ce genre; semblable à ces nuages clairs-obscurs où l'on voit tout ce qu'on veut, et où l'on trouve tout ce qu'on cherche.

Égaré par quelque ressemblance de mots, Boullanger se met en tête de prouver que toute notre histoire n'est qu'un tissu d'allégories, et n'a rien de réel. Aussitôt, au moyen de quelque substitution ou changement de lettres, Adam devient pour lui *le soleil*, les sept patriarches sont *les sept planètes*, Elie est *le grand juge* attendu à la fin des siècles.

L'ingénieur des ponts-et-chaussées ne s'arrête pas en si beau chemin : animé par ces succès, le *savant* entreprend aussi de prouver que vos livres sacrés n'ont rien de plus réel que les nôtres : *saint Pierre* est Enoch ; *saint Jean* est Janus ou Annach ; il s'exerce de même sur *sainte Geneviève*, sur *saint Roch*, etc. Peut-on s'empêcher de rire en lisant ses doctes extravagances (1) ? Assurément un

(1) *Extravagances.* Voyez son Despotisme oriental, ses Dissertations sur Enoch et sur Elie, etc.

homme qui prouve tant ne prouve rien, sinon qu'il a le cerveau fort échauffé.

Aussi les ouvrages de Boullanger, tant prônés d'abord par vous et par le petit parti philosophique, après avoir amusé quelque temps le public, sont tombés dans l'oubli, on n'en parle plus, que pour prouver jusqu'à quel point une imagination exaltée peut porter l'abus du savoir.

Voilà, Monsieur, à quoi se réduisent ces nombreuses autorités de savants que vous nous opposez : elles sont, comme on voit, fort respectables. On comprend maintenant pourquoi, de tant de *savants*, vous n'osez en nommer aucun (1).

§ III. *Autre autorité : celle du savant Bolingbroke : mais de quel Bolingbroke.*

Nous nous trompons, Monsieur, vous en nommez un que nous allions oublier ; c'est *Bolingbroke*. « Le célèbre Milord, dites-vous, ne croit point du tout que Moïse ait existé. » (*Dict. phil.*, art. Moïse.)

Vous nous étonnez, Monsieur. Où avez-vous donc lu que Milord Bolingbroke *n'ait point cru du tout* à l'existence de Moïse ? Pourriez-vous citer un seul passage de cet écrivain où il la révoque en doute ? Tout au contraire : Bolingbroke convient « que c'est un fait attesté par les auteurs étrangers, que j'appelle, dit-il, des témoignages

---

(1) *Aucun.* Rendons justice à M. Boullanger. Son état d'ingénieur des ponts et chaussées fut pour lui une occasion de s'instruire de l'histoire naturelle. Ses réflexions sur la constitution actuelle du globe le convainquirent de la vérité du déluge ; et il est peut-être l'écrivain qui ait le mieux prouvé la certitude de cette grande catastrophe. A la mort, M. Boullanger abjura ses erreurs ; dans ses derniers moments, il avouait, avec les sentiments d'un repentir sincère, que c'étaient les vaines louanges des philosophes et leur encens qui lui avaient tourné la tête. *Edit.*

collatéraux (1). » Voilà qui est clair. C'est ainsi que le *célèbre Millord* doutait de l'existence de Moïse.

Nous convenons que l'auteur d'un prétendu *Avis important de Milord Bolingbroke* ne *croit point* qu'il y ait eu un
Moïse. Mais cet ouvrage, vous le savez, Monsieur, mieux
que personne, n'est ni dans la manière, ni dans le style du
vicomte de Bolingbroke ; le vicomte a un tout autre ton. La
diatribe que vous citez n'est qu'un écrit supposé, décoré,
comme tant d'autres, d'un nom illustre ; ruse philosophique
dont on ne doit plus être dupe. Cette autorité ne serait donc
au plus que l'autorité d'un écrivain pseudonyme.

Mais il y a mieux : cet *Avis important*, on dit, Monsieur,
que vous en êtes vous-même l'auteur. Et ce n'est point un
bruit vague qui vous l'attribue : on le lit, cet écrit, dans plusieurs éditions de vos œuvres, même dans celles qui ont été
faites par vos amis et sous vos yeux. Ce n'est donc pas du
vrai Bolingbroke, de Milord Bolingbroke, *pair de la cham-
bre haute du parlement d'Angleterre*, c'est un faux Bolingbroke, de Bolingbroke-Voltaire que vous citez le témoignage. Ainsi M. de Voltaire s'étaie de l'autorité de M. de
Voltaire : autorité grave, imposante, sans doute, si ce n'était
pas un double emploi.

Rirons-nous, Monsieur, de ces supercheries ? ou, prenant
les choses au sérieux, plaindrons-nous les lecteurs crédules,
dont vous vous jouez si cruellement ?

§ IV. Ce que M. de Voltaire fait dire à ces savants.

Voyons maintenant, Monsieur, ce que vous faites dire aux
savants dont vous réclamez les suffrages. « Ces savants, dites
vous, ont douté si Moïse n'est pas un être fantastique, tels
que l'ont été probablement Persée, Bacchus, Atlas, Pen-
thésilée, Mercure Trismégiste, Merlin, Francus, Robert le

(1) *collatéraux. Voyez Philosophical Works*, tome v, p. 347. *Aut.*

Diable, et tant d'autres héros de roman dont on a écrit la vie et les prouesses. » (*Dict. phil.*, art. Moïse.)

Vous voyez que nous ne dissimulons rien, pas même ce que nous ne transcrivons qu'avec peine, ce qu'aucun homme religieux ne lira qu'avec indignation.

Il est vrai que Boullanger, dans les délires de son érudition mal digérée, donne Moïse pour un être allégorique ; mais nous doutons qu'il en ait fait un héros de roman, et qu'il l'ait mis au rang de *Merlin*, *de Francus*, *et de Robert le Diable* : nous ne nous rappelons pas du moins d'avoir lu dans ses écrits, ni dans ceux de Milord Bolingbroke, rien de pareil ; ce sont vos idées que vous leur prêtez ; idées décentes et judicieuses ! Laissez-les, Monsieur, au faux Bolingbroke, ou gardez-les pour vous-même.

Quoi qu'il en soit, nous demanderions à Boullanger, nous demandons au faux Bolingbroke, ou, pour parler plus clairément, nous vous demandons à vous-même s'il n'y a aucune différence entre les preuves de l'existence de Merlin et celles de l'existence de Moïse ? Connaissez-vous, Milord, quelque peuple qui tienne de Merlin son culte, ses dogmes et ses lois ? avez-vous vu des descendants de Robert le Diable prouver leur origine par des généalogies authentiques, conservées dans les archives sacrées de quelque nation ?

Assurément, Monsieur, avancer si hardiment de si révoltants paradoxes, c'est compter beaucoup sur la frivolité et l'indulgence de vos compatriotes.

§ V. *Si aucun des auteurs profanes cités par Josèphe n'a parlé de Moïse ; s'il n'en est fait mention dans aucun auteur profane jusqu'au temps d'Aurélien.*

Mais laissons vos autorités, Monsieur, écoutons vos raisons. Vous nous opposez d'abord un silence universel des auteurs païens sur Moïse. « Josèphe, dites-vous, qui a recueilli tous les témoignages possibles en faveur de sa nation, n'ose dire qu'aucun des auteurs qu'il cite ait dit un seul mot de Moïse. A quoi vous ajoutez « qu'en quelque temps que l'histoire de Moïse ait été écrite par les Juifs, elle n'a été connue d'aucune nation, que vers le second siècle de votre ère, au temps de Longin et de l'empereur Aurélien. » (*Dict. phil.*, art. Moïse). Ainsi, à vous en croire, depuis Ptolémée jusqu'à Josèphe, et depuis Josèphe jusqu'à Aurélien, aucun auteur païen n'aurait parlé de Moïse.

Voilà votre objection, Monsieur ; voici notre réponse.

1° Quoique Josèphe ait tiré de divers auteurs profanes un grand nombre de témoignages qui allaient à son plan, et qu'il trouvait sous sa main, on ne peut pas dire qu'il ait *recueilli tous les témoignages possibles* où il était fait mention de Moïse. Son dessein n'était pas de les rassembler tous, c'eût été à n'en pas finir. « Je ne me suis proposé, dit-il lui même, que de réfuter ceux qui, pour enlever à notre nation l'ancienneté dont elle se glorifie, ont soutenu que les auteurs profanes n'ont point parlé de nous. Je ne dois rapporter que ce qui est précisément de mon sujet.... Tous ont rendu témoignage à l'antiquité du peuple juif, et c'est tout ce que j'ai voulu prouver. » Aussi nomme-t-il plusieurs écrivains dont il ne cite aucun passage, et il en omet d'autres qui probablement ne lui étaient pas inconnus. Il ne dit rien, par exemple, de Tacite et de Pline ses contemporains, de Diodore de Sicile, de Trogue-Pompée, de Strabon, etc., qui écrivaient avant lui et qui parlent de Moïse et des Juifs. Il n'est donc pas vrai que Josèphe ait *recueilli tous les témoignages possibles* où il était fait mention de Moïse.

2° Vous vous trompez encore bien certainement, Monsieur, quand vous assurez qu'aucun des auteurs profanes cités par Josèphe *n'a dit un seul mot de Moïse :* Cheremon, Lysimaque, Appion, en ont parlé. Rien n'est plus certain ; il ne faut qu'ouvrir Josèphe pour s'en convaincre. Votre assertion vous a paru depuis à vous-même d'une fausseté si palpable, que vous l'avez réformée dans votre *Raison par alphabet :*

espèce de rétractation d'autant plus remarquable, qu'il ne vous arrive presque jamais de vous rétracter sur rien (1).

Enfin, Monsieur, c'est un fait constant que, depuis Josèphe jusqu'à l'empereur Aurélien, qui ne vivait pas *dans le second*, mais dans le troisième *siècle de votre ère*, une foule d'auteurs profanes, poètes, historiens, médecins, philosophes, etc., de tous les pays où les sciences étaient cultivées, (ont parlé de Moïse. Tels sont, outre ceux que nous venons de nommer, Juvénal, Numénius, Galien, Nicolas de Damas, Alexandre Polyhistor, etc., etc. Nous voudrions pouvoir les citer tous ; mais cette liste infinie de noms et de passages d'auteurs excèderait trop la longueur ordinaire de nos lettres. Trouvez bon que nous vous renvoyions à Justin, à Tatien, Eusèbe, Clément et Cyrille d'Alexandrie, etc., ou, si vous aimez mieux les modernes, aux savants Huet, Grotius, etc. qui les ont recueillis. Vous y verrez cités un si grand nombre d'auteurs païens qui ont parlé de Moïse, depuis Ptolémée jusqu'à l'empereur Aurélien, que ce prétendu silence que vous nous objectez ne vous paraîtra plus à vous-même qu'une ridicule chimère. Vous ne pourrez qu'être étonné que des assertions si étranges vous échappent dans un siècle où l'on sait lire.

§ VI. *Si aucun des écrivains profanes n'a parlé de Moïse avant le règne de Ptolémée. Pourquoi il est difficile d'en citer qui aient nommé expressément le législateur juif. Si on peut en conclure qu'il était inconnu à la terre entière avant Ptolémée.*

Aussi ne tardez-vous point à les abandonner, ces asser-

___

(1) *Sur rien.* Cette rétractation, M. de Voltaire l'a bientôt oubliée. Dans un de ses derniers écrits, il demande encore « pourquoi Flavien Josèphe, en citant les auteurs égyptiens qui ont parlé de sa nation, n'en cite aucun qui ait dit un seul mot de Moïse. » (*Questions sur les miracles* — *voyez* Facéties, *Questions sur les miracles*, page 391 tome XLVI des *OEuvres.*) Tant il est dans le caractère de cet homme célèbre, ou dans sa destinée, de ne revenir d'aucune erreur ! *Aut.*

tions. Vous vous restreignez bientôt à *rechercher avec les incrédules* « si un seul des écrivains profanes a parlé de Moïse avant que les Hébreux eussent traduit leur histoire en grec. » (V. Facéties, *Quest. sur les miracles.*) « Quel est donc, demandez-vous ailleurs, quel est ce Moïse inconnu à la terre entière jusqu'au temps où Ptolémée eut, dit-on, la curiosité de faire traduire en grec les livres des Juifs?» (*Raison. par alph.* — Voyez *Dictionnaire philosophique*, art. Moïse.

Moïse inconnu à la terre entière avant Ptolémée-Philadelphe ! D'abord, Monsieur, cette nouvelle assertion détruit les précédentes ; car elle renferme au moins un aveu tacite que Moïse fut connu des païens après le règne de Ptolémée ; ce que vous contestiez tout à l'heure.

En second lieu, elle n'est pas d'une évidence à vous dispenser d'en apporter des preuves : en avez-vous produit, en pouvez-vous produire quelques-unes ? Vous nous direz sans doute que le silence absolu des auteurs de ce temps en est une assez forte. Mais prenez garde, Monsieur ; ce silence, si vous prétendez en tirer avantage, ce sera à vous de le prouver ; et savez-vous ce qu'il faudrait faire pour cela ? Il faudrait nous citer du moins un certain nombre de ces écrivains, nous faire voir que, par la nature et le plan de leurs ouvrages, ils étaient dans la nécessité ou dans l'occasion de parler de Moïse, et nous montrer qu'ils n'en ont rien dit. Tâchez de nous instruire sur ces trois points.

Mais, direz-vous, c'est trop exiger : « ces anciens écrivains n'existent plus ; la fameuse bibliothèque d'Alexandrie a été dévorée par les flammes, tout y a péri. » Mais, Monsieur, si ces écrivains n'existent plus, comment prouverez-vous qu'ils étaient dans le cas de parler de Moïse, et qu'ils ne l'ont pas fait ? Pouvez-vous raisonnablement exiger qu'on vous produise, pour prouver l'existence de Moïse, des témoignages d'écrivains qui n'existent plus ? L'incendie de la bibliothèque d'Alexandrie n'est-il une réponse solide que pour vous ?

Hé ! Monsieur, à qui vous flattez-vous de pouvoir per-

suader qu'avant Ptolémée-Philadelphe , Moïse était inconnu
de la *terre entière* ? Nos pères servaient depuis longtemps
dans les armées des rois de Syrie et d'Egypte : ils avaient
servi dans celles d'Alexandre ; ce prince leur avait accordé
certains priviléges , entre autres le droit de bourgeoisie dans
Alexandrie qu'il venait de bâtir , et une diminution d'impôt
pendant les années sabbatiques. Théophraste connaissait les
Juifs ; Aristote avait conversé avec un d'entr'eux , dont il
avait admiré la sagesse et les lumières ; Hécatée d'Abdère
avait écrit leur histoire avec une fidélité louée par Josèphe ;
et ces Grecs, si curieux, si avides de connaissances, si à
portée de s'instruire , n'auraient jamais cherché à connaître
l'auteur d'une législation qui devait leur paraître si singulière? Ils écrivaient notre histoire; et Moïse leur était inconnu?
Répandus pendant la captivité dans les puissants empires de
Ninive et de Babylone, dans l'Asie mineure et dans l'E-
gypte, c'est-à-dire parmi les nations alors les plus éclairées ,
les Juifs n'y auraient jamais rien dit de leur législateur ? Les
Phéniciens, leurs voisins depuis si longtemps , n'en auraient
jamais entendu parler ? Ce peuple, qui commerçait d'un bout
du monde à l'autre, n'en aurait rien dit nulle part? et les
anciens Egyptiens, qui avaient inventé tant de fables sur
notre sortie d'Egypte , n'auraient point connu le chef que
nous conduisait ? Qui le croira? Oubliez-vous que les archives d'Egypte, copiées par Manethon , l'appelaient tantôt
Osarsiph, tantôt Moïse ?

Si l'on ne trouve guère le nom de Moïse dans les écrivains
d'alors, vous en avez dit vous-même la raison : c'est que
la plupart des écrits de ce temps ont péri , et que les Grecs,
qui nous ont tout transmis , connaissaient peu les Juifs avant
Alexandre.

§. VII. *De l'auteur du* Mercure Trismégiste. *Si c'est une*
grande perte qu'il n'ait rien dit de Moïse.

Vous citez pourtant un écrivain, Monsieur, mais quel

écrivain? l'auteur obscur du *Mercure Trismégiste*. Vous vous
étonnez qu'il n'ait point parlé de Moïse. « Il est à remarquer, dites-vous, que l'auteur du *Mercure Trismégiste*, qui
certainement était Egyptien, ne dit pas un seul mot de Moïse. »
(*Dict. phil.*, art. Moïse).

Belle remarque et beau raisonnement ! L'auteur obscur et
pseudonyme du *Mercure Trismégiste* n'a point parlé de Moïse
donc Moïse était inconnu *à la terre entière*. Quelle logique!

Qui certainement était Egyptien. Nous vous l'accorderons si vous voulez, Monsieur, quoique quelques critiques en
doutent. Mais savez-vous quand cet *Égyptien* écrivait ? Vers
le second ou le troisième siècle de l'ère chrétienne. C'est ce
que prouvent, et le titre de son ouvrage, *Pimander*, c'est-
à-dire le *Pasteur*, titre très probablement imité du *Pasteur*
d'Hermas, et divers passages où il copie Moïse, Platon, vos
évangiles même, et où il nomme le *Verbe, fils de Dieu,
notre Dieu, lumière qui éclaire le monde consubstantiel,
etc* ; et enfin, toute sa doctrine sur l'unité de Dieu, la création de l'homme, sa chute, etc., mélange confus de plato-
nisme et de christianisme (1). Tel est, Monsieur, l'auteur que
vous citez très probablement sans l'avoir lu. Quoi ! de ce
qu'un écrivain pseudonyme, demi-chrétien, demi-platoni-
cien, du second ou du troisième siècle de votre ère, n'a pas
nommé Moïse, vous concluez qu'avant Ptolémée, Moïse
était inconnu à toute la terre ? Assurément *cette démonstration n'est pas géométrique*.

§ VII. *Si Moïse est le Misem, le Bacchus des vers orphiques.*

Voici du curieux. A vous en croire, « Moïse est certainement le Misem, de Bacchus des vers orphiques. »

(1) *Christianisme*. Voyez sur le faux *Trismégiste*, *Castauboni exer,
citationes, ad Baronium; Filesaci Parisiensis doctoris selectorum
lib. 1; Ursinum, de Trismegisto*, etc. M. de Voltaire paraît connaître

Guénée. II.   10

Le Misem. D'autres auraient dit du moins le *Misès* ; d'autres encore mieux la *Misè* ; c'est ainsi que parlent les Grecs et les vers orphiques. Le *Misem* est bien plus savant !

Certainement ! On en doutera jusqu'à ce que vous en apportiez la preuve.

La voici . « dites-vous. Il est indubitable qu'il y avait des mystères de Bacchus, qu'on célébrait ses fêtes, qu'on lui attribuait des miracles. » (*Phil de l'hist.* Voyez *Introduction à l'Essai sur les mœurs,* art. Bacchus, page 122, tome XVII des *Œuvres.*)

Il y avait des mystères de Bacchus. D'accord : mais quand ces mystères furent-ils institués ? Quand commença-t-on d'attribuer à Bacchus tous *ces miracles* ? La justesse de votre raisonnement dépend de cette époque ; essayez, Monsieur, de la fixer.

Rien de plus facile. « On sait assez que les Juifs ne communiquèrent leurs livres aux étrangers que du temps de Ptolémée-Philadelphe, environ deux cent trente ans avant notre ère. Or, avant ce temps, l'Orient et l'Occident retentissaient des orgies de Bacchus. » (*Ibid.*)

Nous pourrons vous contester, Monsieur, que les Juifs ne *communiquèrent leurs livres* aux étrangers que du temps de Ptolémée, et vous dire avec Porphyre (cette autorité ne vous sera pas suspecte), que Sanchoniaton en avait eu communication par le prêtre ou *cohen* Jérombal. Nous pourrions ajouter, avec quelques savants, que plusieurs de nos livres avaient été traduits en grec avant la traduction qu'en fit faire Ptolémée. Mais n'incidentons pas. Nous vous accordons, Monsieur, que les Juifs, comme les prêtres d'Egypte, les mages de Babylone, etc. , ne communiquaient pas aisément leurs livres sacrés aux étrangers. Nous vous accorderons encore, si vous voulez, que sinon

---

Trismégiste comme il connaissait le *Sadder* avant que M. l'abbé Foucher l'eût instruit. *Edit.*

l'Orient et l'Occident, du moins la Thrace, lla Grèce, etc., célébraient les orgies du temps de Ptolémée-Philadelphe. Mais Ptolémée-Philadelphe est bien moderne en comparaison de Moïse. Il y a environ douze ou treize cents ans entre l'un et l'autre.

Aussi, dites-vous, les mystères de Bacchus remontent beaucoup plus haut que le temps de Ptolémée. « Il y avait déjà des siècles, un grand nombre de siècles, que les fables orientales attribuaient à Moïse tout ce que les Juifs ont dit de Bacchus. » (Voyez *Facéties. Quest. sur les miracles.*)

Un grand nombre de siècles. Fort bien, Monsieur, mais songez qu'il en faut douze ou treize. Prouverez-vous bien que les mystères de Bacchus se célébraient douze ou treize siècles avant le règne de Philadelphe ?

Vous nous dites « que les vers attribués à l'ancien Orphée célèbrent les conquêtes et les bienfaits du demi-dieu ; que les vers orphiques disent qu'il fut sauvé des eaux dans un petit coffre, qu'on l'appela *Misem* en mémoire de cette aventure ; qu'il avait une verge qu'il changeait en serpent quand il voulait ; qu'il passa la mer rouge à pied sec, comme Hercule passa depuis, dans son gobelet, le détroit de Calpé, et d'Abila ; que, quand il alla dans les Indes, lui et son armée jouissaient de la clarté du soleil pendant la nuit ; qu'il toucha de sa baguette enchanteresse les eaux du fleuve Oronte et de l'Hydaspe, et que ces eaux s'écoulèrent pour lui laisser un libre passage. Il est dit de même qu'il arrêta le cours du soleil et de la lune ; il écrivit ses lois sur deux tables de pierre ; il était anciennement représenté avec des cornes ou des rayons qui partaient de sa tête, etc.» — Phil. de l'hist. Voyez *Introduction à l'Essai sur les mœurs,* art. Bacchus, page 125.

Mais, Monsieur, personne n'ignore que les *vers attribués à l'ancien Orphée* sont supposés. Quelques critiques les croient d'Onomacrite, qui vivait environ trois cents ans

avant Ptolémée : d'autres les disent encore plus modernes :
ce n'est pas là , comme vous voyez, une haute antiquité.

Quant à *l'ancien Orphée* , auquel vous nous renvoyez,
ont est si peu d'accord sur le lieu de sa naissance et de sa
mort, sur son histoire et sur singulières aventures : on
en raconte tant de choses disparates et contradictoires , que
quelques savants ont cru ne pouvoir les concilier qu'en
admettant plusieurs anciens Orphées : d'autres ont été plus
loin, et ont nié absolument qu'il y avait eu un ancien
Orphée : ils le regardent comme un être imaginaire. C'était
l'opinion de Cicéron et d'Aristote (1) ; et le savant anglais
Bryant vient de soutenir que l'histoire d'Orphée n'est autre
chose que l'histoire des prêtres , des temples et des oracles
d'Orus (2). Au milieu de tant d'incertitudes et de contradictions , que pourriez-vous dire de certain ?

D'ailleurs les *vers orphiques* ne disent pas, à beaucoup
près, tout ce que vous leur faites dire. Ils parlent de *Misé*
qu'ils invoquent avec Bacchus. *Misé*, disent-ils, *reine pure ,
sacrée, ineffable, mâle et femelle, adorée dans l'Egypte,
avec la déesse sa mère , la vénérable Isis au crêpe noir.*
Si vous voyez là Moïse, nous vous en féliciterons, vous avez
la vue bonne. Du reste , excepté les deux cornes, les deux
mères (3), données à Bacchus dans ces hymnes, et peut-être
quelque autre léger trait que nous ne nous rappelons pas , on
n'y trouve aucun rapport entre Moïse et le demi-dieu, aucun
de ces prodiges que vous dites célébrés dans les vers orphiques. C'est donc encore une fausse allégation qui vous

(1) *D'Aristote.* Voyez Cic. *De nat. Deorum.* Aut.

(2) *D'Orus.* Or-phi, c'est-à-dire oracle d'Orus ou du Soleil. Voyez
The analysis of ancient Mythology , by *Jacob Bryant.* Bacchus et
Misé sont ici visiblement des personnages allégoriques, comme Osiris
et Isis, le soleil et la lune. *Edit.*

(3) *Deux mères.* On pourrait peut-être donner aussi deux mères à
Moïse ; Jocabet et la fille de Pharaon ; mais ce léger rapport est dé-
truit par tous les titres que les hymnes orphiques donnent à leur *Misé.*
Edit.

échappe , et une preuve assez claire que vous n'avez pas lu ces vers que vous nous objectez.

Ce n'est pas dans les *vers orphiques* que vous les avez trouvés, ces rapports et ces prodiges ; ils n'y sont pas : c'est dans la *Démonstration évangélique* de M. Huet, qui les a recueillis de différents auteurs. Mais le savant évêque d'Avranches était bien éloigné de croire, comme vous, que ces prodiges étaient chantés dans les orgies avant le temps de Moïse.

Ne pensez pas , au reste , que nous cherchions à contester les rapports qui peuvent se trouver entre Moïse et Bacchus. Multipliez-les tant que vous voudrez , ces rapports , ils ne prouveront que contre vous; plus vous en offrirez de vrais et de réels , plus on aura lieu de se convaincre que Moïse et ses miracles, nos Hébreux et leur histoire, que vous dites inconnus de *la terre entière*, étaient connus partout, puisque partout les prêtres des faux dieux en attribuaient des traits à leurs prétendues divinités.

§ IX. *Si l'histoire de Moïse a été copiée sur ce qu'on racontait de Bacchus dans les orgies.*

Mais , dites-vous, ce n'étaient pas les païens qui empruntaient ces traits des Juifs ; c'étaient les Juifs qui les empruntaient des païens. « En effet , n'est-il pas de la plus extrême vraisemblance que le peuple juif, si tard connu, établi si tard dans la Palestine, prit avec la langue des Phéniciens, les fables phéniciennes ? Un peuple pauvre, si ignorant, pouvait-il faire autre chose que copier ses voisins ? » (Phil. de l'hist.—Voyez *Introduction à l'Essai sur les mœurs*, art. des *Phéniciens*, tome XVI des *OEuvres*.)

Déclamation , Monsieur , et rien de plus.

Un peuple pauvre , etc. Mais la pauvreté aveugle-t-elle tout à la fois les yeux du corps et ceux de l'esprit ? Empêche-t-elle de voir des miracles réels, ou d'en inventer d'imaginaires?

Si ignorant, etc. Nous ne tarderons pas à vous faire voir qu'il s'en faut de beaucoup que le peuple juif ait été aussi ignorant, aussi étranger aux arts qu'il vous plaît [de le dire.

Prit avec la langue des Phéniciens, etc. Qui doute qu'on peut prendre la langue d'un peuple sans en adopter les fables? Nos pères devaient être d'autant moins portés à prendre celles des Phéniciens, qu'elles étaient directement opposées à tous nos principes religieux.

Les fables phéniciennes. Vous êtes sûr apparemment que les aventures de Bacchus étaient une fable phénicienne! Mais, Monsieur, nos écrivains sacrés connaissaient les prétendus dieux de la Phénicie, et le culte que les Phéniciens leur rendaient. Ils nous parlent de leur Baal, de leur Astarté, de leur Adonis et des mystères où l'on pleurait sa mort; ils ne disent pas un mot de Bacchus, ni de ses orgies. Sanchoniaton, cet ancien auteur phénicien, que vous nous opposez souvent si mal à propos, parle aussi des dieux des Phéniciens, et entr'autres de leur Chronus, à qui ils attribuaient l'art de planter la vigne, comme les Latins l'attribuaient à leur Saturne. Or, le Phénicien Sanchoniaton ne paraît connaître ni Bacchus ni ses aventures. Enfin c'est d'Egypte et non de Phénicie, que Mélampe et Orphée, dit-on, transportèrent en Grèce les orgies, des siècles après Moïse : la fable de Bacchus n'était donc pas, ou ne fut que très tard *une fable phénicienne*. Ainsi, loin qu'il soit *de la plus extrême vraisemblance*, il n'est ni vrai ni vraisemblable que les Juifs aient pris des Phéniciens, avec leur langue, l'idée des prodiges que nos Ecritures rapportent de Moïse.

Ne pourrions-nous pas dire au contraire qu'il est vraisemblance et *de la plus extrême vraisemblance*, que les Egyptiens, qui conservaient quelque souvenir de ces miracles, et les Grecs, qui purent en avoir par eux quelque connaissance, s'avisèrent de les attribuer à leur Bacchus? Car, comme l'a

très bien remarqué Fréret, c'était l'usage de leurs prêtres
d'attribuer au dieu particulier dont ils étaient les ministres
tout ce qu'on disait de tous les autres. De là ces descentes
aux enfers, ces voyages triomphants, ces conquêtes rapides
toujours les mêmes, et arrivées dans le même temps, dont
leurs légendes sont décorées. Est-il improbable qu'à ces
compilations décousues, à ces faits isolés, sans date, et la
plupart visiblement imaginaires, les prêtres des païens aient
mêlé des prodiges réels, qu'ils pouvaient et que, selon vous,
ils devaient connaître; prodiges si propres à flatter leur vanité, à ranimer la ferveur des dévots, et à échauffer l'imagination des poètes?

Car enfin, il faut l'avouer, cette ressemblance, ces rapports que vous vous plaisez tant à faire valoir doivent en effet
avoir eu quelque fondement. Très probablement les païens
ou les Juifs se sont copiés dans ces rapports; on ne se rencontre point par hasard sur des évènemens si extraordinaires.
Mais si sur de pareils faits un peuple a copié l'autre, ce n'est
pas sûrement celui qui les montre dans les plus anciennes
archives du monde.

§ X. *Si les Grecs n'ont pu tirer ces idées de chez les Juifs.*

Au moins, dites-vous, il est incontestable que les Grecs
n'ont pu prendre l'idée de Bacchus dans les livres de la loi
juive, qu'ils n'entendaient pas et dont ils n'avaient pas la
moindre connaissance; livres rares, même chez les Juifs,
livres restaurés par Esdras, dans un temps où les mystères
de Bacchus étaient déjà institués. » (Phil. de l'hist. — Voyez
Introduction à l'Essai sur les mœurs, art. Bacchus, page
124.)

Mais prétendons-nous, Monsieur, que les Grecs *prirent
dans nos livres l'idée de leur Bacchus*, et des miracles qu'ils
lui attribuaient? Pour l'avoir, l'idée de ces miracles, il n'é-
tait pas nécessaire qu'ils lussent nos livres, et qu'ils les enten-

dissent. Ils purent la tenir des Phéniciens nos voisins, qui
commerçaient avec eux, ou des Egyptiens, chez lesquels ils
allaient s'instruire. En tirant de la Phénicie leurs lettres, et
de l'Egypte leur science et leurs arts, leurs dieux, leurs
mystères, et particulièrement leur Bacchus et ses orgies,
pourquoi n'en auraient-ils pas tiré quelques connaissances
confuses des miracles de Moïse, qu'ils attribuèrent ensuite à
leur prétendu dieu? Ces miracles pouvaient être connus de
nos voisins, sans que nos pères leur communiquassent nos
Ecritures. Les uns en avaient été témoins, d'autres les
avaient appris par la renommée; tous pouvaient les lire dans
nos lois, dans nos cérémonies et dans nos fêtes, établies presque toutes pour en perpétuer le souvenir. Cette impossibilité
que les Grecs aient tiré *de nos livres, qu'ils n'entendaient
pas*, l'idée de ces prodiges, n'est donc au vrai qu'une objection puérile.

Ce n'en est pas une meilleure, que cette *restauration* de
nos Ecritures dont vous faites tant de bruit. Qu'importe,
Monsieur, qu'Esdras *ait restauré nos livres*? A-t-il restauré
ceux des Samaritains nos ennemis, dans lesquels ces miracles
se lisent comme dans les nôtres? Esdras a-t-il établi nos lois?
a-t-il institué nos fêtes, a-t-il établi et institué celles des Samaritains? En vérité, on souffre de voir un écrivain tel que vous
proposer de pareilles objections.

Allez au fait, Monsieur. Voulez-vous sérieusement nous
prouver que les Juifs ont copié des prodiges célébrés dans les
orgies? Vous n'avez qu'un moyen de le faire; ce serait de
nous montrer que les orgies se célébraient, et qu'on y chan-
tait ces miracles, avant que notre *Pentateuque* fût écrit,
avant que nos fêtes fussent instituées et nos lois établies,
Jusque-là vous aurez déclamé, mais vous n'aurez rien dit de
solide; jusque-là il restera constant, pour tout esprit raisonnable, que les Juifs n'ont point été les copistes des peuples
idolâtres; et très probable que les Egyptiens et les Grecs,
qui attribuaient ces prodiges à leurs dieux, en avaient pris

l'idée dans le souvenir des miracles de Moïse , conservé dans leurs traditions.

§ XI. *Si les miracles de Moïse sont une preuve qu'il n'a jamais existé.*

Votre dernière objection, Monsieur, est, si vous nous permettez de le dire, encore plus déraisonnable que les précédentes. Vous donnez, on ne s'y attendrait pas, les miracles de Moïse comme une preuve qu'il n'a jamais existé. « Il n'est pas vraisemblable, dites-vous, qu'il ait existé un homme dont la vie est un prodige continuel.» (*Dict. phil.*, art. Moïse).

A Dieu ne plaise que nous prétendions diminuer le nombre, ni affaiblir l'éclat des prodiges opérés par notre législateur ! Mais ne les exagérez-vous pas, Monsieur, au-delà du vrai ? Moïse avait quatre-vingts ans quand Dieu lui apparut dans le buisson ardent ; depuis sa naissance jusque-là, nos livres ne rapportent de lui aucun prodige ; il a vécu cent vingt ans ; voilà donc bien clairement les deux tiers de sa vie sans miracles.

D'ailleurs, à quoi se réduit votre objection ? A ce raisonnement fort sensé : On attribue des miracles à Moïse ; donc Moïse n'a pas existé. Mais on en a attribué à Vespasien : il avait, disait-on, guéri un aveugle : on en a attribué à Mahomet, il fendait la lune en deux, et il en mettait la moitié dans sa manche : concluez-vous de là que Vespasien et Mahomet n'ont pas existé. Parlons de miracles mieux prouvés : on en a attribué une multitude au fondateur de votre religion, à ses apôtres, à leurs disciples ; nos pères mêmes ne les ont pas niés. Regardez-vous pour cela l'auteur de la religion chrétienne, ses apôtres et leurs disciples, Bernard, Xavier, François de Sales, etc., comme des personnages imaginaires et des êtres fantastiques ? Assurément, Monsieur, si les miracles attribués à quelqu'un ne sont pas une preuve qu'il ait

existé, ce n'est pas non plus une raison de douter de son existence.

§ XII. *Conclusion.*

Nous finirons ici, Monsieur, en vous faisant observer
que notre dessein n'a pas été d'établir dans cette lettre
l'existence de notre législateur : elle est prouvée, et aucun
homme sensé ne peut la révoquer en doute. Nous avons
voulu seulement faire sentir avec quelle témérité et par
quelles faibles raisons vous l'attaquez. Des autorités prétendues nombreuses, qui se réduisent à la vôtre ou à celle
d'un écrivain à la tête échauffée ; un prétendu silence universel des auteurs païens sur Moïse, dans un temps ou
la plupart en parlent, et dans les siècles reculés, dont
il ne reste aucun monument que nos livres ; un seul auteur
cité, et cet auteur est un écrivain pseudonyme du second
ou troisième siècle de votre ère, que vous ne connaissez point, et vous n'avez pas lu ; une prétendue imita-
tion des vers orphiques, que vous ne connaissez pas
mieux, et où l'on ne trouve presque aucun trait de ressemblance avec l'histoire de Moïse ; quelques rapports entre
les miracles de ce législateur et les prodiges dont vous ne
fixez point la date ; en un mot des allégations fausses,
des assertions sans preuves, des déclamations puériles :
voilà, Monsieur, les puissants moyens avec lesquels vous
croyez pouvoir combattre et détruire la certitude du fait
le plus incontestable que l'antiquité nous ait transmis !
Vous ne vous flattez pas sans doute d'y avoir réussi.

Nous sommes, etc.

N. B. Nous n'avons rien dit de votre singulière méprise
d'*Hercule passant la mer dans son gobelet.* M. Larcher
l'a suffisamment relevée. Il a fait voir que ce que vous
prenez pour un *gobelet* était une sorte de navire. Nous vous-
renvoyons au *Supplément de la Philosophie de l'histoire,*

ouvrage de savant, où il ne tiendra qu'à vous de vous instruire.

LETTRE II.

Des prophètes juifs. Objection de l'illustre écrivain : réponse.

Ce n'est pas seulement, Monsieur, dans le texte de votre *Traité de la tolérance* que vous censurez nos prophètes ; une longue note et divers autres endroits de vos écrits sont destinés à cet objet.

Tantôt, en protestant que vous n'avez garde de confondre les prophètes Juifs avec les imposteurs des autres nations, vous tâchez de les mettre au même niveau ; tantôt, et feignant de les défendre, vous essayez de tourner en ridicule leurs actions et leurs discours ; et, pour donner un air de fable à tout ce qu'on raconte de ces saints hommes, vous vous attachez à représenter leurs siècles comme des siècles de prodiges inouïs qui passent toute croyance.

Ce ramas d'objections que vous présentez avec votre adresse et votre confiance ordinaire, nous a paru mériter quelques réponses. Ce sera le sujet de cette lettre et des deux suivantes. La matière est importante, Monsieur : un peu d'attention, s'il vous plaît ; nous n'en abuserons pas.

§ I. *Première objection. Impossibilité de savoir l'avenir.*

Vous établissez d'abord un principe, qui, s'il était vrai, ferait nécessairement de tous ceux qui se sont donnés pour prophètes, dans quelque nation que ce puisse être, autant de fourbes et d'imposteurs. Ce principe est *qu'on ne peut savoir l'avenii·*, et par conséquent qu'on ne peut le prédire.

Il est vrai que, Ce principe, vous ne le démontrez pas tout-à-fait. Vous dites *qu'il est* évident *qu'on ne peut savoir l'avenir, parce qu'on ne peut savoir ce qui n'est pas* (1). Quelle *évidence* et quelle preuve, Monsieur !

Dieu, qui connaît tout, connaît l'avenir apparemment. Vous même, vous connaissez le passé. Or, l'avenir n'est pas encore, et le passé n'est plus, il a cessé d'être : on peut donc connaître *ce qui n'est pas.* Il nous semble, Monsieur, que ce raisonnement est un peu plus *évident* que le vôtre.

§ II, *Seconde objection, Prophéties réduites au calcul des probabilités,*

Si l'on ne peut savoir l'avenir, que faut-il donc penser de toutes les prophéties ? Vous allez nous l'apprendre.

Toutes les prophéties, dites-vous, *se réduisent au calcul des probabilités.* (Voyez *Introduction à l'Essai sur les mœurs*, art. Oracles, page 131.) Toutes ! cela est bientôt dit, Monsieur.

Mais par quel calcul de probabilités, s'il vous plaît, un de nos prophètes put-il prévoir que l'autel où Jéroboam sacrifiait, en Béthel, serait renversé, trois cent soixante et un an après, par Josias ; Elie annoncer que la race d'Acham serait détruite sans qu'il en restât un seul rejeton, et que Jésabel, alors régnante, *serait mangée par les chiens dans le champ de Jezrael ;* Isaïe nommer Cyrus aux Juifs pour leur libérateur, plus de deux cents ans avant sa naissance ; Jérémie prédire le rétablissement si peu

_____

(1) *Ce qui n'est pas.* Voyez *Philosophie de l'histoire*, art. Oracles. *Aut.* — Voyez *Introduction à l'Essai sur les mœurs*, art. Oracles, p. 152.

croyable de Jérusalem, et le retour des Juifs dans leur patrie, après soixante-dix ans de captivité ; Daniel décrire la destruction de l'empire des Perses par Alexandre, et tous les maux qu'un de ses successeurs devait faire au peuple juifs, etc., etc. Sincèrement, Monsieur, croyez-vous que, pour prédire si sûrement des évènements si éloignés, si peu vraisemblables, et tant d'autres, il n'ait fallu que des *calculs de probabilités ?* Assurément il fallait quelque chose de plus, vous le sentez bien.

§ III. *Troisième objection. Prophètes chez les autres nations.*

Mais, dites-vous, les Juifs ne sont pas les seuls qui se vantent d'avoir eu des prophètes. *Plusieurs nations, les Grecs, les Egyptiens, etc., eurent aussi leurs oracles leurs prophètes, leurs nabim, leurs voyants* (1).

Oui, Monsieur ; mais, 1° de ce que d'autres nations ont eu de faux prophètes, peut-on conclure que les Juifs n'en ont point eu de vrais ? il nous semble que la fausse monnaie ne prouve pas qu'il n'y en ait jamais eu de bonne : au contraire.

2° Pourriez-vous nous montrer, dans une seule de ces nations, un corps de prophéties aussi claires, aussi détaillées, aussi sagement écrites que les nôtres ; en justifier l'authenticité, en prouver comme nous l'accomplissement ?

3° Pourquoi les prétendues prophéties des autres nations sont-elles tombées dans l'oubli ? Pourquoi furent-elles méprisées par les peuples mêmes auxquels elles annonçaient tant de prospérités et de victoires ? Pourquoi les nôtres conservées pendant tant de siècles, sont-elles encore aujourd'hui révérées, non-seulement par les Juifs, mais par les

_____

(1) *Leurs voyants.* Voyez *Dictionnaire philosophique*, Tolér. : *Introduction à l'Essai sur les mœurs.* Aut.

II.

peuples les plus éclairés de l'univers ? N'est-ce pas parce que
les unes ont été démontrées fausses, absurdes, supposées ;
et que les autres ont été prouvées vraies par une suite d'évènements incontestables , que toute la prudence humaine ne
pouvait prévoir ?

§ IV. *Quatrième objection. Prophètes juifs accusés d'a-*
voir eu les mêmes motifs, et d'avoir usé des mêmes
ressources que les faux prophètes des autres nations.

Vous protestez, Monsieur, comme nous l'avons déjà
dit , que *vous n'avez pas dessein de confondre les nabim*
et les roheim des Hébreux avec les imposteurs des autres
nations. (Voyez *Introduction à l'Essai sur les mœurs,*
art. des Prophètes Juifs , page 191.) Vous l'assurez, il faut
vous en croire ; et la manière dont vous parlez de nos prophètes en tant d'endroits, en est une preuve tout-à-fait convaincante !

Mais quand ce serait votre intention de les confondre,
pensez-vous, Monsieur, qu'il vous serait si facile d'y réussir ? Eh ! quel rapport, s'il vous plaît , entre la doctrine
sublime , la morale pure , le désintéressement généreux
des uns , et l'ambition , la cupidité , le fanatisme aveugle
des autres ? Voyez-vous les prophètes Juifs annoncer
d'absurdes et barbares divinités, prescrire des rites impurs,
demander le sang innocent (1) , et faire conduire au sacrifice de malheureux enfants par les auteurs mêmes de leurs
jours ?

Vous dites qu'*il n'était pas difficile de sentir qu'on pou-*
vait s'attirer l'argent et le respect de la multitude en fai-
sant le prophète, et qu'on pouvait réussir par l'ambi-

_____

(1) *Le sang innocent.* On en voit une multitude d'exemples dans les
anciens auteurs profanes. Qui ne connaît pas ces vers :
　　Sanguine placastis ventos et virgine cæsa...
　　Sanguine quærendi reditus. ÆNEID. II. Aut.

guité des *réponses* (1). Tels furent en effet les motifs qui conduisirent tant de fourbes, et les moyens qu'ils employèrent pour accréditer leurs impostures. Mais ces motifs furent-ils ceux de nos prophètes ? La plupart de ces saints hommes ne recueillirent, selon vous-même, pour fruit de leurs travaux, que la haine des rois et le mépris des peuples, les persécutions, l'exil, la mort ; et l'évènement n'avait pas trompé leur attente.

L'ambiguïté des réponses ne fut pas non plus leur ressource. La plupart de leurs prédictions ne laissaient aucun lieu à l'équivoque ; non-seulement les évènements, mais leurs circonstances, les temps, les lieux, les noms mêmes des personnes y étaient marqués, et le philosophe Porphyre trouvait les prophéties de Daniel, en particulier, si précises, qu'il crut n'en pouvoir éluder les conséquences qu'en soutenant qu'elles avaient été écrites après les évènements. Si parmi tant de prédictions claires et si exactement accomplies, il s'en trouve d'obscures, leur obscurité n'est donc pas un voile destiné à cacher le subterfuge.

Vous en accusez pourtant nos prophètes, et, ce qu'on n'aurait pas imaginé, vous citez, pour le prouver, la réponse d'Elisée au traître Hazaël. Résolu d'assassiner le roi de Damas son souverain, le perfide était venu, de la part de ce prince malade, consulter le prophète, et savoir de lui s'il guérirait. « Elisée, dites-vous, répondit *que le roi pourrait guérir, mais qu'il mourrait*. Si Elisée n'avait pas été un prophète du vrai Dieu, on aurait pu le soupçonner de se ménager une évasion à tout évènement : car si le roi n'était pas mort, Elisée avait prédit sa guérison en disant *qu'il pouvait guérir* et qu'il n'avait pas spécifié le temps de sa mort. » (Voyez *Introduction à l'Essai sur les mœurs*, art. Prophètes juifs, page 191.) » On

(1) *Ambiguïté des réponses.* Voyez *Philosophie de l'histoire.* Aut.
—Voyez *Introduction à l'Essai sur les mœurs*, art. Oracles, page 155.

pourrait, en effet, le *soupçonner*, Monsieur, si l'on en jugeait par la manière dont vous rapportez cette réponse. Mais quiconque prendra la peine de consulter le texte sera bien éloigné de former un tel soupçon.

Elisée dit à Hazaël : *Allez, reportez à votre maître qu'il pourrait guérir,* c'est-à-dire, que sa maladie n'est pas mortelle ; *mais,* ajoute-t-il en regardant fixement le traître, *le Seigneur m'a révélé qu'il mourra,* c'est-à-dire, que vous lui arracherez vous-même la vie. Ainsi le comprit Hazaël ; et sentant par cette réponse et par le regard fixe du prophète, qu'il avait lu dans son cœur, *il se troubla et rougit,* dit le texte. Voilà comme Elisée se ménageait une évasion !

Quand vous faisiez cette objection, Monsieur, et que vous citiez en preuve la réponse d'Elisée, aviez-vous sous les yeux le quatrième livre des *Rois* ? Il faut croire que non ; autrement, au lieu de soupçonner la sincérité du prophète, on pourrait douter de la vôtre.

Quoi qu'il en soit, si c'est là votre meilleure preuve que nos prophètes usèrent de subterfuges, par celle-ci on peut juger des autres.

§ V. *Cinquième objection. Faux prophètes chez les Juifs : prétendue difficulté de les distinguer des vrais.*

Mais, ajoutez-vous, *il s'élevait chez les Hébreux de faux prophètes, sans mission, qui croyaient avoir l'esprit de Dieu.* (Voyez *Introduction à l'Essai sur les mœurs,* art. Prophètes, page 190.)

Il s'en *élevait* en effet, Monsieur, et les Hébreux n'en devaient point être surpris ; Moïse lui-même les en avait prévenus.

Ces faux prophètes se vantaient d'avoir l'esprit de Dieu ; mais le *croyaient-ils* ? Nous pensons qu'il vous serait difficile de le prouver.

Dans ce concours de vrais et de faux prophètes, dites-vous, comment les distinguer ? *Ils se traitaient les uns et les autres de visionnaires et de menteurs : il n'y avait donc d'autre moyen de discerner le vrai que d'attendre l'accomplissement des prédictions.* (Ibid.)

Aussi était-ce sur cette règle que les vrais prophètes demandaient qu'on les jugeât ; c'était par là qu'ils voulaient qu'on les distinguât des imposteurs qui parlaient au nom du Seigneur, et que le Seigneur n'avait point envoyés. *Quand un prophète annonce la paix,* disait Jérémie, *si sa prédiction arrive, on le reconnaît pour un vrai prophète envoyé par le Seigneur* (1). *Où sont,* ajoute-t-il, *ces prophètes qui vous assuraient que Nabuchodonosor ne reviendrait pas ? O roi !* répondait Michée à l'impie Achab qui l'avait condamné à rester en prison au pain et à l'eau, *jusqu'à ce que je revienne en paix,* disait-il, *de l'expédition que je médite ; ô roi ! si vous revenez en paix (peuple, écoutez-moi !), ce n'est pas le Seigneur qui m'a envoyé.* Est-ce là le langage de l'imposture ? et combien ne pourrait-on pas citer de leurs prophéties, vérifiées par l'évènement, sous les yeux même de ceux à qui elles avaient été faites ?

§. VII *Sixième objection. Mauvais traitements faits aux prophètes.*

C'est le sujet, Monsieur, d'un article de votre *Dictionnaire philosophique,* art. Prophètes ; article dont vous vous êtes applaudi, sans doute, comme d'un modèle parfait de la plus fine raillerie et du plus ingénieux persifflage ; mais vous n'aurez pas lieu de vous en applaudir longtemps.

Les prophètes Juifs ont été persécutés. Oui, Monsieur, et ces saints hommes l'avaient prévu. Ils s'attendaient à cette récompense de leurs travaux et de leur zèle pour leur religion

---

(1) *Envoyé par le Seigneur,* voy. Jérémie, XXVIII, 9. Aut.

et pour leur patrie dont le sort était attaché à cette religion. Aussi les voit-on., pur la plupart, refuser longtemps d'entrer dans ce pénible et aborieux ministère, et ne s'en charger que pour obéir aux ordres réitérés du ciel. Mais dès qu'une fois *le fardeau de a parole du Seigneur* leur est imposé, ils se présentent avec intrépidité aux grands et au peuple : ils leur reprochent leurs idolâtries et leurs crimes; et les exils, les chaînes, les prisons, la mort même, rien ne peut étouffer leur généreuse voix.

C'était, dites-vous. *un mauvais métier.* Sans doute, si les *bons métiers* sont ceux qui rapportent le plus, qui procurent le plus sûrement les dignités, les aises et les commodités de la vie. Mais ne connaissez-vous de *bons métiers* que ceux-là? Que pensez-vous donc du *métier* des Socrate, des Régulus, de tant de Grecs vertueux, de tant de généreux Romains, qui, pour éclairer ou servir leurs concitoyens et sauver leur patrie, sacrifiaient leur fortune. leur repos, leur vie même, et marchaient à travers les opprobres et les persécutions, où la voix du devoir et de la vertu les appelait! *Mauvais métier* assurément aux yeux du petit philosophisme égoïstique de nos jours, qui, concentré dans le présent, juge de tout par l'intérêt propre, et ne fait cas que de son bien-être. Abaissez-vous, Monsieur, jusque-là vos idées; et l'homme juste luttant contre l'infortune, et bravant pour la vertu les outrages, les tourments et la mort, n'est-il à vos yeux qu'un méprisable fanatique et un vil objet de ridicule? O philosophie moderne, que tes vues sont étroites, tes sentiments petits, et tes railleries déplacées!

Comment n'avez-vous pas compris, Monsieur, d'abord que tant de souffrances endurées avec tant de courage sont une preuve irréfragable de la conviction qu'avaient ces saints hommes de la divinité de leur mission? car ces hommes, ou plutôt cette longue suite non interrompue d'hommes sages, éclairés, vertueux auraient-ils souffert pour l'imposture, des maux qu'ils prévoyaient et qu'ils n'avaient pas pu ne pas

prévoir ? Comment n'avez-vous pas vu, en second lieu, que
bien loin que ces cruels traitements puissent inspirer pour
eux du mépris, leur généreuse et inébranlable constance à
les souffrir, jointe à la beauté de leur génie, à l'élévation de
leurs sentiments, à leur zèle, à leur vertu, doit les faire
compter au rang des hommes de l'antiquité les plus dignes de
notre admiration et de nos respects ?

Ainsi en jugeait un de vos écrivains sacrés (1), lorsque,
considérant ces hommes de Dieu *errants sur les montagnes,
cachés dans les cavernes, emprisonnés, frappés par le
glaive, lapidés, brûlés, sciés;* il voyait en eux *des hommes
dont le monde n'était pas digne.* Qui de vous, Monsieur,
ou de lui pensait d'une manière et plus juste et plus noble ?

Nous sommes, etc.

LETTRE III.

Si la nature n'est plus telle aujourd'hui qu'elle était du temps des prophètes Juifs.

Vous faites encore contre nos prophètes une objection,
Monsieur : comme elle est de vous, et que personne que
nous sachions ne peut vous la disputer, il serait bon d'en
dire un mot à part.

Vous prétendez qu'après tout rien ne doit surprendre dans
les prophètes juifs ; et la raison que vous en donnez, très
plaisamment sans doute, à ce qu'il vous a paru, c'est que
leurs siècles étaient des siècles tels que depuis on n'en a point
vu de pareils, des temps où *la nature n'était pas ce qu'elle
est aujourd'hui* (1).

(1) *Écrivains sacrés.* Saint Paul, Épître aux Hébreux. *Chrét.*

(1) *Aujourd'hui.* Voyez *Traité de la tolérance,* édition de Genève.

Que les mœurs et les usages de ces anciens temps aient été
fort différents des nôtres, on le sait; mais que la nature même
ait changé, et qu'elle ne soit plus telle aujourd'hui qu'elle
était alors, c'est ce que vous aurez de la peine à persuader.
En effet, Monsieur, sur quoi fondez-vous cette assertion,
qui apparemment vous a paru plaisante ?

§. I. Des possédés et des enchanteurs.

Vous dites d'abord : « Les magiciens avaient sur elle (sur
la nature) un pouvoir qu'ils n'ont plus ; ils enchantaient les
serpents ; les possédés étaient guéris avec la racine de *barad*,
enchassée dans un anneau qu'on leur mettait sous le nez. »
(*Ibid.*) Voilà en vérité d'excellentes preuves et très habilement choisies ! Entrons dans le détail.

Les magiciens, les possédés ! Quoi, Monsieur, du temps
de nos prophètes, dans ces anciens temps où, selon vous,
on ne connaissait point de diables, on connaissait des
magiciens, et l'on guérissait les *possédés* ? Cela est très plaisant en effet.

Les possédés étaient guéris avec la racine de barad. On
l'a dit, Monsieur ; mais ce n'est ni dans nos prophètes, ni
dans nos Ecritures que vous avez trouvé cette recette. Il ne
faut pas confondre ces sources respectables avec celle où
où vous l'avez puisée. Les commentaires des rabbins et l'histoire de Josèphe ne sont pas nos livres canoniques.

Allons plus loin, Monsieur : prenez nos prophètes, prenez
tout le corps de nos Ecritures, et cherchez-y quelques passages où il soit question, je ne dis pas de la racine de *barad*,
mais de vraies possessions et de véritables possédés ; en
trouveriez-vous beaucoup ? pas un seul.

226. *Aut.* Voyez *Politique et Législation*, tome II; *Traité de la tolérance*, art. Si l'intolérance fut de droit divin, page 137 et 138, tome
XXX des *OEuvres*.

Il est vrai que dans le dernier âge de la république juive, on vit des *possessions* ; mais qui ne sait qu'alors on a quelquefois donné ce nom à des maladies dont on ignorait la cause ?

Si nous vous répondions donc que les possessions guéries, ou prétendues guéries par la racine de *barad*, n'étaient que des maladies, nous ne serions ni les premiers, ni les seuls à le dire. Or, dans ce cas, que deviennent vos plaisanteries ? Sur quoi tombent-elles, et sur qui ? Est-ce que les simples ont perdu leur vertu et cessé de guérir les malades ?

Les magiciens enchantaient les serpents. Nous le croyons, Monsieur ; mais ce grand art s'est conservé : les Américains, même aujourd'hui, charment les serpents, et la race des Psylles n'est pas éteinte en Afrique (1). On en voit encore tous les jours en Egypte qui manient les vipères et les serpents les plus redoutés, sans en craindre ni en ressentir aucun mal (2), et peut-être se trouverait-il

(1) *En Afrique*. Les Psylles étaient d'anciennes familles ou hordes d'Afrique, célèbres par l'art de charmer les serpents. On en vit souvent dans l'ancienne Rome donner des preuves de leur habileté en ce genre.

(2) *Aucun mal*. Voy. les *Voyages d'Hasselquist* : « Une Psylle, dit cet habile naturaliste, m'apporta au Caire quatre sortes de serpents ; le *cérastès*, le *jaculus*, le serpent de mer et les vipères de boutiques. Cette femme me causa, ainsi qu'à M. de Lironcourt, consul de France, et à tous les Français qui se trouvèrent présents, la plus grande frayeur. Elle jeta à nos pieds ces reptiles pleins de vie, et les laissa courir en liberté autour de nous, pour faire voir avec quelle assurance elle maniait ces animaux terribles, sans qu'ils lui fissent le moindre mal. Quand elle les mit dans les bocaux où ils devaient être conservés, elle les prit avec ses mains nues, comme les femmes prennent leurs lacets ou leurs rubans. Tous s'y laissèrent mettre assez aisément, excepté les vipères, qui trouvèrent le moyen d'en sortir avant qu'elle les eût bouchés, et montèrent le long des mains et des bras nus de cette femme sans lui causer la moindre crainte. Elle les ôta tranquillement de dessus son corps, et les remit dans le lieu destiné à leur servir de tombeau. On nous assura qu'elle avait pris ces reptiles dans la campagne avec la même facilité.

« Il n'est pas douteux que cette femme avait quelque moyen inconnu

à présent d'aussi habiles gens, même dans votre pays (1).

§ III. *De quelques prétendues métamorphoses.*

Mais, ajoutez-vous, « on voyait alors des métamorphoses, telles que celles de Nabuchodonosor changé en bœuf, de la

de se préserver de leurs morsures; mais il nous fut impossible de tirer d'elle aucun éclaircissement sur ce sujet. L'art de charmer les serpents est un secret parmi les Egyptiens. Tous les naturalistes et les voyageurs devraient chercher à découvrir quelque chose de certain et de décisif sur un objet si digne de leur curiosité. Ce qu'il y a d'étonnant, c'est que ce secret soit resté caché depuis plus de deux mille ans, pendant que tant d'autres ont été divulgués. Il n'est connu que de certaines personnes, qui le transmettent à leurs descendants et à leurs familles. Tout ce qu'on en a pu savoir jusqu'à présent, c'est que ceux qui charment les serpents et les vipères ne touchent point aux autres reptiles venimeux, scorpions, lézards, etc., et que les familles qui charment ceux-ci n'osent toucher aux autres ; que ceux qui charment les serpents et les vipères les mangent assez communément entre eux, surtout lorsqu'ils doivent en aller prendre, et qu'ils vont ensuite demander la bénédiction à leur cheick (prêtre ou chef), qui, entre autres pratiques superstitieuses, crache plusieurs fois sur eux. Ces superstitions, et autres aussi vaines, sont peut-être plus anciennes qu'on ne pense, et ont pu donner lieu aux lois de Moïse contre les enchantements. »

Dans une note qu'on lit au-dessous du texte que nous venons de citer, M. Linæus assure « que M. Jacquin, qui résidait alors dans les Indes occidentales, lui écrivit que les Indiens charment les serpents avec l'*aristolochia engulceda ;* et que feu M. Forskohl, pendant ses voyages au Levant, lui marqua que les Egyptiens employaient au même usage une espèce d'aristoloche, mais sans dire laquelle. » *Edit.*

(1) *Dans votre pays.* M. R..., de la congrégation de Saint-Lazare, homme instruit et incapable d'en imposer à personne, nous atteste qu'il a connu à Besançon un particulier aussi habile ou aussi hardi que les Psylles; qu'il l'a vu plus d'une fois manier des vipères avec assurance, enfoncer son bras nu dans leurs trous, et les en tirer à pleines mains; que, de retour de cette espèce de chasse, il envoyait de ces vipères aux malades de sa connaissance; qu'il gardait les autres dans un cabinet où il leur portait de la nourriture, marchant sans crainte au milieu d'elles ; et que quand il en avait trop, il les mangeait en fricassé de poulet. M. R... assure qu'il en a goûté, et qu'il ne les trouvait pas mauvaises. *Chrét.*

femme de Loth en statue de sel, de cinq villes en un lac bitumineux. » (Voyez *Traité de la tolérance*, page 138.)

Des *métamorphoses* ! Vous voulez, Monsieur, assimiler
les temps de nos prophètes aux siècles fabuleux de la Grèce,
et nos Ecritures à la mythologie d'Ovide. C'est dans cette vue
sans doute que vous nommez très poétiquement tous ces
évènements des *métamorphoses*. L'expression est heureuse
et digne de vous, mais la justesse répondra-t-elle à l'énergie ?

Cinq villes métamorphosées en un lac bitumineux. Oui
mais de pareils évènements se voient ailleurs que dans les
Métamorphoses d'Ovide. Ils ne se bornent pas aux seuls
temps de l'Ecriture. L'Asie, l'Afrique, la Sicile, l'Italie, etc.,
pourraient vous en fournir des exemples bien plus récents.
Combien de fois la foudre, les tremblements de terre, les
volcans, etc., n'ont-ils pas changé, ou si le mot vous plaît
davantage, *métamorphosé*, même dans les derniers siècles,
même de notre temps, les hommes en cendres, les lacs en
montagnes, les villes en lacs, etc. !

On peut dire la même chose de la prétendue *métamorphose* de la femme de Loth *en statue de sel.* Cet évènement n'est pas si étrange, qu'il faille nécessairement recourir aux Métamorphoses d'Ovide pour en trouver qui lui ressemblent. Cette femme imprudente tourna la tête vers Sodome
enflammée ; elle contemple cet effrayant spectacle, et dans
le moment un tourbillon de vapeurs sulfureuses, arsénicales,
bitumineuses, chargées de sels métalliques, nitreux et autres,
l'enveloppe de toutes parts ; il l'étouffe, et son corps im-
prégné, pénétré de toutes ces substances, reste immobile
et sans vie comme une statue (1). Qu'y a-t-il là qui ne puisse

(1) *Comme une statue.* Le texte porte, *devint une colonne ou pilier
de sel.* Le lac Asphaltite était prodigieusement salé. On l'appelait, par
cette raison, la mer de sel ou mer très salée, *mare salis*, *mare salis-
simum.* Mais le mot *sel* en hébreu ne marque pas seulement le sel com-

arriver, et qui ne soit en effet arrivé plus d'une fois dans les tremblements de terre et auprès des volcans? Témoin entre autres ces paysans dont parle Heidedger (1), qui étant occupés à traire leurs vaches, furent surpris par un tremblement de terre qui occasionna l'éruption d'une vapeur si maligne et si pénétrante, qu'eux et leurs vaches restèrent sans vie, comme autant de statues (2).

mun, il s'applique encore au natron, au bitume, à diverses pierres de volcan.

Les Hébreux, sous-entendant le mot *comme*, disaient *devenir pierre*, pour signifier roide et immobile comme une pierre. Le cœur de Nabal *devint pierre*, dit l'Ecriture; c'est-à-dire, resta froid et sans mouvement comme une pierre. Par l'expression, *elle devint un pilier de sel*, l'Ecriture n'a donc rien voulu dire, sinon que le corps de cette femme, fut pénétré de vapeurs, devint noir, raide, immobile comme une statue ou comme un bloc de ces pierres bitumineuses et couvertes de sel, dont le lac était bordé, et qu'on y trouve encore.

Si M. de Voltaire croit, ou veut faire croire que la femme de Loth fut réellement changée en une statue de sel de table, et que cette statue dure encore, c'est, pour un grand homme, donner trop dans les absurdités populaires, ou ménager trop peu ses lecteurs. *Edit.*

(1) *Dont parle Heidedger.* Voyez son ouvrage intitulé *Historia patriarcharum*, livre où l'on trouve plusieurs choses intéressantes et curieuses. *Chrét.*

(2) La théorie que donne ici l'auteur des Lettres ne nous paraît pas acceptable, ou du moins elle a besoin de quelques modifications. Les expressions même sont chimiquement très inexactes; car des sels ne peuvent pas être *nitreux*, par opposition à des sels *métalliques ou autres*. De plus nous ne croyons pas, malgré son assertion, que le mot *sel*, en hébreu, exprime même du bitume.

Il n'est guère croyable que la femme de Loth ait été étouffée *naturellement* par cela seul qu'elle aurait *tourné la tête vers* Sodome; car si elle se fût tournée dans une atmosphère capable de l'asphyxier subitement à l'instant où elle aurait tourné la tête, elle aurait évidemment éprouvé les effets de cet air méphitique même sans tourner la tête du côté de la ville. Comme l'Ecriture fait remarquer que Dieu avait défendu à la famille de Loth de regarder derrière elle, il est vraisemblable que l'accident arrivé à la femme de Loth, est une punition surnaturelle de sa désobéissance.

Pour ce qui est de la nature de cette métamorphose, nous ne croyons

Il n'en est pas de même du *changement de Nabuchodo-nosor en bœuf*; ce serait là une vraie métamorphose très digne d'Ovide et très ressemblante à celles que ce poète a contées. La nature assurément n'en opère plus de semblables. Mais où l'avez-vous prise, Monsieur, cette métamorphose ?

Il est bien dit dans l'Ecriture « que l'esprit de ce prince fut aliéné, qu'on le chassa de son palais, qu'il erra pendant plusieurs années dans les campagnes, qu'il fut exposé à la rosée du ciel, et qu'il vécut, comme les bœufs, de l'herbe des champs ; » mais l'Écriture ne dit nulle part qu'il ait été métamorphosé en bœuf. Elle remarque au contraire que *les poils de son corps devinrent comme les plumes des aigles, et que ses ongles s'allongèrent comme les griffes des oiseaux*. Est-ce que les bœufs ont des griffes ? Le poil ressemble-t-il à des plumes d'aigles ?

La prétendue métamorphose de Nabuchodonosor en bœuf ne s'est opérée que dans votre imagination poétique (1).

pas qu'elle se réduise à une simple suffocation produite par un air rempli de vapeurs quelconques ; le texte de l'Ecriture est trop précis : *in statuam salis* ; et elle se fût contentée de dire qu'elle fut suffoquée par la vapeur, sans parler d'une colonne ou statue de sel. On ne peut d'ailleurs faire sur ce sujet que des conjectures ; croire par exemple que frappée de mort subite, sans changer de forme et de place, cette femme subit sur-le-champ une incrustation extérieure de matière saline, ou bien qu'elle ne s'en chargea que lentement comme beaucoup d'autres objets dans les mêmes circonstances. Mais la première supposition paraît bien plus d'accord avec le texte. En somme, il nous paraît probable que cette mort fut un effet surnaturel, et il n'est pas invraisemblable que Dieu ait voulu en faire un monument de vengeance, en la couvrant de la matière sous laquelle furent ensevelies ces villes maudites dont elle partageait le sort. Au reste, rien dans le texte ne dit que ce monument ait eu une longue durée : s'il eût subsisté à l'époque de Moïse, l'écrivain en eût sans doute fait la remarque.

L. D

(1) *Imagination poétique.* Cette métamorphose prétendue était une maladie dont Dieu avait puni l'orgueil de ce prince ; et cette maladie n'était pas tellement de ces anciens temps, que les médecins n'en connaissent encore plusieurs du même genre. Ils leur donnent les noms

C'est cette imagination vive et féconde qui vous a fait saisir
entre Nabuchodonosor et un bœuf, des rapports que l'Ecriture n'y a pas mis, et que vous seul pouviez y apercevoir.

C'était plaisanterie, sans doute. Hé ! Monsieur, ne savez
vous plaisanter qu'en travestissant des écrits respectables ?

§ III. *Races de géants; s'il y en a eu, et s'il en existe
encore.*

« La race des géants, dites-vous encore, a disparu. Ezéchiel parle des Pygmées, *Gamadim*, hauts d'une coudée,
qui combattaient au siége de Tyr : et en presque tout cela
les auteurs sacrés sont d'accord avec les profanes. » (Voyez
Traité de la tolérance, page 238.)

Il y a eu des races de géants. C'est un fait que, non-seulement les poètes et les mythologues, mais les naturalistes, les
voyageurs et les historiens de l'antiquité attestent de concert.

Ainsi, quand il n'existerait plus de race de géants, il serait
difficile de se refuser à croire ce qu'en disent nos écrivains
sacrés, de concert avec tant d'autres profanes.

Mais est-il bien vrai que ces *races d'hommes aient disparu* ! N'est-il pas au contraire fort probable qu'il y a encore
sur la terre des géants, c'est-à-dire des races d'hommes
d'une taille au-dessus de l'ordinaire (1) ? Il nous semble,
Monsieur, que ce fait ne peut plus guère être révoqué en
doute. Magellan et Pigaforte en avaient vu près du détroit en
1519, et ils leur avaient donné le nom de Patagons, que les

de *lycanthropie*, *cynanthropie*, etc. selon que les malades s'imagi-
nent être devenus *loups*, *chiens*, etc. Voy. la *Médecine sacrée du
savant Méad*. Aut.

(1) De *l'ordinaire*. Voyez les *Mémoires de l'Académie des belles-
lettres*, tome III. On y lit l'analyse d'une dissertation où l'auteur prou-
vait que les plus grands géants dont parlent les anciens n'avaient que
dix à douze pieds. On n'en donne guère aux plus hauts Patagons que
huit à neuf. *Edit.*

habitants de ce pays conservent encore. Les relations de ces deux navigateurs ont été confirmées depuis par les témoignages successifs d'une foule d'autres navigateurs dignes de foi (1); et tout récemment le commodore Byron (2) et MM. Guyot et Giraudais (3) viennent d'en donner de nouvelles preuves. Probablement donc il existe encore des races de *géants*, et la nature n'a point changé sur ce point (4).

(1) *Dignes de foi.* Voyez la *Dissertation sur l'Amérique*, par D. Pernety ; ces navigateurs y sont cités. *Aut.*

(2) *Le commodore Byron*, « Dès que nous fûmes débarqués, dit la relation, les sauvages accoururent autour de nous au nombre d'environ deux cents, nous regardant avec suprise, et souriant de la disproportion de notre taille avec la leur. Leur grandeur est si extraordinaire que, même assis, ils étaient presque aussi hauts que le commodore debout, et le commodore a six pieds, etc. » (*ibid.*) Aut.

(3) *Guyot et Giraudais.* « Lorsqu'en 1766 ils descendirent dans la baie de Boucaut, à l'est du détroit de Magellan, ils ignoraient que le capitaine Byron y eût vu l'année précédente, des hommes d'une taille gigantesque. Ils aperçoivent des hommes à cheval, qui leur font signe de venir à eux : ils avancent, et les trouvent d'une grandeur et d'une grosseur qui les étonnent. Ils ont apporté à Paris des habits et des armes de ces colosses, dont ils ont fait présent à M. Darboulin, fermier général des postes, chez qui on peut encore les voir. » (*Idem*) Aut.

(4) Il faut dire que les relations des voyageurs modernes qui ont mieux exploré la Patagonie, sont loin d'être d'accord avec celles qu'on cite ici. Il est certain que les Patagons sont de taille plus qu'ordinaire, mais il ne l'est guère moins qu'on a beaucoup exagéré cette taille. En admettant les témoignages les plus favorables au gigantisme des Patagons, il en résulterait que ces hommes seraient a notre stature ce qu'est celle-ci à celle des Lapons, ce qui n'offre rien d'invraisemblable en soi. Quant au fait de l'existence passée des géants, il faut distinguer.

S'il s'agit de *races* gigantesques, la chose n'est nullement prouvée ; les témoignages des anciens auteurs se rapportent à l'époque fabuleuse. Cependant le fait est possible en lui-même ; et il est certain que tous les peuples étaient persuadés que ces hommes d'autrefois étaient beaucoup plus grands. Homère, Virgile, et beaucoup d'autres, parlent de la taille des hommes de leur époque comme si elle était très-inférieure à celle des hommes de l'époque héroïque. De ce que la taille humaine aurait fini par se niveler, il ne s'ensuit pas qu'autrefois, et surtout près de son origine, le genre humain n'ait pu, sous le rapport de la taille, présenter différents types.

§ IV. *Pygmées d'Ezéchiel.*

Quelques voyageurs anciens, mais surtout les poètes, parlent aussi de Pygmées. C'étaient, selon eux, comme vous le savez, de *petits hommes, hauts d'une coudée,* c'est-à-dire d'environ un pied et demi, qui faisaient la guerre aux grues.

C'eût été sans doute une singulière défense pour une ville que des hommes d'un pied et demi, armés de flèches et rangés en bataille sur ses tours et sur ses remparts. Mais, Monsieur, est-ce Ezéchiel qui donne de tels défenseurs à la ville de Tyr ?

Votre *Vulgate*, il est vrai, dans l'énumération des troupes qui combattaient pour cette ville, nomme les Pygmées ou Pygméens. Mais, si nous ne nous trompons, elle ne dit nulle part que ces Pygméens n'eussent *qu'une coudée*, ou qu'un pied et demi de haut.

Et quand votre *Vulgate* parlerait de vrais Pygmées d'un pied et demi de haut, ce qui n'est pas, le texte n'en parle point, et c'est du texte qu'il s'agit.

Le texte hébreu nomme les défenseurs de Tyr *Gamadim*, comme vous le dites très bien. C'était, selon quelques interprètes, le nom d'un peuple voisin de Tyr ; d'autres, déter-

---

S'il s'agit au contraire de simples individus, il est certain qu'il s'est rencontré de véritables géants à toutes les époques, et les faits sont trop nombreux et trop avérés pour qu'on puisse les révoquer en doute. Aussi la taille de Goliath ne soulève plus d'objections de la part des hommes sérieux. Seulement Moïse donne à entendre qu'il existait à son époque une race ou du moins une famille de géants, qu'il appelle les *enfants d'Enac* ; mais il semble signaler cette famille, peu nombreuse d'ailleurs, comme prête à s'éteindre.

Quant aux expressions dont se servent les explorateurs Israélites, envoyés à la découverte chez les Chananéens, ce sont des phrases hyperboliques pour exprimer une stature d'hommes supérieure à la leur, et il est vraisemblable que la peur leur avait grossi les objets. L. D.

minés par la racine de ce mot, croient qu'il ne signifie ici
que des *hommes robustes* , des guerriers pleins de vigueur
et de courage.

Ce n'est donc point le texte d'Ezéchiel, ce n'est pas même
la *Vulgate* qui met sur les remparts de Tyr des hommes
d'un pied et demi ; c'est vous , Monsieur , qui les y placez.
Quand on vous voit donner à cette grande et puissante ville
de pareils défenseurs , si l'on ne peut admirer le critique ,
on reconnaît le poète.

Au reste, Monsieur , en réduisant à leur juste valeur les
exagérations ordinaires aux poètes, rien n'empêchera de
croire , avec Aristote (1) , qu'il y avait en effet , près de
l'Ataborras et du Nil , un peuple troglodyte *d'une taille au-
dessous de l'ordinaire* , qui chassait aux grues et vivait de
ce gibier. C'étaient les Lapons de l'Afrique.

Les Lapons mêmes n e sont pas le seul peuple au-dessous de
la taille ordinaire. Un de vos naturalistes, envoyé aux Indes
par le gouvernement , écrivait , il n'y a pas quatre ans (2) ,
que les Quimosses, qui habitent les montagnes voisines du
fort Dauphin, n'ont communément que trois pieds six à neuf
pouces ; que ces Pygmées, qui ne sortent pas de leurs montagnes et ne permettent à personne d'y pénétrer , ont beau
coup d'industrie, d'équité et de valeur. C'est ainsi qu'en
ramenant les choses au vrai , on trouve que dans tous les
siècles , la nature est assez la même.

§ V.

Mais , dites-vous enfin, « le don de prophétie était alors
commun , et il ne l'est plus. » (Voyez *Traité de la tolérance,*
page 138.)

(1) *Avec Aristote.* Voyez *Histoire des animaux.* Aut.
(2) *Il n'y a pas quatre ans.* Voyez *Lettre de M. Commerson à M. le
président de Brosses.* (Mercure , janvier 1772.) *Aut.*

Il ne l'est plus, il est vrai; mais de ce qu'il *n'est plus commun*, s'ensuit-il qu'il n'ait jamais existé? La rareté d'un don surnaturel peut-elle rien prouver pour ou contre la nature (1)?

Voilà, Monsieur, comme vous avez démontré que *la nature n'était pas du temps de nos prophètes ce qu'elle est aujourd'hui*. Jugez vous-même de la valeur de vos preuves et de la justesse de vos plaisanteries.

Nous sommes, etc.

LETTRE IV.

Des prophètes juifs : suite. Du langage typique, allégorique et parabolique qu'il semploient. De la liberté et de la naïveté de quelques expressions dont ils usent.

C'est un de vos tours favoris, Monsieur, de rapprocher les objets les plus éloignés et les matières les plus disparates. Qui se serait attendu à vous voir, à propos de tolérance, disserter, à perte de vue, sur le langage typique *des pro-*

---

(1) *Contre la nature.* Les chrétiens raisonnent de même sur les possédés dont parle l'Evangile, et sur leurs guérisons miraculeuses; ils disent, et avec raison, que ce *qui est au-dessus de la nature ne prouve rien contre la nature.*

C'est le comble du ridicule que les fables débitées par Josèphe et par les rabbins sur leurs barad ou baaras, « racine de couleur de flamme, disent-ils, et qui devenait lumineuse vers le soir; qui fuyait quand on voulait la prendre. L'arracher, c'était s'exposer à une mort inévitable, à moins qu'on ne prît certaines précautions; la plus sûre était de fouiller tout autour de la plante, et d'y attacher un chien, qui l'entraînait en voulant rejoindre son maître, et qui expirait aussitôt : alors on pouvait la toucher sans risque. On la mettait sous le nez des possédés, et, en l'ôtant, on leur tirait le démon du corps par les racines. » Ce *barad*, très inconnu à nos prophètes, devrait-il être cité contre eux par M. de Voltaire? *Chrét.*

phètes juifs ? C'est néanmoins ce que vous faites dans une de ces *notes*, prétendues *utiles*, dont vous avez assez inutilement embarrassé votre texte.

Vous y rapportez à votre manière (1) quelques-unes de leurs actions énigmatiques, de leurs allégories et de leurs paraboles. Vous voulez, dites-vous, instruire *et rassurer ceux qui, peu au fait des usages de l'antiquité, peuvent être étonnés de ces singularités* ; dessein bien louable, s'il était sincère. Mais on a quelque lieu d'en douter, quand on pense à la manière dont vous parlez de ces saints hommes dans vos *Homélies*, dans votre *Philosophie de l'histoire*, dans votre *Dictionnaire philosophique*, etc., etc. On ne tarde pas à s'apercevoir que vous cherchez moins à lever les doutes qu'à présenter des difficultés.

Ces difficultés, Monsieur, ne sont pas neuves ; déjà Tindal les avait répétées, d'après d'autres qui les répétaient, et nous n'y voyons guère de vous que l'art de la proposer, en feignant de vouloir les résoudre : adresse même dont Bayle, Bolingbroke, Shaftesbury, etc., vous avaient donné l'exemple.

Telles qu'elles sont pourtant, nous essaierons d'y répondre. Nous croyons qu'il n'est pas impossible de le faire d'une manière satisfaisante.

§ I. *Langue typipe ; son énergie ; usitée chez divers peuples, anciens et modernes, sauvages et policés.*

Soit que les hommes n'aient pas eu d'abord une assez grande variété de termes, pour rendre leurs sentiments et leurs idées (2), soit que pour persuader des peuples

---

(1) *A votre manière*, etc. Voyez *Tolérance*, page 192. *Aut.* — Voyez *Politique et Législation*, tome II, *Traité de la tolérance*, art. Si l'intolérance fut de droit divin, tome XXX des *OEuvres*, pages 156 et suivantes.

(2) *Leurs sentiments et leurs idées.* C'est à cette cause que le savant

grossiers, il fût nécessaire de remuer leur imagination par des objets sensibles, c'était l'usage des anciens temps de s'exprimer en certaines occasions par des actions extraordinaires qui représentaient vivement ce qu'on voulait dire.

On ne peut douter que ce langage n'eut une énergie singulière ; il montrait l'objet, au lieu de le décrire, et parlant au plus vif des sens (1), il ne pouvait manquer de réveiller les esprits les plus indifférents ou les plus distraits.

En vain Jérémie menaçait Jérusalem d'une ruine prochaine, on écoutait à peine ses discours ; mais lorsqu'en ayant pris les principaux habitants et qu'étant sorti avec eux hors des portes, il eut brisé à leurs yeux le vase d'argile, en prononçant ces mots : *C'est ainsi*, dit le Seigneur, *que je briserai Jérusalem*, toute la ville s'en émut.

Le lévite envoie à chacune des tribus un des membres sanglants de sa femme outragée : par quel discours eût-il pu demander plus énergiquement vengeance ? et Saül pouvait-il s'exprimer avant plus de force que quand, après avoir mis ses bœufs en pièces, il en fit porter les morceaux dans tout Israël, avec menace qu'ainsi seraient traités les bœufs de quiconque manqueraient à se trouver en armes au rendez-vous général qu'il indiquait ?

Ce langage d'action, connu de tous les anciens peuples, fut surtout d'usage en Orient : et nos prophètes, se con-

___

évêque de Glocester attribue l'origine du langage typique, et il paraît que c'en a dû être en effet la première source. M. de Volaire, nous ne savons pourquoi, aime mieux aller chercher cette origine dans l'usage d'écrire en hiéroglyphes. Assurément on a parlé par signes, par types, avant d'écrire en hiéroglyphes. *Edit.*

(1) *Au plus vif des sens.* C'est la pensée d'Horace :

Segniùs irritant animos demissa per aurem,
Quàm quæ sunt oculis subjecta fidelibus. EDIT

formant au goût du pays et aux mœurs de leur siècle, l'employèrent souvent dans leurs prédictions.

Quand, pour le rendre ridicule, vous le bornez *aux temps d'un ancien monde tout différent du nouveau,* vous vous trompez, Monsieur : on pourrait vous en citer des exemples dans des temps plus récents, et même dans le siècle le plus poli de la Grèce. Ainsi parlait Tarquin à l'envoyé de son fils, l'ambassadeur des Scythes à Darius, Alexandre à son favori, etc, ; et sans citer ici l'Amérique, où l'on a retrouvé ce langage, aujourd'hui même plusieurs peuples de l'Orient le conservent. Si vous n'aviez pas *tant d'affaires,* et que vous pussiez prendre la peine de lire les écrivains orientaux, ou les voyageurs qui ont parcouru ces contrées, vous verriez que plusieurs de ces anciens usages, qui vous paraissent *d'un autre monde,* y subsistent encore. De ce qu'un langage est moins usité parmi vous, s'ensuit-il qu'il soit ridicule ? Jugerez-vous toujours de tout par vos usages.

§ II. *Allégories et paraboles employées par nos prophètes.*

Au langage des actions et des types, les Orientaux en joignaient un autre, celui des allégories et des paraboles. Ils les inséraient, et au rapport des voyageurs, ils les insèrent encore aujourd'hui dans leurs discours : de manière que, si l'on n'est point au fait de cet usage, il est aisé de s'y tromper, et de prendre des figures pour des faits, des paraboles pour des actions réelles (1).

C'est ce qui vous est arrivé quelquefois, Monsieur, en raisonnant sur nos prophètes. Actions réelles, visions,

(1) *Des actions réelles.* C'est ainsi qu'on doute, parmi les chrétiens si le mendiant Lazare et le Samaritain sont des paraboles ou des histoires véritables. *Edit.*

paraboles, vous avez pris souvent l'un pour l'autre : nous tâcherons de distinguer ce qu'il vous a plus de confondre.

§ III. *Jérémie portant des jougs.*

Le langage typique fut porté, selon vous, par nos prophètes, à un point qui étonne. « Ces discours, dites-vous, ces actions énigmatiques effarouchent les esprits faibles, qui ne sont pas assez familiarisés avec l'antiquité. (Voyez *Politique et Législation*, tome II, *Traité de la tolérance*, page 316 et suivantes, tome XXX des *OEuvres*.)

Vous en citez des exemples, et vous commencez par Jérémie. Vous le représentez « lié de cordes, chargé d'un bât, en portant des colliers et des jougs sur le dos (1). » (*Ibid*).

Nous trouvons bien dans l'Écriture que Jérémie se chargea de chaînes, et, si vous voulez, qu'il se mit des jougs *sur le dos* : mais nous ne voyons nulle part qu'il ait *porté un bât*. Il portait des jougs, pour montrer que Nabuchodonosor allait subjuguer la Judée et les provinces voisines ; mais *un bât*, Monsieur, pourquoi l'aurait-il porté ? Un bât et un joug ne sont pas la même chose. Confondez-vous l'un avec l'autre ? ou est-ce seulement pour faire rire, qu'au mépris de la vérité et du bon sens, vous peignez Jérémie *chargé d'un bât* ? l'ingénieuse et délicate manière de plaisanter !

Au reste, Monsieur, si Jérémie, « en se liant avec des cordes et en se mettant des jougs sur le dos, ne faisait que se conformer à l'usage, » comme vous l'assurez, que pouvaient avoir de ridicule ou d'étrange ces actions typiques *conformes à l'usage*.

---

(1) *Sur le dos*. Des jougs et des colliers ne se portent pas *sur le dos*. Nous n'avons pas cru devoir relever ces expressions ridicules. On dirait que le savant écrivain n'a jamais vu des bœufs attelés. *Aut*.

§ IV. *Isaïe marche nu.*

Vous passez, Monsieur, à Isaïe. « On le voit, dites-vous, marcher *tout nu* dans Jérusalem, pour marquer que le roi d'Assyrie emmènera d'Egypte et d'Ethiopie une foule de captifs qui n'auront pas de quoi couvrir leur nudité. Est-il possible qu'un homme marche *tout nu* dans Jérusalem sans être repris de police ? Oui, sans doute : Diogène ne fut pas le seul dans l'antiquité qui eut cette hardiesse ; Strabon parle d'une secte de brachmanes qui auraient été honteux de porter des vêtements ; aujourd'hui encore on voit dans les Indes des pénitents qui marchent *nus*, etc. » (*Ibid.*)

Ces faits sont curieux assurément ; et rapprocher, comme vous faites, Isaïe de Diogène et des brachmanes, c'est un trait admirable de cet amour de la vérité qui vous enflamme.

Mais où avez-vous lu, Monsieur, qu'Isaïe ait marché *tout nu* dans Jérusalem ? Non, il ne marcha point *tout nu*, il marcha sans robe et sans tunique, comme les esclaves, auxquels on laissait *de quoi couvrir leur nudité.*

Le terme hébreu, que vous rendez par *tout nu*, ne signifie ici, comme en beaucoup d'autres endroits, que *dépouillé de ses vêtements de dessus.* Aussi le texte remarque-t-il ensuite qu'Isaïe marcha *sans souliers et les pieds nus* : remarque fort inutile, si le premier terme eût signifié *absolument nu.*

Il y a plus : le mot grec, le mot latin, et même le terme français, qui répondent au mot hébreu, ne signifient pas toujours dépouillé de tous vêtements.

Quand Virgile disait aux laboureurs ; *Labourez nus, semez nus* (1), voulait-il leur dire de se mettre *tout nus* ? Et quand

_____

(1) *Semez nus.* Lorsque Virgile publia ses *Géorgiques*, un critique, lisant le commencement du vers, *Nudus ara, sere nudus*, le finit par

vous dites d'un pauvre, dans votre langue, qu'il *est nu*, et même *tout nu*, est-ce dire qu'il n'a pas *de quoi couvrir sa nudité*?

Etonnez-vous encore qu'Isaïe ait marché *tout nu* dans Jérusalem, et qu'il n'ait point été *repris de police*; mettez-le encore en parallèle avec le cynique grec, les brachmanes et les santons! comme si Diogène et les brachmanes avaient voulu figurer l'état d'esclavage! Un autre motif conduisait ces insensés; et ce motif, qui n'était pas celui du prophète, demandait une nudité absolue.

Isaïe marchant *tout nu*, dans vos écrits, n'a donc pu faire rire que des lecteurs très peu instruits : c'est tout le fruit qu'on peut se promettre de semblables railleries. Votre objet est-il, Monsieur, de faire rire les sots en vous moquant d'eux?

Tindal prétendait de même que David avait dansé *tout nu* devant l'arche; et il ne tient pas à vous, Monsieur, qu'on ne le croie. Mais, répondait Léland, loin que David ait dansé *tout nu*, l'Ecriture remarque, en termes exprès, qu'il *était vêtu de l'éphod*, ou robe de lin que portaient les prêtres. En disant qu'il dansa *nu* devant l'arche, elle a donc voulu dire seulement qu'il avait quitté ses vêtements ordinaires, et toutes les marques de sa dignité (signification dont on trouve cent exemples, même dans les auteurs profanes), et non qu'il dansa *tout nu*.

Ces pitoyables objections, ces froides railleries, que nos *philosophes* se transmettent de main en main, ne rendront-elles pas à la fin leur érudition ou leur sincérité suspectes (1)?

ces mots, *habebis frigora, febres. Labourez nus, semez nus*, disait Virgile; *c'est le moyen d'avoir la fièvre*, dit le critique. Ne dirait-on pas que c'est sur cette mauvaise plaisanterie que nos philosophes ont copié les leurs? *Edit*.

(1) Nous devons déclarer que la question qui fait l'objet de ce para= graphe nous paraît traitée à contre-sens par l'auteur des lettres. Pour qui considère attentivement le texte, il est évident qu'il ne peut s'agir

§ V. D'Osée.

Osée, dites-vous, étonne encore davantage. « Dieu lui commande de prendre une femme de fornication, et d'en avoir des enfants de fornication ; il veut ensuite que le prophète prenne aussi une femme adultère. Ces commandements scandalisent. Dieu n'a pu ordonner à un prophète d'être débauché et adultère. »

Non sans doute, mais nous prouveriez-vous, bien, Monsieur, *que Dieu ait ordonné à son prophète d'être débauché et adultère ?* Il lui commande de *prendre une femme ;* c'est donc un mariage, et non un adultère qu'il lui ordonne.

Supposons, si vous voulez, que cette femme ait été une prostituée avant son mariage, Osée, en l'épousant, la retirait du désordre : il n'y a là ni adultère ni débauche.

Vous croyez qu'il est ordonné au prophète *d'avoir* de cette femme *des enfants de fornication ;* mais les plus habiles commentateurs ne voient ici qu'un ordre de prendre avec la mère les enfants qu'elle avait eus de ses débauches. *Prenez,*

d'une nudité relative. Il suffit de remarquer ces mots : *Vade, et solv saccum de lumbis tuis,* pour reconnaître que le prophète qui n'avaie déjà qu'un sac pour tout vêtement, reçoit l'ordre de le rejeter ; et les expressions du 4e verset de ce chapitre, sont encore plus claires, s'il est possible, car là il s'agit formellement de la nudité la plus absolue ; or c'est pour représenter cet état que Dieu ordonne à Isaïe de se montrer de la même manière dans Jérusalem. D'ailleurs la demi-nudité que l'auteur suppose, n'aurait eu rien de remarquable, puisque tel était l'état habituel des anciens, comme tout le monde le sait.

Il reste donc à rendre raison du fait en lui-même. Or la volonté de Dieu en est une raison suffisante. Si l'on objecte le scandale, et les conséquences de cette action sous le point de vue moral, nous répondrons que Dieu a dû pourvoir à ce que l'exécution de ses ordres n'entraînât aucun résultat fâcheux, tout en frappant vivement les yeux et les esprits d'un peuple que des prophètes n'émouvaient plus que par le langage typique le plus extraordinaire. L. D.

II. 19

dit le texte, *femme des fornications et enfant des fornications.*

Quoi qu'il en soit, toujours est-il certain que, si les enfants de cette femme et du prophète, fruits d'un mariage légitime, sont appelés *enfants de fornication*, ce ne peut être
que relativement aux débauches précédentes de leur mère.
(Voyez *Introduction à l'Essai sur les mœurs*, art. des Prophètes Juifs, tome XXI des *OEuvres*.) Ainsi, quand on pren-
drait tous les termes de ce passage à la rigueur de la lettre,
Osée, en exécutant l'ordre du Seigneur, n'aurait point été
un *débauché*.

Mais est-il bien sûr qu'il soit réellement question ici d'une
femme prostituée ? Il y a, Monsieur, de bonnes raisons d'en
douter. « Qu'un impie, disait tout récemment un savant chrétien (1) au docteur Kennicott, qu'un impie veuille prouver que
le Seigneur, non-seulement permet, mais ordonne le contraire
de sa loi, il oppose avec confiance ce verset d'Osée, et déjà
s'applaudissant de sa victoire, il élève sur ce texte un trophée
à l'impiété et à l'irréligion ; mais le vrai hébraïsant ne s'émeut
ni des cris de triomphe, ni de la sécurité de son adversaire.

Il examine attentivement le texte, il voit qu'on y lit à la
lettre que le Seigneur dit à Osée : *Allez, prenez une femme
des fornications, parce que la terre en forniquant a forni-
qué d'après le Seigneur.* Et il se rappelle que les prophètes
ne se servent guère d'autres termes pour désigner l'idolâtrie,
que de ceux de *fornication* et d'*adultère* : c'est un fait qu'on
ne peut nier.

Il fixe ensuite son attention sur ces mots : *parce que la
terre se prostitue honteusement,* et il raisonne ainsi : Dieu
a-t-il donné ordre à son prophète d'épouser une prostituée,

---

(1) *Un savant chrétien.* M. l'abbé de ***, ex-professeur en hébreu.
Cette explication se trouve aussi dans les *Principes discutés* des savants PP. capucins de Paris. *Aut.*

et Osée l'a-t-il exécuté réellement? J'ai peine à le croire. Le
bon sens et la raison me dictent que les enfants nés d'un légitime mariage ne peuvent être des enfants de prostitution : ce
n'est donc ni sur la mère, ni sur les enfants, que doit tomber
l'infamie de cette épithète. Sur qui tombera-t-elle donc? Sur
cette terre qui, pour se prostituer aux idoles, quitta l'alliance
du Seigneur. Or, si c'est la terre qui se prostitue, comme
dit le prophète lui-même, cette femme qu'il va épouser par
ordre du Seigneur n'est pas une prostituée, mais une *femme
de la terre des prostitutions*, et les enfants qui lui naîtront
seront, par la même raison, des enfants nés dans la terre
des prostitutions, c'est-à-dire, de l'idolâtrie.

En effet, le royaume d'Israël se livrait, depuis près de
deux siècles, à la plus monstrueuse idolâtrie. Pour l'en retirer, il faisait depuis longtemps les plus terribles menaces. Enfin il se sert du ministère d'Osée : Allez, lui dit-il, prendre
une femme dans le séjour de l'idolâtrie. Le prophète obéit; il
se marie, il a des enfants, et le Seigneur les nomme lui-même;
il en appelle un *Plus de miséricorde*, un autre, *Vous n'êtes
plus mon peuple*. Voilà quel était le but du Seigneur : c'était de
tenir sous les yeux de ce peuple ingrat des enfants dont les
noms fussent une preuve, un souvenir, un monument continuel et vivant de son indignation et des malheurs dont il allait
l'accabler. Voilà quelle était la fin du mariage qu'il ordonnait
au prophète de contracter ; et il n'était pas nécessaire pour
cela qu'il épousât une prostituée. »

Que pensez-vous de cette explication, Monsieur? n'est-elle
pas naturelle, et ses preuves très plausibles ? Il n'est donc
pas certain que cette *femme des fornications*, qu'Osée eut
ordre d'épouser, ait été une *prostituée* ; et, comme nous
l'avons prouvé plus haut, quand elle l'aurait été avant son
mariage, le prophète aurait pu l'épouser sans avoir été for-
nicateur ni *débauché*.

Nous en dirons autant de la femme adultère. Prenez tant
qu'il vous plaira à la rigueur de la lettre le texte d'Osée,

vous ne prouverez jamais que le Seigneur lui ait ordonné de commettre avec elle un crime que sa loi défend et qu'elle punissait de mort.

Si au lieu de représenter ces démarches comme criminelles, vous vous fussiez borné, Monsieur, à les juger peu décentes dans un prophète du Seigneur, vous auriez pu avoir quelque apparence de raison. Mais on vous aurait répondu que les décences ne sont pas partout les mêmes, qu'elles varient avec les idées et les mœurs des siècles et des peuples; qu'on n'avait point alors, qu'on n'a pas même aujourd'hui dans l'Orient toutes les délicatesses de l'Europe sur les mariages; en un mot, que ces actions du prophète, connu pour parler au nom du Seigneur et pour obéir à ses ordres, n'avaient rien qui pût le dégrader ou l'avilir, quoiqu'elles dussent paraître extraordinaires. Il fallait bien qu'elles le parussent, pour attirer l'attention et frapper les esprits.

Enfin, Monsieur, et c'est une observation que nous ne devons pas manquer de faire, grand nombre de savants interprètes et d'habiles commentateurs croient que ces ordres ne furent peut-être ni réellement donnés par le Seigneur, ni exécutés par le prophète; que probablement ce n'étaient que des figures d'élocution, *des paraboles conformes au style et aux usages de ces anciens temps.* Ainsi l'ont pensé, parmi les Juifs, le paraphraste chaldéen, Abed-Ezra, Maimonide, etc.; et parmi les chrétiens, saint Jérôme, Witsius, Stillingfleet, etc.; et il faut l'avouer, les raisons sur lesquelles ils se fondent, ne sont rien moins que méprisables. Vous sentez bien que cette réponse serait encore plus tranchante; et plus nous y pensons, plus nous serions tentés de l'adopter. Le peu de connaissances et d'usage qu'on a aujourd'hui du style et des manières de parler des peuples d'Orient, est la source d'une grande partie des difficultés qu'on fait sur l'Ecriture. Prendre au pied de la lettre des métaphores, des hyperboles orientales, des allégories et des paraboles, c'est un facile, mais un petit moyen d'égarer des lecteurs peu instruits : vous y avez trop souvent recours.

Vous nous saurez quelque gré sans doute de ce que nous
n'avons cité ici aucun de ces passages grossièrement burles-
ques où vous parlez d'Osée dans votre *Dictionnaire philosophique* et ailleurs. Nous aurons la même retenue dans l'article suivant, en traitant des allégories d'Ezéchiel. Nous sup-
primerons les traductions indécentes que vous en avez faites,
et les expressions plus que libres qui vous y sont échappées.
Nous jetterons le manteau sur le vieillard qui s'est oublié,
et nous ne ferons pas rougir les lecteurs honnêtes.

§ VI. *D'Ezéchiel. Allégorie de ce prophète. Contradiction du critique.*

Samarie et Jérusalem idolâtres sont représentées par Ezéchiel sous l'allégorie de deux prostituées. Vous feignez de
craindre que les *peintures naïves* du prophète ne choquent
des esprits faibles : vous entreprenez de les justifier. Mais ce
n'est qu'après les avoir montrées dans toute leur *naïveté* que
vous faites un peu tard une réflexion judicieuse.

*Ces expressions , dites-vous, qui nous paraissent libres ?
ne l'étaient point alors ; les termes qui ne sont point
déshonnêtes en hébreu, le seraient dans notre langue.*
Rien de plus sage. C'est donc avec la plus grande circons-
pection qu'on devait faire passer certaines idées de notre
langue dans la vôtre. Jugez-vous, Monsieur, sur ces principes ?

Pour prouver que *nos bienséances ne sont pas celles des
autres peuples,* vous ajoutez : « Ces expressions d'Ezéchiel,
qui nous paraisssent étranges, ne le parurent point aux Juifs.
Il est vrai que la synagogue ne permettait pas, du temps de
saint Jérôme, la lecture de ce prophète avant trente ans :
*mais c'était parce qu'il dit que le fils ne portera plus l'ini-
quité de son père.....* en quoi il se trouvait expressément en
contradiction avec Moïse. » Ce passage du *Dictionnaire phi-*

losophique, art. *Ezéchiel*, nous en rappelle un autre du *traité de la tolérance*. (Voyez *Politique et Législation*, tome II, *Traité de la tolérance*, art. Extrême tolérance des Juifs, page 142, tome XXX des *OEuvres*.) Vous y dites : « Malgré la contradiction formelle d'Ezéchiel avec Moïse, le livre du prophète n'en fut pas moins reçu dans le canon des auteurs inspirés de Dieu. Il est vrai que la synagogue n'en permettait pas l'usage avant l'âge de trente ans : *mais c'était de peur que la jeunesse n'abusât des peintures trop naïves qu'on y trouve.* »

Remarquez-vous, Monsieur, comme vos deux textes s'accordent. Dans l'un, ce n'était point à cause de la contradiction formelle entre Ezéchiel et Moïse que cette lecture était défendue, *c'était de peur que la jeunesse n'abusât des peintures trop naïves qu'on y trouve*. Dans l'autre, ce n'était point à cause de ces expressions trop libres pour nous, mais non pour les Juifs, *c'était parce qu'Ezéchiel contredisait Moïse.*

Non, Monsieur, Ezéchiel ne contredisait point Moïse, nous l'avons prouvé ; mais certainement l'un de vos textes contredit l'autre.

Quant à la synagogue, en défendant de lire avant trente ans le livre d'Ezéchiel, elle eut sans doute raison. Des expressions honnêtes du temps du prophète pouvaient être devenues trop libres dans le temps où ce règlement fut fait ; on voit dans toutes les langues des exemples de ces révolutions (1).

Est-ce pour contredire la synagogue, ou pour édifier la jeunesse française de l'un et de l'autre sexe, qu'un auteur

(1) *De ces révolutions*. On en trouverait même dans la langue française. Combien d'expressions dont se sont servis des auteurs très chastes, dans des ouvrages de morale et de piété, qui révolteraient la plupart des lecteurs ! A peine pourrait-on soutenir la lecture des anciennes traductions françaises, même des livres saints, tant les termes qu'on employait alors sans scrupule sont devenus déshonnêtes. *Edit.*

célèbre de cette nation s'est plu à traduire si *librement* ces passages *trop libres* d'Ezéchiel? Franchement, Monsieur, quelle conduite est la plus raisonnable et la plus décente, celle de la synagogue, ou celle de cet écrivain?

§ VII. *D'Ezéchiel : suite. Ses visions.*

Soit inattention, soit pour égayer vos lecteurs, vous leur donnez comme des réalités les visions de ce prophète. « Ezéchiel, dites-vous, mange le volume de parchemin qui lui est présenté; il demeure couché sur son côté gauche trois cent quatre-vingt-dix jours, et sur le côté droit quarante jours, pour signifier les années de la captivité; et il se charge de chaînes, qui figurent celles du peuple; il couvre son pain d'excréments, etc. » (Politique et Législation, tome II. — Voyez *Traité de la Tolérance,* art. Si l'intolérance fut de droit divin, page 137.)

Ezéchiel mange le volume de parchemin; etc. Non, Monsieur, *Ezéchiel ne mangea pas le volume de parchemin,* et ce volume ne lui fut pas présenté réellement, mais en vision. Avec un peu plus d'attention, vous auriez remarqué que le chapitre d'Ezéchiel, d'où ce trait est tiré, commence par ces mots : *Vision de la gloire de Dieu.* « Je voyais, continue le prophète; et voilà qu'une main s'avança vers moi, et me présenta un volume roulé; elle le déroula, et l'Esprit me dit : Fils de l'homme, mange ce volume; je le mangeai, et je le trouvai aussi doux que le miel. »

Croyez-vous, Monsieur, que *saint Jean* ait mangé réellement le volume dont il parle dans son Apocalypse? Ce trait explique l'autre. Quoi! un chrétien instruit comme vous l'êtes, prend des allégories et des visions au pied de la lettre! Vous voulez rire apparemment : c'est rire de bonne grâce, en vérité!

Il demeure couché sur le côté gauche, etc. La suite

de ce passage d'Ezéchiel prouve encore, Monsieur, que ce fut en vision, et non en réalité, que ces actions se passèrent. « L'Esprit m'enleva, dit-il ; il me mit debout sur mes pieds, et il me dit : Fils de l'homme, renferme-toi dans ta maison : voilà des chaînes dont tu seras lié, et tu ne sortiras pas.... Je collerai ta langue à ton palais.... Tu dormiras sur ton côté gauche trois cent quatre-vingt-dix jours, et quarante jours sur ton côté droit.... Voilà que je t'ai entouré de chaînes, tu ne changeras point de côté, jusqu'à ce que tu aies ainsi passé tous les jours que doit durer le siége de ta patrie. » C'est, Monsieur, comme vous voyez l'Esprit qui enlève le prophète, c'est l'Esprit qui lui parle et qui l'enchaîne pour le tenir sur le même côté. Tout cela n'annonce-t-il pas une vision plutôt qu'une réalité ?

Il couvre son pain d'excréments. Cette action, liée par la suite du récit avec les précédentes, se passa de même en vision. C'est sur quoi il ne peut y avoir de doute.

Quoi qu'il en soit, les mots hébreux que vous rendez par *couvrir son pain d'excréments*, ne signifient *que cuire son pain sous des exréments desséchés*, auxquels on mettait le feu. La coutume d'employer à cet usage les excréments des animaux, surtout des bœufs, des chameaux, etc., était commune dans les pays pauvres de l'Orient, et les voyageurs modernes nous apprennent qu'elle se conserve encore parmi les Arabes voisins de l'Euphrate (1), et en d'autres endroits. On étend sur une pierre une pâte sans levain, et peu épaisse ; on la couvre d'excréments d'animaux ; on les allume et le pain cuit assez

_____

(1) *Voisins de l'Euphrate*, etc. On en trouve même quelque chose en France, en Bretagne et autres provinces. On y ramasse les excréments des animaux qu'on fait sécher au soleil, en les appliquant contre les murs des maisons, et au défaut d'autres matières combustibles, on les emploi pour chauffer les fours et cuire les aliments. *Édit.*

promptement sous ces cendres. C'est à cet usage qu'Ezéchiel fait allusion, et c'est par là qu'il annonce l'indigence à laquelle les Juifs devaient être réduits.

Quand on se rappelle les coutumes, que peut-on penser des grosses plaisanteries de quelques écrivains, et même des vôtres, Monsieur ? Reconnaissez-le.

« Le Seigneur (1), dites-vous, lui ordonna de manger pendant trois cent quatre-vingt-dix jours du pain d'orge, de fèves et de millet, couvert d'excréments humains. Le prophète s'écria : Pouah ! pouah ! pouah ! mon âme n'a point été jusqu'ici polluée ; et le Seigneur, lui répondit : Eh bien ! je vous donne de la fiente de bœuf au lieu d'excréments d'homme et vous pétrirez votre pain avec cette fiente. Comme il n'est point d'usage de manger sur son pain de telles confitures, etc. »

Ainsi, Monsieur, à un pain cuit sous la cendre de bouze allumée, vous substituez un pain *pétri* avec cette fiente : voilà la sincérité philosophique ! Vous couvrez ce pain *de ces confitures* : voilà du bel esprit ; une fine et délicate raillerie !

Miror et item indignor ! Oui, Monsieur, nous vous estimons trop, nous avons de vous de trop hautes idées pour vous voir sans étonnement vous abaisser à ces fades et plates bouffonneries : *Miror !* quoi ! c'est M. de Voltaire, c'est un écrivain de ce mérite, un homme d'un esprit si délicat et d'un goût si épuré, qui salit, qui déshonore ainsi ses écrits ! on souffre quand on y pense : *Indignor.*

Mais si la platitude et la grossièreté choquent, le faux révolte encore davantage. Ici, Monsieur, l'attachement et le respect, dont nous faisons profession pour vous, nous tiennent dans une alternative qui nous afflige. Quand vous

---

(1) *Le Seigneur*, etc. Voyez *Philosophie de l'histoire ; Dictionnaire philosophique*, art. Ezéchiel, — Voyez *Introduction à l'Essai sur les mœurs*, art. des Prophètes juifs, pages 194 et 195. etc.

représentiez en propre termes (ce n'est point à nous d'en rougir) Ezéchiel *mangeant de la m....* à *son déjeuner*, et par la plus dégoûtante plaisanterie vous étendiez sur son pain de *telles confitures*, si vous ne connaissiez ni le sens de son texte, ni l'usage auquel il fait allusion, quel savoir dans un critique! si vous en étiez instruit, quelle bonne foi! si, pour apprêter à rire à quelques ignorants, vous vous êtes fait un jeu d'imputer, de gaîté de cœur et contre toutes vos lumières, à un homme respecté, des saletées qui révoltent, quel caractère!

Nous terminons cet article, Monsieur, par une des plus ingénieuses saillies du ci-devant *Dictionnaire philosophique* maintenant *Raison par alphabet*.

Quiconque, y dites-vous (Voyez *Dictionnaire philoso-phique*, tom. IV, art. Ezéchiel, tome LX des OEuvres), *aime les prophéties d'Ezéchiel, mérite de déjeuner avec lui.* Que cela est bien dit, Monsieur! et que certains lec-teurs ont dû être content de cette saillie!

Mérite de déjeûner avec lui! En déjeûnant avec Ezéchiel, on ferait un mauvais déjeûner, assurément. On mangerait de mauvais pain cuit sous la cendre de bouze, selon l'u-sage des peuples pauvres, voisins des lieux qu'il habitait.

Mais en déjeûnant avec vous, on en ferait un plus mau-vais encore. On mangerait sur son pain *pour confitures....* fi! Ce n'est pas là le déjeûner d'Ezéchiel, c'est le vôtre, Monsieur! c'est vous qui l'avez apprêté, et qui en régalez vos lecteurs...., fi! encore une fois.

Qui aime Ezéchiel, mérite de déjeûner avec lui! Qui ne craint point de descendre à ces plates et grossières railleries, que mérite-t-il ?.... O grand homme, que vous vous abaissez, et que nous vous plaignons!

Ainsi, Monsieur, des expressions libres dans vos idio-mes modernes, mais honnêtes dans les langues des anciens peuples; des visions que vous prenez pour des réalités; des actions réelles auxquelles vous prêtez d'odieuses et fausses couleurs, etc. ; ce sont là les grandes difficultés que vous nous opposez sur nos prophètes ? Est-ce sérieusement qu'un homme *familiarisé* comme vous *avec l'antiquité* nous fait de pareilles objections ? Comme s'il n'était pas injuste de détacher de ces expressions, ces types, etc., des circonstances, des temps où nos prophètes vivaient, des climats qu'ils habitaient, des mœurs du peuple auquel ils parlaient, de la vie sainte qu'ils menaient, de la beauté de leur génie, de leur désintéressement, de leur courage, etc. ; comme s'il n'était pas ridicule de juger de leur temps par le vôtre, et d'exiger d'eux votre langage, vos habillements et vos manières ! Rien de si ridicule, en effet. Vous l'avez dit vous même tant de fois, Monsieur, quand le direz-vous sincèrement (1) ?

Nous sommes, etc.

(1) Nous regrettons encore que l'auteur ait cru devoir se soustraire ici à la lettre du texte, pour se placer sur un terrain peu solide quoiqu'il lui ait paru plus facile à défendre. Le texte est trop précis pour qu'on puisse admettre le système d'une simple cuisson des aliments sous un feu composé de fiente de bœuf ou de chameau. En effet, outre qu'on ne peut faire entrer dans ce système les premiers ordres de Dieu, qu'il a adoucis à la prière du prophète, il est évident que celui-ci n'aurait pas représenté à Dieu, avec une expression de douleur, combien cette *impureté* lui était pénible, s'il ne s'était agi que d'un procédé de cuisson vulgaire, très employé par les pauvres, et qui avec les plus simples précautions, ne souillait pas le pain.

Sans doute, il nous répugne vivement de voir un prophète condamné par l'ordre de Dieu à de pareils sacrifices ; mais sa mission était une vie de douleur destinée à montrer aux Juifs par un langage symbolique et frappant quelle serait bientôt la rigueur de leur sort ; et pour figurer le pain qu'ils seraient forcés de ramasser dans les ordures, rien n'était plus expresif que l'acte commandé par Dieu au prophète. Sans doute, il est de nature à exciter les plaisanteries des esprits grossiers; mais ce n'est pas à leur mesure que Dieu apprécie la convenance et la raison de ses volontés. L. D.

LETTRE V.

Si les prophéties des Juifs ont été fabriquées après les évènements.

Il vous reste, Monsieur, une dernière objection à faire; c'est de prétendre, avec Porphyre, que nos prophéties ont été fabriquées après coup. Vous ne le dites pas ouvertement, mais vous l'insinuez en plusieurs endroits (Voyez surtout le *Dictionnaire philosophique*, art. Juifs, et *Introduction à l'Essai sur les mœurs.*) et par l'assertion, également ridicule et fausse, que les Juifs n'apprirent à écrire que dans Babylone, et même dans Alexandrie, vous posez un principe dont la conséquence est aisée à tirer.

Voulez-vous vous retrancher dans ce poste ? prenez-y garde, c'est le moins tenable de tous.

§ I. *Que cette prétention infirmerait les objections précédentes.*

Observez-le d'abord, Monsieur, vous ne pouvez recourir à cet expédient qu'en abandonnant la plupart de vos objections précédentes. En effet, si comme vous l'assurez, toutes nos prophéties sont vagues, équivoques, obscures, applicables à toutes sortes d'évènements, qu'est-il besoin de recourir à une supposition avancée sans preuves ? Regarder cette prétendue supposition comme un moyen nécessaire pour expliquer nos prophéties, c'est évidemment avouer qu'il s'en trouve et même qu'il s'en trouve un grand nombre d'une clarté frappante : car, s'il n'y en avait que quelques-unes de claires, des hasards heureux, l'art des conjectures, le *calcul des probalités*, suffiraient pour en rendre raison. Aussi était-ce à cause de la grande clarté des

prophéties de Daniel que Porphyre les prétendait faites
après les évènements (1).

§ II. *Qu'elles n'ont pu être fabriquées par un seul faussaire.*

Mais avançons. Si nos prophéties avaient été fabriquées
après coup, par qui l'auraient-elles été ? par un seul faussaire ?
Vous paraît-il si aisé de comprendre qu'un faussaire ait
eu assez de génie (car il en fallait assurément) pour écrire
toutes les prophéties juives depuis Moïse jusqu'à Malachie ;
qu'il ait eu assez de connaissances des temps anciens et des
temps plus modernes , pour lier toutes ces prophéties
avec l'histoire de la nation et avec celles de tous les peuples
voisins , sans tomber dans aucun de ces anachronismes qui
décèlent bientôt des imposteurs ; assez de présence d'esprit
pour se conformer partout avec tant d'exactitude au langage ,
aux façons de penser, aux usages des différents siècles
où il place ces prophéties et leurs auteurs ; assez de flexi-
bilité de style pour avoir pu être pur, énergique, noble
avec Moïse , élégant et sublime avec Isaïe, tendre et pathé-
tique avec Jérémie, pompeux avez Ezéchiel , obscur avec
Osée , rude et grossier avec Amos , etc. ; assez de goût
pour avoir su mettre dans ces divers écrits ces nuances qui
distinguent les auteurs des différents siècles, et même chaque
auteur d'avec les auteurs du même siècle ; enfin qu'il ait
réuni à tant de qualités rares des idées aussi sublimes de la
Divinité, des connaissances aussi sûres des devoirs de
l'homme , et des notions aussi justes de la véritable piété ,
qu'on en trouve dans tous nos écrits prophétiques ? Quel

---

(1) *Après les évènements.* Que faire avec ces messieurs? Les prophéties sont-elles obscures , elles ne prouvent rien ; sont-elles claires,
elles sont faites après l'évènement. Comment les veulent-ils donc ?
Chrét.

homme que c'eût été que ce faussaire ! que de lumières et
de talents il aurait réunis et tenus cachés ! Un tel homme
serait un homme unique dans l'histoire.

§ III. *Quelles n'ont pu l'être par plusieurs faussaires.*

Direz-vous plutôt que ces prophéties furent l'ouvrage d'un
grand nombre de faussaires ? Mais, Monsieur, en les multipliant, ces faussaires, sans lever aucune des difficultés
précédentes, vous allez y en ajouter de nouvelles. Ce serait
rendre encore moins probable le succès de l'imposture.
Ne voyez-vous pas que plus il entre de fourbes dans un
secret, plus il risque d'être découvert ? L'accord, le
concert de tous ces faussaires à taire le leur, est-il si facile à concevoir ?

Et ce n'est point assez de le taire, ce secret, il fallait
le cacher. Comment ces fourbes auront-ils pu y réussir ?
et combien ne leur a-t-il pas fallu d'adresse pour faire adopter ces écrits par les Juifs, c'est-à-dire par le peuple le plus
scrupuleusement attaché à l'authenticité de ses livres sacrés !
Comment, d'un autre côté, des fourbes si adroits ont-ils été
assez maladroits, pour laisser dans ces écrits ces expressions qui vous *choquent*, ces actions qui vous effarouchent,
ces *contradictions formelles* avec Moïse, qui *devaient les
faire rejeter*? Ces imposteurs réunissaient-ils la plus grande
habilité avec la plus extrême maladresse?

§ IV. *Qu'elles n'ont pu l'être dans les temps et les lieux où le critique prétend qu'elles l'ont été.*

D'ailleurs, où et quand ces prophéties auraient-elles été
composées ? A Babylone, à Jérusalem, dans Alexandrie?
Avant ou après Alexandre ?

A Babylone? c'est là, s'il faut vous en croire, que les

Juifs, *plongés de tout temps dans la plus profonde igno-rance, commencèrent à écrire*. Et tout en *commençant à écrire*, ils écrivirent les prophéties de Moïse, de David, d'Isaïe, de Jérémie, chefs-d'œuvre de leur poésie et de leur éloquence ? Ces Juifs ignorants, Monsieur, avaient donc infiniment d'esprit : leurs coups d'essai furent des coups de maître !

Mais, quelque esprit que vous leur supposiez, ont-ils pu écrire à Babylone des évènements postérieurs à leur retour dans la Palestine ? la destruction de l'empire des Perses par le roi de Macédoine, les progrès rapides de ce conquérant, sa mort, les divisions de ses successeurs, les impiétés et les cruautés qu'un d'entre eux exerça dans Jérusalem et dans la Judée, etc?

C'est sans doute pour obvier à ces difficultés que vous dites aussi quelquefois que *ces prophéties furent fabriquées à Jérusalem et dans Alexandrie*. Mais 1°, Monsieur, il nous reste des ouvrages écrits par nos Juifs, après la captivité, *à Jérusalem ou dans Alexandrie* ; les livres d'*Esdras*, par exemple, et celui de la *Sagesse*. Un homme de goût, un docte hébraïsant comme vous, Monsieur, ne sent-il donc aucune différence dans le style correct, élégant, noble d'Isaïe, et le langage demi-barbare d'Esdras ; entre la tournure grec-que du livre de *la Sagesse*, et la manière antique de nos prophètes ? Dans toutes les nations, les siècles des écrivains se distinguent par ces différences de style. Mettre les préten-dus auteurs des prophéties de Moïse, d'Isaïe, de Jérémie, etc. dans les siècles d'Esdras et du livre de *la Sagesse*, c'est faire Cicéron contemporain de Pierre Chrysologue, et Vir-gile de Sidoine Appolinaire ; c'est-à-dire, qu'Horace, Ovide, Tite-Live, etc., ont été écrits par les moines du huitième ou neuvième siècle. N'est-ce pas assez, Monsieur, d'être le Perrault de nos Ecritures, voulez-vous encore en être le père Hardouin?

2° Si nos prophéties avaient été fabriquées à Jérusalem ou dans Alexandrie, comment les imposteurs de Jérusalem au-

raient-ils pu les faire recevoir comme vraies par les écoles et
les synagogues de Babylone ? Comment ceux d'Alexandrie
les auraient-ils fait non-seulement adopter par leurs frères de
Babylone et de Jérusalem, mais insérer dans le canon déjà
fermé des Ecritures, et l'y faire insérer dans un temps où
les Juifs veillaient avec un soin si scrupuleux à la conservation de l'intégrité de leurs livres sacrés, pendant que plusieurs
ouvrages révérés, *Tobie*, *Judith*, etc., n'ont pu y être admis ?

§ V. *Prophéties citées par plusieurs écrivains canoniques.
Conséquences qui en résultent. Vains efforts du critique
pour les éluder.*

Quand vous avanciez l'étrange assertion que nos prophéties ont été écrites dans Alexandrie, aviez-vous fait une remarque, Monsieur ? c'est que nos prophètes sont cités dans
plusieurs de nos écrivains canoniques. Le troisième livre des
Rois, par exemple, rapporte en entier, et presque mot pour
mot, la prophétie d'Isaïe contre Sennachérib et son armée ;
celle de la guérison d'Ezéchias, et celle de la prise de Jérusalem par les Babyloniens. Le second livre des *Paralipomènes* cite la prophétie de *Jérémie* sur le retour des Juifs de la
captivité de Babylone, et sur le temps précis de ce retour.
Cette prophétie est citée de même dans le premier chapitre
d'*Esdras*, qui, dans le cinquième, parle d'Aggée et de Zacharie. Il faudrait donc, dans votre supposition, soutenir
aussi que les livres d'*Esdras*, ceux des *Rois*, ceux des *Paralipomènes*, etc., ont été écrits dans Alexandrie. Iriez-vous
jusque-là, Monsieur ? Ce serait porter à leur comble les embarras et les difficulté de la différence de goût et de style dans
les différents siècles ; celles du canon des Ecritures incontestablement fermé avant Alexandre, de l'impossibilité d'y rien
ajouter depuis, vu le caractère du peuple juif et son attache-

ment à ses livres sacrés, etc. Cette réflexion seule pourrait arrêter plus d'un écrivain. Il est des bornes qu'un critique sage ne se permet point de passer.

Mais vous, rien ne vous arrête, vous franchissez hardiment le pas, et vous n'hésitez point à nous assurer, avec la plus étonnante confiance, que non-seulement nos prophéties, mais les livres où elles sont citées, en un mot, tous les livres juifs, ont été écrits dans Alexandrie. Vous faites plus : après avoir soutenu que *les Juifs n'avaient appris à écrire que dans Babylone*, vous venez nous dire (tant vous êtes, ou distrait, ou inconséquent, ou toujours prêt à tout dire et à tout nier !), vous venez nous dire *qu'ils n'apprirent à écrire que dans Alexandrie*. Apparemment, après l'avoir appris dans Babylone, ils l'oublièrent tout exprès, pour aller l'apprendre dans la capitale de l'Egypte ! En vérité, Monsieur, quand un écrivain se permet des contradictions si palpables, et des faussetés si évidentes, mérite-t-il qu'on le réfute ?

Encore ces réponses si ridiculement contradictoires et fausses ne satisferaient point à tout. Les victoires des Romains, l'étendue de leur empire, la conquête de la Judée, et la destruction de la cité sainte par ces vainqueurs du monde, sont clairement prédites dans Daniel. Croyez-vous qu'on ait pu prévoir ces évènements, si longtemps auparavant, dans Alexandrie ?

Descendez donc encore plus bas, et mettez, si vous le voulez, un nouveau comble à l'absurdité déjà comblée ; dites que les Juifs n'apprirent à écrire qu'après les règnes de Vespasien et de Tite. Mais quand vous reculeriez jusque-là la fabrication de nos prophéties, vous n'auriez encore rien gagné, Monsieur ; deux faits que vous avez tous les jours sous les yeux, et dont sans doute vous n'avez pu vous empêcher d'être frappé plus d'une fois, viendraient encore vous arrêter : la dispersion du peuple juif, et sa conservation après cette dispersion, et tous les malheurs qui l'ont accompagnée. Depuis cette époque fatale, il ne s'est point écoulé de siècle

qui n'ait été marqué, pour la nation juive, par quelque évènement tragique. Mais persécutée partout, partout on l'a vue
renaître de ses cendres. Ebranlé, renversé, coupé plusieurs
fois jusqu'à la racine, l'arbre n'en a repoussé qu'avec plus de
vigueur; et tout ce qu'on a tenté pour extirper ces plantes
haïes, n'a servi qu'à en répandre plus loin les semences.
Dispersion des Juifs, conservation des Juifs, deux faits aussi
inconcevables que certains. Or ces faits ont été prédits. Ont-
ils pu l'être par les imposteurs de Babylone ou d'Alexandrie?
Non, Monsieur, l'art des conjectures, le calcul des probabilités ne va pas jusque-là. Dieu, dont la providence conserve
ce peuple, a pu seul les prévoir; seul il a pu les annoncer.

Nous sommes, etc,

PETIT COMMENTAIRE

EXTRAIT D'UN PLUS GRAND,

À L'USAGE DE M. DE VOLTAIRE ET DE CEUX QUI LISENT SES ŒUVRES.

SUITE.

XIIIᵉ EXTRAIT.

*Des Juifs, et de divers reproches que leur fait l'illustre
écrivain.*

Quels jugements vous portez de nos pères, et comme vous
les traitez, Monsieur! railleries piquantes, sarcasmes amers,
expressions emportées, accusations fausses et souvent atroces,
vous vous permettez tout pour les rendre odieux.

Si vous étiez de ces littérateurs obscurs dont les écrits sont destinés à périr avant eux, nous serions peu touchés de vos injustes reproches ; mais vos talents et votre nom sont si capables de leur donner du poids, tant de lecteurs superficiels ou prévenus jugent d'après vous, que nous croyons ne pouvoir nous dispenser de vous répondre.

Nous avons déjà réfuté les imputations aussi horribles qu'absurdes d'intolérance barbare, de sacrifice de sang humain, d'anthropophagie, etc., qu'il vous a plu d'accumuler contre nos Hébreux : nous allons en discuter ici quelques autres qui, sans être aussi révoltantes, ont également pour objet d'avilir et de décrier un peuple respectable, et qui ne seraient que trop capables d'attirer sur ses malheureux restes la haine et le mépris des nations.

§ I. *Reproches de grossièreté, d'ignorance des arts, etc.*

Un des plus doux reproches que vous ayez fait à nos pères, c'est la grossièreté et l'ignorance des arts, du commerce, etc, Vous nous l'aviez dit cent fois ; vous le répétez encore dans un de vos derniers ouvrages. Vous les y traitez de

- TEXTE. « Vil peuple, toujours ignorant et grossier, » (Dict. phil., art. *Abraham.* Section II.)

COMMENT. Les Hébreux, *un peuple grossier!* Eh bien! quand ils l'auraient été, serait-ce un si grand mal. Croyez-vous, Monsieur, qu'il n'y ait d'estimables que les nations polies, comme les Athéniens et les Français ? Que pensez-vous donc de ces peuples si vantés, les Crétois, les Spartiates, etc. ? étaient-ce aussi des *peuples vils ?*

Un *peuple toujours ignorant*, etc. Ecrivain du dix-huitième siècle, il vous sied bien de reprocher *l'ignorance* aux anciens Hébreux, à un peuple qui, lorsque vos barbares ancêtres, lorsque les Latins et les Grecs mêmes, errants dans les forêts, pouvaient à peine se procurer des vêtements et une subsistance assurée, possédait déjà tous les arts nécessaires et quelques-uns d'agrément ; qui non-seulement savait nourrir et multiplier les troupeaux, cultiver la terre, travailler le bois, la pierre, les métaux, ourdir les toiles. teindre les laines, brocher les étoffes, polir et graver les pierres précieuses ; mais qui dès-lors, joignant aux arts de la main ceux de l'esprit et du goût, arpentait les terrains, réglait ses fêtes sur le cours des astres, et relevait l'éclat de ses solennités par la pompe des cérémonies, le son des instruments, la musique et la danse ; qui dès lors consignait dans ses annales l'origine du monde, l'histoire de ses aïeux et la sienne propre ; qui avait des poètes, des écrivains instruits dans toutes les sciences alors connues, d'habiles et vaillants capitaines, un culte pur, des lois justes, un gouvernement sage enfin ; qui, seul de tous les peuples de cette haute antiquité, nous a laissé des monuments authentiques de littérature et de génie. Est-ce là un peuple qu'on puisse sans injustice taxer *d'ignorance ?*

TEXTE. « Vil peuple privé des arts. » (*Ib.*)

COMMENT. Les Hébreux *privés des arts !* Oui, des arts frivoles, des arts superflus ou dangereux. Nous l'avouons, Monsieur, nos Hébreux ne savaient point, comme les Grecs, animer la toile et faire respirer l'airain. Un peuple oisif n'y décernait point de couronnes aux poètes de théâtre. Ils ne dansaient point sur la corde, et ne donnaient pas des parades sur leurs boulevards, etc. Mais ne faites-vous pas de ces brillants talents plus de cas qu'ils ne méritent ? Tout peuple qui ne les posséda point vous paraît *vil.* D'anciens législateurs ne pensaient pas de même : demandez-le à Minos, à Lycurgue, à tant d'autres, qui interdisaient à leurs citoyens ces arts qui vous ravissent ; demandez-le à Platon, qui chassait les poètes de sa république, etc. (1). Si ces arts, enfants

_____

(1) *Chassait les poètes de sa république*, etc. Il n'en chassait point tous les poètes ; il n'en chassait que les poètes satiriques, qui déchi-

du luxe, étaient absolument nécessaires à la gloire des peuples et à la splendeur des empires, par quelle fatalité n'y seraient-ils jamais entrés sans en annoncer la décadence ? Quand Périclès les indroduisait dans Athènes, l'esclavage était à ses portes, et les beaux jours de Rome ne sont point ceux où un peuple asservi demandait à ses maîtres du pain et des spectacles.

TEXTE. « Privé de commerce. » (*Ibid.*)

COMMENT. Vous vous faites de hautes idées du *commerce*, Monsieur; mais de sages législateurs le craignaient pour leurs républiques. Ils le jugeaient opposé à cette égalité de fortunes, à cette austérité de mœurs, qu'ils voulaient établir et perpétuer parmi leurs citoyens : ils pensaient que si le commerce amène l'opulence, l'opulence ne tarde pas d'amener avec elle les vices, avant-coureurs et causes de la chute des états ; vues judicieuses que l'expérience a plus d'une fois justifiées. Le Tyrien, orgueilleux de ses flottes et de sa richesse, subsista moins longtemps que le Juif; l'industrieuse Athènes ne domina point dans la guerrière Lacédemone et le Carthaginois commerçant fut la proie du Romain agricole et belliqueux. L'éclat que le commerce donne aux états n'est donc pas ce qui en assure le plus la durée, ni ce qui contribue davantage à rendre un peuple estimable. Dans les nations, comme dans les particuliers, l'argent n'est pas tout, Monsieur, la vertu est quelque chose. O politiques, qui calculez avec tant de soin les produits des arts et les retours du commerce, compterez-vous toujours pour rien dans les états l'amour de la patrie, la religion et les mœurs ?

D'après ces principes, le législateur des Hébreux n'avait point travaillé à faire d'eux un peuple de marchands, il est

---

rent la réputation de leurs concitoyens; les poètes licencieux, qui corrompent les mœurs ; les poètes impies, qui inspirent le mépris de la religion, et donnent de fausses idées de la divinité, etc. Le Législateur philosophe aurait donc laissé entre les mains de ses républicains la *Henriade*, etc., etc. Aut.

vrai; mais vous êtes trop instruit pour ignorer qu'ils ne furent pourtant pas *toujours privés du commerce*. Sous Salomon et sous quelques-uns de ses successeurs, il en eurent un très riche et très étendu.

Les flottes de ces princes, parties d'Elath et d'Aziongaber, après une navigation de trois ans, rapportaient de Tarsis et d'Ophir de l'argent, des pierreries, des bois précieux, etc.; et sous leurs règnes, Jérusalem fut l'entrepôt de presque toutes les marchandises de la côte orientale de l'Afrique, de l'Arabie méridionale et des Indes.

Mais voyez quelles furent les suites de ce commerce porté trop loin. Il ne dura qu'environ un siècle, et il suffit pour tout changer dans l'état. L'or et l'argent abondèrent, mais le luxe accourut bientôt sur les pas de la richesse. L'ancienne simplicité, que vous traitez de rudesse et de *grossièreté*, disparut. On trouva les habitations de ses pères trop étroites, et les possessions trop bornées. On joignit héritage à héritage, et maison à maison; on eut des palais et de magnifiques jardins. Les chevaux, défendus par une loi sage, se multiplièrent, et le pays se remplit de chars brillants et de superbes attelages. Les lits d'ivoire, mollement garnis, remplacèrent les couches simples des anciens. Le bysse, le fin lin, les laines choisies, furent employés dans les vêtements; et l'hyacinthe, l'écarlate et la pourpre en rehaussèrent encore l'éclat et le prix. Les filles de Sion, autrefois modestes et retirées, se montrèrent dans nos rues et dans nos places, et y étalèrent la richesse de leur parure. Les mantes, les écharpes d'un tissu précieux, les colliers et les bracelets, les ceintures garnies de pendeloques; en un mot, les ajustements, les bijoux de toute espèce, et plus encore leur démarche et leurs regards, tout annonça le désir de plaire, la vanité et la mollesse. Elles apprirent à relever leur taille par la hauteur de leurs coiffures syriennes, ornées de rubans en forme de couronnes; les pierreries brillèrent dans leurs cheveux frisés, les anneaux à leurs doigts, et l'or à leur chaussure. A l'antique frugalité succédèrent de somptueux repas, où les vins exquis se servaient sans mesure, dans des vases également recherchés pour la matière et pour la forme ; couronnés de fleurs et parfumés d'essences, les riches voluptueux les commencèrent avec le jour et les prolongèrent jusque dans la nuit, au son de la lyre et de la guitare, de la flûte et du tambourin. Aux instruments ils joignirent les voix des chanteuses, et ils se flattèrent d'égaler, dans ces concerts domestiques, le goût et la magnificence de nos rois.

Brillante époque, temps de bonheur et de prospérité sans doute à vos yeux ! mais nos sages en jugeait autrement. *O mon peuple*, s'écriait l'un d'entre eux, *ceux qui te disent heureux te trompent !* et ces tristes prédictions ne furent que trop vérifiées par les évènements.

Les richesses avaient fait naître le luxe, le luxe les épuisa et les fit désirer avec ardeur. L'insatiable soif de l'or s'empara de tous les cœurs, et gagna tous les états. Le prêtre, le prophète, l'homme du siècle, tous, du plus grand au plus petit, brûlèrent du désir d'avoir. Tout moyen d'acquérir parut bon à mettre en œuvre. Les grands furent sans foi, les militaires sans honneur, les magistrats sans équité ; et la porte du juge, inaccessible à la veuve et à l'orphelin, ne s'ouvrit plus qu'à l'or et aux présents. Ces richesses amassées par l'injustice, on les dissipa dans la débauche ; et l'on se fit honneur des plus honteux désordres. Dans ces dérèglement, l'ancien culte gênait par la sévérité de ses maximes et par le détail de ses pratiques, il fut abandonné ; on désira, on embrassa hautement ces religions commodes qui, loin de condamner la volupté, la mettaient au rang des devoirs ; et comme un abîme conduit toujours dans un autre, on alla jusqu'à douter si l'œil de la Providence veille sur les actions des hommes, et s'il est une justice dont il y ait des récompenses à espérer ou des châtiments à craindre. On dit dans son cœur : *Qui nous voit ?* Le Dieu qu'on nous prêche est une chimère dont on nous fait peur. Dès-lors, plus de frein, plus de retenue.

le vol, le meurtre, l'adultère, le parjure, toùs les crimes débordèrent, [et attirèrent enfin sur la malheureuse Judée les fléaux dont le maître de l'univers punit tôt ou tard les peuples corrompus (1).

Ainsi nous apprîmes, comme tant d'autres nations, par une funeste expérience, que le peuple le plus heureux n'est pas le peuple le plus commerçant, le plus riche, le plus fastueux; mais celui qui, content de la médiocrité, joint à l'innocente et paisible agriculture un culte pur et des mœurs vertueuses.

Le reproche de n'avoir point eu de commerce, est donc un de ceux que vous deviez le moins nous faire : nous n'en eûmes peut-être que trop ; et plusieurs peuples de l'antiquité en ont eu moins que nous, sans être des *peuples vils*.

§ II. *Superstition reprochée aux Juifs.*

Passons, Monsieur, à un autre reproche que vous faites à nos pères aussi souvent, et avec moins de fondement que le précédent. Si l'on vous [en croit :

TEXTE. « Les Juifs étaient un peuple superstitieux, et le plus superstitieux de tous les peuples. « (*Dict. phil.*, art. *Juifs.*)

COMMENT. *Un peuple superstitieux ?* Qu'appelez-vous donc superstition, Monsieur ? Est-ce croire un Dieu et n'adorer que lui ? Est-ce avoir un culte extérieur et pratiquer avec exactitude des rites prescrits par des raisons sages ?

Le plus superstitieux de tous les peuples. Vous n'y pensez pas, Monsieur, ou ce n'est pas sérieusement que vous le dites. Vous oubliez sans doute le Grec avec son absurde théogonie et ses dieux adultères, ravisseurs, vo-

---

(1) *Corrompus.* Ces tableaux du luxe et de la corruption du peuple Juif sont tirés, trait pour trait, des prophètes. Voyez *Isaïe*, 1, 23, 12, 7, 8; III, 12, 24; V, 8, 12; X, 2. Amos, VI, 1, 6. Michée, II, et IV; 2, etc. *Chrét.*

leurs, etc. ; l'Egyptien (1) adorant les boucs, les singes,
et offrant son encens aux chats et aux crocodiles, aux
oignons et aux porreaux ; le Romain consultant les poulets
sacrés sur le sort des batailles, et consacrant *des statues
au dieu Pet*, des autels à l'Epouvante, et des temples à la
Fièvre ; le Perse, prosterné devant le feu, couvrant sa
bouche d'un voile, de peur de le souiller de son haleine,
et se frottant d'urine de bœuf pour se purifier ; l'Indien se
tenant des mois entiers debout sur un pied, les bras tendus,
le cou penché, ou *s'enfonçant de grands clous dans les
fesses* et mourant avec résignation *une queue de vache à
la main*, etc. Vous oubliez tous les peuples de l'antiquité offrant de religieux hommages aux bois et au métal ; cherchant l'avenir dans le cours des astres, dans le
vol des oiseaux ; consultant les devins, interrogeant les
morts, recourant aux enchanteurs, tremblant devant les
magiciens, etc. ; en un mot, livrés à mille superstitions ex-
travagantes et absurdes. Encore s'ils n'en avaient eu que de
ridicules et d'insensées : mais combien n'en eurent-ils pas
d'impures et de cruelles ? Combien de peuples crurent ho-

(1) *Vous oubliez sans doute l'Egyptien.* L'illustre écrivain s'est
pourtant déclaré vivement contre les superstitions égyptiennes. La
religion, dit-il (Voyez *Politique et Législation*, tome II, *Traité de
la tolérance*, art. des Martyrs, page 104, tome XXX des *OEuvres*),
de ces prêtres (des prêtres d'Egypte), qui gouvernaient l'etat, n'était
pas comparable à celle des peuples les plus sauvages. On sait qu'ils
adoraient des crocodiles, des chats, des oignons ; et il n'y a peut-être
aujourd'hui, dans toute la terre, que le culte du grand Lama qui soi
aussi absurde.
Il est vrai qu'il soutient ailleurs (Voyez *Introduction à l'Essai sur
les mœurs*, art. des Rites des Egyptiens, page 102 et suivantes), que
les prêtres d'Egypte ne connaissent qu'un Dieu suprême, le *Cneph*,
et qu'il y a de l'imbécilité à croire qu'ils adoraient les chats et les oignons, etc. »
Nous ne prétendons pas le troubler dans la possession où il est de se
contredire ; mais, quand on le voit nier si positivement et affirmer
tout ensemble la même chose, que peut-on croire ? *Edit.*

norer leurs dieux par d'infâmes débauches et par d'horibles sacrifices, où leurs semblables, où leurs propres enfants servaient de victimes ! Toutes ces ridicules et abominables superstitions tolérées, autorisées par leurs lois, et qui parmi eux, faisaient partie du culte public, étaient expressément interdites au Juif par sa législation ; et vous l'accusez d'avoir été le *plus superstitieux de tous les peuples* ! A le juger, comme on le doit, par son culte et par ses lois, c'est constamment de tous les peuples de l'antiquité celui qui l'a été le moins (1).

§ III. *Reproche d'usure.*

On vient de vous voir, Monsieur, traiter les Juifs de peuple ignorant et grossier, *privé de commerce*, vous allez maintenant leur reprocher d'en avoir fait un très lucratif, le commerce d'argent.

Texte. « C'étaient des usuriers ; ils exerçaient partout l'usure, selon le privilége et la bénédiction de leur loi. (*Dict. phil.*, art. *Juifs.*)

Comment. Vous auriez pu, Monsieur, blâmer les Juifs

---

(1) *Qui l'a été le moins.* Un détachement de Grecs, dit Hécatée qui était présent, marchait vers la mer Rouge, ayant pour guides quelques cavaliers juifs, lorsqu'on aperçut un oiseau de mauvais augure. On s'arrête, on craint d'avancer. Mosollam, l'un des Juifs, bande son arc, et d'un coup de flèche abat l'oiseau. L'augure se plaint, on murmure. « Si cet oiseau, répondit le Juif en souriant, eût pu prévoir l'avenir, n'aurait-il pas prévu que ma flèche l'allait percer ? » Qui de Mosollam ou des Grecs, était le moins superstitieux ? *Edit.*

Ce ne fut qu'après la captivité de Babylone, que les Juifs donnèrent dans quelques superstitions. C'est à cette époque qu'on commence à les voir livrés à la magie et à la cabale, entêtés de l'astrologie judiciaire, n'osant défendre leur vie le jour du sabbat, et aveuglément attachés aux pratiques minutieuses recommandées par leurs docteurs. *Chrét.*

sans attaquer leur loi. Et qu'a-t-elle donc cette loi de si digne de censure ?

Elle leur défend d'exiger aucun intérêt de leurs frères ; elle veut qu'ils se prêtent gratuitement les uns aux autres : loi sage, parce que si, dans un pays où l'on manquait de grandes ressources du commerce, où l'on n'avait pour subsister que ses terres et ses troupeaux, il eût été permis de prêter à intérêt, l'emprunteur fût bientôt devenu la proie du riche avide, comme il arriva tant de fois à Athènes et dans les premiers siècles de Rome. Loi charitable, et, si nous ne nous trompons, sans exemple chez les anciens peuples, qui, rappelant aux Hébreux leur commune parenté, les obligeait de se traiter en parents et en frères, et qui les unissait de plus en plus les uns aux autres par les liens de la reconnaissance et des bienfaits.

Mais elle permettait de *prêter à intérêt aux étrangers ?* Oui ; et en cela elle ne permettait à leur égard que ce qu'ils se permettait entre eux, non-seulement de compatriote à étranger, mais de concitoyen à concitoyen. Fallait-il ôter cette ressource aux Hébreux, et les obliger à donner gratuitement leur argent aux nations trafiquantes qui les entouraient, et à courir les risques du commerce sans en partager les profits ? Si vous croyez que les Juifs ne pouvaient prêter à intérêt aux étrangers sans blesser l'équité naturelle, votre morale est rigide, Monsieur, celle de l'illustre Montesquieu, et même de plusieurs de vos casuites, n'est pas si sévère. Vous exigez des Juifs une prefection dont les chrétiens mêmes se dispensent, dans la plupart des états commerçants (1). N'est-ce point assez de

---

(1) *États commerçants.* M. de Voltaire a repété plus d'une fois que le Juif d'Acosta lui avait fait perdre une somme de vingt ou trente mille livres. D'Acosta eut tort assurément ; et M. de Voltaire est généreux de *lui pardonner de bon cœur.* Mais oserions-nous demander si, quand il lui confia cette somme, ce fut uniquement pour l'obliger ? Il serait plaisant qu'un chrétien, qui exige que les Juifs prêtent gratuitement, eût prêté à un Juif à intérêt ! *Édit.*

ne pas stipuler des intérêts exorbitants ou défendus par le prince, de ne commettre ni extorsions ni fraudes : en un mot, de ne s'écarter en rien des principes généraux de l'équité et de l'humanité, qui sont de droit naturel?

Vous allez dire que les Juifs n'observèrent jamais ces règles. Nous ne nions pas qu'il n'ait pu s'en trouver qui les aient violées : mais est-ce leur législation qui les en dispense? S'il en est qui s'en écartent, il faut les punir ; mais il ne faut accuser ni la nation, ni ses lois (1).

§ IV. *Vol et brigandage reprochés aux Juifs.*

Ce n'est point assez, Monsieur, de nous avoir reproché l'usure, vous nous accusez de vol et de brigandage.

(1) *Ni ses lois.* Le savant et estimable Pinto, l'un de nos frères portugais, tout poli, tout modéré qu'il est, n'a pu s'empêcher de réfuter vivement l'injuste reproche que fait M. de Voltaire à la législation mosaïque, d'avoir autorisé l'usure.

« Cet endroit de la sainte Ecriture, dit M. Pinto, n'a jamais été bien entendu, et a donné lieu à des calomnies atroces contre les Juifs : on ne fait pas attention qu'au lieu d'attaquer les Juifs, on blasphème contre la parole de Dieu. Il y a deux termes en hébreu, *nesseg* et *trabit* ; l'un est intérêt, l'autre est usure. Combien de fois M. de Voltaire n'a-t-il pas dit que, dans les malédictions que Moïse prononce contre les Juifs, il les menace qu'ils emprunteront à usure, et qu'ils ne seront pas en état de prêter de même? Cela est faux et calomnieux. M. de Voltaire suit une version fautive. Le texte hébreu dit, dans le chapitre des bénédictions : *Tu préteras aux nations diverses, et tu n'emprunteras pas* ; et dans le chapitre des malédictions : *Tu emprunteras des peuples divers, et tu ne préteras pas.* Il n'y a pas un seul mot d'usure ni d'intérêt. Je dois relever ici cette erreur grossière... Il est absurde de dire que l'usure ait jamais été ordonnée dans notre législation. *Lanochry tassig.* Le mot *tassig* vient de *nesseg*, qui ne peut signifier qu'un intérêt légal, qu'il était permis de prendre de l'étranger : *trabit* signifie augmentation, usure, ce qui n'a jamais été ordonné de Dieu à son peuple. Un pareil reproche est un blasphème dans la bouche d'un chrétien, et une folie dans l'esprit d'un philosophe. » Voyez *Traité de la circulation du crédit* ; Amsterdam, 1771. *Edit.*

TEXTE. « Leur Dieu fait des voleurs de tout ce peuple : il lui ordonne d'emprunter et d'emporter tous les vases d'or et d'argent, etc. » — (Voyez *Philos.*, tome 1er, *Sermons des cinquante*, p. 386, tome XXXII des *OEuvres*.)

COMMENT. On a tant de fois répondu à ce reproche qu'on peut être surpris de le trouver si souvent répété dans vos écrits.

Faut-il vous dire encore que, quand il serait certain, ce qui n'est pas (1), que les Hébreux avaient *emprunté* des Egyptiens les vases d'or et d'argent qu'ils emportèrent, leur conduite n'aurait rien eu d'injuste ? Cet or et cet argent étaient le légitime salaire de leurs longs et pénibles travaux.

En vain répondriez-vous que les esclaves n'ont pas droit de se payer par leurs mains : ce serait confondre les droits des particuliers avec ceux des nations. Les particuliers ont des tribunaux où ils peuvent porter leurs plaintes et se faire rendre justice : les nations n'en ont point, elles sont elles-mêmes leurs juges.

(1) *Ce qui n'est pas certain.* Jacques Capelle et d'autres interprètes disent que les Israélites n'avaient pas emprunté, mais demandé en pur don ces vases précieux ; et, en effet, le mot hébreu *shaal* signifie, au moins très fréquemment, *demander*, et non *emprunter*. Josèphe dit de même que les Egyptiens firent des présents considérables aux Hébreux, les uns par estime, les autres pour les engager à se retirer plus promptement. Ces solutions sont fondées, sages, judicieuses ; elles viennent d'habiles critiques ; rien n'empêche M. de Voltaire de les adopter, s'il les préfère.

Nous nous en sommes tenus à l'interprétation commune, précisément parce qu'elle est commune et qu'elle suffit pour lui répondre. *Aut.*

Le célèbre Michaëlis aime mieux croire que les Hébreux empruntèrent de bonne foi, et dans l'intention de rendre ; mais que l'ordre précipité de leur départ, l'attaque imprévue de Pharaon, et le passage de la mer Rouge, plus imprévu encore, ne leur permirent pas de rendre les effets qu'ils avaient empruntés ; et qu'au moyen de ces évènements ménagés par la Providence, ils restèrent, contre leurs premières intentions, possesseurs de ces vases précieux, juste salaire de leurs travaux.

Au vol, dités-vous, Monsieur, les Hébreux font bientôt succéder le brigandage.

TEXTE. « Ils s'emparent du pays de Chanaan, qui ne leur appartenait pas. »

COMMENT. Si c'est pour cette conquête que vous traitez nos pères de *brigands*, qu'étaient les vôtres?

TEXTE. « Si l'on demande quel droit les étrangers tels que les Juifs avaient sur ce pays, on répond qu'ils avaient celui que Dieu leur avait donné. » (*Dict. phil.*, art. *Juifs.*)

COMMENT. En peut-il être un plus juste? Si l'on répondait qu'ils avaient celui que leur donnait la force, le trouveriez-vous meilleur?

En deux mots, s'ils tenaient de Dieu ce pays, nulle possession plus légitime : s'ils le tenaient de leur épée, ils étaient dans le cas de tant de peuples que vous vantez.

TEXTE. « Les Juifs disaient : Nous descendons d'Abraham, fils d'un potier ; Abraham voyagea chez vous : donc votre pays nous appartient. » (Voyez *Introduction à l'Essai sur les mœurs*, art. des Juifs après Moïse, page 179, tome XVI des *OEuvres.*)

COMMENT. Il est facile, mais il n'est pas honnête de prêter à ses adversaires des raisonnements ridicules. Les Juifs, Monsieur, ne firent jamais celui que vous leur attribuez.

Ils disaient : « Dieu promit à nos pères de donner ce pays à leurs descendants, il nous a mis en état d'en faire la conquête ; nous venons nous en mettre en possession : fuyez ou soumettez-vous. Si vous résistez, nous allons de sa part punir vos crimes et vous détruire.. » Il nous semble, Monsieur, que ce langage, soutenu de tant de merveilles opérées en leur faveur, n'avait rien de ridicule.

Si au lieu de le tenir ils avaient dit : « Vous avez des terres fertiles, et nous n'en avons point : cédez-nous les vôtres ou nous vous passons tous au fil de l'épée ; » ils n'auraient dit aux Chananéens ce que les Mèdes dirent aux Assyriens, les Perses aux Mèdes, les Romains aux Perses, les Francs et les

Goths aux Romains, etc., tous les peuples conquérants aux nations conquises. Comment les uns sont-ils, à vos yeux, des guerriers dignes d'éloges, et les autres des *brigands détestables ?* Nous ne voyons entre eux qu'une différence : c'est que des miracles éclatants prouvaient que le Ciel autorisait les Juifs dans leurs conquêtes. Ainsi, les accuser *de brigandage,* c'est accuser Dieu même, ou leur faire un crime particulier de ce qui leur est commun avec presque tous les peuples du monde.

Tous ces reproches de grossièreté, d'ignorance, de superstition, d'usure, de vol, etc., que vous avez tant de fois répétés, sont donc vains ou faux, ils montrent moins d'amour pour la vérité que de haine pour la nation, ou plutôt pour la révélation juive, fondement pourtant de la révélation chrétienne.

XIVᵉ EXTRAIT.

Des rares connaissances de M. de Voltaire dans les langues savantes. Langues latine et grecque.

Si vos connaissances en chimie sont médiocres, vous en avez, Monsieur, de supérieures dans les langues savantes. Anglais, Italiens, Romains, Grecs, Hébreux, Egyptiens, Syriens, Chaldéens, Arabes, etc., peuples de l'orient, peuples de l'occident, peuples anciens et modernes, il n'en est point dont les idiomes ne vous soient connus ! Vous appréciez ces différents langages, vous jugez de leurs avantages et de leurs défauts, vous en citez des expressions dont vous fixez le sens et vantez l'harmonie ; en un mot, vous avez sur tous ces objets, comme sur une infinité d'autres, des connaissances prodigieusement étendues et sûres.

Les nôtres, au contraire, sont tout à fait superficielles et bornées : nous en faisons l'humble aveu. Nous n'avons appris qu'un peu de latin dans l'université de Zamosc (1) , et quelques mots grecs dans celle de Leyde : nous ne savons même de la langue de nos pères que ce qu'il en faut pour entendre médiocrement nos saints livres, et avec cette faible érudition, nous osons nous proposer de vous faire remarquer dans vos écrits diverses méprises en ce genre, qu'il serait peut-être bon de réformer.

L'entreprise est hardie et téméraire, nous le sentons; mais, que ne nous inspirerait pas le désir de vous être utiles ! Nous espérons que l'ardeur du zèle pourra suppléer à la médiocrité du talent.

§ I. *De la langue latine. Du Nycticorax de la Vulgate.*

Vous avez, Monsieur, dans la langue latine, une version de nos livres saints que quelques savants jugent barbare, et que d'autres défendent (2). On sent bien que vous n'épouserez point l'opinion de ces derniers. En homme de goût pur et délicat sur la belle latinité , vous jugez que le latin de la *Vulgate* est un latin barbare, et pour user de vos expressions , un vrai *latin de cuisine.* Il s'y trouve surtout certains mots grecs-latins qui vous déplaisent particulièrement. Tel est entre autres le mot dont vous allez parler.

TEXTE.-« Je n'ai point rapporté (dans le *Siècle de Louis XIV*) l'anecdote du *Niticorax.* On prétendait que le grand aumônier, interrogé sur la signification du *Niticorax*, dit que c'était un capitaine des gardes du roi David, et que le révérend

____

(1) *L'université de Zamosc.* Université de Pologne. Les Juifs y vont-ils étudier? Les admet-on dans celle de Leyde ? *Chrét.*

(2) *Que d'autres défendent.* Voyez ce qu'en ont dit le fameux syndic de la Faculté de théologie de Paris , Filesac , et un savant bénédictin (dom Martin), dans un ouvrage plein d'érudition et de recherches , intitulé : *Explication de quelques passages difficiles de l'Ecriture.* Chrét.

père Lachaise assura que c'était un hibou. Peu m'importe, et peu m'importe encore qu'on fredonne pendant un quart d'heure, dans un latin ridicule, un *Niticorax* grossièrement mis en musique (1). »

COMMENT. *Latin ridicule.* Très ridicule., assurément *Niticorax*, un *Niticorax*, trois fois *Niticorax*! Dans une autre édition, Monsieur, mettez, s'il vous plaît, *Nycticorax*. Autrement quelque rieur pourrait dire que votre latin ressemble un peu au latin de Louis XIV et de son grand aumonier.

§II. *Latin du savant critique.*

Votre *Niticorax*, Monsieur, prête d'autant plus à la raillerie, que, dans un autre endroit, croyant parler comme la *Vulgate*, vous adressez la parole à la mer; et vous lui dites en latin:

TEXTE. « *Hùc usquè venies, et non ibis ampliùs.* »

COMMENT. *Non ibis ampliùs!* Si vous nous donnez ce latin, Monsieur, pour du latin de la *Vulgate*, c'est une petite méchanceté que vous faites à la *Vulgate*. La *Vulgate*, quoique *barbare*, selon vous, n'a pas poussé la barbarie jusque-là! Nous l'avons bien lue, et nous n'y avons jamais rien trouvé de pareil.

Ce latin serait-il donc du vôtre? Il est un peu plat. Ah! Monsieur: *Non ibis? non ibis ampliùs!* c'est le latin qu'on entend en prenant des chevaux aux postes de Pologne.

§ III. *Passage de la Vulgate mal traduit.*

Après tout, qu'on parle latin un peu plus ou un peu moins

(1) *Grossièrement mis en musique.* M. de Voltaire croit apparemment qu'il n'y a de belle musique que celle des vaudevilles et des opéras. Quoi qu'il en dise, on peut entendre avec plaisir les oratorios des Italiens et les concerts spirituels des Français. Les motets des Mondonville, des Pergolèse, etc., ont plu à des oreilles au moins aussi délicates que la sienne. *Edit.*

élégamment, peu importe : l'essentiel est de l'entendre. Nous ne doutons pas, Monsieur, que vous n'entendiez mieux que personne les auteurs de la belle latinité ; mais vous vous trompez quelquefois en traduisant le latin des siècles postérieurs. Par exemple, votre *Vulgate* adresse à Dieu ces mots (1) : *Producens fœnum jumentis, et herbam servituti hominum.* Vous les rendez par :

TEXTE. « *Tu produis du foin pour les bêtes, et de l'herbe pour l'homme.* (*Phil. de l'hist.* — Voyez *Introduction à l'Essai sur les mœurs,* art. des prières des Juifs, page 167.)

COMMENT. Il nous semble, Monsieur, que ce n'est pas là tout-à-fait le sens de ce latin. Il n'est pas question dans ce verset de la nourriture de l'homme, mais de celle des animaux *destinés à servir l'homme* : c'est pour ces animaux que Dieu produit *de l'herbe et du foin.*

Dans ce passage, Monsieur, *l'herbe et le foin* sont deux mots synonymes (2), prenez-y garde ; et les hommes ne mangent pas de foin.

La nourriture de l'homme est désignée dans le verset suivant. C'est *le pain qui le fortifie, et le vin qui lui réjouit le cœur.* Rien n'était donc plus aisé que d'éviter ce contresens.

Que si le latin de la *Vulgate* vous paraissait obscur, pourquoi ne pas recourir au texte hébreu ? En vérité, c'est une négligence impardonnable dans un homme qui sait l'hébreu ! Vous y tombez souvent, Monsieur.

§ IV. Contre-sens de plus grande conséquence.

Les deux méprises que nous venons de relever sont légères; en voici une plus importante.

(1) *Ces mots.* Voyez psaume CIII. Edit.
(2) *Deux mots synonymes.* Aussi saint Jérôme, qui entendait l'hébreu, a-t-il traduit : *Germinans herbam jumentis, et fœnum servituti hominum.* Edit.

Il est question de ceux qui ont instruit votre confiance et développé vos talents naissants. Vous dites qu'on lisait dans une inscription : *Quod eorum instinctu piacularis adolescens facinus instituerat* ; et vous rendez ces mots par :

TEXTE. « Il furent chassés pour avoir induit un jeune homme à commettre ce parricide par pénitence. (*Evang. du jour.*)

COMMENT. *Par pénitence ?* nous ne voyons aucun mot, dans ce latin, où il soit question de *pénitence*. Auriez-vous cru, par hasard, que *piacularis adolescens* veut dire *un jeune homme pénitent !* Non, Monsieur, il signifie, comme on l'a traduit dans le temps, *un jeune misérable*, ou, si vous l'aimez mieux, *un jeune homme maudit*, *un jeune scélérat exécrable*.

Le mot *par pénitence* est donc une infidélité volontaire, ou du moins un grossier contre-sens : car ce n'est pas une distraction.

Votre traduction a été réfléchie : vous en tirez une conséquence dont les chrétiens doivent mieux sentir que nous la justesse et le but.

TEXTE. « Ce mot (le mot *par pénitence*) devint par là un des plus singuliers monuments qui puissent servir à l'histoire de l'esprit humain. » (*Ibid.*)

COMMENT. Oui, peut-être si ce mot était dans l'inscription ; mais s'il n'y est pas, si vous l'y ajoutez de votre chef, si c'est un contre-sens que vous faites pour rendre odieux les rites de votre Eglise et les instituteurs de votre jeunesse, de quoi ce mot sera-t-il *un monument dans l'histoire de l'esprit humain ?*

Jean-Jacques a refusé généreusement d'écrire contre ces Pères, parce qu'ils étaient malheureux ; et vous, leur élève, vous qui leur avez, dit-on, plus d'une obligation, qui les avez tant prônés quand vous avez eu besoin d'eux, vous profitez de leur disgrâce pour rouvrir et empoisonner des plaies que le temps avait fermées. C'est pour cela que vous falsifiez ou que vous traduisez à contre-sens une inscription publique! cela n'est pas bien, Monsieur! on doit quelque reconnaissance à d'anciens maîtres

Du moins, il ne faut point faire de contre-sens, surtout point de falsification! Vous l'avez si bien dit, que la *falsification est un cas pendable* (1) : vous ne voudriez pas vous mettre dans ce cas-là ?

Au reste, ces petites méprises sur la langue latine intéressent peu les Juifs. Vous verrez, Monsieur, s'il est à propos ou non, de les laisser dans votre nouvelle édition.

§ V. *De la langue grecque. De quelques méprises, sans doute typographiques, sur cette langue.*

C'est surtout lorsqu'il est question de la langue grecque que vous vous plaisez, Monsieur, à étaler votre érudition : cette langue a pour vous des charmes inexprimables, vous n'en parlez qu'avec transport; vous en vantez partout la clarté, la richesse, l'harmonie. Comment se persuader, après cela, avec de téméraires chrétiens (2), *que vous ne savez pas le grec, ou que vous n'en avez jamais eu qu'une très légère teinture ?* Nous n'avons garde de porter jusque-là nos audacieux soupçons ; nous nous faisons un devoir de ne regarder les petites inexactitudes qui vous échappent que comme des négligences de vos typographes, ou tout au plus comme des distractions très excusables dans un grand homme *occupé de vingt sciences.*

Vous avez dit, par exemple :

Texte. « On donna à ces magistrats le nom de *basiloï,*

_____

(1) *Un cas pendable.* Voyez *Anecdotes sur Bélisaire.* Aut. — Les *Anecdotes sur Bélisaire* se trouvent dans le volume des *Facéties,* page 257 et suivantes, tom 46 des *Œuvres.*

(2) *Avec de téméraires chrétiens.* Voyez l'*Apologie de la religion chrétienne,* la *Défense des livres de l'ancien Testament,* le *Supplément à la Philosophie de l'histoire,* etc. Aut.

qui répond à celui du prince. (*Phil. de l'hist.* — Voyez *Introduction à l'Essai sur les mœurs*, art. des Grecs.)

COMMENT. On vous a tracassé, Monsieur sur ce mot *basiloi* (1) : on vous a dit qu'il fallait écrire *basileis*, et non pas
basiloi; que *basiloi* n'est pas grec, etc. Comme si M. de
Voltaire pouvait ignorer ce que les enfants savent ! Vous avez
très bien répondu que c'est une erreur typographique (2).

On a répliqué qu'il n'est pas aisé de concevoir que, par
une erreur typographique, le même mot se trouve répété
cinq à six fois dans vos écrits, et dans toutes les éditions
de vos écrits, toujours de même, c'est-à-dire toujours mal et
jamais bien. Vraie chicane ! Quoique cela ne soit pas aisé à
concevoir, il n'y a pourtant rien là-dedans de physiquement
impossible. Pour nous, Monsieur, nous ne sommes point si
difficiles : l'excuse nous paraît très plausible.

Aussi quoique vous ayez dit :

TEXTE. « Symbole vient de *symbolein* : idole vient du
grec *eidos*, figure, *eidolos*, la représentation d'une figure...
Les Grecs, avaient leurs *démonoi*..... Le *demonos* des Grecs,
etc. (*Dict. Phil.*, art. Idole, Symbole, etc.)

COMMENT. Quoique vous ayez dit tout cela, Monsieur,
nous ne nous croyons point du tout en droit de vous faire
des querelles là-dessus. Nous aurions bonne grâce, en effet,
de vous dire qu'il fallait mettre *eidolon*, et non *eidolos*; qu'*eidolos* n'est pas grec, que les Grecs n'ont point de *demonoi*;

---

(1) *Basiloi*. Voyez le *Supplément de la Philosophie de l'histoire*,
ouvrage rempli d'une érudition peu commune, que M. de Voltaire a
réfuté, dit-il, *poliment et savamment*. Quel savoir et quelle politesse !
Aut.

(2) *Erreur typographique.* En effet, comme le dit très bien M. de
Voltaire, (Voyez *Mélanges hist.*, tom. 1er, *Défense de mon oncle*, p.
218, tom. XXVII des *Œuvres.*) il ne s'agit que d'un *sigma* oublié, et
d'un *oi* mis pour un *ei*. Belle bagatelle ! *Aut.*

La faute que M. Guénée reproche ici à M. de Voltaire est corrigée
dans l'édition de Kell.

mais seulement des *demones* ; que le *démonos* des Grecs pour le *démon* est un solécisme ; que *symbolein* pour *symballein* est un barbarisme, etc. Vous savez tout cela mieux que nous, Monsieur ; et il y a mille à parier contre un que vous aviez écrit correctement.

Il est vrai qu'il est un peu fâcheux que ces petites fautes se trouvent dans toutes les éditions de vos ouvrages, même dans celle qui s'exécute sous vos yeux. Mais ces typographes sont si négligents ! Quand on les connaît, rien de tout cela n'étonne.

Ce sont encore eux, sans doute, qui vous ont fait dire :

TEXTE. Certainement le mot Knath, qui désigne les Phéniciens, n'est pas si harmonieux que celui d'Hellenos ou de Graïos. » (Phil. de l'hist., voyez *Introduction à l'Essai sur les mœurs*, art. des Grecs, etc. page 111.)

COMMENT. On vous a fait remarquer (1) que le mot de *Graïos* n'est pas grec, et que vous vous êtes trompé jusque sur le nom de ce peuple dont vous vantez tant la langue, etc.

On vous a fait observer qu'il aurait fallu écrire *Hellen* et non *Hellenos* : qu'*Hellenos* n'est pas un nominatif comme *Graïos*, etc. Vous ne l'ignoriez certainement pas, Monsieur : mais vos typographes n'en savent pas tant.

Vous aviez, très probablement, écrit *Hellen* ou *Graïcos* ; et ces manœuvres ont été mettre *Hellenos* ou *Graïos* ! Le malheureux prote ! l'ignorant compositeur ! le maladroit correcteur d'épreuves ! Ah ! quelles gens !

§ VI. *De quelques autres légères fautes qui pourraient bien n'être pas des fautes d'impression.*

Il y aurait pourtant quelque injustice peut-être à imputer à vos typographes toutes les petites méprises relatives à la lan-

(1) Remarquer. Voyez le *Supplément* à la *Philosophie de l'histoire.* *Aut.*

gue grecque, qu'on rencontre çà et là dans vos écrits. Il s'y en trouve quelques-unes qui pourraient bien n'être pas d'eux.

Par exemple, pour montrer que les chrétiens ont tiré les noms de leurs fêtes, de leurs rites, etc., à tort et à travers, de la langue grecque, vous étalez votre érudition grecque, et vous dites :

TEXTE. Le symbole ou la collation. Epiphanie signifie surface. Les moines s'appelaient autrefois *idiotoi*. Ce mot ne voulait dire d'abord qu'*un solitaire : avec le temps, il est devenu le synonyme d'un *sot*. (Dict. phil., art. *Symbole*, *Tyran*).

COMMENT. *Le symbole ou la collation !* Vous avez cru probablement que le rapprochement de ces deux mots ferait un effet plaisant : c'est dans cette idée, sans doute, qu'après l'avoir dit dans le *Dictionnaire philosophique*, vous le répétez dans les *Questions sur l'Encyclopédie*. Cela est plaisant, en effet; il y a de quoi rire pour les gens instruits, et pour ceux qui ne le sont pas : pour ceux-ci, par la raison que vous savez, et pour ceux-là, par une autre que vous allez voir.

Symbole signifie *collation*. Quelle collation, s'il vous plaît, Monsieur ? Le léger repas qu'on prend l'après-dînée ? Jamais. La confrontation de deux manuscrits, d'une copie et de son original, etc, ? Nulle part. Le droit de conférer un bénéfice ? Encore moins. Que voulez-vous donc dire avec votre *collation* ? C'est plaisanter, comme vous voyez, un peu à contresens ; ce qui ne peut manquer de faire rire *les gens instruits*.

Symbole, Monsieur (*Symbolon*), signifie quelquefois signe, marque ; quelquefois ce qu'on réunit, ce qu'on rassemble. Les chrétiens ont donc pu l'appliquer raisonnablement à l'assemblage ou réunion des principaux articles qui les distinguent.

Epiphanie signifie surface. Soit : nous ne voulons pas vous le contester. Mais il signifie aussi *apparition, manifes tation.* L'application de ce mot à la fête, où, selon les chrétiens, une étoile *apparut* aux mages, et où Jésus *se manifesta* aux gentils, est donc assez juste, et votre plaisanterie assez froide.

· *Les moines s'appelaient idiotoi.* Encore un *oi, Basiloi, démonoi, idiotoi !* En vérité, vos imprimeurs genevois ont un goût décidé pour les *oi.* Est-ce qu'ils croient que tous les mots grecs se terminent en *oi ?* Dites-leur, s'il vous plaît, Monsieur, de mettre *idiotai.*

Les moines s'appelaient idiotoi, etc. Vous voulez faire entendre à l'agréable lecteur que les moines sont des *idiots,* et les solitaires des *sots :* cela est joli. Mais le mot grec signifie autre chose que des solitaires et des moines. Pourquoi induire en erreur les *honnêtes gens* qui vous lisent ?

· *Ne voulait dire d'abord,* etc. Eh ! non, Monsieur, ni d'abord, ni jamais. Il signifia d'abord un particulier, un homme privé, puis un homme du commun, puis un homme peu instruit, etc. Si dans la suite on l'appliqua aux moines, c'était aux frères lais et sans grade ecclésiastique (1).

Demonoi ! idiotoi ! M. Larcher n'en sait rien, et nous vous sommes trop attachés pour aller le lui dire : il appellerait encore cela des *petits bouts d'or*..... qu'il faudrait cacher, et que vous laissez voir. Cachez, Monsieur, cachez vite.

Si vous vous trompez quelquefois sur les noms, vous ne vous méprenez pas moins sur les verbes. Exemple :

Texte. «Une corneille, si l'on en croit Suétone, s'écria dans le Capitole, lorsqu'on allait assassiner Domitien : *Estai panta kalôs,* c'est fort bien fait, tout est bien. » (Voyez *Introduction à l'Essai sur les mœurs,* art. des Miracles, page 146.

Comment. *Estai panta kalôs,* Monsieur, ne signifie pas *c'est fort bien fait,* mais *tout ira bien, tout réussira. Les*

(1) *Sans grade ecclésiastique.* Voyez la nouvelle édition du *Dictionnaire de Ducange,* par M. l'abbé Carpentier, *Aut.*

Romains ne pensaient pas, comme vous, qu'*on ne saurait prédire l'avenir* ; ils croyaient même que les corneilles le prédisaient souvent : *Sæpè prædixit ab ilice cornix.*

C'est apparemment votre antipathie pour les prédictions, plutôt que vos correcteurs d'épreuves, qui vous a fait changer ici l'avenir en présent : mais quand on traduit, on doit moins consulter son goût que son texte. Ces mots de la corneille aux conjurés ne sont pas une apppobation de leur entreprise, mais une prédiction de succès. *Estai*, Monsieur, est un futur, et non pas un présent.

Ce n'est pas assez de vous avertir, nous voulons encore vous défendre. Vous avez dit :

TEXTE. « Jean Castriot était fils d'un despote, c'est-à-dire d'un prince vassal ; car c'est ce que signifiait despote, et il est étrange que l'on ait affecté le mot de despotique aux grand souverains qui se sont rendus absolus. » (Phil. de l'hist. — Voyez *Politique et Législation*, tome II, chapitre cx, pag. 431, tome XVII des *Œuvres*.)

COMMENT. On a triomphé de cette méprise, vous le savez, Monsieur ; et en effet, cette assertion, que *despote signifiait un prince vassal,* cet étonnement qu'on *ait affecté le mot de despote aux grands souverains qui se sont rendus absolus,* etc., tout cela ne peut guère être une faute typographique. Mais il nous semble que M. Larcher a quelque tort de tant se récrier sur cette bévue : plus elle est lourde, plus elle est excusable.

Le moindre écolier sait que *despote* signifiait non un *prince vassal,* mais *un maître et un maître absolu, qui commande à ses esclaves.* On sent donc d'abord que ce ne peut être, de votre part, qu'un moment de distraction. Et qui n'a pas ses absences ? Nous comprenons très aisément que vous pouvez bien avoir aussi les vôtres.

De ces légères méprises sur la langue grecque, et de beaucoup d'autres que nous pourrions y ajouter, conclurons-nous, avec quelques chrétiens, que vous entendez mal le grec ? La conclusion serait malhonnête : à Dieu ne plaise que *nous poussions l'horreur* jusque-là ! Nous en conclurons seulement deux choses : l'une que, quand vous traduisez le grec, vous devriez le faire avec un peu plus d'attention; l'autre que quand il est question de grec, vous devriez veiller avec plus de soin sur vos typographes.

Ces précautions, il est vrai, ne sont pas nécessaires pour persuader à vos agréables que vous savez supérieurement le grec : ces *honnêtes gens* vous en croiront volontiers sur votre parole, et prendront, tant que vous voudrez, pour du plus pur grec, quelques mots estropiés qu'ils n'entendront pas.

Mais vous ne vous bornez pas, sans doute, à l'approbation et aux applaudissements de tels lecteurs : votre nation et les nations étrangères ont des savants, dont les suffrages ne doivent pas vous être indifférents. Il pourrait être à craindre que ces grands éloges que vous faites de la langue grecque ne leur parussent un vain masque d'érudition ; vos citations, un charlatanisme ; et ces fréquentes méprises, des preuves trop convaincantes d'un médiocre savoir en ce genre.

Pour nous, Monsieur, nous ne les avons relevées qu'afin de vous mettre à même de les réformer dans votre nouvelle édition, si vous le jugez à propos. Quand elles y resteraient, nous ne les y regarderions jamais que comme des taches légères, dont on ne doit être ni surpris, ni choqué.

> Non ego paucis
> Offendar maculis; quas aut incuria fudit,
> Aut humana parum cavit natura.

La nature est si faible et l'on a tant d'affaires !

XVe EXTRAIT.

*De la connaissance des langues : suite. Des langues hé-
braïque, chaldaïque, etc.*

Quand on veut se mêler de critiquer quelque ouvrage,
on doit, avant tout, savoir la langue dans laquelle il est
écrit.

Vous l'avez senti, Monsieur ; et c'est par cette raison que
vous avez donné, dit-on, une partie considérable de votre
temps et de vos soins à l'étude de l'hébreu. Le succès a couronné vos travaux : nous en sommes convaincus, comme
nous le devons.

Mais nous craindrions que d'autres ne conçussent là-dessus
quelques doutes, si vous ne changiez dans votre nouvelle
édition certains raisonnements qu'on trouve dans les précédentes ; nous vous en citerons quelques-uns.

§ I. *Pauvreté et difficulté de la langue hébraïque. Preuve
qu'en donne le savant critique : observation sur ces
preuves.*

Un des premiers fruits que vous avez retirés de votre application à l'étude de la langue que parlaient nos pères, c'est
d'apprendre qu'*elle était pauvre et presque inintelligible.*
Vous essayez même d'en donner des preuves.

TEXTE. « Cette langue était pauvre comme tous les
idiomes barbares ? le même mot servait à plusieurs idées
(Voyez *Facéties*, Lettres d'un Quaker, page 170, tome
XLVI des Œuvres).

COMMENT. Nous ne prétendons point que ce soit une

preuve de richesse dans une langue, que le même mot y *serve à plusieurs idées* : mais en est-ce une de pauvreté et de barbarie ?

Ce défaut, Monsieur, n'est pas particulier aux idiomes barbares : on en trouve dans les langues les plus polies et les plus riches, dans celle des Grecs et dans celle des Romains et dans la vôtre (1), langues qui ne sont pas *des idiomes barbares.*

Votre premier raisonnement sur la *pauvreté* et la *barbarie* de la langue hébraïque pourrait donc bien n'être pas une démonstration. Vous ajoutez :

TEXTE. « Les Juifs, privés des arts, ne pouvaient exprimer ce qu'ils ignoraient. (Tolér. Voyez *Politique et Législation*, tome II, *Traité de la tolérance*, art. extrême tolérance des Juifs, page 141, t. XXVII des *OEuvres.*)

COMMENT. Les Juifs parlaient la même langue que les Phéniciens, et les Phéniciens n'ignoraient pas les arts, eux qui les enseignèrent aux Grecs, etc. Pourrait-on dire que les Lucquois, qui parlaient italien, avaient une langue *pauvre*, et que les Florentins, qui parlaient italien comme eux, en ont une *abondante et riche ?*

Vous diriez peut-être que nous prétendons mal à propos que les Juifs parlaient la] langue des Phéniciens. Mais nous ne l'avançons, Monsieur, que d'après d'illustres savants, d'après vous-même ; car, selon vous :

TEXTE. «Les Juifs ne parlèrent longtemps en Chanaan que la langue des Phéniciens. (Voyez *Introduction à l'Essai sur les mœurs*, art. des Phéniciens, page 51.)

COMMENT. Rien de plus positif. Les Juifs *parlèrent la langue des Phéniciens; ils la parlèrent longtemps ;* et il serait difficile de marquer, depuis Jacob jusqu'à la captivité de Babylone, un temps où ils ne la parlèrent pas.

---

(1) *Dans la vôtre.* Par exemple : *botte* de foin, *botte* à monter à cheval, *botte*, coup de fleuret ou d'épée, etc. Voilà pour un seul mot *plusieurs idées*, et bien disparates. *Aut.*

Direz-vous donc que la langue des Phéniciens était pauvre? Mais, selon vous, encore :

Texte. « Les langues les plus complètes sont nécessairement celles des peuples qui ont le plus cultivé les arts et les sciences. (Premiers mélanges. — Voyez *Dictionnaire philosophique*, art. Langues, t. XLI des *OEuvres*.)

Comment. On ne peut mieux : or, les Phéniciens cultivaient les sciences et les arts. Aussi, ajoutez-vous :

Texte. « La langue des Phéniciens était l'idiome d'un peuple industrieux, commerçant, riche, répandu dans toute la terre. » (*Ibid.*)

Comment. Leur langue devait donc être, dans vos principes, une langue des plus *complètes et des plus riches*. Et vous prétendez que la langue des Hébreux, *qui parlaient la langue des Phéniciens*, devait être *une des langues les plus pauvres?*

En vérité, Monsieur, il n'est pas tout-à-fait aisé de concilier ces assertions.

Mais :

Texte. « Les noms de géométrie et d'astronomie furent absolument inconnus chez les Juifs (*Dict. Phil.*, art. Fables, Dialogues curieux. — Voyez *Dialogue* XXIV, 17e entretien, page 321, t. XXXVI des *OEuvres*.)

Comment. *Les noms de géométrie et d'astronomie*, etc. Mais, 1° les Babyloniens étaient astronomes, les Egyptiens géomètres, les Phéniciens l'un et l'autre. Voudriez-vous bien nous dire, Monsieur, quels étaient les noms de l'astronomie et de la géométrie à Babylone et en Egypte? Apprenez-nous du moins comment les Phéniciens nommaient ces sciences?

2° Ne voyez-vous pas que votre raisonnement suppose que tous les mots de la langue hébraïque doivent se trouver dans les livres qui nous restent des anciens Hébreux? supposition fort raisonnable !

Quoi ! Monsieur, il est probable, ou plutôt il est certain que tous les termes et toutes les connaissances des Grecs et des Latins ne nous sont point parvenus, quoiqu'il nous reste tant d'ouvrages des uns et des autres ! et vous prétendriez que tous les mots de la langue hébraïque, toutes les connaissances des Hébreux doivent se trouver dans un seul volume, échappé à la perte de tant d'autres; volume à porter dans la poche !

3° Ignorez-vous, Monsieur, ce que signifie le mot *ihekounah?* Vous nous répondrez que ce mot n'est point dans la Bible. Nous le savons, Monsieur ; mais si le dérivé n'y est pas, la racine si trouve.

TEXTE. « Comment les Hébreux auraient-ils pu avoir des termes de marine, eux qui, avant Salomon, n'avaient pas un bateau? (Premiers Mélanges. — Voyez *Dictionnaire philosophique*, art. Langues, tome XLI des *Œuvres.*)

COMMENT. Comment les Genevois, qui n'ont pas une corvette armée en guerre, peuvent-ils avoir dans leur langue des termes de marine militaire ? Parce que les Genevois parlent français, et que les Français ont une marine militaire, et des termes de marine militaire dans leur langue.

C'est ainsi que les Hébreux pouvaient avoir des termes de marine, sans avoir *un bateau ;* parce qu'ils parlaient la langue des Phéniciens, qui avaient des flottes.

Au reste, Monsieur, quand vous prétendez qu'*avant Salomon* les Hébreux n'avaient pas *un bateau*, vous oubliez un peu le cantique de Débora, qui peint Aser tranquille dans ses *havres*, Dan occupé de ses *navires.*

TEXTE. « Comment des termes de philosophie, eux qui furent plongés dans une si profonde ignorance, jusqu'au temps où ils commencèrent à apprendre quelque chose dans leur transmigration, etc. (*Ibid.*)

COMMENT. Comment *des termes de philosophie ?* Comme les Phéniciens.

Eux qui furent plongés dans une si profonde ignorance, jusqu'au temps, etc. Vous outrez beaucoup les choses :

Monsieur, sans parler de l'auteur du *Pentateuque*, Jérémie, Isaïe, d'autres prophètes, Salomon, qui composa un si grand nombre d'ouvrages, David, auteur de tant de touchants et sublimes cantiques, etc., vivaient avec la transmigration, et ce n'étaient assurément pas là des gens *plongés dans une profonde ignorance*. On pourrait soutenir et prouver que des hommes regardés de notre temps, avec raison, comme des écrivains estimables et des poètes excellents, n'approchent pas de ces anciens Hébreux non-seulement pour l'élévation des pensées, pour la justesse et la variété des images, mais même pour l'énergie, le feu, la richesse des expressions, etc.

Plongés dans une si profonde ignorance !

Voilà le ton de la passion, Monsieur; l'humeur vous gagne. Changeons de matière.

§ II. *De l'obscurité de la langue hébraïque. Si elle est telle, que nos livres saints soient absolument inintelligibles.*

De la pauvreté vous passez à la difficulté, ou plutôt à l'inintelligibilité de notre langue.

TEXTE. « Cette langue a des difficultés insurmontables. C'est un mélange de phénicien, de syrien, etc.; et cet ancien mélange est très altéré aujourd'hui. L'hébreu n'eut jamais que deux modes aux verbes, le présent et le futur; il faut deviner les autres modes.... Chaque adverbe a vingt significations différentes : le même mot est pris en des sens contraires. » (Tolér. Voyez *Politique et Législation*, tome II, *Traité de la tolérance*, art. extrême tolérance des Juifs, page 141, tome XXX des *OEuvres*.)

COMMENT. Reprenons. *Cette langue a des difficultés insurmontables*, etc. Mais quelle langue ancienne n'a pas ses *difficultés*? Est-il un ancien auteur, même latin, qui n'offre des *difficultés insurmontables*? On ne laisse pas que d'entendre la plus grande partie de ces auteurs. Il en est de même à proportion de nos Ecritures ; quoique obscures en plusieurs endroits, elles sont communément assez claires, pour qu'on entende certainement tout ce qu'il est nécessaire de savoir sur le dogme et sur les mœurs.

C'est un mélange de phénicien, de syrien, etc. L'hébreu était moins un *mélange* de phénicien, de syrien, etc., que la langue même des Phéniciens ; c'était aussi, du moins pour le fond, la langue des Syriens, [des Chaldéens, des Arabes, etc. Tous ces idiomes, en effet, n'étaient que des dialectes d'une langue générale et commune à tous ces pays, qu'on peut appeler *langue orientale*. C'est ainsi qu'en parlent *les vrais savants* (1) ; et cette observation, Monsieur, si vous l'eussiez faite, vous aurait épargné bien des petites méprises et des raisonnements peu justes.

Cet ancien mélange est aujourd'hui très altéré. Nous ne prétendons pas que l'hébreu se soit conservé sans aucune altération ; à peine le pourrait-on dire du grec et du latin.

Chaque adverbe a vingt significations différentes, etc. Ouvrez, Monsieur, le premier dictionnaire grec, vous verrez que la plupart des prépositions grecques ont *vingt significations* différentes, et que le même mot y est pris fort souvent en des sens *contraires*.

L'hébreu n'a que deux modes, etc. Le célèbre grammarien *du Marsais* aurait dit *deux temps*. Le présent et le futur sont des temps, Monsieur, et non des *modes*. Passons cette petite incorrection grammaticale à un grand homme *occupé de vingt sciences*.

Le présent et le futur. Un hébraïsant du commun aurait dit *le prétérit et le futur* ; mais vous n'êtes pas un hébraïsant ordinaire.

(1) *Les vrais savants.* Voyez, entre autres, les ouvrages du savant Michaëlis; Lowth, *De sacrâ poesi Hebræorum*, etc. *Aut.*

L'hébreu n'a en effet que *deux temps*, *et il faut deviner les autres* ; mais il est souvent assez aisé de les *deviner*. Voyez, Monsieur, la grammaire de M. l'abbé Ladvocat.

Au reste, nous convenons sans peine que notre langue eût été plus claire si elle eût eu tous les temps de la langue grecque et de la langue française, et nous ne nions pas que ce défaut ne jette quelque obscurité sur nos Ecritures.

§ III. *Pourquoi principalement la langue hébraïque vaît obscure et pauvre.*

Mais ce qui contribue plus que toute autre chose à faire paraître la langue hébraïque pauvre et obscure, c'est que nous n'avons actuellement dans cette langue qu'un seul volume peu considérable. Quelle langue ne paraîtrait point telle, s'il ne lui en restait pas davantage ? Que serait-ce que le grec même, si de tous les livres grecs nous n'avions plus qu'Hérodote, Eschyle et Pindare ?

Voilà, Monsieur, la vraie raison de la difficulté et de l'indigence actuelle de l'hébreu. De là vient qu'une multitude de termes de sciences et d'arts, etc., nous sont absolument inconnus maintenant, quoiqu'ils fissent autrefois partie de cette langue. Combien, par exemple, de termes que nous ignorons actuellement se seraient trouvés dans les écrits de Salomon sur la botanique et sur l'histoire naturelle, si ces ouvrages fussent parvenus jusqu'à nous ! de là vient encore qu'on n'a pas dans l'hébreu, comme dans les autres langues, l'avantage de pouvoir comparer une foule de textes les uns aux autres, pour juger par-là du sens des mots. C'était donc sur cette raison que vous auriez dû insister particulièrement, et c'est précisément de celle-là que vous ne parlez pas.

Après tout, si cet inconvénient répand nécessairement quelque obscurité sur divers passages de nos livres saints,

II. 23

elle n'est pas telle qu'on en entende très clairement la plus
grande et la seule nécessaire partie. Et le peu qui nous reste
de nos écrivains suffit pour convaincre tout homme de lettres
impartial, que leur langue, loin d'être *sèche et pauvre*,
comme vous le dites, était au contraire abondante et riche.
Qu'on lise Jérémie, Isaïe, et qu'on dise si la pureté, l'é-
légance, la noblesse et la pompe des expressions leur man-
quent. Manquent-elles à David dans ses psaumes, à Moïse
dans ses cantiques, à l'auteur de Job, l'Homère, c'est-à-
dire, tout à la fois le plus ancien et le plus parfait de nos
poëtes ? Quel hébraïsant vous êtes, Monsieur, si dans
leurs divins écrits la langue hébraïque vous a paru *sèche*
et pauvre !

§. VI. *Du mot* Israël. *Si Jacob n'a pu avoir le nom*
*d'*Israël, *et les Hébreux celui d'*Israélites, *qu'après ou*
pendant la captivité de Babylone. Oubli et contradic-
tions du critique.

De ces réflexions générales sur la langue hébraïque,
passons à quelque détails, et, puisque les noms d'*Israël*
et d'*Israélites* se présentent d'abord à nous, voyons ce
qu'il vous a plu d'en dire.

TEXTE. « Philon dit qu'*Israël* est un terme chaldéen,
que c'est un nom que les Chaldéens donnèrent aux justes
consacrés à Dieu, qu'*Israël* signifie *voyant Dieu*. Il paraît
donc prouvé, par cela seul, que les Juifs n'appelèrent Jacob
Israël, et qu'ils ne se donnèrent le nom d'*Israélites*, que
lorsqu'il eurent quelque connaissance du Chaldéen. Or, ils
ne purent avoir connaissance de cette langue, que quand
ils furent esclaves en Chaldée. Est-il vraisemblable que dans
les déserts de l'Arabie Pétrée ils eussent déjà appris le Chaldéen ? (*Phil. de l'hist.* — Voyez *Introduction à l'Essai sur*
les mœurs, art. Si les Juifs ont enseigné les autres nations,
page 231, tome XVI des *Œuvres*.)

COMMENT. On vous accorde, Monsieur, que Philon prétend qu'*Israel est un terme Chaldéen*, et que *les Juifs n'apprirent pas le chaldéen dans les déserts de l'Arabie.*

Vous en concluez précipitamment « qu'ils ne purent avoir quelque connaissance dans cette langue que quand ils furent esclaves en Chaldée. » Permettez-nous de vous le dire, Monsieur, cette conclusion n'est pas juste.

D'abord vous êtes mal servi par votre mémoire. Vous ne vous rappelez plus qu'Abraham était *chaldéen;* que Sara sa femme, Loth son neveu, et toute leur famille, étaient de Chaldée ; que Rebecca, femme d'Isaac, était de la famille de Nachor, frère d'Abraham, et chaldéen comme lui ; que ce fut dans cette famille chaldéenne que Jacob se réfugia pour se soustraire au ressentiment de son frère ; qu'il y épousa deux femmes, et qu'il y eut plusieurs enfants ; et que ce fut peu de temps après avoir quitté cette famille, qu'il reçut de l'ange le nom d'*Israël.* Ce patriarche, qui descendait des Chaldéens, qui avait vécu si longtemps dans une famille chaldéenne, et ses enfants qui y étaient nés, pouvaient donc avoir quelque connaissance de la langue chaldéenne, et transmettre à leurs descendants ce nom chaldéen et sa signification, quand même cette langue aurait été fort différente de la langue hébraïque.

Mais, comme nous l'avons déjà dit plus haut, au jugement des savants, les langues qu'on parlait alors en Chaldée, en Syrie, dans la Palestine, etc., n'étaient que des dialectes d'une même langue. Vous dites vous-même que *l'hébreu était un jargon mêlé de chaldéen.* Il n'était donc pas nécessaire que les Hébreux devinssent *esclaves des Chaldéens,* pour avoir l'intelligence et l'usage d'un mot chaldéen.

Ce n'est pas tout : il y a dans votre raisonnement, Monsieur, une méprise, ou plutôt (permettez-nous le terme, car il faut bien nommer les choses par leur nom) une

bévue inconcevable dans un homme comme vous , qui vous
piquez d'érudition ! Comment, direz-vous? Le voici :

Non seulement le nom d'*Israël* est un terme chaldéen ,
selon Philon , mais tous les noms propres depuis Adam jusqu'au roi Sédécias emmené captif à Babylone , mais tous
les mots hébreux, sans en excepter un seul, sont pour lui
des termes chaldéens ; la langue hébraïque est la langue chaldéenne , et les Hébreux eux-mêmes sont des Chaldéens ; en
un mot, hébreu et chaldéen , ce sont pour cet écrivain des
termes absolument synonymes. C'est ainsi qu'il s'exprime ,
non dans un endroit ou deux , mais à toutes les pages ,
partout (*passim*) dit Thomas Mangey , le dernier éditeur
de Philon (1).

Donc dire, comme vous faites, « que le nom d'Israël
est un terme chaldéen, selon Philon et que les Hébreux
ne purent avoir quelque connaissance de la langue chaldéenne
qu'en Chaldée, » c'est dire que les Hébreux ne purent apprendre l'hébreu *que quand ils furent esclaves en Chaldée.*
Voilà, Monsieur, à quoi l'on s'expose en citant des auteurs
qu'on n'a pas lus.

Ouvrez enfin, ce que vous n'avez probablement jamais
fait, ouvrez Philon que vous citez , et lisez-en seulement les
trois ou quatre premières pages ; vous y verrez que tout ce
que nous venons de dire est exact.

Vous y verrez que ce Juif philosophe platonicien , pour
accommoder à ses allégories les noms de nos patriarches,
leur attribue sans scrupule des significations différentes de
celles que leur donnent nos livres saints. C'est ce qu'il fait
entre autres (page 3), pour le nom de Noé et pour le nom
d'Israël, les dérivant tous deux d'autres racines que nos
écrivains sacrés, et traduisant l'un par *repos* , et l'autre par

---

(1) *Editeur de Philon.* En voici un exemple. Philon dit « que la loi
donnée en langue *chaldéenne*, sur le mont Sinaï, fut traduite du *chaldéen* en grec , par l'ordre de Ptolémée Philadelphe. » Qui ne voit qu'ici
le chaldéen est l'hébreu ? *Aut.*

voyant Dieu. Il n'ignorait pas que la *Genèse* donna au nom d'Israël une autre signification, puisqu'il dit ailleurs (1) que *l'oracle fit entendre ces paroles à Jacob : « Tu ne t'appelleras plus Jacob, mais Israël, parce que tu as prévalu avec Dieu et les hommes.* » Mais l'autre sens s'adaptait mieux à ses idées allégoriques, et l'un et l'autre étaient également fondés sur des racines très hébraïques (2).

Du reste, il ne faut point être surpris de voir Philon mettre indifféremment l'un pour l'autre les termes d'hébreu et de chaldéen : il s'est cru d'abord autorisé à les confondre, par la ressemblance des deux idiomes, et par le long séjour des Hébreux en Chaldée, d'où leurs aïeux étaient originaires.

A Philon, Monsieur, vous joignez Josèphe. Vous dites :

TEXTE. « Israël signifie *voyant Dieu*, comme nous l'apprend Philon dans son *Traité des récompenses et des peines*, et comme nous le dit l'historien Josèphe dans sa *Réponse à Appion.* » (Homélie sur l'athéisme. — Voyez *Philosophie*, t. 1er. Homélie sur l'athéisme, p. 431 et 432, tome XXXII des *Œuvres. Dict. philosoph.*, art. *Abraham.*)

COMMENT. Vous allez rire de notre simplicité, Monsieur. Nous sommes de bonnes gens, il faut l'avouer. En relisant ce passage et trois ou quatre autres où vous répétez à peu près la même chose, nous nous sommes dit à nous-mêmes : Josèphe a-t-il parlé de la sorte, ou M. de Voltaire le citerait-il à faux ?

Dans cette incertitude, nous avons lu et relu sa *Réponse à Appion*, mais toujours sans y rien trouver qui ressemblât à ce que vous lui faites dire.

---

(1) *Il dit ailleurs.* Voyez son Traité de Ebrietate. Aut.

(2) *Racines très hébraïques.* Is, gomme ; *rah*, qui voit : el, Dieu. *Sarah*, être prince ou supérieur, l'emporter et prévaloir. El, Dieu ; *Israël*, qui l'emporte, qui prévaut avec ou contre Dieu, c'est-à-dire, contre l'ange de Dieu. Les anges sont quelquefois appelés dieux (*Elohim*) dans l'Ecriture. Aut.

Las de chercher inutilement dans sa *Réponse à Appion*, nous avons parcouru ses *Antiquités* : et nous avons trouvé, quoi ? précisément tout le contraire de ce que vous lui attribuez. Il y dit expressément (1) qu'après la lutte, « L'ange ordonna à Jacob de prendre le nom d'*Israël*, qui signifie, en langue hébraïque, *luttant contre l'ange de Dieu et lui résistant*. » C'est ainsi, Monsieur, qu'il faut compter sur vos citations, même répétées dans trois ou quatre endroits !

Venez nous dire encore qu'*Israël est un nom chaldéen*; que *Josèphe l'assure* : et avec votre ton ironique, que *vraisemblablement les Juifs n'apprirent pas le chaldéen dans les désert de l'Arabie Pétrée*. Cette ironie, Monsieur, ne prouve, ce nous semble, ni votre attention à lire les auteurs que vous citez, ni l'étendue de vos connaissances dans les langues hébraïque et chaldéenne, etc.

§ V. Des noms de Dieu usités chez les Juifs. Méprises et contradictions de l'illustre écrivain sur ce sujet. Du mot El.

Ce n'en est pas non plus une preuve, que la manière dont vous parlez des noms de Dieu employés par nos pères.

Vous dites :

TEXTE. « Ces polissons de Juifs sont si nouveaux, qu'ils n'avaient pas même en leur langue de nom pour signifier Dieu. » (*Dict. phil.*, art. *Abraham*, Dialogues. — Voyez *Dialogue* XXIX, 17e entretien, page 32), t. XXXVI des OEuvres.)

COMMENT. *Ces polissons*, etc. Ce terme n'est pas des plus honnêtes, Monsieur ; il vous devient un peu familier.

---

(1) *Expressément.* Voyez *Antiquités*, livre 1 chapitre XX. *Aut.*

Quand vous le prodiguez à des gens de lettres estimables (1),
on ne peut qu'en être choqué ; mais quand vous l'ap-
pliquez à une nation entière, on ne doit qu'en rire.

Sont si nouveaux, etc. Jamais les Juifs n'ont prétendu
être le plus ancien peuple du monde.

Une telle prétention contredirait toutes leurs annales.

N'avaient pas même dans leur langue, etc. Avant d'aller plus loin, Monsieur, permettez qu'on vous demande
quelle était la première langue des Juifs. Car enfin ces
polissons n'étaient pas sortis de terre, ils étaient nés chez
quelqu'un des peuples plus anciens qu'eux ; par conséquent
ils avaient une langue. Quelle était, s'il vous plaît, Monsieur, cette ancienne langue dans laquelle on ne connaissait pas le nom de Dieu ?

N'avaient pas de nom pour signifier Dieu. Voilà du
nouveau, pour ne pas dire du bizarre. Quoi ! Monsieur,
quand Abraham et sa famille quittaient leur patrie pour obéir
à l'ordre de Dieu, quand ils se transportèrent dans une
terre étrangère pour professer librement le culte du seul
vrai Dieu, Abraham et sa famille n'avaient pas en leur
langue de *nom pour signifier Dieu* ? Y pensez-vous ?

Abraham chaldéen, et sa famille chaldéenne comme lui,
parlaient chaldéen, apparemment. Or, les Chaldéens avaient
dans leur langue au moins *un nom pour signifier Dieu*,
témoin, selon vous, *Israël*, *voyant Dieu*; *Babel*, *ville
de Dieu*; *El*, *nom de Dieu.* Car :

TEXTE. » Ce nom (El) était originairement chaldéen.
(Voyez *Philosophie*, tome 1ᵉʳ, Homélie sur l'athéisme,
page 431.)

COMMENT. Et le père des croyants, qui était chaldéen,
n'aurait pas su le nom de Dieu en chaldéen ! Sentez-vous

(1) *A des gens de lettres estimables*, etc. Nous apprenons que l'illustre écrivain l'applique, entre autres, très fréquemment à M. Rousseau de Genève. *Edit.*

Monsieur, combien tout cela est sensé, judicieux, conséquent?

Voici quelque chose qui ne l'est pas moins.

TEXTE. « Ce mot *El* désignait Dieu chez les premiers
Phéniciens. C'est de la Phénicie que les Juifs prirent tous
les noms qu'ils donnèrent à Dieu. » (*Phil de l'hist.* — Voyez
Introduction à l'Essai sur les mœurs, page 64.

COMMENT. Ainsi Abraham chaldéen, et sa famille chal-
déenne, vinrent en *Phénicie* emprunter un mot *chaldéen*.
Ces belles choses nous sont débitées froidement dans les
Mélanges de Philosophie, dans une *Raison par alphabet*!
Ecrivez *Déraison* (1).

§ VI *Du mot* Elohim.

On trouve, Monsieur, dans votre *Dictionnaire philosophique*, ou *Raison par alphabet*, au sujet du mot *Elohim*
du premier verset de la *Genèse*, une réflexion qui pourrait bien encore n'être pas des plus raisonnables. Vous
dites :

TEXTE. « Il n'y a point d'homme un peu instruit qui ne
sache que le texte porte : *Au commencement les dieux
firent*, ou *les dieux fit le ciel et la terre.* »

COMMENT. *Il n'y a point d'homme un peu instruit qui
ne sache*, etc. Oui, *qui ne sache* que dans la langue hébraïque divers mots, quoique pluriels, ou ayant une terminaison plurielle, ne peuvent être traduits que par le
singulier, surtout lorsque ces noms sont joints à des verbes
ou à des adjectifs singuliers, et que le sens indique qu'il
n'est question que d'un seul objet.

Par exemple : quoique les mots *Misraïm, Ephraïm*,

---

(1) *Ecrivez déraison.* Nous ne goûtons point cette plaisanterie : nous
pensons que nos auteurs ne se la sont permise que parce qu'elle est
calquée sur quelques-unes de M. de Voltaire. *Edit.*

etc., aient une terminaison plurielle, on voit bien qu'ils ne peuvent signifier que le singulier, quand il est question de Mosraïm, fils de Cham, et d'Ephraïm, petit fils de Jacob. De même, le mot *adonim*, est pluriel; mais il est évident que ce mot, quand les enfants de Jacob l'adressèrent en Egypte à leur frère Joseph seul, ne doit ni ne peut être rendu par le pluriel *seigneurs*, mais par *seigneur* au singulier.

Il faut en dire autant du mot *Elohim*. Ce mot, quoique pluriel, lorsqu'il est réuni, comme dans le premier verset de la *Genèse*, à un verbe singulier, ou lorsqu'il est appliqué à Dieu dans les passages où l'on déclare expressément que Dieu est un, ne peut signifier que le singulier.

Aussi *n'y a-t-il point d'homme un peu instruit qui ne sache* que traduire les mots *Bara Elohim* par *les dieux firent* ou *les dieux fit*, c'est non-seulement parler un langage barbare, mais faire un contre-sens grossier, et montrer une connaissance fort superficielle du génie de la langue hébraïque.

Ces mots pluriels, construits avec des verbes ou des noms singuliers, et ne signifiant que le singulier, peuvent vous paraître bizarres. Mais cette bizarrerie, si c'en est une, n'est pas particulière à la langue hébraïque; on en trouve des exemples dans beaucoup d'autres langues. Ainsi, pour vous rappeler votre grammaire grecque, quand les Grecs disent *zôa trechei*, quoique *trechei* soit au singulier, on doit traduire, non pas les *animaux court*, mais *les animaux courent* : quand ils disent, *oi peri ton Alexandron*, il faut traduire *Alexandre*, et non pas *ceux qui sont autour d'Alexandre*.

Vous avez même quelque chose d'approchant dans votre langue, où le pronom *vous*, quoique pluriel, n'indique pourtant très souvent que singulier. Si l'on disait, par exemple, à quelqu'un : Monsieur, vous êtes un très bel esprit, mais vous n'êtes pas un profond hébraïsant; il est clair que ces mots *vous êtes* et *vous n'êtes pas*, quoique pluriels, adressés à une seule personne, et construits avec le mot *un*, ne pourraient signifier que le singulier. Dans cet exemple, et dans tous les autres semblables, le mot *vous* ne prouve pas que l'on parle à plusieurs, mais seulement que l'on parle à quelqu'un qu'on honore et qu'on respecte.

C'est peut-être par une raison semblable que les Hébreux s'étaient accoutumés à mettre au pluriel les noms qui signifient puissance, force, dignité, etc., tels que les mots *Elohim*, *Adonim*, et peut-être le mot *Adonaï*. Car, s'il en faut croire nos rabbins, ce mot est un vrai pluriel: quoiqu'on le rende toujours, et avec raison, par le singulier.

Cependant, pour appuyer votre traduction des mots *Bara Elohim*, vous faites l'observation suivante.

TEXTE. « Cette leçon est d'ailleurs conforme à l'ancienne idée des Phéniciens, qui avaient imaginé que Dieu employa des dieux inférieurs pour débrouiller le chaos. Il est bien naturel de penser que quand les Hébreux se furent emparés de quelques villages, et qu'ils eurent enfin un petit établissement vers la Phénicie, ils commencèrent à en apprendre la langue, surtout lorsqu'ils y furent esclaves. Alors ceux qui se mêlèrent d'écrire, apprirent quelque chose de l'ancienne théologie de leurs maîtres.» (Dict. phil., art. *Genèse*).

COMMENT. *Cette leçon*, etc. Dites, s'il vous plaît, cette traduction. Une *leçon* est une façon de lire un texte; et ces mots *les dieux firent*, ou *les dieux fit*, ne sont qu'une traduction infidèle et barbare. Traduction n'est pas leçon: vous vous expliquez mal.

Est conforme à l'ancienne idée des Phéniciens, etc. Ainsi, à vous en croire, les Hébreux prirent des idées qu'ils n'ont jamais eues, chez les Phéniciens, qui probablement ne les avaient pas !

Non, Monsieur, les Hébreux n'admettaient point de dieux subalternes dans le grand ouvrage de la création. C'est à la parole, à la volonté seule de Dieu que l'auteur de la *Genèse* l'attribue. *Dieu dit : Que l'aride paraisse, et l'aride parut:*

que la lumière soit, et elle fut, etc. Cette cosmogonie était celle de David, celle d'Isaïe, etc. *Il a dit, et tout a été fait : il a ordonné, et tout a été créé.* Cosmogonie sublime, qui en deux mots, dit tout et répond à tout ; cosmogonie si raisonnable et si vraie, que tous les prétendus sages anciens et modernes, qui s'en sont écartés, ou qui ont prétendu nous en apprendre davantage, n'ont dit que du bavardage et des absurdités. Voilà Monsieur, la cosmogonie des Hébreux. Où trouvez-vous là des dieux subalternes employés à débrouiller le chaos ?

Quant aux Phéniciens, c'est surtout par le fragment de Sanchoniaton que l'on connaît leur cosmogonie. Or, dans ce fragment, on ne voit point de dieu suprême présider *au débrouillement du chaos*. A s'en tenir au grec du traducteur Philon, la matière entre seule dans cette cosmogonie ; la Divinité n'y est pour rien. C'est, selon la remarque d'Eusèbe, une vraie cosmogonie de matérialistes.

Qui ne sait d'ailleurs que les dieux des Phéniciens étaient les éléments et les astres ? Ces *prétendus dieux subalternes* pouvaient-ils débrouiller le chaos ? Ils naissent eux-mêmes, dans la cosmogonie phénicienne, de cette matière informe dont ils faisaient partie. Ni les Hébreux, ni les Phéniciens, n'ont donc pensé que *Dieu employa des dieux inférieurs pour débrouiller le chaos.*

Ce n'est pas qu'en levant, à l'aide de la langue hébraïque, le voile de l'allégorie, on ne puisse apercevoir quelques rapports entre la cosmogonie de Sanchoniaton et celle de Moïse (1) ; mais ces rapports ne sont pas ceux que vous imaginez. Ils ne prouvent pas l'emprunt dont vous parlez ; ils prouvaient au contraire que Sanchoniaton, qui selon Porphyre, *écrivit l'histoire des Juifs sur les mémoires d'un de leurs prêtres*, avait pris d'eux ce qu'il peut y avoir de vrai dans sa cosmogonie ; ou plutôt ils ne prouvent rien que quelque con-

(1) *De Moïse.* Voyez l'extrait d'*Adam et de la création.* Aut.

formité entre les traditions des anciens peuples sur l'origine du monde. ·

Il est bien naturel de penser, etc. Sans doute : il est tout-à-fait *naturel de penser* qu'Abraham, ses enfants, et tous leurs nombreux domestiques, qui vivaient avec les Chananéens, qui les recevaient à leur table, et faisaient avec eux des marchés et des alliances, parlèrent pendant deux cents ans dans le pays de Chanaan, une langue que les Chananéens n'entendaient pas; qu'ils restèrent pendant ces deux cents ans dans ce pays sans en apprendre la langue, et qu'ils ne commencèrent à la parler, à l'entendre un peu que trois ou quatre cents ans après, *quand il y furent esclaves!* On aura donc beau vous dire, Monsieur, que la langue d'Abraham et celle des Chananéens et Phéniciens étaient au fond la même langue, vous irez toujours raisonnant comme si elles avaient été aussi différentes entre elles que le français et l'esclavon.

Et qu'ils eurent enfin un petit établissement, etc. Ce *petit établissement* s'étendait de Beersheba jusqu'à l'extrémité du pays de Basan; il y avait plusieurs nations, des rois, des places fortes, des villes entourées de hautes murailles. Vous faites rire, Monsieur, avec votre *petit établissement de quelques villages.*

Ils apprirent quelque chose de l'ancienne théologie de leurs maîtres. Voilà pourquoi la théologie des Hébreux et celle des Phéniciens se ressemblait si fort! l'unité de Dieu, d'un côté; la pluralité, de l'autre, les élémentss, les astres adorés, etc. Quel autre rapport, Monsieur, entre ces théologies, que celui de la vérité et de l'erreur? Un Dieu seul créateur et gouverneur du monde, seul digne d'être adoré : c'était là la théologie d'Abraham avant son entrée dans le pays de Chanaan; c'était celle de Moïse, de Josué, de tous les Hébreux, avant qu'ils en fissent la conquête; théologie qu'ils n'empruntèrent certainement pas des Phéniciens, adorateurs des astres, et immolateurs de leurs enfants. Ce n'est pas au sein des ténèbres qu'on va chercher la lumière.

Mais revenons à la langue hébraïque, d'où vos réflexions nous ont écartés.

§ VII. *Suite du même sujet. Du nom de Dieu aho ou Jehovah.*

Les Juifs ne prononcèrent jamais le mot de *Jehovah* qu'avec un profond respect : c'est pour eux le nom *saint et terrible*. Les Chrétiens, adorateurs du même Dieu, devraient de même n'en parler qu'avec décence. Voyons, Monsieur, si vous le faites du moins avec sévérité.

. TEXTE. « Ils (les Juifs) furent obligés d'emprunter le nom de *Jehovah* ou *Iabo* des Syriens. » (Dialogues — Voyez *Dialogue* XXIV, 17ᵉ entretien, page 321, tome XXXVI des *OEuvres.*)

COMMENT. *Des Syriens*; vous auriez dû, Monsieur, en donner la preuve; jusque-là on peut en douter. On le peut avec d'autant plus de fondement, que vous dites ailleurs que :

TEXTE. « Ils empruntèrent ce mot (le mot de *Jehovah*) des Phéniciens.» (Voyez *Introduction à l'Essai sur les mœurs,* art. des Phéniciens, page 61.) »

COMMENT. Cette assertion, comme vous voyez, contredit un peu la précédente. Et vous ne la prouvez pas davantage ! C'est compter beaucoup sur la facilité et la crédulité de vos lecteurs.

Vous auriez dû leur apprendre au moins duquel de ces deux peuples les Juifs empruntèrent d'abord ce mot, et pourquoi, après l'avoir emprunté de l'un, ils l'empruntèrent encore de l'autre. Nous ne doutons pas que vous n'eussiez des choses très curieuses à dire là-dessus.

Quoi qu'il en soit, Monsieur, nous n'avons pas oublié que, dans un autre endroit, vous prétendez que :

TEXTE. « Ils empruntèrent ce mot des Egyptiens, comme les vrais savants n'en doutent pas. » (*Phil. de l'hist.*)

COMMENT. Ils l'empruntèrent donc des Syriens, des Phéniciens et des Egyptiens : trois emprunts au lieu d'un. En

24

vérité, Monsieur, vous en dites trop pour qu'on vous croie. Avec tous ces raisonnements, vous nous persuaderiez que ce mot est hébreu d'origine.

« *Comme les vrais savants n'en doutent pas !* Les *vrais savants*, Monsieur ! Vous ne seriez donc pas du nombre ; car vous dites que les Juifs *n'empruntèrent ce mot que des Phéniciens* (1). Mais cependant vous en êtes ; car vous dites aussi qu'*ils l'empruntèrent des Egyptiens.* Voilà l'avantage qu'il y a de se contredire.

« Nous ne prétendons pas nier pourtant que le mot de *Jehovah* n'ait été connu des Egyptiens : ils le connurent assurément après les prodiges qu'ils virent opérer au nom de Jehovah. Mais le connaissaient-ils auparavant ? Vous n'en apportez aucune preuve ; et quelques savants ont conclu le contraire de ces mots de Pharaon : « Qui est Jehovah pour que j'obéisse à sa voix, et que je laisse aller Israël ? *Je ne connais point Jehovah*, et ne laisserai point aller Israël. » (*Exod.* v, ver. 9.)

« TEXTE. « Le mot de *Iaho* était si commun dans l'Orient, que Diodore de Sicile l'emploie. » (Phil. de l'hist. — Voyez *Introduction à l'Essai sur les mœurs*, art, des Phéniciens, page 61.)

« COMMENT. Diodore de Sicile put l'employer sans qu'il fût *commun dans l'Orient ;* et il put être commun dans l'Orient, du temps de Diodore, sans l'avoir été du temps des anciens Hébreux. Entre Moïse et Diodore de Sicile, Monsieur, il y a un intervalle de plus de quinze siècles : il est bon de ne pas perdre de vue ces époques.

« Enfin, Monsieur, si le mot *Iaho* fut, dès les premiers temps, commun en Orient, comme le furent aussi, selon vous, même, les mots *El* (2), *Eloha, Elohim, Adonaï, Baal-*

_____

(1) *Que des Phéniciens.* Voy. DICTIONNAIRE PHILOSOPHIQUE, art. Abraham. *Aut.*

(2) *Les mots* El. M. de Voltaire remarque que le mot *El* a beaucoup de rapport au mot *Alla* des Arabes. L'observation est juste, et c'est

Bel, etc., ce serait une nouvelle preuve de ce que nous avons déjà dit que, dans ces premiers temps surtout, les langues de l'Orient avaient beaucoup de ressemblance entre elles, et qu'elles n'étaient guère que les dialectes d'une même langue ; en sorte qu'une grande partie des termes leur étaient communs, et que qui entendait l'une pouvait aisément entendre l'autre ; de même à peu près que qui sait l'espagnol, n'a pas de peine à comprendre l'italien ; ou que qui savait le grec d'Athènes, entendait facilement celui d'Ionie.

§ VIII. *Suite du même sujet. Du mot Adonaï.*

Il est donc décidé, Monsieur, qu'il n'y aura dans la langue hébraïque aucun nom de Dieu sur lequel vous n'ayez fait quelque bévue. En voici une maintenant sur le mot Adonaï.

TEXTE. « Dans les ordres que Dieu donne à Moïse pour la cour de Pharaon, *il lui dit* : J'apparus à Abraham, Isaac et Jacob, dans le Dieu tout-puissant ; mais je ne leur révélai point mon nom *Adonaï.* Ce nom signifie ce qui est. » (Dict. phil., art. *Jehovah).*

COMMENT. *J'apparus dans,* etc., c'est-à-dire sous le nom, ou comme le Dieu tout-puissant (*El Shaddaï*). Quand on traduit, il ne faut pas être si littéral, qu'on en devienne inintelligible.

Dans le Dieu tout-puissant, etc. Il y a non-seulement de l'indécence, mais du faux et de la petitesse d'esprit à donner une version barbare et ridicule d'un texte qui ne l'est point. Ce n'est pas à des lecteurs sensés que peut plaire cette façon de faire le plaisant.

Mon nom Adonaï. Le texte hébreu porte *mon nom Jehovah* ; mais ce texte n'est pas fréquemment sous vos yeux.

encore une preuve de la ressemblance primitive de tous ces anciens dialectes de la langue orientale. *Aut.*

Ce nom (Adonaï) *signifie ce qui est.* Point du tout, Monsieur : ce nom signifie *Seigneur.* C'est le nom de Jehovah
qui signifie, non pas *ce qui est*, mais *celui qui est*, *qui a
été*, *qui sera*, l'éternel, l'immuable. Vous voyez bien que
vous brouillez tout, et que vous confondez et les mots et
leur signification.

XVIᵉ EXTRAIT.

*De la connaissance des langues : suite. Des langues chal-
daïque, phénicienne, etc.*

Passons, Monsieur, s'il vous plaît, à quelques autres langues, mères, filles ou sœurs de la langue hébraïque, sur
lesquelles, à ce qu'il nous semble, vous ne raisonnez pas
mieux, et vous ne vous trompez pas moins.

Ces détails pourront vous paraître minutieux et fatigants ;
mais ils sont nécessaires : c'est un service essentiel à vous
rendre, que de vous faire connaître toutes ces petites méprises. Vous ne sauriez croire combien elles décréditent vos
écrits aux yeux, non-seulement des savants étrangers, mais
de vos compatriotes, et même de vos partisans.

§ I. *De la langue chaldéenne, et des noms des anges.*

À l'aide de la langue chaldéenne, vous faites tout ce que
vous pouvez, Monsieur, pour persuader à vos lecteurs que
les Hébreux ne connurent les anges que depuis leur captivité à Babylone. C'est à quoi tendent diverses réflexions
semées dans votre *Raison par alphabet*, votre *Philosophie
de l'histoire*, etc.

Vous dites :

TEXTE. « Dans les lois des Juiſs, c'est-à-dire, dans le *Lévi-*

tique et le *Deutéronome*, il n'est pas fait la moindre mention des anges.... Mais dans les histoires des Juifs, il en est beaucoup parlé. » (Dict. phil., art. *Anges*.)

COMMENT. *S'il n'est point fait mention des anges dans le* Lévitique *et dans le* Deutéronome, *il en est parlé dans l'*Exode, livre qui contient une grande parties de *nos lois*, comme le *Deutéronome* et le *Lévitique* contiennent une partie de *notre histoire*. Un savant hébraïsant comme vous, Monsieur, devrait connaître un peu mieux nos livres et ce qu'ils contiennent.

Au moins, ajoutez-vous :

TEXTE. « On sait que la horde juive emprunta les noms que leur donnaient les Chaldéens, quand la nation fut captive dans la Babylonie. » (*Ibid.*)

COMMENT. *On sait*, voilà l'assertion ; voyons la preuve.

TEXTE. « Ces mots *Raphaël, Gabriël*, etc., sont chaldéens ; ils ne furent connus des Juifs que dans leur captivité ; car, avant l'histoire de Tobie, on ne voit le nom d'aucun ange, ni dans le *Pentateuque*, ni dans aucun livre des Hébreux. » (Phil. de l'hist., art. *Anges*. — Voyez *Introduction à l'Essai sur les mœurs*, art, Anges, page 212 et 213.)

COMMENT. *Ces mots Raphaël, etc., sont chaldéens.* Quand ils seraient plus chaldéens qu'hébreux, s'ensuivrait-il que les Juifs ne les purent connaître que dans la captivité de Babylone ? Nous avons déjà fait voir le contraire.

Mais le vrai est, Monsieur, que ces mots ne sont pas moins hébreux que chaldéens, et que, tirés de la même langue, mère commune des dialectes hébraïque et chaldéen, ils n'appartiennent pas plus à l'un de ces dialectes qu'à l'autre.

Ces mots sont dérivés, l'un de l'hébreu *raph*, guérir, l'autre de l'hébreu *gabar*, puissant et d'*El*, nom de Dieu en hébreu ; Gabriel, *force de Dieu*, Raphaël, *guérison de Dieu*, opérée par le secours de Dieu. Par quelle raison voulez-vous, Monsieur, que ces noms, composés de racines hébraïques, et très hébraïques, ne soient que chaldéens ?

Si un Espagnol, lisant le Tasse, et y trouvant le mot de *cielo*, ciel, en concluait que le Tasse était Espagnol et non Italien, ou du moins qu'il n'avait écrit sa *Jérusalem délivrée* qu'après avoir été en Espagne, y avoir appris l'espagnol, ce raisonnement vous ferait rire. Mais c'est précisément le vôtre : vous attribuez, comme cet Espagnol, à un seul dialecte, exclusivement à l'autre, des mots communs à tous les deux.

Avant l'histoire de Tobie, on ne voit le nom d'aucun ange, ni dans le Pentateuque, etc., donc ces mots ne sont pas hébreux ! donc ils ne furent connus des Hébreux que dans la captivité ? Vous continuez toujours de supposer que tout le mots de la langue hébraïque doivent se trouver dans les livres antérieurs à la captivité, et que les Hébreux ne connurent que ce qu'on y lit : supposition, comme nous l'avons déjà dit, fort raisonnable !

TEXTE. « Sathan paraît dans Job ; mais quel homme un peu versé dans l'antiquité ne sait que ce mot Sathan était chaldéen ? » (*Ibid.*)

COMMENT. Ce mot, Monsieur, n'est pas plus chaldéen qu'hébreu, du moins s'il faut en croire le savant Michaëlis, *homme un peu versé dans l'antiquité* (1).

Et en effet, si le mot *Sathan* (2) n'était pas hébreu, se trouverait-il non-seulement dans la vision du prophète Zacharie, qui nomme l'ange des mensonges *Ha-Satan*, et dans le livre des Paralipomènes, où l'ange que vit David frappant son peuple de la peste est appelé *Satan*, mais même dans

(1) *Dans l'antiquité.* Voyez ses notes sur le *Traité* du célèbre évêque Loufh, *de sacra poësi*, etc. Aut.

(2) *Si le mot Sathan.* etc. Soit distraction, soit pour donner à ce qu'il dit un air scientifique, M. de Voltaire écrit ici et ailleurs, *Sathan*. Son autorité peut induire en erreur. Nous avions nous-mêmes suivi, sans y penser, son orthographe vicieuse. Il faut écrire *Satan* sans *h*. Ce mot s'écrit en hébreu par un *theth* ou *t* simple, et non par un *thau* ou *th*. Aut.

le livre des *Nombres*, où il est dit dee Balaam que l'ange du Seigneur se tint debout sur son chemin, *comme un adversaire contre lui (le satan lo)*? Croyez-vous, Monsieur, que Moïse ait été en Chaldée apprendre le chaldéen? ou, comme vous l'avez dit quelquefois, que tous les livres des Juifs, même ceux de Moïse, aient été écrits à Babylone? Quand on se trouve réduit à de telles alternattives, on est au pied du mur.

Une fois pour toutes, Monsieur, tâchez donc de concevoir que les langues chaldaïque, hébraïque, chananéenne, phénicienne, etc., ne sont au fond qu'une seule et même langue, et que tous les termes hébreux ne peuvent pas se trouver dans un petit volume. C'est en deux mots la réponse à toutes vos petites critiques hébraïques, chaldaïgnes, etc.

Au reste, quand le mot *Satan* ne serait que chaldéen, il ne s'ensuivrait pas nécessairement ce que vous en concluez, que *l'auteur du livre de Job était arabe*.

Mais laissons pour un moment le livre de Job : nous aurons peut-être bientôt occasion de vous en entretenir.

§ II. *De la langue phénicienne, et de quelques mots phéniciens, etc., traduits par M. de Voltaire.*

Après vous avoir vu, Monsieur, parler de la langue phénicienne, comme vous l'avez fait plus haut, aurait-on pu s'attendre à trouver, dans un de vos derniers ouvrages, que :

TEXTE. « Le langage des peuples de Phénicie était rude et grossier ? » (*Dict. phil.*, art. A, B, C.)

COMMENT. Vous nous expliquerez apparemment quelque jour *comment une langue des plus complètes*, la langue d'un peuple *industrieux, commerçant, riche, cultivant les sciences et les arts, et répandu dans toute la terre*, etc, était un langage *grossier*.

Vous nous expliquerez aussi comment, sans connaître la vraie prononciation du phénicien ni celle du grec, de son esprit rude, de ses lettres aspirées, etc., vous pouvez décider que l'un de ces idiomes était *harmonieux* et l'autre *rude*.

En attendant, nous remarquerons que vous vous êtes hasardé, Monsieur, de traduire quelques mots phéniciens, et que vous ne l'avez pas toujours fait avec l'exactitude qu'on pouvait espérer d'un homme aussi instruit que vous l'êtes dans les langues de l'Orient.

TEXTE. « *Kiriah-sepher* signifie le pays des archives; *muth* ou *moth*, la matière.... *Colpi Iaho*, l'esprit de Dieu, le vent de Dieu, ou plutôt la bouche de Dieu, etc. » (*Phil. de l'hist.* — Voyez *Introduction à l'Essai sur les mœurs*, art. des Phéniciens, page 62.)

COMMENT. *Kiriath-sepher* ne signifie point *le pays des archives*, mais *la ville des livres*. Vous faites d'une ville un pays; c'est lui donner un peu trop d'étendue.

Muth ou *moth* : ni l'un, ni l'autre, *muth* ou *moth*, Monsieur, ne signifie la *matière*, mais la *mort* : c'est *mot* qui signifie la *matière*. Telle est la différence que met entre ces mots le *t* ou le *th*. Bochart aurait pu vous l'apprendre.

Colpi Iaho, *l'esprit*, *le vent* ou *plutôt la bouche de Dieu*. Vous hésitez, Monsieur; vous ne savez trop lequel, et, dans votre embarras, vous vous décidez assez mal. *Col*, Monsieur, est la voix, la parole; *pi*, la bouche; *Iaho*, Dieu; *Colpi-Iaho*, la parole de la bouche de Dieu. Voy. Bochart.

De savants chrétiens (1) ont déjà relevé ces petites méprises. Ils en ont conclu, l'un, que vous devriez parler avec moins d'assurance des langues orientales; l'autre, que vous n'avez de ces langues qu'une teinture fort légère; celui-ci.... Mais pourquoi répèterions-nous des critiques qui vous ont si vivement piqué? Contentons-nous de vous exhorter à réformer ces légères inadvertances, dont nous voyons avec peine

(1) *De savants chrétiens*. Voyez *Défense des livres de l'Ancien Testament*, *Supplément à la Philosophie de l'histoire*, *Réfutation de quelques articles du Dictionnaire philosophique*, etc.

qu'on a tiré des inductions si fâcheuses ; c'est à quoi notre médiocrité doit borner ses efforts.

§ III. *De la langue égyptienne.*

Dans un de vos plus profonds écrits (1) , vous comparez, Monsieur, la langue égyptienne avec les langues phénicienne, chaldaïque, syriaque, persanne, indienne, etc. Vous dites :

TEXTE. « La langue des Egyptiens n'avait aucun rapport avec celles des nations de l'Asie. Vous ne trouvez chez ce peuple ni le mot d'*Adoi* ou d'*Adonaï*, ni de *Bal* ou *Baal*, termes qui signifient le Seigneur ; ni de *mitra*, qui était le soleil chez les Perses ; ni de *melch*, qui signifie roi en Syrie ; ni de *shah*, qui signifie la même chose chez les Indiens et chez les Persans. Vous voyez, au contraire, que *Pharaon* était le nom Egyptien qui répond à roi. *Oshireth* (*Osiris*) répondait au mitra des Persans ; et le mot vulgaire *on* signifiait le soleil. Les prêtres chaldéens s'appelaient *mag*, et ceux des Egyptiens *cohen*, au rapport de Diodore de Sicile. » (*Phil. de l'hist.* — Voyez *Introduction à l'Essai sur les mœurs*, art. de la Langue des Egyptiens, pages 96 et 97.)

COMMENT. Quelle érudition, Monsieur, et que de lan-

(1) *Plus profonds écrits.* Voy. *Philosophie de l'histoire*, art. de *la langue des Egyptiens.* Quelques littérateurs, qu'on a traités de médisants, ont répandu que M. de Voltaire n'a écrit cet ouvrage comme beaucoup d'autres, que sur les mémoires qui lui ont été fournis. Ce fait nous parait fort vraisemblable ; et, par attachement pour ce grand homme, nous souhaiterions beaucoup qu'il fût vrai. Nous en conclurions avec plaisir que les bévues sans nombre dont cet écrit prétendu *profond* fourmille de toutes parts, doivent être moins attribuées à M. de Voltaire qu'à ses fournisseurs : il ne s'est probablement pas chargé de réformer leurs méprises. C'était à lui de donner le coloris, et à eux d'être exacts : tant pis pour eux s'ils ne le sont pas. Tout ce qu'on pourrait dire peut-être, c'est qu'il aurait dû mieux les choisir. *Edit.*

gues de l'Orient elle embrasse dans sa vaste sphère ! Mais, après avoir admiré, comme de raison, dans un si bel esprit, un si profond savoir, qu'il nous soit permis de faire ici quelques observations.

Vous ne trouvez chez ce peuple ni le mot d'Adonaï, ni de Baal, ni de Melch, etc. Mais de ce que deux ou trois mots hébreux, phéniciens, syriens, etc., ne se trouvent pas dans une langue dont il ne nous reste qu'une très petite partie, a-t-on droit de conclure que cette langue n'avait aucun rapport avec l'hébreu, le syriaque, le phénicien, dont nous n'avons conservé que quelques monuments ? Trouvez-vous, Monsieur, que ce soit là raisonner avec bien de justesse ?

N'avait aucun rapport. C'est beaucoup dire, qu'il n'y ait pas eu, entre la langue égyptienne et les langues hébraïque, phénicienne, syriaque, chaldaïque, etc., autant de rapport que ces dernières langues en avaient entr'elles, nous en convenons; mais avancer qu'il n'y avait *aucun rapport* entre la langue égyptienne et ces autres langues, c'est aller trop loin.

Misraïm, père des Egyptiens, et, dit-on (1), premier roi d'Egypte, était frère de Chanaan. Si ces deux frères et leurs descendants parlaient des langues qui n'avaient aucun rapport, ce serait une grande preuve de la confusion réelle est totale des langues, à Babel. S'ils parlaient le même idiome, comment, au bout de quelques siècles, n'y aurait-il plus eu *aucun rapport* entre leurs langues ? Ce fait serait unique dans l'histoire.

---

(1) *Dit-on*, etc. Quelques savants trouvent de la difficulté à supposer que Misraïm, petit-fils de Noé, partit des plaines de Sennaar pour aller régner en Egypte. Ils aiment mieux croire que ce mot signifie ici moins le fils de Cham que la colonie de ses descendants, qui prirent son nom (comme la tribu d'Ephraïm prit le nom de ce fils de Joseph dont elle descendait), et qui, de proche en proche, pénétrèrent en Egypte. C'est l'opinion de M. Michaelis. *Edit.*

Aussi, Monsieur, plusieurs savants, Bochart, Cumberland, etc., trouvent-ils quelques rapports entre l'hébreu et l'ancien égyptien ; ils citent même plusieurs mots communs à ces deux langues. On peut douter que vous en sachiez sur cet objet plus que les Cumberland et les Bochart, quoique *bonnes gens*.

Le Crose et Jablonski pensent de même ; et un de vos savants, dont tous les écrits annoncent également l'honnêteté et l'érudition (1), vient de soutenir ce sentiment qu'il appuie de nouvelles preuves.

Il y a plus : vous-même, Monsieur, vous nous disiez plus haut que le mot *Jehovah* était un mot *égyptien*, et tellement égyptien que les *Hébreux l'empruntèrent des Égyptiens.* Vous nous disiez aussi que ce mot était chaldéen, phénicien, syrien, etc. Voilà donc, selon vous-même, un mot commun et par conséquent un rapport entre toutes ces langues et la langue égyptienne, qui, selon vous, n'a *aucun rapport* avec elles. Mais ce mot n'est pas le seul terme commun à ces idiomes, même à en juger d'après vous.

Vous dites que *les prêtres des Egyptiens s'appelaient choen,* et c'est là la preuve que vous donnez de la différence extrême qui se trouvaient entre la langue égyptienne et les langues phénicienne, hébraïque, etc. Ces prêtres, selon vous, s'appelaient encore *chochamatim*. Mais, Monsieur, comment ne vous êtes-vous point aperçu que ce *chochamatim* a la physionomie tout-à-fait phénicienne et hébraïque ? Quoique vous ayez eu l'adresse ou la maladresse de le dé-

(1) *Et l'érudition.* M. l'abbé Barthélemy, de l'Académie des belles-lettres. Voyez dans le 52ᵉ volume de cette *Académie*, un mémoire où il rassemble un grand nombre de preuves de la conformité de la langue égyptienne avec la chaldaïque, l'hébraïque, et dans beaucoup de mots, et spécialement dans les pronoms personnels, dans les pronoms possessifs et dans leurs affixes, dans les verbes et les signes des personnes et des temps, dans la syntaxe même, etc.; d'où il conclut que cette langue avait de *grands rapports* avec les autres langues orientales. *Aut.*

figurer, il ne laisse pas assez d'être reconnaissable. Sa terminaison en *im*, sa ressemblance avec les mots hébreux *Khakham* et *Khakhamim*, sont des traits auxquels il est aisé de le juger de la même famille. C'est donc encore un mot commun aux Egyptiens et aux Phéniciens, Hébreux, Chaldéens, etc.

S'appelaient choen. Prononcez et écrivez s'il vous plait, Monsieur, *cohen*, ou plutôt *cohanim*; car *cohen* est un singulier qui s'accorde mal avec le pluriel, *les prêtres*. Or, Monsieur, *cohen*, *cohanim*, que vous dites des mots égyptiens sont aussi des mots hébreux, phéniciens, chaldéens, etc. Oui, Monsieur, *cohen* est un mot phénicien qu'on reconnaît même dans le traducteur grec du phénicien Sanchoniaton; c'est aussi un mot hébreux, très hébreu, qu'on trouve dans les livres hébreux, non pas une fois, mais vingt fois, au singulier, au pluriel, dans la forme absolue, dans la forme construite, de toutes les manières ! Et c'est par ce mot commun aux langues égyptienne, phénicienne, hébraïque, chaldaïque, etc., que vous prétendez nous prouver que la langue égyptienne n'avait *aucun rapport* à ces langues ? Cela est fort adroit.

Avouez, Monsieur l'hébraïsant, que vous ne vous êtes pas douté que le mot égyptien *cohen* fût aussi un mot hébreux; preuve que vous savez admirablement l'hébreu.

Monsieur, quand on prétend faire une révolution générale dans les esprits, il faut, sinon avoir le *don des langues*, du moins les avoir un peu mieux étudiées.

Au reste, nous aurions tort de vous faire désormais aucun reproche sur votre hébreu. Nous trouvons, dans un de vos derniers écrits, un passage qui doit imposer silence à quinconque aurait la pensée de vous tracasser là-dessus davantage (1).

_____

(1) Ce qu'affirme ici l'auteur sur les rapports de diverses langues

§. IV. *Aveu remarquable et généreux de M. de Voltaire.*

Ce passage, Monsieur, est un aveu remarquable et généreux que vous faites.

TEXTE. « J'ai pris un rabbin pour m'enseigner l'hébreu, je n'ai jamais pu l'apprendre. »

COMMENT. *Jamais je n'ai pu l'apprendre.* Nous avons

avec la langue égyptienne était le dernier mot de la science, il y a 30 ans; mais voici ce qui résulte des découvertes faites depuis cette époque.

1o Il reste certain que les langues chaldéenne, syriaque, hébraïque et arabe, peuvent être considérées comme autant de dialectes d'une même langue; mais :

2o Il en est autrement de la langue égyptienne, dont l'identité avec le copte est aujourd'hui démontrée. En donnant aux signes hiéroglyphiques des inscriptions monumentales, leur valeur phonétique reconnue, on trouve que leur série compose des mots et des phrases qui ne sont autre chose que du copte ; et ces phrases ont un sens suivi parfaitement d'accord avec le sujet des inscriptions. Ce fait n'a rien d'étonnant pour ceux qui considèrent les Coptes actuels comme les descendants des anciens Egyptiens.

(3) La langue copte, qui n'est autre chose que l'ancien égyptien écrit en caractères grecs, est une langue mère, à peu près sans rapport avec les langues sémitiques, et en particulier avec l'hébreu. Il est vrai cependant qu'elle a avec celles-ci un certain nombre de mots qui semblent communs ; mais cela s'explique aisément par les rapports de peuple à peuple qui ont pu faire passer plusieurs mots d'une langue dans une autre, quoique les systèmes en fussent très différents au fond. Tel est, entre autres, le mot *melk* ou *melack*, cité ci-dessus, et que Voltaire prétendait étranger à la langue égyptienne. Il signifie *roi* dans la langue copte, aussi bien qu'en hébreu, et on le retrouve gravé en caractères hiéroglyphiques dans les ruines de Thèbes, à la fin d'une inscription fameuse, sous une figure enchaînée, qu'on suppose représenter Roboam ; ce personnage y est qualifié de roi de Juda, *Ioudcha melak.*

Au reste nous ne voyons pas dans quel but M. de Voltaire discutait les rapports qui pouvaient exister entre l'égyptien et l'hébreu. Au point de vue biblique, c'est une question dépourvue d'importance et d'intérêt. **L. D.**

toujours bien pensé que vous en feriez enfin l'aveu. Quand on a su réunir une si grande diversité d'heureux talents, et tant de sortes de gloire, on peut renoncer sans regret au faible honneur de savoir un *jargon grossier et barbare*.

Jamais ! L'aveu est net, formel, par conséquent, généreux. Que ne l'avez-vous fait, Monsieur, avant nos lettres !

Jamais je n'ai pu l'apprendre. Amis, partisans, sectateurs de M. de Voltaire, qui vouliez nous persuader que ce célèbre écrivain sait parfaitement l'hébreu, que vous aviez vu chez lui des bibles hébraïques chargées de notes marginales, écrites de sa main ; amis de M. de Voltaire, écoutez l'aveu qu'il fait : il ne sait pas l'hébreu, *il n'a jamais pu l'apprendre !* Et vous, lecteurs crédules, qu'éblouissaient ses discussions, ces citations hébraïques, qui le regardiez bonnement comme l'oracle de la littérature en ce genre, et ses décisions comme autant d'arrêts sans appel, apprenez de lui-même quelle confiance il mérite quand il parle d'hébreu, et des livres hébreux. *Il n'a jamais pu l'apprendre.*

Je n'ai jamais pu l'apprendre. Nous ne pouvons qu'applaudir, Monsieur, à l'honorable aveu que vous en faites. Mais puisque vous ne savez pas l'hébreu, cessez donc de tant parler d'hébreu, de tant disserter sur l'hébreu ; cessez surtout de jeter à vos adversaires, d'un ton confiant, des tas de mots hébreux, en les insultant, comme s'ils devaient tous prendre l'hébreu pour de bas-breton. Ces gasconnades d'érudition ne peuvent avoir qu'un temps ; le moment vient où le masque tombe, et une petite humiliation bien méritée succède à un vain triomphe.

XVIIᵉ EXTRAIT.

*De Salomon ; son élévation au trône ; mort de son frère ;
étendue de ses états.*

Si dans votre *Philosophie de l'histoire*, en traitant *des
divers états des Juifs*, vous dites à peine un mot de Salomon, quoique ce fût naturellement le lieu d'en parler,
vos lecteurs n'y perdent rien, Monsieur, il se trouve dans
votre *Dictionnaire philosophique* un long article sur ce
roi juif.

Vous y convenez d'abord « que Salomon a toujours été
révéré dans l'Orient ; que les ouvrages qu'on croit de lui,
les annales des Juifs, les fables des Arabes, ont porté sa
renommée jusqu'aux Indes, et que son règne est la grande
époque des Hébreux. » (*Dictionnaire phil.*, art. Salomon.)

Mais l'éclat de ce règne, la haute réputation du monarque, les jugements des Juifs et des Arabes, ne vous en
imposent guère. A vous entendre, ce monarque *révéré* ne
fut qu'un usurpateur sanguinaire ; son grand royaume qu'un
petit état ; et les ouvrages qu'on croit de lui ne sont ni
de lui, ni dignes de lui (1). Tel est le précis de ce que
vous dites d'un roi qui a rempli l'univers du bruit de son
nom.

Il serait trop long d'entrer ici dans tous ces détails, et

(1) *Ni dignes de lui.* On pourrait avoir quelque peine à comprendre
comment les ouvrages qui ne sont *ni de Salomon, ni dignes de lui,*
ont pu porter si loin sa renommée. Le nom d'un grand roi mis à la
tête de quelques livres peut leur donner de la vogue ; mais que des livres
indignes d'un grand roi répandent au loin sa gloire, c'est pour nous
un paradoxe. Oserait-on supplier l'illustre écrivain de l'expliquer ?
Édit.

nous apprenons qu'un savant chrétien (1) va les épuiser :
nous nous bornerons à quelques points qui nous ont paru
plus frappants.

§ I. *Elévation de Salomon au trône.*

L'élévation de Salomon au trône fut-elle une usurpation ?
C'est l'idée que vous voudriez en donner.

TEXTE. « Bethsabée obtint de David qu'il fît couronner
Salomon son fils, au lieu de son aîné Adonias. » (*Dict.
phil.*, art. Salomon.)

COMMENT. C'était l'opinion de l'illustre Bossuet (2), que
dans notre nation, comme dans la vôtre, les rois se suc-
sédaient de mâles en mâles, et d'aînés en aînés; ordre
de succession, dit-il, sagement institué (3), qui prévient
dans les états les troubles civils et les dominations étrangères (4).

Mais vous supposez que cet ordre était tellement établi
dès le temps de David, que le trône appartenait de droit
au fils aîné, indépendamment du choix de Dieu et de la volonté du père.

---

(1) *Un savant chrétien.* M. l'abbé Nonotte. On nous assure qu'il ne
tardera pas à donner une réfutation complète du *Dictionnaire philosophique*. Si l'on en juge par son excellente critique de l'*Histoire
générale*, etc.. on doit s'attendre que cette réfutation sera des plus
solides. Elle vient de paraître, et mérite d'être lue. *Chrét.*

(2) *L'illustre Bossuet.* Voyez sa *Politique sacrée.*

(3) *Sagement institué.* L'auteur du *Dictionnaire philosophique*
pense là-dessus, comme sur beaucoup de choses, tout autrement que
Bossuet. Si les Français l'en croyaient, ils auraient bientôt réformé,
sur ce point, la loi salique. Voyez *Dictionnaire phil.*, art. *Lois.* *Aut.*

(4) *Dominations étrangères.* La loi défendait aux Hébreux de se
donner un roi d'une autre nation. *Non poteris alterius gentis homi-
nem regem facere, qui non sit frater tuus.* Règlement sage et nécessaire chez ce peuple. *Edit.*

C'était, Monsieur, ce qu'il aurait fallu démontrer, avant d'accuser Salomon d'usurpation et d'injustice ; et c'est de quoi nous pensons qu'il ne nous serait pas aisé de produire de bonnes preuves.

Il paraît au contraire que David fondait le droit de Salomon, comme le sien, sur le choix du Seigneur. *L'Éternel qui m'a choisi*, disait ce prince à son peuple, *pour régner sur Israël, a choisi Salomon pour régner après moi* (1). L'ordre de la succession était encore si peu établi, que Bethsabée ne craint point de dire à David : *Tout Israël a les yeux tournés vers nous, ô roi mon Seigneur ! et attend que vous désigniez celui qui doit être assis après vous sur votre trône* (2). Et en effet, dès que David eut nommé son successeur, et que Salomon eut été sacré par son ordre, les états assemblés le reconnurent pour leur roi légitime, et s'engagèrent par serment à lui obéir (3). Plusieurs de nos rois, même après David, choisirent pour leurs successeurs, parmi leurs enfants, d'autres que leurs aînés (4), et le peuple les reconnut de même pour ses légitimes souverains. Vous flattez-vous, Monsieur, d'être plus instruit des droits de la succession à la couronne, dans notre nation, que la nation elle-même ?

TEXTE. « Elle eut assez d'artifice pour faire donner l'héritage au fruit de son adultère (5). » (*Ibid.*)

(1) *Après moi.* I. Paralip. XXVIII, 4, 5. *Aut.*

(2) *Sur votre trône.* III. Rois, I, 20. *Aut.*

(3) *A lui obéir.* I. Paralip. XXIX, 22, 23. *Aut.*

(4) *Que leurs aînés.* Sans aller plus loin, Roboam, petit-fils de David, nomma pour son successeur au trône, Abia, son fils, qui n'était pas l'aîné. (Voyez Josèphe.) Lors donc qu'Adonias dit à Bethsabée, *c'était à moi la couronne*, il parle de l'ordre commun des successions, et non d'un droit absolu, d'une loi de l'état, qui ôtât au père le choix de son successeur. *Edit.*

(5) *De son adultère.* Dans un autre endroit, M. de Voltaire fait Bethsabée complice du meurtre de son mari. Où a-t-il pris cette anecdote ? L'Écriture ne dit rien qui le puisse faire soupçonner. *Edit.*

COMMENT. Nous pensions que *le fruit de l'adultère* de Bethsabée mourut quelques jours après être né ; et que le Seigneur, touché du vif et sincère repentir de David, avait légitimé ce mariage commencé par le crime. Plus inexorable que le Dieu de nos pères, vous jugez que les larmes et les regrets de ce roi pénitent ne méritaient aucune indulgence. Telle est la rigueur ou plutôt l'inflexibilité de votre justice.

TEXTE. « Nathan, qui était venu reprocher à David son adultère, fut le même qui seconda Bethsabée pour mettre Salomon sur le trône. Cette condition, à ne raisonner que selon la chair, prouverait que ce Nathan avait, selon les temps, deux poids et deux mesures. » (*Ibid.*)

COMMENT. Oui, Monsieur, Nathan avait *deux mesures :* une mesure de rigueur contre le roi adultère et homicide, et une mesure d'indulgence pour le pécheur contrit et pénitent. Qui n'en aurait qu'une pour le crime et pour le repentir de l'avoir commis, en serait-il plus équitable ?

§II. Mort d'Adonias.

Cette mort vous paraît injuste, Monsieur, et, pour nous prouver qu'elle le fut, vous dites :

TEXTE. « Adonias, exclu du trône par Salomon, lui demanda pour toute grâce qu'il lui permît d'épouser Abisag, cette jeune fille qu'on avait donnée à David pour le réchauffer dans sa vieillesse ; et l'Écriture dit que sur cette seule demande il le fit assassiner. *(Dict. phil.*, art. *Salomon.)*

COMMENT. *Exclu du trône par Salomon*, etc. Il en était exclu par le choix de Dieu, par celui de son père, et par celui des états de la nation.

Lui demanda pour toute grâce, etc. Mais, fait observer l'éloquent évêque de Meaux, « cette grâce était d'une conséquence extrême dans les mœurs de ces peuples. » C'était, dans ses mœurs, un nouveau titre qu'Adonias voulait ajouter à celui qu'il croyait avoir en qualité d'aîné. Salomon le sentit. « Que ne demandez-vous pour lui le trône, dit-il à Bethsabée ; déjà il est l'aîné, etc. »

Il le fit assassiner. Le terme est énergique, mais il est assez mal appliqué. Tout autre que vous aurait dit qu'il le fit *punir de mort ;* ce qui n'est pas la même chose. Il y a quelque différence entre un assassin et un souverain qui punit.

Sur cette seule demande! Non, Monsieur : l'Écriture avait déjà fait connaître le caractère altier d'Adonias ; le projet qu'il avait formé de s'emparer de la couronne, sans l'aveu, ou plutôt contre le gré et du vivant même du roi son père ; ses liaisons avec Joab, esprit dangereux, qui plus d'une fois avait donné à David de justes sujets de mécontentement, etc. Ce ne fut donc point sur *la seule demande* qu'il avait faite d'Abisag, que Salomon le fit mettre à mort : ce fut sur cette demande, jointe à la connaissance de ses menées et de ses prétentions qu'il voulait appuyer de ce nouveau titre.

TEXTE. « Apparemment Dieu, qui lui donna le don de la sagesse, lui refusa alors celui de justice et d'humanité. (*Ibid.*)

COMMENT. Quand vous reprochiez à Salomon de n'avoir pas eu *le don de justice et d'humanité*, aviez-vous, Monsieur, celui de discrétion ?

A Dieu ne plaise que nous cherchions à justifier des crimes ! Si Salomon fit mourir un frère sans justes raisons de sûreté personnelle ou d'intérêt d'état, il fut coupable sans doute (1). Mais êtes-vous sûr qu'il n'en eut aucune ? Considérez, Monsieur, que dans les mœurs de ces pays et de ces temps, si les projets d'Adonias eussent réussi, il y avait tout à craindre pour Salomon et pour sa mère (2). Et que savez-

_____

(1) *Il fut coupable sans doute.* Nous ne dissimulerons point que quelques commentateurs blâment Salomon, mais ils en donnent d'autres raisons que M. de Voltaire, et ces raisons même nous ont toujours paru bien faibles. *Aut.*

(2) *Pour Salomon et pour sa mère.* Voyez III, *Rois,* 1, 12, 21. *Sauvez votre vie et celle de votre fils,* dit Nathan à Bethsabée, etc. *Aut.*

vous si ce sacrifice, qui dut coûter si cher à son cœur. il ne le fit pas en même temps à la patrie et à la tranquilité de ses sujets ? Le caractère d'Adonias, le nombre de ses partisans, ses entreprises passées, et sa nouvelle démarche, ne pouvaient-ils pas faire craindre à Salomon, s'il l'eût laissé vivre, d'exposer son peuple aux horreurs d'une sanglante guerre civile ? C'est souvent *la justice et l'humanité même* des rois qui les obligent à user de rigueur.

Il nous semble que, si vous eussiez fait ces réflexions, vous auriez pu être moins prompt à condamner un grand et sage monarque. dont vous ne connaissiez ni toutes les raisons, ni les dispositions secrètes.

§ III. *Etendue des états de Salomon.*

Vous ajoutez, Monsieur, que nos Écritures se contredisent en parlant des états de Salomon.

TEXTE. « Il est dit, dans le troisième livre des *Rois*, qu'il était maître d'un grand royaume, qui s'étendait de l'Euphrate à la mer Rouge et à la mer Méditerranée. » (*Dict. phil.*, art. *Salomon.*)

COMMENT. Tout cela est dit, Monsieur, et tout cela est vrai. Mais, reprenez-vous :

TEXTE. « Malheureusement il est dit en même temps que le roi d'Egypte avait conquis le pays de Gaser dans le Chanaan, et qu'il donna pour dot la ville de Gaser à sa fille, qu'on prétend que Salomon épousa. » (*Ibid.*)

COMMENT. *Malheureusement* pour vous. Monsieur, vous voyez quelquefois des contradictions où il n'y en a pas, et souvent vous n'en apercevez pas où il y en a de très réelles.

Lorsque les Hébreux s'emparèrent de la Palestine, les Chananéens de Gaser se maintinrent dans cette ville, mais en devenant leurs vassaux et leurs tributaires, l'Ecriture le marque expressément : ils l'avaient été de David, et ils l'étaient de Salomon. Gaser était donc de sa domination, même avant que le roi d'Egypte, probablement de son consentement (1), assiégeât cette place et la prit. Après la victoire, Pharaon céda sa conquête au roi d'Israël, qu'il rendit par là, de suzerain, propriétaire. Cette session, faite par le roi d'Egypte, fut en effet une partie de la dot de sa fille.

Qu'on prétend que Salomon épousa. Nous le prétendons d'après nos annales : auriez-vous, Monsieur, quelque preuve du contraire ?

Texte. « Il y avait un roi à Damas ; les royaumes de Tyr et de Sidon florissaient. » (*Ibid.*)

Comment. Oui : mais les royaumes de Tyr et de Sidon, puissants sur mer, ne possédaient qu'une langue de terre dans le continent ; et le roi de Damas, vaincu par David, avait été son tributaire, et l'était de Salomon. Ces deux rois juifs tenaient garnison dans Damas ; ils étaient maîtres du pays jusqu'à l'Euphrate, et l'étaient tellement, que Salomon y fit bâtir la fameuse ville de Tadmor ou Palmyre. Le *roi de Damas et les royaumes de Sidon et de Tyr* n'empêchaient donc point que les états de Salomon ne s'étendissent de l'Euphrate à la mer Rouge ; et de l'Arabie déserte à la mer Méditerranée. Or, cette étendue de pays n'est pas, ce nous semble, un si petit état ; des nations célèbres en possédèrent de moins vastes.

Mais, dites-vous, ces grandes conquêtes de David sont-elles bien croyables ? Comment se persuader, par exemple, que :

Texte. «-Saül, qui ne possédait d'abord dans ses états que deux épées, eut bientôt une armée de trois cent trente mille hommes. Jamais le sultan des Turcs n'a eu de si nom-

---

(1) *Probablement de son consentement.* Nous croyons qu'après la mort de David, les habitants de Gaser crurent pouvoir profiter de la conjoncture pour secouer le joug du nouveau roi, et que ce fut pour l'obliger que Pharaon, son allié et son beau-père, assiégea cette ville. *Aut.*

breuses armées : il y avait là de qu oi conquérir la terre. » (*Ibid.* — Voyez aussi *Introduction à l'Essai sur les mœurs*, des Juifs au temps où ils commencèrent à être connus, pages 170 et 171.)

COMMENT. *Une armée de trois cent trente mille hommes !* On vous a déjà bien dit des fois, Monsieur, que dans ces anciens temps, tout homme, en état de porter les armes, était soldat : avoir une armée de trois cent trente mille hommes n'était donc pas une chose aussi impossible ni aussi inconcevable que vous vous l'imaginez.

Jamais le sultan des Turcs, etc. Il paraît, Monsieur, qu'il y a longtemps que vous n'avez lu l'histoire des Turcs. Mais ne vous faites-vous pas lire quelquefois la gazette ?

De quoi conquérir la terre, etc. La terre ! c'est beaucoup, Monsieur ; la terre est bien grande.

Vous vous êtes tant de fois, et si agréablement, si ingénieusement moqué du projet de Sésostris, et de l'espérance que vous prêtez aux Juifs de *conquérir la terre.* C'est, selon vous, un projet et des espérances de *Picrocole* ; et vous vous mettez à parler, comme eux de *conquérir la terre !* Ces idées de *Picrocole* trouvent aussi à se placer dans votre esprit ! On ne s'y serait pas attendu.

TEXTE. « Ces contradictions semblent exclure tout raisonnement ; mais ceux qui veulent raisonner, trouvent difficile que David, qui succède à Saül vaincu par les Phillistins, ait pu, pendant son administration, fonder un vaste empire. » (*Dict. phil.,* art. Salomon.)

COMMENT. *Ceux qui veulent raisonner,* etc. Mais, Monsieur, trouver difficile que le successeur d'un roi défait dans une bataille ait remporté plusieurs victoires et conquis plusieurs provinces, est-ce raisonner ? C'est juger incroyable un fait dont il y a cent exemples dans l'histoire. Combien de peuples aguerris par leurs défaites ont triomphé de leurs vainqueurs ?

Ait pu, pendant son administration, etc. Mais cette

administration a été longue; les conquêtes de David furent le fruit de quarante ans de combats et de victoires. Est-il impossible que, par tant de travaux et de succès, un roi belliqueux ait agrandi ses états.

Ces contradictions semblent exclure tout raisonnement. De tels raisonnements n'excluront-ils pas enfin toute créance? Pensez-y, Monsieur; déjà le public ouvre les yeux, et las d'être la dupe d'un grand nom, il retire peu à peu une confiance trop facilement donnée.

Et comment continuerait-on de l'avoir, en vous trouvant à tout instant si peu instruit sur les faits dont vous parlez? Assurément, Monsieur, supposer, comme vous le faites, que, dès le temps de David, la succession au trône d'aînés en aînés, était établie chez nos pères, comme elle l'est chez vous, et que le royaume de Damas empêchait que les états de Salomon ne s'étendissent de la rivière d'Egypte à l'Euphrate, c'est bien mal connaître notre histoire.

XVIIIᵉ EXTRAIT.

De Salomon : suite. Si le livre des Proverbes est de lui.

Vous venez, Monsieur, de disputer à Salomon ses états; vous allez lui contester *ses Proverbes.*

Nous ne prétendons point que cet ouvrage soit de lui tout entier, le titre même des deux derniers chapitres annonce le contraire; et nous n'ignorons pas que plusieurs savants ne le regardent que comme un choix de sentences et de maximes recueillies, pour la plus grande partie, des écrits de ce prince; et, pour le reste, de divers autres écrivains inspirés. On croit même pouvoir assurer que cette collection fut faite par le prophète Isaïe, par Helcias, ou, comme vous le cites, par Sobna, Eliacin, Joaké, etc.

sous le règne du pieux roi Ezéchias. Nous ne voyons en tout cela rien que de vrai, ou du moins de vraisemblable, rien que vos lecteurs ne pussent apprendre, et que vous n'ayez très probablement appris vous-même dans le *Commentaire* de dom Calmet.

Mais vous allez plus loin : vous entreprenez de prouver que *cet ouvrage est indigne de Solomon, et qu'il ne fut composé que dans Alexandrie.* Voyons, s'il vous plaît, Monsieur, sur quoi vous fondez ces deux assertions.

§ I. *Si le livre des* Proverbes *est un écrit indigne de* Salomon.

Vous débutez en ces termes :

TEXTE. « Cet ouvrage est un recueil de maximes triviales, basses, incohérentes, sans goût, sans choix, sans dessein. » (*Dict. phil.*, art. Salomon.)

COMMENT. *C'est un recueil de sentences triviales et basses !* Mais d'abord, quand deux ou trois sentences que vous citez paraîtraient triviales et basses, qu'en pourriez-vous conclure contre tant d'autres ? Juge-t-on d'un écrit comme d'une étoffe, par un échantillon ? Si l'on jugeait de vos ouvrages ; si l'on en citait quelques mauvais vers, quelques froides plaisanteries, et qu'on en conclût que tout est indigne d'un grand poète et d'un excellent écrivain, ce jugement vous semblerait-il équitable ? Nous le trouverions, nous, Monsieur, très injuste.

Secondement, ce qui peut paraître *trivial et bas* à quelques personnes, en certaines langues, dans certains temps et dans certains pays, peut très-bien ne l'avoir point paru et ne l'avoir point été en d'autres pays, en d'autres temps et dans une autre langue. Il ne faut pas avoir beaucoup lu pour en être persuadé; Homère seul en fournit plus d'une preuve. Combien de pensées, d'images, de détails, qui, élégants et nobles de son temps et dans sa langue, paraîtraient bas aujourd'hui dans la vôtre ! Mais ce n'est point par votre langue, sur vos mœurs et sur vos usages, c'est par la langue des anciens écrivains, sur les usages et sur les mœurs des temps et des pays où ils vivaient, qu'il convient de les juger. On l'a dit tant de fois, et vous l'avez même si souvent répété !

Enfin, Monsieur, des hommes de goût, des écrivains capables de juger des styles, et qui avaient l'avantage de pouvoir lire le livre des *Proverbes* dans le texte original, n'en ont point parlé comme vous. Ces maximes où vous ne voyez que *bassesse et trivialité*, leur ont paru écrites avec une précision piquante, d'un style élégant et pur, ornées de sentiments, d'images, de comparaisons, etc., propres à les fixer dans la mémoire des lecteurs, à l'instruction desquels elles étaient destinées. C'est ainsi qu'en ont jugé les Fénélon et les Bossuet ; et, s'il vous faut des autorités étrangères, c'est ainsi qu'en jugent les Louth et les Michaëlis. savants dont vous ne pouvez révoquer en doute. ni l'érudition ni le goût.

Ces maximes sont incohérentes. Belle découverte et juste sujet de reproches ! Eh ! qui ne sait que dans cet ouvrage, surtout après les neuf premiers chapitres, l'ordre didactique n'est point observé, et qu'on n'y voit ni divisions, ni définitions, ni argumentations : rien en un mot, de la méthode des dialecticiens ? Mais y est-elle nécessaire ? Salomon ne prétendait pas faire un traité philosophique sec et froid, il écrivait pour la jeunesse à qui la variété plaît, et pour qui des pensées détachées, qui la frappent, conviennent mieux que de longs raisonnements qui l'ennuient.

Vous trouvez ces *maximes incohérentes* : mais trouvez vous beaucoup plus de *cohérence* dans les sentences de Théognis, de Phocylides, de Caton, de Publius Syrus, etc., et les estimez-vous moins , ou les croyez-vous indignes de leurs auteurs, parce qu'elles ont été écrites sans méthode, ou recueillies au hasard?

Maximes sans goût , sans choix, sans dessein. Il est vrai qu'elles ne sont point écrites dans le *goût* de certaines *pensées* modernes : mais ce goût moderne est-il bien le vrai goût? L'est-il exclusivement à tout autre? Les pensées de Salomon ne sont ni épigrammatiques, ni alambiquées; il n'y prend point le ton d'oracle; il ne s'y enveloppe point dans les ténèbres d'un style amphigourique. Le devait-il faire? il voulait instruire, et il savait que l'entortillage et l'obscurité nuisent à l'instruction.

Quant au manque de *dessein* que vous reprochez à cet ouvrage, si toutes ses parties ne sont pas liées entre elles par une ordonnance régulière et symétrique, un but commun les unit; et ce but digne, assurément, d'un grand et sage monarque, est si marqué qu'il ne saurait être méconnu : c'était de former ses jeunes lecteurs à la piété, à la prudence, à l'observation exacte de tous les devoirs; en un mot, de leur inspirer la crainte de Dieu, et de les mener au bonheur par la vertu. Et au milieu de ces grandes vues, vous venez chicaner sur le défaut de régularité dans le plan ! comme si vous ignoriez que cette régularité si recherchée des modernes, fut longtemps négligée par les anciens poètes moralistes, même latins et grecs.

Convenez, Monsieur, qu'il y a bien de la petitesse et bien peu de solidité dans tous ces reproches !

Mais en voici de plus sérieux.

TEXTE. « On y voit des chapitres entiers où il n'est parlé que de gueuses qui cherchent à séduire les passants à coucher avec elles. Salomon aurait-il tant parlé de la femme impudique ? » (*Ibid.*)

COMMENT. Pourquoi non? *Parler de la femme impudique;* mais, pour prévenir contre ces artifices, pour peindre les honteuses et funestes suites d'un mauvais com-

merce, et pour détourner la jeunesse de se plonger dans
cet abime, est-ce une chose digne d'un sage?

Mais :

TEXTE. « Peut-on se persuader qu'un roi éclairé ait
composé un recueil de sentences dans lesquelles on n'en
trouve pas une seule qui regarde la manière de gouverner,
la politique, les mœurs des courtisans, les usages de la
cour? » (*Ibid.*)

COMMENT. On pourrait d'abord vous répondre, Monsieur, que Salomon ayant composé divers ouvrages, avait
peut-être traité dans quelques autres *de la politique et
du gouvernement, des mœurs des courtisans, et des
usages de la cour*; qu'ainsi il eût été inutile de répéter
les mêmes choses dans celui-ci; qu'il ne s'y proposait que
de donner à la jeunesse des leçons générales de vertu et
de sagesse; et que, dans ce dessein, il n'était pas nécessaire qu'il parlât de *politique et de gouvernement*. Et nous
ne voyons pas que vous puissiez opposer rien de raisonnable à cette réponse.

Mais est-il bien certain que *dans ce recueil de sentences,
il n'y en ait* effectivement *pas une seule qui regarde la
manière de gouverner, la politique, etc.*? Vous l'assurez; et nous, Monsieur, nous osons vous soutenir le
contraire. Qu'est-ce en effet que ces maximes : *Qui foule les
peuples, excite des séditions et des révoltes; la miséricorde et la vérité sont la garde des rois, et la justice
est le soutien du trône; la justice illustre les peuples; un
roi juste rend ses états florissants.* Et cette autre : *Un
peuple nombreux fait la gloire de son souverain.* Et
cette autre encore : *Le roi qui prête volontiers l'oreille
aux paroles du mensonge, n'a que des ministres impies,* c'est-à-dire, injustes, infidèles, ennemis du bien
public. Ne sont-ce pas là des *maximes qui regardent la
manière de gouverner* ?

L'éloquent évêque de Meaux en avait fait la remarque

dans la belle préface qu'il a mise à la tête des ses notes sur le livre des *Proverbes*. « On trouve, dit-il, dans ce livre, tant et de si sages maximes de politique et de gouvernement, qu'on y reconnaît aisément la sagesse d'un roi consommé dans l'art de régner. » Vous le voyez, Monsieur ; c'est précisément tout le contraire de ce que vous dites. D'où vient cette opposition entre vous et ce savant prélat, sinon de ce que Bossuet ne parlait de cet ouvrage qu'après l'avoir médité, et que vous en parlez probablement sans l'avoir lu, ou du moins après l'avoir lu avec tant de négligence et de précipitation, que vous ne savez pas même ce qu'il contient ? Et c'est d'après une lecture si superficielle que vous prétendez décider s'il est digne ou indigne de Salomon ! Vous êtes en vérité, Monsieur, un singulier critique !

§ II. *Si le livre des* Proverbes *fut composé dans Alexandrie.*

Vous prouverez peut-être mieux que le livre des *Proverbes* ut composé dans Alexandrie. Écoutons :

TEXTE. « Salomon aurait-il dit : Ne regardez point le vin quand il paraît clair et que sa couleur brille dans le verre ? Je doute fort qu'on eût des verres à boire du temps de Salomon : c'est une invention fort récente ; et ce passage seul indique que cette rapsodie juive fut composée dans Alexandrie, ainsi que tant d'autres livres juifs. » (*Dict. phil.*, art. *Salomon.*)

COMMENT. Voilà de l'érudition, Monsieur ; mais souffrez que nous vous le disions, vous n'en faites pas un emploi fort judicieux.

1° S'il est certain que l'invention des verres à boire soit fort récente, et qu'on n'ait commencé à les connaître que dans Alexandrie, ce n'est pas assez de *douter qu'on eût des ver-*

res à boire du temps de Salomon ; on n'en avait certainement point, vous en êtes sûr.

2° Que serait-ce , si , uniquement pour jouir d'un moment
de votre embarras , nous allions vous soutenir que vous n'a-
vez nulle certitude que les verres à boire n'aient commencé
d'être connus que dans Alexandrie ? Savez-vous bien , Monsieur , que cette assertion ne serait pas tout-à-fait dépourvue
de vraisemblance ? En effet , on pourrait vous opposer d'a-
bord les tasses ou coupes transparentes que les ambassadeurs
grecs virent à la cour de Perse longtemps avant Alexandre :
car si quelques savants ont prétendu qu'elles étaient d'am-
bre ; et d'autres qu'elles étaient de porcelaine, plusieurs les
ont crues de verre. On pourrait vous dire encor que le verre,
au rapport de plusieurs auteurs anciens (1), de Pline, de
Tacite, etc., fut inventé, non dans Alexandrie, mais dans
la Palestine, sur les bords du Belus ; et que ces premières

(1) *Auteurs anciens.* La plupart des anciens attribuet l'invention du
verre à un heureux hasard : ils rapportent que des marchands de nitre étant débarqués sur les bords du Belus, et voulat y faire cuire
leur nourriture , au défaut de pierre , se servirent de gros morceaux
de nitre pour soutenir leur bois et leurs pots, et que cuitre ayant pris
feu, et s'étant fondu avec le sable, forma le premie verre. C'est , à
quelques circonstances près , ce que Pline en raconte Lib. XXXVI, c.
XXVI.

Fama est, dit-il, en parlant du fleuve , *appulsâ noï mercatorum
nitri , cùm sparsi per littus epulas pararent , nei esset cortinis
attollendis lapidum occasio, glebas nitri ènavi subidisse : quibus
accensis , permixtâ arenâ , translucentes novi liquiris fluxisse ri-
vos , et hanc fuisse originem vitri.*

Tacite parle aussi des verreries des Sidoniens et des sables du Belus.
Et Bellus amnis, dit-il, *judaico illabitur mari ; cira cujus os collectœ arenœ, admixto nitro, in vitrum incoquuntr..... Sidon artifex vitri , vitriariis officinis nobilis.* Historia , li! v,, etc.

On a cru longtemps qu'on ne pouvait faire du verre qu'avec les sables du Belus. On allait en charger des vaisseaux, selon Josèphe.
Cette fausse persuasion , que les Tyriens et les Sidonias avait intérêt
d'entretenir , rendit longtemps le verre extrêmement ferr. *Edit.*

matières qu'on ait employées pour le faire furent les sables
de ce fleuve, qui coule au pied du Mont-Carmel, dans une
de nos tribus. On vous dirait qu'Isaïe en parle, qu'Ezéchiel
y fait allusion ; que, dès le temps de Salomon, on en faisait
des parquets en mosaïque ; et, pour remonter encore plus
haut, qu'il n'était point inconnu du temps même de Moïse
et de Job, etc. ; et s'il en était besoin, Monsieur, on pourrait vous apporter des preuves, au moins très plausibles, de
ces différents faits (1).

A ces autorités tirées de nos écrivains sur l'ancienneté du
verre, on ajouterait celle de Pline, qui, d'une part, prétend qu'on fabriqua dans la Palestine des verres à boire, dès
qu'on y fit usage du verre ; et de l'autre, sans fixer précisément l'époque de cette invention, lui donne d'antiquité
tant de siècles, qu'il s'étonne que les sables du Belus aient
pu fournir si longtemps la matière nécessaire pour tant d'ouvrages (2). Et l'on vous demanderait, Monsieur, quelle
preuve vous avez de votre savante assertion si légèrement
avancée, et si facile à combattre.

3° Il n'est pas nécessaire d'entrer ici dans ces discussions
savantes ; pour renverser votre raisonnement, une réflexion

(1) *De ces différents faits.* Voyez la *savante Dissertation* de M.
Michaëlis (tome 3 des *Mémoires de l'Académie de Gottingue*) sur
l'ancienneté du verre chez les Hébreux. Il y remarque qu'Ezéchiel
met une mer de glace sous le trône de Dieu, par allusion à la magni-
fique mer de verre dont était pavé le lieu où Salomon avait fait placer
son trône ; qu'Isaïe parlant de la ville de Tyr, et Moïse des tribus d'Is-
sachar et de Zabulon, vantent les *trésors cachés dans les sables de
leurs rivages ;* par où il entend, avec l'interprète chaldéen, Jona-
than, Salomon Ben Isaac, Le Clerc, etc., les *richesses que devaient
leur produire les manufactures de verre où ils employaient les
sables du Belus ;* enfin que les mots *zag* et *zachuchit,* qui se trouvent
dans Moïse et dans Job, sont rendus, dans toutes les versions orientales, par le mot qui, dans ces langues, signifie *verre,* etc. *Aut.*

(2) Tant d'ouvrages. *Quingentorum est passuum,* dit Pline, *non
amplius, spatium litoris, idque tantùm multa per sæcula gi-
gnendo fuit vitro.* Voyez Pline, livre XXXVI.

suffit. C'est que ce raisonnement suppose que dans le texte original il est question de *verre à boire*, de coupe, gobelet de *verre*. Or, quoique vos traductions françaises et votre *Vulgate* aient rendu le terme hébreu par *verre*, ce terme ne signifie ni *verre à boire*, ni gobelet de *verre*, mais un gobelet, une tasse de quelque matière qu'elle puisse être. Voici donc à quoi se réduit votre prétendue démonstration : « Les traductions françaises et la *Vulgate* rendent ce passage par *verre* : or les verres à boire ne commencèrent à être connus que dans Alexandrie. Donc le texte hébreu, qui ne parle point de verre, n'a été composé que dans Alexandrie. » Ainsi, des versions latines et françaises qui parlent de *verre*, vous concluez contre le texte hébreu qui n'en parle pas. A-t-on jamais raisonné de la sorte, Monsieur ? Voyez à quoi l'on s'expose lorsqu'on se mêle de critiquer un ouvrage, sans avoir sous les yeux le texte original.... ou sans l'entendre.

Nous en étions là, lorsque, voulant comparer le *Dictionnaire philosophique* à la *Raison par alphabet*, nous avons trouvé dans celle-ci ces mots au bas d'une page ;

Texte. « Un pédant a cru trouver une erreur dans ce passage : il a prétendu qu'on a mal traduit par le mot de *verre*, le gobelet qui était de bois ou de métal. » (*Ibid.*)

Comment. *Un pédant !* Nous ne connaissons ni l'auteur, ni son ouvrage ; mais à en juger seulement par ce que vous en dites, on peut penser que c'est un homme instruit, qui ne traduit point sur la *Vulgate*, mais qui consulte et entend le texte.

Un pédant ! On dit que dans votre langue le mot de *pédant* est une injure : dire des injures est prendre un mauvais ton ; nous sommes fâchés pour vous que vous le preniez si souvent. Faites ce que vous conseillez, Monsieur : à la place des injures, mettez enfin des *raisons*.

Ce *pédant a cru trouver une erreur*. Non, Monsieur, il n'a pas *cru* en trouver une, il l'a trouvée réellement, et ce n'est point une simple erreur, c'est une bonne et grosse bévue. Il est un peu fâcheux qu'*un pédant* ait raison ,·et que M. de *Voltaire* ait tort ! ce petit malheur vous est arrivé quelquefois.

Il a prétendu qu'on a mal traduit par verre , etc. Il l'a démontré , et vous n'avez rien de raisonnable à lui répondre. Vous répondez pourtant :

TEXTE. « Le livre des *Proverbes* dit : *Ne regardez point le vin quand il paraît clair et que sa couleur brille dans le verre.* Comment le vin aurait-il brillé dans un gobelet de métal ou de bois? et puis , qu'importe ? » (*Ibid*).

COMMENT. *Comment le vin aurait-il brillé, etc.* Ne voyez-vous pas que vous condamnez toute l'antiquité à n'avoir jamais su si le vin qu'on buvait *était clair* ? Et vos contemporains , Monsieur , croyez-vous qu'en buvant dans des gobelets d'or ou dans des tasses d'argent , ils ne voient pas si leur vin est *clair* et s'il brille ?

Et puis qu'importe ? Il ne nous *importe* guère assurément ; mais il nous semble qu'il ne doit pas vous être indifférent d'avoir bien ou mal traduit le mot hébreu par *verre* , car si ce mot ne signifie point du *verre* ; votre prétendue démonstration n'est plus qu'un raisonnement également faux ou ridicule. C'est peut-être de quoi vous vous embarrassez peu... et nous aussi. En effet, qu'*importe* ?

Non , il ne vous importe guère. Nous savons enfin votre secret : vous l'avez dit : et il est venu jusqu'à nous. *Abbé...., il m'importe beaucoup d'être lu... et très peu d'être cru.* C'est donc là votre devise, Monsieur ? Puisse-t-elle enfin être connue de tous ceux qui vous lisent , et qui ont la bonté de vous croire ! Si nous l'eussions sue plus tôt , nous nous serions dispensé d'écrire. Elle serait bonne à mettre pour épigraphe à la tête de vos œuvres (1).

(1) *A la tête de vos œuvres.* Nous exhortons les nouveaux éditeurs d'en décorer les frontispices de chacun de leurs volumes : elle apprendrait aux lecteurs ce qu'ils doivent penser de l'auteur et de l'ouvrage. *Aut.*

XIXᵉ EXTRAIT.

De Salomon : suite. M. de Voltaire le vante ; en quoi.

Vous ne blâmez pourtant pas toujours Salomon. Vous trouvez dans ce prince quelque chose de louable et digne d'être imité par de grands rois. Voyons ce que c'est.

§ I. *Luxe de Salomon loué par M. de Voltaire.*

Vous prétendez d'abord vous autoriser de son exemple ; et dans vos délires poétiques, vous croyez pouvoir vous en servir pour justifier le luxe. Vous dites :

TEXTE.

Je veux ici vous citer un grand homme,
Tel qu'en en vit Paris, Pékin, ni Rome;
C'est Salomon, ce sage fortuné;
Roi philosophe, et *Platon couronné,*
Qui connut tout, du cèdre *jusqu'à l'herbe,*
Vit-on jamais un luxe plus superbe ?
Il faisait naître, au gré de ses désirs,
L'or et l'argent, et surtout les plaisirs.
Mille beautés *servaient à son usage.*

Voy. *Mondain.* (1)

COMMENT. Quelques-uns de nos lecteurs pourront trouver que le *tel que n'en vit Paris, Pékin*, etc., n'est pas fort harmonieux ; et qu'après *roi philosophe*, le *Platon couronné* vient un peu pour la rime ; d'autres que *l'herbe*, mot générique, ne contraste point avec le cèdre, aussi bien que le

_____

(1) *Voyez* Contes en vers, *Défense du Mondain*, page 118, tome XIV des OEuvres.

fait l'hysope dans l'Écriture ; et que ces mille beautés, qui *servaient à son usage*, ne sont pas des beautés trop poétiques.

Pour nous étrangers, *qui ne nous connaissons point en vers*, nous abandonnons volontiers les vôtres à la coupelle de Messieurs La Baumelle et Clément. Ce n'est pas l'élégance des expressions qui nous occupe ici, mais la justesse des raisonnements.

Quoi ! Monsieur, vous donnez le règne de Salomon comme une preuve des grandes utilités du luxe ? Mais ce fut précisément ce luxe superbe, et ces *mille beautés servant à son usage*, qui causèrent ses malheurs. Ce fut là ce qui l'obligea de charger son peuple de ces impôts accablants qui excitèrent tant de plaintes, et qui en faisant perdre à son fils dix des douze tribus, causèrent, par cette désunion, la ruine de sa famille et celle de l'état.

Nous avions toujours cru qu'on ne pouvait guère citer d'exemple plus frappant contre le luxe. Est-ce à nous à changer d'idées, ou à vous, Monsieur, à réformer les vôtres ?

§ II. *Salomon proposé pour modèle aux souverains : en quoi.*

Il fut un temps où Salomon, jeune et vertueux, fidèle à son Dieu et cher à son peuple, faisait le bonheur de ses sujets et l'admiration de ses voisins. Il pouvait alors, sans doute, servir d'exemple aux rois. Est-ce à cette époque que vous le leur proposez pour modèle ?

TEXTE

Ce roi, que tant d'éclat ne *sut* point éblouir,
Sut joindre à ses talents l art heureux de jouir.
Ce sont là les leçons qu'*un roi prudent* doit suivre:

Epit. au roi de Pr. (1).

(1) Voyez *Epître en vers*, page 102, tome XII des OEUVRES.

COMMENT. Si le grand prince à qui vous adressiez ces sages conseils les eût suivis, Monsieur ; s'il eût imité Salomon dans *l'art heureux de jouir*, et qu'il eût eu, comme lui, mille beautés *servant à son usage*, nous doutons qu'il eût rempli, comme il l'a fait, l'Europe du bruit de ses exploits et de l'éclat de sa gloire. Heureusement pour ses peuples, ce *roi prudent* s'était formé sur d'autres leçons.

O sages du dix-huitième siècle, qui vous dites les *amis des rois*, est-ce ainsi que vous les instruisez? Qu'ils vous doivent de remercîments, et les peuples de reconnaissance ! En vérité, vous travaillez, on ne peut mieux, à la gloire des uns, et au bonheur des autres ?...,.

XXe EXTRAIT.

De Salomon: suite. Calculs de ses richesses, de ses chevaux, etc.

Il n'est guère de difficultés, Monsieur, que vous proposiez avec plus de confiance contre nos livres saints, que celles que vous tirez de quelques calculs qu'on y trouve. Elles ne sont pourtant ni triomphantes, ni neuves. Il ne vous a pas fallu, pour les trouver, faire de grandes recherches, ni feuilleter Woolston et les Tolland, les Bolingbroke et les Collins, etc. Deux ou trois commentateurs, Calmet seul, votre ancien maître, a pu vous les fournir. Les copier, les assaisonner de quelques plaisanteries, et supprimer les réponses, c'est tout ce que vous avez eu à faire, et tout ce que vous faites en effet en parlant des richesses de Salomon, de ses chevaux, etc., dans votre *Dictionnaire philosophique* et ailleurs. Nous aurons plus d'impartialité, Monsieur, nous rapporterons les réponses, sans rien dissimuler des objections.

§ I. *Des richesees laissées par David a Salomon.*

TEXTE. « David, dont le prédécesseur n'avait pas même de fer, laissa à Salomon son fils vingt-cinq milliards six cent quarante-huit millions au cours de ce jour, en argent comptant.» (*Mélang., t. VII, ch. I.* — Voyez *Dictionnaire philosophique,* tome V, art. Juifs, page 141, tome XLI des *OEuvres.*)

« Salomon pouvait-il être aussi riche qu'on le dit? Les *Paralipomènes* (1) assurent que le melk David, son père, lui laissa environ vingt milliards de notre monnaie au cours de ce jour, selon la supputation la plus modeste. Il n'y a pas tant d'argent comptant dans toute la terre; et il est assez difficile que David ait pu amasser ce trésor dans le petit pays de la Palestine.» (*Dict. phil.,* art. Salomon.)

COMMENT. Observons d'abord, Monsieur, que dans le texte des *Paralipomènes* il n'est parlé ni de millions, ni de milliards *au cours de ce jour,* mais de talents d'argent. Pour savoir la somme que formerait ces talents réduits à notre monnaie, il faudrait en faire une évaluation exacte. Or cette opération n'est pas aussi facile qu'on pourrait le croire.

Avec toute l'étendue de vos lumières, vous paraissez vous-même fort incertain dans vos calculs. Si dans vos *Mélanges,* vous portez à vingt-cinq milliards six cent quarante-huit millions la somme laissée par David à Salomon, dans le *Dictionnaire philosophique,* vous la restreignez à environ vingt milliards : c'est donc déjà cinq milliards six cent quarante-huit millions rabattus; cette différence est à remarquer; un cinquième, et par delà, de plus ou de moins sur une somme fait un objet.

(1) *Les Paralipomènes.* Voici le texte selon la *Vulgate. Ecce ego in paupertate meâ præparavi impensas domûs Domini auri talenta centum millia, et argenti mille millia talentorum. Paral.,* chapitre XXII, verset 14. *Aut.*

Vous nous avertissez que dans ce dernier calcul vous suivez la supputation la plus modeste, preuve que dans le précédent vous vous en étiez permis une qui ne l'était pas trop. Cependant, dans le traité de la *Tolérance*, vous vous arrêtez à une évaluation plus modeste encore. Vous réduisez à dix-neufs milliards soixante-deux millions toute cette somme, y compris même celles que ses principaux officiers donnèrent aussi pour la construction du temple. Vos évaluations ne sont donc pas d'une évidence telle, qu'on ne puisse avoir, et que vous n'ayez vous-même quelques doutes sur leur certitude.

Vous n'êtes pas le seul, Monsieur, que ces évaluations embarrassent. Les savants qui ont le plus étudié ces matières s'accordent peu entre eux ; les uns réduisent cette somme à quinze milliards, d'autre à douze, quelques-uns encore plus bas. Que prouvent toutes ces variations, sinon qu'on ne peut l'évaluer avec certitude ?

L'embarras augmente encore, s'il faut admettre chez les Hébreux, et l'on ne peut guère s'y refuser (1), de grands et de petits talents, des talents de poids et des talents de compte, comme chez plusieurs autres peuples (2).

Mais supposons que vos évaluations sont justes, quoiqu'on en puisse disconvenir ; supposons que vous connaissez parfaitement la nature et la vraie valeur des talents dont parle ici la *Vulgate*, ce qui n'est pas certain ; et que la *Vulgate* a rendu exactement le sens du texte, ce qu'on pourrait peut-être révoquer en doute : supposons tout cela, Monsieur ; que s'ensuivra-t-il ? Il n'est pas croyable que David ait pu laisser une telle somme à son fils. Mais qui vous oblige de le croire ?

Ces vingt-cinq milliards six cent quarante-huit millions vous

---

(1) *S'y refuser.* On en trouvera les preuves dans le *Commentaire* de dom Calmet, et dans les réponses critiques de M. l'abbé Bullet.

(2) *Plusieurs autres peuples.* Les Grecs eurent leurs grands et leurs petits talents ; les Romains, leurs grands et leurs petits sesterces ; les Anglais, les Français, les Romains mêmes, leur livre de poids et leur livre de compte. *Aut.*

paraissent une somme exorbitante, énorme. Vous avez raison de la trouver telle, nous en convenons, Monsieur. Nous croyons même que douze milliards sont beaucoup au-dessus de ce que David put laisser à son fils. Il y aurait eu là de quoi faire un temple d'argent massif, revêtu d'or; ç'aurait été du moins plus qu'il ne fallait pour en bâtir plusieurs centaines comme celui de Salomon, et des milliers, si ce temple fut tel que vous le représentez. Or, comme vous l'observez très bien, la somme laissée par David à Salomon ne lui suffit point, et ce prince fut obligé d'emprunter de l'or d'Hiram, ce qu'il n'aurait pas fait apparemment, si son père, en mourant, lui eût laissé *vingt-cinq milliards six cent quarante-huit millions.*

Mais ne voyez-vous pas, Monsieur, que plus la méprise est grossière, et l'absurdité révoltante, moins elle est croyable de la part d'un auteur à qui vous ne pouvez refuser, sinon l'inspiration, du moins quelques lumières? Est-il vraisemblable qu'un écrivain raisonnable ait fait dire par David, par un prince dont il savait aussi bien que vous que le *prédéces- seur n'avait pas même de fer*, qu'il *avait mis à part, selon sa pauvreté*, vingt-cinq milliards six cent quarante-huit millions en argent comptant, c'est-à-dire, selon vous-même, *plus d'argent comptant qu'il n'y en a dans toute la terre?*

Quand on trouve des méprises aussi évidentes sur les nombres dans les auteurs profanes, on ne prend pas le parti de les leur attribuer, pour peu qu'on les connaisse d'ailleurs instruits et véridiques. Il n'y a point de critique qui ne croie devoir alors les imputer plutôt à la négligence ou à la distraction des copistes, qu'à une stupide imbécillité de l'écrivain (1).

(1) *stupide imbécilité de l'écrivain.* On trouve de ces fautes, non-seulement dans les écrits des anciens, qui ont passé tant de fois par les mains des copistes, mais dans les écrivains même modernes les plus instruits. Basnage en fournit un exemple singulier. Il est dit, dans son histoire des Juifs, que ceux d'Espagne, lors de leur expulsion, en emportèrent *trente mille millions de ducats* ce qui est écrit en tou-

Pourquoi n'usez-vous pas de la même équité, et ne suivez-vous les mêmes règles à l'égard de nos auteurs sacrés ?

Vous le devriez d'autant plus, que probablement les copistes marquèrent quelquefois les nombres par des lettres, qui nous tenaient lieu de chiffres, et que, de votre aveu, les lettres hébraïques pouvaient aisément se confondre (1).

Que prouve donc votre objection ? Rien, sinon que quelques commentateurs ont mal évalué ces talents, ou tout au plus, qu'il y aurait quelques fautes de copistes dans le texte des *Paralipomènes*. Mais qui nie qu'il ne puisse y en avoir, et qu'il n'y en ait en effet quelques-unes dans nos saintes Écritures ! Tout le monde en convient (2), et il était très inutile de vous mettre en frais pour prouver ce dont personne ne doute.

Au reste, Monsieur, c'était, du temps de David, comme encore aujourd'hui, l'usage des rois d'Asie, d'amasser des trésors pour les temps de besoin, ou pour l'exécution des projets qu'ils avaient conçus. Ils ignoraient le nouveau principe (3) des gouvernements modernes de l'Europe, qu'il vaut

---

tes lettres, et n'est point corrigé dans l'*errata*. S'avisera-t-on d'imputer cette exagération à Basnage plutôt qu'à son imprimeur hollandais ? *Edit.*

(1) *Aisément se confondre.* On pourrait encore ajouter, pour prouver que cette erreur vient des copistes, 1o que la construction est très irrégulière, ou du moins très extraordinaire dans cet endroit du texte hébreu ; 2o que dans la version arabe on compte *mille talents d'or et mille d'argents ;* ce qui annonce, dans le manuscrit du traducteur arabe, une leçon différente du manuscrit dont se servit l'auteur de la *Vulgate*, et donne manifestement lieu de soupçonner de l'altération dans l'un et dans l'autre. *Edit.*

(2) *Tout le monde en convient.* M. de Voltaire lui-même n'a pu s'empêcher d'en convenir dans son *Traité de la tolérance*. Nous espérons bien qu'il nous reprochera encore, comme il l'a déjà fait, que nous ne voulons reconnaître dans l'*Ecriture* aucune faute de copiste. On voit combien ce reproche est fondé. *Aut.*

(3) *Le nouveau principe,* etc. Le principe contraire fut celui de Sixte V et de Henri IV, dont les vues valaient probablement bien

mieux que les princes n'aient jamais rien dans leurs coffres, et laissent circuler tout l'argent comptant dans leurs états. Il n'est donc pas étonnant qu'occupé depuis longtemps du projet de construire un superbe temple au Seigneur, David, pendant plusieurs années d'un règne glorieux, après des victoires remportées sur tant de peuples, dont il avait enlevé de si riches dépouilles, ait pu amasser et laisser à son fils des sommes considérables. Car enfin, Monsieur, quoi que vous puissiez en dire, ce *melk juif* n'était pas un *roitelet*, c'était un monarque puissant : et quand vous bornez ses états au petit pays de la Palestine, vous voulez bien oublier que ce prince conquérant avait soumis plusieurs peuples voisins, et étendu sa domination de l'Euphrate à Esiongaber, et d'Esiongaber à l'Egypte. C'était là un peu plus que *le petit pays de la Palestine.*

Que fera donc un homme raisonnable en lisant, dans M. de Voltaire ou ailleurs, que David, *dans sa pauvreté*, laissa à Salomon vingt-cinq milliards six cent quarante-huit millions en argent comptant, c'est-à-dire, plus d'argent comptant qu'il n'y en a dans toute la terre ? Frappé de la facilité avec laquelle les copistes altèrent les nombres, et de l'incertitude et des contradictions qui règnent dans les évaluations de ces ancien-

celles de nos modernes économistes politiques. Ce principe était encore celui du feu roi de Prusse : n'est-il pas vrai qu'il a bien mal réussi au roi son fils ?

Ce serait peut-être un sujet digne des recherches de quelques savants, d'examiner s'il n'y avait pas dans l'antiquité autant ou plus d'or et d'argent à proportion que de notre temps. Il paraît que tant de sables d'où l'on en tirait des paillettes, tant de rivières qui en roulaient, tant de mines que les anciens connurent et exploitèrent, pourraient rendre au moins la question problématique.

On ne peut lire la *Dissertation* de dom Calmet, sur les textes que nous examinons, sans convenir que dans ces anciens temps les rois, les temples, quelques villes, étaient d'une opulence qui étonne. M. de Voltaire remarque lui-même, dans son *Traité de la tolérance*, qu'on est surpris des richesses qu'Hérodote dit avoir vues dans le temple d'Ephèse : mais cet étonnement doit-il faire nier les faits ? *Edit.*

nes monnaies, il se donnera de garde d'attribuer à un écrivain judicieux une absurdité révoltante, et il conclura seulement que la somme laissée par ce prince à son fils était très considérable en elle-même et pour le temps, quoiqu'on ne puisse aujourd'hui la déterminer sûrement.

§ II. *Des chevaux de Salomon.*

TEXTE. « Salomon avait *quarante mille écuries et autant de remises pour ses chariots, douze mille écuries pour sa cavalerie, etc.* Les commentateurs avouent que ces faits ont besoin d'explications, et ont soupçonné quelques erreurs de chiffre dans les copistes, qui seuls ont pu se tromper. » (*Mel.,* tom. v de l'édit. de Genève, chap. I. — Voyez *Dictionnaire philosophique,* tome v, art. Juifs, page 141.

« Salomon, selon le *troisième* livre des *Rois,* avait quarante mille écuries pour les chevaux de ses chariots. Quand chaque écurie n'aurait contenu que dix chevaux, cela n'aurait composé que le nombre de quatre cent mille, qui joint à ses douze mille chevaux de selle, eût fait quatre cent douze mille chevaux de bataille. C'est beaucoup pour un melk juif qui ne fit jamais la guerre. Cette magnificence n'a guère d'exemple dans un pays qui ne nourrit que des ânes, et où il n'y a pas aujourd'hui d'autre monture ; mais apparemment que les temps sont changés, etc. » (*Dict. phil.,* article Salomon.)

COMMENT. Voilà bien des plaisanteries, Monsieur ; mais n'aura-t-on pas lieu de rire un peu du railleur, quand on saura qu'il traduit ce passage du troisième livre des *Rois* sur le latin de la *Vulgate,* et que ce latin même, il ne l'entend pas ou ne veut pas l'entendre ; qu'il y met des remises que personne n'y voit ; qu'il prend des écuries pour des chevaux, etc? C'est exactement ce que vous faites, Monsieur.

Vous traduisez sur la *Vulgate ;* cela est clair, et cela est mal : car, quand on critique un auteur, il ne faut pas le juger d'après une version défectueuse. Or, telle est, selon vous, la *Vulgate*.

Mais le latin même de la *Vulgate*, Monsieur, vous l'entendez mal. On y lit (liv. III des *Rois*, ch. IV, v. 2) : *Et habebat Salomon quadraginta millia præsepia equorum curri-lium, et duodecim millia equestrium.* Vous direz que ce n'est pas là du latin de Cicéron, ni de Tite-Live, à la bonne heure. Ce latin pourtant n'est pas tout-à-fait inintelligible. On peut y trouver avec vous, en se trompant comme vous, que Salomon avait *quarante mille écuries pour les chevaux de ses chariots.* Mais quelque effort que l'on fasse, il est impossible d'y apercevoir *autant de remises.* Ces quarante mille remises, Monsieur, sont de votre façon : il n'y en a pas la plus légère trace dans le latin, non plus que dans l'hébreu : c'est à vous seul que Salomon les doit.

Quarante mille remises, Monsieur, ce sont bien des remises ! l'Écriture ne donne nulle part à Salomon plus de *quatorze cents chariots*. Josèphe n'en compte pas davantage. Loger quatorze cents chariots dans quarante mille remises, c'est les loger à l'aise.

Cela est assez plaisant, mais ce n'est pas tout : vous n'êtes pas plus heureux en traduisant la suite du passage, *et duodecim millia equestrium.* Ces mots signifient, selon vous, dans les *Mélanges, douze mille écuries*, et, selon vous, dans le *Dictionnaire philosophique, douze mille chevaux.* N'est-ce pas là prendre les écuries pour les chevaux, ou les chevaux pour les écuries ?

Que si l'on suppose avec vous ces douze mille écuries des *Mélanges* de *dix chevaux chaque,* on aura le nombre de cent vingt mille chevaux de selle, qui, joints aux quatre cent mille des chariots, feront cinq cent vingt mille chevaux de bataille; calcul qui contredit un peu celui du *Dictionnaire philosophique*; il n'y a qu'une différence de cent mille chevaux; c'est une bagatelle !

Votre libéralité envers Salomon est étonnante, Monsieur : vous venez de lui donner *quarante mille remises*, dont l'Ecriture ne dit rien, et ici vous lui faites présent de *douze mille écuries* pour ses douze mille chevaux de selle. Vous croyez apparemment que chaque cheval de Salomon avait son écurie à part ; telle est l'idée que vous vous faites de l'économie de ce prince sage ! Au reste, quand on a eu l'adresse de mettre *quatorze cents* chariots dans *quarante mille* remises, on peut bien placer *douze mille chevaux* dans *douze mille écuries*.

Vous ne vous en tenez pas là, Monsieur : outre ces douze mille écuries que vous donnez à Salomon pour ses douze mille chevaux de selle, vous lui accordez quarante mille *écuries* pour les chevaux de ses chariots ; c'est ainsi que vous traduisez la Vulgate. Mais est-ce bien là ce qu'il faut entendre par le *præsepia* de l'auteur de la *Vulgate* ? Tout le monde n'en convient pas ; encore moins conviendra-t-on que ce mot, pris en ce sens, rende bien le terme hébreu qui y répond. Ouvrez Bochart (1), Monsieur ; ouvrez Leigh, Houbigant, etc., vous y verrez que l'expression hébraïque pourrait bien ne signifier que ces *places*, ou ces séparations qu'on forme dans les grandes écuries avec des poteaux et des perches, et dont chacune sert de logement à un cheval.

Ainsi l'obscurité de ce passage et l'incertitude de la vraie signification du terme hébreu, devaient déjà vous inspirer quelque défiance sur votre objection. En effet, comment se prévaloir, ou quel avantage tirer d'un texte obscur, qu'on n'est pas sûr de bien entendre ?

Il y a plus, Monsieur, ce calcul du premier livre des *Rois*,

---

(1) *Ouvrez Bochart*, etc. On a reproché à M. de Voltaire d'avoir mis quelquefois à contribution les ouvrages de ce savant sans le citer. Nous doutons que ce reproche soit fondé. Si cet illustre écrivain avait pris la peine de remonter à cette source, il y aurait vu ce qu'on dit ici ; et probablement il aurait eu la complaisance d'en apprendre quelque chose à ses lecteurs. *Edit.*

dans le latin comme dans l'hébreu, diffère de celui des *Paralipomènes*. Il est dit dans les *Paralipomènes*, que Salomon
avait, non pas *quarante mille écuries pour les chevaux de
ses chariots* comme le porte le livre des *Rois*, mais selon la
Vulgate, *quatre mille* et selon l'hébreu, *quatre mille chevaux de chariots dans ses écuries*; et qu'il avait *douze
mille chevaux de cavalerie dans ses écuries*, et non pas,
comme vous le faites dire au livre des *Rois*, *douze mille
écuries pour les chevaux de sa cavalerie*. Et non-seulement
les deux textes diffèrent, mais plusieurs des anciennes versions (1) ne s'accordent ni avec l'hébreu, ni entre elles. Les
différences qui se trouvent entre ses versions, l'opposition
frappante qu'on remarque entre les deux textes, et l'invraisemblance du calcul du livre des *Rois*, tout cela n'annonce-
t-il pas visiblement dans celui-ci, et peut-être même dans
tous les deux, quelque altération due aux copistes? altération très aisée, quand même ces calculs auraient été écrits
en toute lettre, plus aisé encore s'il était écrit en lettres numérales, comme ils ont pu l'être.

Vous dites en raillant qu'*eux seuls* (les copistes) *ont pu
se tromper* : mais vous dites vrai, Monsieur, surtout ici.
Car, à quelle autre cause qu'à leur négligence, à leur précipitation, ou même, si vous voulez à leur vanité et à la folle

---

(1) *Des anciennes versions.* — La version des *Septante* par exemple diffère de la *Vulgate*, et toutes les deux différent du texte hébreu
actuel. Cette variété dans les différents textes n'est pas chose rare; et
elle prouve, souvent du moins, que les traducteurs soit grecs soit
latins ont eu sous les yeux différents manuscrits du texte hébreu pri-
mitif. Ainsi saint Jérôme a traduit sur le texte hébreu du 4e siècle; et
les *Septante* sur un manuscrit hébreu antérieur de 700 ans pour le moins.
Or, entre ces deux textes, il y a des différences remarquables, par
exemple en ce qui concerne la chronologie. La traduction des *Septante*
faite par une académie Juive, sur un texte officiel et à une époque où
la synagogue avait qualité pour juger en matière d'Écriture, a par cela
même une autorité supérieure à celle de l'hébreu actuel qui n'a aucun
titre à l'authenticité quand il ne s'accorde pas avec cette version de
l'ancien texte.   L. D.

envie d'exalter la gloire de Salomon, pourrait-on attribuer cette énorme différence de calcul entre deux écrivains qui paraissent avoir été parfaitement instruits des matières qu'ils traitent, et avoir travaillé d'après des mémoires authentiques ? A quelle autre cause attribuer les différences des anciennes versions entre elles ? Aussi la plupart des plus savants critiques, juifs et chrétiens, réduisent-ils à douze mille les chevaux de la cavalerie de Salomon, et à quarante mille, plusieurs même, avec le texte hébreu, à quatre mille les chevaux de ses chariots.

Nous croyons, Monsieur, que vous auriez de la peine à démontrer qu'il était impossible à ce prince d'entretenir cinquante-deux mille chevaux. Outre la Palestine, la Syrie, etc., Salomon était maître en partie de l'Arabie Pétrée et de l'Arabie déserte ; et vous n'ignorez pas que dans ces pays les chevaux ne sont pas rares, qu'ils y sont excellents, qu'ils sont un des plus grands objets de commerce ; que la cavalerie faisait anciennement, et qu'elle fait encore aujourd'hui une grande partie des forces de ces peuples guerriers. Si les chevaux furent moins communs dans la Palestine, c'est que la religion et une sage politique (1) n'en permettaient pas le fréquent usage ; mais il n'en est pas moins vrai que ce pays pouvait en nourir, témoin la cavalerie et les chariots de

_____

(1) *La religion et une sage politique.* Le savant évêque de Londres (Sherlonk) a prouvé qu'un motif de religion entrait dans la défense faite aux Hébreux de *multiplier leurs chevaux,* c'est-à-dire, d'en avoir un grand nombre. Le législateur voulait que les Hébreux, dans les batailles, missent leur confiance au Seigneur, et non dans la multitude de leurs chevaux et de leurs chariots de guerre. *Hi in curribus et in equis, nos autem in nomine* Domini, Voyez son *Traité de l'usage et fins de la prophétie.*

La raison politique était que, dans un pays comme la Palestine, une trop grande quantité de chevaux pouvait nuire à la population, l'un des plus grands objets du législateur. Cette politique est encore aujourd'hui celle de la Chine. Si on l'imitait dans quelques états, plus de journaliers y trouveraient de l'occupation. On s'y plaint tous les jours que la multitude des chevaux enlève la subsistance des hommes. *Aut.*

guerre des Chananéens, qui apparemment n'étaient pas
traînés par des bœufs; témoins le commerce de chevaux
que faisait Salomon, sa cavalerie, ses chariots de guerre et
ceux de ses successeurs, qui sans doute n'envoyaient pas
leurs chevaux paître chez leurs ennemis ou chez leurs voisins. Et si vous croyez que *la Palestine ne nourrit plus que
des ânes* et qu'il *n'y a pas aujourd'hui d'autre monture*,
vous vous abusez encore, Monsieur : les voyageurs modernes peuvent vous apprendre que les chevaux n'y sont
point une monture inconnue. Il pourrait donc bien n'être
pas aussi impossible que vous le pensez, que Salomon ait eu
cinquante-deux mille chevaux.

Mais si ce nombre vous paraît encore trop grand, pour
un melk juif, rien n'empêche qu'avec les savants dont nous
venons de parler, vous ne réduisiez tous ces chevaux à seize
mille. Vous pouvez adopter de ces calculs celui qui vous paraîtra le plus probable ; vous pouvez même, si bon vous
semble, n'en adopter aucun. Vos théologiens ni les nôtres
ne damnent personne pour cela : quand le texte est altéré,
rien n'oblige d'y ajouter foi.

§ III. *Des richesses que rapportait à Salomon sa flotte
d'Ophir.*

TEXTE. « Ses flottes lui rapportaient par an soixante-huit
millions en or pur, sans compter l'argent et les pierreries. »
(*Dict. phil.*, art. *Juifs.*)

COMMENT. L'Ecriture fait monter le produit de ce commerce au plus à quatre cent cinquante talents. Mais elle ne
dit point que ce fut un profit annuel ; c'était probablement
le produit de chaque voyage et ses voyages vous n'êtes pas sûr
qu'ils se fissent en un an par la flotte de Salomon.

2° Vous évaluez ces quatre cent cinquante talents à soixante-
huit millions, mais cette évaluation n'a aucune certitude.

Dom Calmet, qui avait étudié plus que vous, Monsieur, cette matière, ne les évalue qu'à trente millions, et même qu'à dix-huit, si ces talents étaient, comme il le croit probablement, des talents babyloniens.

Enfin, Monsieur, quelle certitude avez-vous que le commerce d'Ophir ne pouvait valoir ces sommes à Salomon ? Ophir était un pays riche en or ; c'était pour Salomon ce que le pays des Aliléens fut pendant quelque temps pour les peuples voisins de l'Arabie (1) ; ce que le Pérou a été depuis pour les Espagnols. Il est dit, dans nos livres, que Salomon rendit l'or à Jérusalem *aussi commun que les pierres*. Cette figure orientale, que vous ne prendrez pas à la lettre, sans doute, annonce au moins que, sous le règne de ce prince, l'or devint très commun dans cette capitale : preuve que le commerce d'Ophir n'était pas d'un médiocre produit (2).

Si, malgré ces considérations, cette somme semblait encore exagérée ; s'il était nécessaire de reconnaître ici quelque méprise, serait-il dans les règles d'une sage critique de l'imputer à des écrivains instruits et véridiques, plutôt qu'à des copistes souvent négligents et distraits ? Nos livres ont passé par tant de mains et tant de siècles, qu'il ne doit point paraître étonnant qu'il s'y trouve quelques fautes d'écriture. Dieu, sans doute, n'a pas permis qu'il s'y glissât des altéra-

----

(1) *De l'Arabie.* On lit dans la Bibliothèque de Photius un extrait d'un ouvrage d'*Egatarchides*, où cet écrivain rapportait que le pays des Aliléens était si abondant en or natif qu'on y en trouvait communément des morceaux gros comme des noyaux d'olives et de nèfles, et même comme des noix ; que les habitants les entremêlaient avec des pierres transparentes pour s'en faire des colliers et des bracelets, et qu'il le vendaient à si vil prix, qu'ils donnaient pour l'airain le triple d'or ; pour le fer, le double, et pour l'argent dix fois autant. C'est à peu près ce qu'on a vu depuis au Pérou. *Aut.*

(2) *Médiocre produit.* Plusieurs savants critiques croient que l'Ophir de Salomon était la côte orientale de l'Afrique, appelée *Sofala* ou *Côte-d'or.* Si les Européens même ont tiré tant d'or de cette côte, elle put sans doute en fournir à Salomon. *Aut.*

----

tions essentielles, des erreurs contre la pureté de la doctrine et des mœurs; mais il n'était point nécessaire qu'il s'y trouvât aucune inexactitude de copistes sur des objets indifférents à la religion et à la morale. Et qu'importe à l'une et à l'autre que David ait laissé plus ou moins d'argent à son fils, que Salomon ait eu plus ou moins de chevaux, plus ou moins d'écuries, etc.? La religion annoncée dans nos Ecriures en sera-t-elle moins belle, et la morale moins pure? N'est-il pas singulier qu'un écrivain qui passe par-dessus toutes les absurdités du *Vedam*, du *Cormovedam*, etc., en faveur de quelques beaux préceptes, copiés probablement d'après nos saints livres, veuille faire valoir contre ces livres des objections si minces, et jusqu'à des fautes de copistes?

XXIe EXTRAIT.

Du livre de la Sagesse. *De quelques méprises de l'habile critique: et de quelque chose de plus que des méprises.*

Quoique le livre de la *Sagesse*, que votre Eglise met au rang des ouvrages inspirés, ne soit point reçu parmi nous dans le Écanon des critures, nos maîtres pourtant en font cas, et le citent avec éloge.

L'auteur, quel qu'il soit, paraît avoir vécu parmi les idolâtres, et, témoin de leurs superstitions et de leurs désordres, il ne pensait pas sur l'idolâtrie comme quelques écrivains modernes, soi-disant philosophes, qui la vantent, qui en regrettent les heureux temps, et qui voudraient les ramener pour le bonheur du monde. Il remonte à l'origine de ce faux culte; il en fait voir la vanité et la démence, et marque les cruautés, les impuretés, et tous les crimes dont il était, et dont il est encore la funeste source. Arrêtons-nous donc un moment sur ce que vous dites de cet ouvrage et de son auteur.

§ I. *De l'auteur du livre de la* Sagesse *; ce livre attribué, selon le savant critique , à Philon de Biblos.*

TEXTE. « Ce livre n'est pas de Salomon : on l'attribue communément à Jésus, fils de Sirach. » (*Dict. Phil.*, art. *Salomon.*)

COMMENT. *Ce livre n'est pas de Salomon.* etc. On l'ignore, Monsieur ? Tous les commentateurs en font la remarque.

Nous ne savons si parmi les chrétiens *on l'attribue communément à Jésus, fils de Sirach;* mais cette opinion n'est pas commune parmi nous. Plusieurs de nos savants, et même des vôtres, le croient d'un autre écrivain, qu'ils estiment avoir été quelque Juif helléniste, assez instruit de la langue et des opinions des Grecs. Ils pensent que ce fut quelqu'un de ceux que Ptolémée employa à la traduction de nos livres saints. Mais il convient qu'on n'a rien de certain sur cet auteur, ni sur son nom, ni sur le temps où il a vécu.

TEXTE. « D'autres l'attribuent à Philon de Biblos. » (*Ibid.*)

COMMENT. *A Philon de Biblos !* Il y a eu, Monsieur, plusieurs Philon connus par leurs écrits ; trois entre autres, l'un plus ancien, que Josèphe compte au nombre des auteurs païens qui ont parlé des Juifs ; l'autre plus récent, savant Juif philosophe, dont il nous reste des ouvrages estimés et dignes de l'être ; enfin un troisième, de Biblos, autre auteur païen, dont on n'a que des fragments.

Il est vrai que quelques critiques, parmi vous, se sont avisés de faire notre philosophe d'Alexandrie auteur du livre de la *Sagesse* ; et l'on sait combien leurs raisons sont solides !

Mais qu'on l'ait jamais attribué au Grammairien de Biblos, c'est ce que vous n'avez pu dire, ou ce qu'on n'aurait pu faire dans un moment de distraction singulière. Quel rapport avez-vous pu savoir, Monsieur, entre le livre de *Sagesse*, où le paganisme est combattu, et Philon de Biblos, traducteur païen du païen Sanchoniaton ?

§ II. *Idée bizarre du savant critique : il fait le* Pentateuque *postérieur au livre de la* Sagesse.

Autre distraction plus singulière encore, si pourtant ce n'est qu'une distraction.

TEXTE. « Quel que soit l'auteur de ce livre, il paraît que de son temps on n'avait point encore le *Pentateuque.* » (*Dict. phil.*, art. Salomon.)

COMMENT. Quoi ! Monsieur, *on n'avait pas le* Pentateuque *du temps de l'auteur du livre de la* Sagesse *quel qu'il soit* ? On ne l'avait pas du temps de Jésus, fils de Sirach, ni même du temps de Philon le Juif, et Philon de Biblos ?

Jésus, fils de Sirach, écrivait environ deux cents ans après Esdras ; Philon, Juif, dans le premier siècle de l'ère chrétienne ; et Philon de Biblos, dans le second. Ainsi à vous en croire, on n'aurait pas eu le *Pentateuque* deux cents ans après Esdras ! on ne l'aurait pas eu dans le premier ni même dans le second siècle de l'ère chrétienne ! N'est-ce pas là bien le cas de dire que qui prouve trop ne prouve rien, ou prouve contre soi ?

Assurément, Monsieur, quand vous rédigiez cet article, vous aviez perdu de vue toutes ces dates. Un peu plus d'attention, s'il vous plaît. Vous êtes sujet à brouiller les époques.

§ III. *Raisons alléguées par le critique, pour prouver que le* Pentateuque *est postérieur au livre de la Sagesse.*

Mais non : nous nous trompons, Monsieur ; ce n'est point une distraction, c'est une assertion réléchie, dont vous essayez de donner des preuves.

TEXTE. « Cet auteur dit, chap. X, qu'Abraham voulut immoler Isaac du temps du déluge. » (*Dict. phil.*, art. *Salomon.*)

COMMENT. 1° Quand cet auteur aurait fait l'anachronisme que vous lui prêtez, s'ensuivrait-il que, *quel qu'il soit,* on n'avait pas le *Pentateuque de son temps?* Les bévues d'un écrivain peuvent-elles nuire à un autre, ou prouver pour ou contre son antériorité ?

Rappelez-vous, Monsieur, un de vos meilleurs amis, M. l'abbé Nonotte, l'homme du monde à qui vous devez le plus de reconnaissance (1), si la vérité vous est chère. Il vous a prouvé, démontré (2), qu'en cent endroits de votre histoire générale vous donnez dans de grossières méprises, et que vous y contredites sans raison les historiens qui vous ont précédé. Ces méprises prouvent-elles que de votre temps on n'avait pas d'histoire de France ?

2° Mais, Monsieur, est-il bien vrai que l'auteur du livre

(1) *Le plus de reconnaissance.* Il nous paraît que l'illustre auteur en doit encore à beaucoup d'autres ; nous pourrions bien en nommer au moins une vingtaine. *Chrét.*

(2) *Prouvé, démontré,* etc. Voyez les *Erreurs* de Voltaire, ouvrage nécessaire à tous ceux qui veulent lire l'*Histoire générale,* etc., et n'être pas dupes des inadvertances et des petites infidélités de l'illustre écrivain. Cet ouvrage a déjà eu six éditions, malgré les emportements bien peu décents de M. de Voltaire contre le livre et contre l'auteur. Ne concevra-t-on jamais que la meilleure réponse qu'on puisse faire à une critique juste, c'est de se corriger, et non de dire des injures ? *Edit.*

de la *Sagesse* ait fait cette grossière et ridicule bévue ? Le ton d'assurance avec lequel vous la lui imputez, peut en imposer à quelques lecteurs. On a de la peine à se persuader qu'un écrivain célèbre, qui doit se respecter lui-même quand il ne respecterait pas le public, s'oublie au point d'avancer avec tant de confiance des faussetés si manifestes. Mais quand on lit l'auteur même, on reste convaincu qu'il n'y a pas la moindre apparence de fondement à ces reproches.

Voici le passage où il est parlé d'Abraham. Nous le rapporterons en entier, et d'après votre *Vulgate*. « C'est la sagesse, *dit l'auteur*, qui, après la chute du premier homme, le retira de son péché. C'est pour l'avoir abandonné dans sa colère que l'injuste périt malheureusement lui-même, après avoir tué son frère dans l'accès de sa fureur. Lorsque le déluge inonda la terre, ce fut elle qui sauva encore tout le monde, en gouvernant le juste sur un frêle bois. Et quand les nations s'abandonnèrent au mal comme de concert, elle connut le juste, le conserva sans reproche devant Dieu, et lui donna la force de vaincre la tendresse qu'il ressentait pour son fils. »

Quoi, Monsieur, c'est dans ce texte que vous trouvez qu'*Abraham voulut immoler son fils du temps du déluge ?* La méprise, si elle était réelle, serait singulière et vaudrait bien celle de *Philon de Biblos*, *auteur du livre de la Sagesse*. Mais de bonne foi, y a-t-il dans ce passage un seul mot qui puisse faire naître cette idée ou fournir le plus léger prétexte au reproche d'un si grossier anachronisme, n'est-il pas évident, au contraire, que l'auteur place ce sacrifice longtemps après cette grande catastrophe, lorsque les nations, ne conservant plus qu'un faible souvenir de la vengeance céleste, se livrèrent à toutes sortes de désordres ? Que penser d'une telle imputation ? Vous ajoutez :

TEXTE. « Dans un autre endroit, l'auteur (du livre de

la *Sagesse*) parle de Joseph comme d'un roi d'Egypte. »
{*Ibid.*)

COMMENT. Voici cet endroit, Monsieur : « La sagesse, *dit l'écrivain*, n'abandonna point le juste lorsqu'il fut vendu. Elle le délivra des mains des pécheurs, et elle descendit avec lui dans la fosse. Elle ne le quitta point dans les fers, jusqu'à ce qu'elle lui eût mis en main le sceptre de la royauté, et la puissance contre ses oppresseurs ; et elle convainquit de mensonge ceux qui l'avaient noirci par leurs calomnies. »

C'est sans doute sur ces mots, *le sceptre de la royauté,* que vous fondez votre reproche. Mais qui ne voit que ces termes n'ont point le sens absurde qu'il vous plaît de leur prêter ? Personne que vous n'y est trompé. On sent d'abord qu'il serait déraisonnable de prendre à la lettre des expressions figurées, qu'il ne s'agit ici que du pouvoir d'un ministre accrédité, dépositaire de la confiance et de l'autorité de son souverain ; et que ce serait se rendre ridicule d'attribuer sur un fondement si faible, à un auteur qui d'ailleurs paraît instruit, une ignorance grossière, qu'on ne peut supposer, je ne dis pas dans *le fils de Sirach,* ni dans *Philon*, mais dans le dernier des Juifs.

Si, prenant de même au pied de la lettre quelques expressions fortes dont vous usez en parlant du cardinal de Richelieu, on vous reprochait d'en faire *un roi* de France ; si l'on en concluait que vous connaissez peu l'histoire de votre pays, ou que votre patrie n'avait point d'annales avant Louis XV, de pareils raisonnements vous paraîtraient-ils dignes d'entrer dans un ouvrage *philosophique*, et ne croiriez-vous pas faire grâce au raisonneur de ne le supposer que distrait ? Certes, Monsieur, de tels raisonnements ne seraient pas de simples méprises ; ce serait quelque chose de plus que des méprises.

XXIIe EXTRAIT.

Observations mêlées. Méprises et distractions du savant auteur, sur divers objets.

Quand on a l'imagination ardente, et qu'on écrit à la hâte sur des matières dont on n'est pas parfaitement instruit, il est bien difficile de ne pas donner dans quelques méprises. Aussi, Monsieur, vous en est-il échappé un assez grand nombre, lorsque vous vous êtes mêlé de parler de notre histoire, de nos livres sacrés, de nos lois, etc.

Nous en avons déjà relevé plusieurs ; nous allons encore en rapporter quelques autres, qui ne paraîtront pas moins singulières. Elles sont telles, Monsieur, que vous ne pourrez vous empêcher de convenir vous-même qu'il faut que vous soyez extrêmement distrait, ou que vous n'ayez jamais lu, du moins avec soin, ces livres divins que vous critiquez.

§ I. *Livres de Josué, etc., mis dans le* Pentateuque.

Nous ne vous en imposerons point, Monsieur ; voici vos propres paroles :

TEXTE. « Les livres de Moïse, de Josué, et le reste du *Pentateuque.* » (*Phil de l'hist.*, art. *Moïse*, page 189. — Voyez *Introduction à l'Essai sur les mœurs*, art. Moïse, page 177, tome XVI des *OEuvres.*)

COMMENT. Il est clair qu'outre les livres de Moïse, vous mettez ici celui de Josué, et d'autres encore, dans le *Pentateuque.* Où était donc votre attention, Monsieur ? Vous aviez sans doute oublié, dans ce moment, jusqu'à la signification du mot *Pentateuque.* Car, pour peu que vous vous la fussiez rappelée, vous auriez senti que ce recueil ne contient que les cinq livres du législateur, et que ni le *livre de Josué*, ni d'autres, n'en firent jamais partie. N'est-il pas vrai, Monsieur, que, si la méprise n'est pas de conséquence, la distraction est un peu forte ? En voici d'autres qui le sont bien autant.

§ II. *Chérubins de Salomon posés dans l'arche, et vus par les Romains.*

Ce titre pourra vous étonner, Monsieur : vous ne croirez pas avoir rien dit de pareil ; mais nous citons, voyez si c'est fidèlement.

TEXTE. « Salomon fait sculpter douze bœufs, qui soutiennent le grand bassin du temple ; des chérubins sont posés dans l'arche, ils ont une tête d'aigle et une tête de veau ; et c'est apparemment cette tête de veau mal faite, trouvée dans le temple par les soldats romains, qui fit croire longtemps que les Juifs adoraient un âne. » (*Tolér.*, art. *Si l'intolérance fut du droit divin.* — Voyez *Politique et Législation*, tome II, *Traité de la tolérance*, page 130, tome XXX des *OEuvres.*)

COMMENT. Voilà bien des anecdotes qu'on aurait ignorées, si vous n'eussiez eu la bonté d'en instruire le public.

Des chérubins sont posés dans l'arche ! Nous savions, Monsieur, qu'il y en avait *dessus*, mais nous ignorions qu'il y en eût *dedans*. L'Ecriture ne le dit pas, ou plutôt elle dit précisément tout le contraire. Voilà l'avantage qu'il y a de vous lire : on apprend toujours quelque chose de nouveau.

Vous nous permettrez pourtant de douter que les chérubins de Salomon aient été *posés dans l'arche*. S'il y avait eu des chérubins dans l'arche, sûrement ce n'aurait pas été ceux de Salomon. Comment aurait-on fait pour les y mettre ? L'arche était un coffre *de deux coudées de hauteur*, *sur une coudée et demie de largeur* ; et les chérubins de Salomon avaient *dix coudées de haut*, *sur dix de large*, à compter de l'extrémité d'une aile à l'extrémité de l'autre. Vous voyez qu'ils auraient eu quelque peine à tenir dans l'arche. Ainsi c'est encore une petite méprise de votre part.

C'est apparemment cette tête de veau mal faite, trouvée dans le temple par les Romains, etc. Apparemment ! il y avait longtemps, Monsieur, qu'il n'était plus question ni de l'arche, ni des chérubins de Salomon à *tête de veau mal faite*, lorsque les Romains s'emparèrent de la Judée. Ce n'est pas dans *le temple de Salomon*, qui n'existait plus, c'est dans le second temple qu'ils entrèrent; mais ils ne virent assurément dans ce temple ni l'arche, ni les *chérubins de Salomon*, qui n'y furent jamais.

Qui fit longtemps croire que les Juifs adoraient un âne. Apollonius, réfuté par Josèphe, parlait aussi de cette ridicule opinion des païens sur le culte des Juifs. Mais il la croyait plus ancienne que vous ne le dites : il en faisait remonter l'origine jusqu'au temps d'Antiochus, qui, selon lui, avait trouvé dans le temple de Jérusalem une tête d'âne d'or. D'autres auteurs païens l'attribuent à des causes et à des temps encore plus reculés. Il y a donc, Monsieur, *quelque apparence* qu'elle était antérieure à l'invasion des Romains, et qu'elle ne devait point sa naissance à la *tête de veau des chérubins de Salomon*, prétendus *trouvés dans le temple par ses conquérants* (1).

(1) On explique diversement l'origine de ce singulier conte. Voici l'explication qui nous en paraît la plus naturelle et la plus vraisemblable.

On sait qu'un Juif nommé Onias, fils du célèbre pontife sous lequel arriva l'aventure d'Héliodore, se trouvant évincé de la sacrificature, se retira en Egypte auprès de Ptolémée Philométor, dont il sut captiver la faveur. Il en obtint la permission de bâtir un temple au vrai Dieu ; ce qu'il fit auprès de la ville d'Héliopolis, sur le modèle du temple de Jérusalem, et malgré les réclamations de la plupart des Juifs qui le considérèrent comme schismatique. Ce temple qui néanmoins devint célèbre, fut appelé *Onion*, du nom de son fondateur, et par opposition au temple de Jérusalem. Il fut détruit deux siècles après

Nous ne savons encore par quelle raison vous changez, dans un autre endroit, la *tête de veau* de ces chérubins en *tête de bœuf*. Ce changement, il est vrai, n'est pas fort important : nous comprenons pourtant qu'on peut confondre une tête de veau mal faite avec une tête d'âne, au lieu qu'il nous paraît difficile de prendre pour une *tête d'âne* une *tête de bœuf*, *même mal faite*. Les bœufs ont des cornes, et les ânes n'en ont point, ni les veaux non plus.

En un mot, il n'y avait point de chérubins dans l'arche ; ceux de Salomon n'auraient pu y tenir : ils ne furent pas vus par les Romains ; l'opinion que les Juifs adoraient une tête d'âne était antérieure à l'invasion de ces conquérants. Toutes ces assertions, qui malheureusement sont vraies, contredisent un peu les vôtres.

Convenez, Monsieur, que c'est, pour un moment de distraction, bien des méprises.

§ III. *Des livres qui, selon le savant critique, sont la seule loi des Juifs.*

Nous venons de relire, Monsieur, votre lettre d'un quaker

par Vespasien, qui craignait qu'il ne servît de point de ralliement à la nation Juive.

Or, un *âne* s'exprime en grec par le mot *onos*. On conçoit que des païens tels que Tacite ignorant l'origine du mot *Onion*, l'aient considéré comme dérivé du mot *Onos*, le seul mot analogue qu'ils connussent et signifiant le *temple de l'âne;* de même qu'on appelait *Parthénon*, le temple de Minerve ; *Panthéon*, celui de tous les dieux. De là l'idée que les Juifs adoraient un âne; ce qui ne devait pas paraître fort étrange à des païens. Et comme il était à supposer que le temple contenait une statue ou un simulacre quelconque de la divinité qu'on y adorait, de là le bruit que les Romains, ou même, en remontant plus haut, que les Syriens en pénétrant dans le temple de Jérusalem, y avaient trouvé une tête d'âne en or. Cette explication est fort naturelle ; et beaucoup de bruits populaires ont une origine moins vraisemblable.   L. D.

à l'évêque Georges (1). Ce quaker, qui se mêle de donner des leçons à un homme dont il ferait mieux d'en prendre, disserte à perte de vue, cite les écrivains anglais, rapporte les objections des uns et les réponses des autres, etc. C'est un savant; mais vous le laissez quelquefois se méprendre. Il dit, par exemple :

TEXTE. « Dans le *Décalogue*, dans le *Lévitique*, dans le *Deutéronome*, qui sont la *seule* loi des Juifs, etc. » (*Lettre d'un quaker*, etc. — Voyez *Facéties*, *Lettre d'un Quaker*, page 170, tome XLVI des *Œuvres*.)

COMMENT. Ce quaker français n'y pense pas assurément. Quoi! les livres qu'il cite sont *la seule loi des Juifs* ? Est-ce qu'il ne sait pas ou qu'il oublie que *l'Exode* renferme, outre le *Décalogue*, la plupart de nos principales lois; que le livre des *Nombres* en renferme aussi plusieurs, etc.? Avec toute son érudition, Monsieur, votre quaker est assez mal instruit, ou il est fort distrait.

Ce qu'il y a de singulier, c'est qu'en parlant en votre nom, vous avez fait sur le même objet à peu près la même méprise. Vous dites :

TEXTE. « Dans les lois juives, c'est-à-dire, dans le *Lévitique* et dans le *Deutéronome*, il n'est pas fait la moindre mention, etc. » (*Dict. phil.*, art. *Anges*.)

COMMENT. Vous le voyez, Monsieur, c'est ce qu'avait dit votre quaker. Vous allez même plus loin; car si le quaker ne compte pas le livre des *Nombres* parmi ceux qui contiennent nos lois, il y met du moins une partie de *l'Exode*; et vous, Monsieur, vous en retranchez et le livre des *Nombres* et *l'Exode* tout entier. Cela est un peu fort!

_____

(1) *L'évêque Georges*. Ceci nous rappelle la *Lettre de Jean-Jacques Rousseau à Christophe de Beaumont*. Ce ton familier, que prennent des particuliers avec des hommes en place, est tout-à-fait philosophique; c'est braver les préjugés, et rappeler l'égalité primitive. Si quelques gens de bon sens s'en étonnent, c'est qu'ils ne sont pas philosophes ! *Edit.*

Vous avez eu encore la même distracction dans le *Traité de la tolérance*, etc., etc. Comment, Monsieur ! vous parlez tant de nos lois, et vous connaissez si mal les livres qui les renferment !

§ IV. *Loi du Lévirat ; beau-frère déchaussé ; soulier jeté à la tête.*

C'était une de nos lois (1), que la femme d'un homme mort sans enfants pouvait exiger du frère de son mari qu'il l'épousât. Cet usage, plus ancien que Moïse, comme on le voit par l'exemple d'Onan, et qui subsiste encore dans quelques endroits de l'Inde et de la Perse, était fondé sur de raisonnables et sages motifs. Il avait pour objet de procurer un établissement à la veuve, de perpétuer le nom du mort, de multiplier les familles.

Lorsque le frère du mort refusait de consentir à la demande de sa belle-sœur, elle était en droit de le conduire devant les juges. Là, pour marquer qu'il était déchu du droit de succéder au mort, et digne de marcher pieds-nus comme les esclaves, elle lui ôtait son soulier, et, selon vous :

TEXTE. « Elle le lui jetait à la tête. »

(1) *Une de nos lois.* Voyez *Deut.*, chap. XXV, 5. Cette loi, qu'on appelle *la loi du lévirat*, tenait au désir qu'avaient les Israélites de laisser *un nom en Israël*, d'être inscrit dans les tables généalogiques. Un frère, qui refusait de procurer cette gloire à son frère, était censé marquer peu d'affection et d'attachement au défunt. Au refus du frère, l'obligation passait au plus proche héritier.

Ainsi le *gohel*, soit frère, soit plus proche héritier, était chargé de *susciter un nom* au défunt, comme de venger sa mort, si elle avait été violente. Il témoignait par là qu'il n'y avait aucune part, et qu'il n'avait désiré ni la mort ni la succession. N'était-ce pas une sage politique d'avoir fait au plus proche héritier un point d'honneur de cette double obligation ?

Il nous semble que ce put être aussi par cette considération que Moïse conserva ces deux anciennes lois, quoiqu'elles eussent quelques inconvénients, auxquels il tâche d'obvier. *Aug.*

COMMENT. Il est bien vrai que , sur le refus du frère , juridiquement constaté , refus regardé comme injuste envers le mort et injurieux à la veuve , celle-ci en signe de mépris , lui ôtait son soulier ; mais il n'est dit nulle part *qu'elle le lui jetait à la tête.*

Cette gentillesse est de votre imagination , Monsieur : vous avez cru sans doute qu'elle pourrait faire rire quelques lecteurs , et vous y avez peut-être réussi : mais quels lecteurs !

§ V. *Prétendue contradiction entre nos lois.*

Vous ajoutez qu'il y a contradiction entre nos lois.

TEXTE. « Cette loi du *Deutéronome* (la loi qui ordonne d'épouser la femme du frère mort sans enfants) contredit celle du *Lévitique* , qui défend de révéler la turpitude de la femme de son frère , c'est-à-dire , d'épouser sa belle-sœur. » *Lévit,* XVIII, 15. (*Hist. gén.*)

COMMENT. *Contredit celle ,* etc. La contradiction que vous croyez apercevoir, et qui vous choque, n'en est pas une. Ce verset du *Lévitique* est la loi générale ; la loi du *Deutéronome* , dont nous venons de parler, en est une exception : or, exception n'est pas *contradiction.* Prenez-y garde, Monsieur, vous êtes distrait, ou vous abusez des termes.

Avec cette petite observation , Monsieur, on n'est pas fort embarrassé de répondre à un raisonnement par lequel vous croyez démontrer que Moïse n'est pas l'auteur du *Lévitique.* Le voici

TEXTE. « Si Moïse avait écrit le *Lévitique* , aurait-il pu se contredire dans le *Deutéronome* ? Le *Lévitique* défend d'épouser la femme de son frère , et le *Deutéronome* l'ordonne.» (*Dict. phil.*, art. Moïse.)

COMMENT. *Aurait-il pu se contredire ,* etc.? Défendre, dans certains cas, et ordonner en d'autres, ce n'est pas se *contredire* , autrement tous les législateurs se seraient *contredits.*

Ce raisonnement, Monsieur, n'est donc rien moins qu'une démonstration. Il s'y trouve, comme vous voyez, un petit défaut d'attention, pour ne pas dire de logique.

C'est encore à l'occasion de cette *contradiction* prétendue entre le *Lévitique* et le *Deutéronome* que vous faites la réflexion suivante :

TEXTE. « Dans ces livres (les livres du *Lévitique* et du *Deutéronome*), Dieu semble, selon nos faibles lumières, commander quelquefois les contraires, pour exercer l'obéissance humaine. » (*Hist. gén.*)

COMMENT. *Faibles lumières en effet*, que celles qui font voir des contradictions où il n'y en a pas l'ombre.

Non, Monsieur ; ce n'est qu'à travers les nuages de l'inattention et du préjugé que vous avez pu apercevoir ici de quoi *exercer* si péniblement *l'obéissance humaine*.

Vous possédez au suprême degré le talent de l'ironie; mais, vous le voyez, vous ne *l'exercerez* pas toujours fort à propos.

§ VI. *Si, chez les Juifs, c'était la coutume d'épouser sa sœur.*

Nous avons vu plus haut que les mariages entre frère et sœur, même de père, nous étaient expressément interdits. Nous avons cité la loi du *Lévitique* qui nous le défend, elle est formelle. Cependant, Monsieur, vous prétendez que :

TEXTE. « Chez les Juifs on pouvait épouser sa sœur. (Voyez *Mélanges philosophiques*, tome 1er, *Défense de mon oncle*, chapitre IV, page 202, tome XXVII des *OEuvres*.)

COMMENT. Que penser, Monsieur, quand on vous voit avancer, avec tant de confiance, une assertion si contraire à une loi si précise (1) ? On doit croire sans doute que vous en avez les plus fortes preuves. Voyons donc.

_____

(1) *Si précise.* M. de Voltaire répète la même assertion dans son *Dic-*

TEXTE. « Lorsqu'Ammon, fils de David, outrage sa sœur Thamar, fille de David, Thamar lui dit : Ne me faites pas de violences, car je ne pourrais supporter cet affront, et vous passeriez pour un fou ; mais demandez-moi au roi mon père en mariage, il ne vous refusera pas. » (*Ibid.*)

COMMENT. Nous ne dirons rien du ton burlesque dont vous parlez d'un évènement qui fut la source de tant de malheurs. Peut-être se trouvera-t-il des lecteurs à qui ces parodies pourront plaire ; il y a des lecteurs de tant d'espèces ?

Mais ce qui nous étonne, c'est que vous opposiez froidement les discours d'une jeune personne troublée de l'affront cruel qu'on lui prépare, aux termes précis d'une loi formelle. Ces paroles, échappées dans l'effroi, suffisent-elles pour prouver chez les Juifs une *coutume* que la loi réprouve, dont l'histoire de la nation ne fournit aucun exemple ?

Vous ajoutez :

TEXTE. « Cette coutume est un peu contradictoire avec le *Lévitique* ; mais les contradictions se concilient souvent. (*Ibid.*) »

COMMENT. Cette *coutume* serait sans doute, non-seulement *un peu*, mais tout-à-fait *contradictoire avec le Lévitique*, si elle était prouvée. Mais puisqu'il est certain, au contraire, que cette *coutume* n'a jamais existé parmi nous, depuis la loi qui nous défend ces mariages, où est la contradiction ?

Voyez, Monsieur, comme votre réflexion ironique est bien placée !

§ VII. *De Benadab, et des deux femmes de Samarie.*

On vient de nous lire, Monsieur, un article de vos *Questionaire philosophique*, art. *Inceste.* « Il était permis aux Juifs, comme aux Athéniens, aux Egyptiens, aux Syriens, de se marier avec leurs sœurs. » On a beau l'avertir de ses méprises, et lui faire toucher au doigt ses erreurs, il continue de les répéter, comme si l'on n'avait rien dit. Et il se flatte *d'aimer la vérité !* Edit.

tions sur l'Encyclopédie : il est assurément des plus curieux. Vous y revenez aux anthropophages , et vous prétendez encore , avec quelques restrictions pourtant, que nos pères l'ont été ; car pour nous , vous nous faites la grâce de convenir que nous ne le sommes pas.

Pour appuyer votre assertion , vous reproduisez le passage d'Ezéchiel cité plus haut ; vous insistez de nouveau sur les mots , *vous mangerez à ma table , etc.* ; et , prenant à la rigueur de la lettre cette expression métaphorique , vous en concluez, avec une justesse et une force de raisonnement étonnantes , que c'était à nos pères qu'Ezéchiel promettait *qu'ils mangeraient la chair du cheval et celle du cavalier.*

Revenir dix fois sur la même chose, c'est avoir bien du courage. Faire dire, non une fois, en passant, mais dix fois, à un écrivain sacré ce qu'il n'a pas dit, ou plutôt évidemment le contraire de ce qu'il a dit, c'est une fidélité, un amour du vrai, une candeur inimitables !

Mais , Monsieur, si vous avez le courage de redire , pensez-vous que vos lecteurs auront la patience de relire dix fois la même chose ? Encore si c'étaient des anecdotes agréables, des vérités intéressantes , à la bonne heure ; mais des imputations grossièrement fausses , des interprétations aussi éloignées du bon sens que du texte ; à la fin cela rebute.

Vous ne vous bornez pourtant pas tout-à-fait à répéter encore ce que vous aviez déjà répété ; vous y ajoutez quelque chose de nouveau. Vous dites :

TEXTE. « Il est très certain que les rois de Babylone avaient des Scythes dans leurs armées. Ces Scythes buvaient du sang dans les crânes de leurs ennemis vaincus., et mangeaient leurs chevaux, et quelquefois de la chair humaine. » (*Dict. phil.*, art. *anthropophages.* sect. 11.)

COMMENT. *Les Scythes buvaient du sang dans les crânes de leurs ennemis ; ils mangeaient leurs chevaux, et quelquefois de la chair humaine :* donc les Hébreux en mangeaient aussi : donc Ezéchiel leur promettait *la chair du cheval et celle du cavalier* ! Ce ne sont pas là des méprises, ce sont, comme on le voit, des raisonnements victorieux !

Vous citez encore Juvénal, et vous dites d'après lui que :

TEXTE. « Un Ombien étant tombé entre les mains des Tentyrites, ils le firent cuire et le mangèrent jusqu'aux os. » *(Ibid.)*

COMMENT. Selon Juvénal, Monsieur, les Tentyrites ne se donnèrent pas la peine de le *faire cuire*, ils le mangèrent tout cru. Lisez du moins la belle traduction de M. *Dusaulx.* Quoi qu'il en soit, qu'est-ce que tout cela prouve contre les Juifs ?

Vous vous rapprochez enfin de votre sujet; vous venez aux deux femmes de Samarie; et vous faites, sur leur épouvantable aventure, une réflexion curieuse; c'est que :

TEXTE. « Les critiques prétendent que cette aventure ne peut être arrivée comme elle est rapportée dans le quatrième livre des *Rois*, chap. VI, v. 26 et suiv. » *(Ibid.)*

COMMENT. *Des critiques, etc.* Quels critiques, Monsieur, en ne les nommant !pas, vous laissez soupçonner que ces critiques, c'est vous-même.

Quoi qu'il en soit, voyons comment vous allez vous y prendre, vous et vos critiques, pour trouver en défaut le quatrième livre des *Rois.*

TEXTE. « Il est dit dans ce livre que le roi d'Israël en passant par le mur ou sur le mur de Samarie, une femme lui dit : *Sauvez-moi, seigneur roi; et le roi répliqua : Que veux-tu?* et elle *répondit : O roi, voici une femme qui m'a dit : Donnez-moi votre fils, nous le mangerons aujourd'hui, et demain nous mangerons le mien,* etc. Ces censeurs prétendent qu'il n'est pas vraisemblable que le roi Benadab, assiégeant Samarie, ait passé tranquillement par le mur ou sur le mur de Samarie, pour y juger des causes entre les Samaritains. (*Ibid.*)

COMMENT. Que vos critiques, Monsieur, ont fait de nos

Ecritures une étude profonde ! et qu'ils sont dignes de la confiance de leurs lecteurs !

Ces critiques prétendent qu'il n'est pas vraisemblable, etc. Non, assurément, cela *n'est pas vraisemblable ;* cela choque au contraire toute vraisemblance. Qu'un roi ennemi, assiégeant une ville ennemie, *ait passé tranquillement par le mur ou sur le mur de cette ville, pour juger des causes entre ses habitants,* c'est bien ce qu'on peut imaginer de plus absurde.

Mais cette absurdité, Monsieur, n'est pas dans le quatrième livre des *Rois.* Le quatrième livre des *Rois* marque expressément que ce fut au roi d'Israël que ces deux femmes s'adressèrent. Est-il juste de vous en prendre au livre des *Rois* de ce que vos critiques confondent, ce qu'il distingue, le roi d'Israël avec le roi de Syrie, et l'assiégé avec l'assiégeant ?

C'est avec la même exactitude et la même justesse d'idées que ces *censeurs* ajoutent :

TEXTE. « Il est encore moins vraisemblable que deux femmes ne se soient pas contentées d'un enfant pour deux jours. Il y avait là de quoi les nourrir quatre jours au moins. » (*Ibid.*)

COMMENT. *Quatre jours au moins.* Ces *censeurs* savent sans doute ce que tout le monde ne sait pas, de quel âge et de quelle grandeur était cet enfant ; et ils ont exactement calculé ce que peuvent manger en quatre jours deux femmes dévorées depuis longtemps d'une faim cruelle. Voilà de belles découvertes !

En vérité, Monsieur, quand on entend ces habiles *critiques* raisonner de la sorte, n'a-t-on pas quelque droit d'en *hausser les épaules,* ou d'en rire ?

XXIIIe EXTRAIT.

De la logique, ou de quelques raisonnements de M. de Voltaire.

Ce n'est pas le tout d'écrire d'une manière agréable et légère, il faut encore raisonner juste. Sans cette justesse de raisonnement, le style le plus brillant ne sert qu'à éblouir l'écrivain, et à faire illusion aux lecteurs.

Nous n'avons garde de penser, Monsieur, que vous avez négligé une partie si nécessaire à tout bon écrivain : nous sommes, au contraire, très persuadés que vous possédez ce talent, comme tous les autres, dans un degré supérieur. Mais, si nous ne nous trompons, vous vous mettez quelque fois tellement au-dessus des règles communes de la logique, que les lecteurs ordinaires ont peine à sentir toute la force de vos raisonnements. C'est de quoi on a pu remarquer déjà plus d'un exemple ; nous allons en citer encore quelques autres, que nous prendrons au hasard, selon qu'ils nous tomberont sous la main.

§ I. *Des livres des Juifs. Raisonnements du savant critique sur leur inspiration.*

Nous croyons nos livres saints inspirés ; tous les chrétiens les regardent de même. Vous le supposez, Monsieur ; et, en conséquence, adressant la parole à un pieux et savant prélat, vous lui dites du ton des quakers :

TEXTE. « Tu dois savoir que tous les livres de la nation juive étaient nécessaires au monde ; car comment Dieu aurait-il inspiré des livres inutiles ? et si ces livres étaient nécessaires, comment y en a-t-il eu de perdus? comment y en aurait-il eu de falsifiés? (*Lettre d'un quaker.* — Voyez *Facéties*, *Lettre d'un Quaker*, page 173, tome XLVI des *Œuvres.*)

COMMENT. Ce raisonnement, Monsieur, a pu vous paraître admirable; mais il se trouvera peut-être des lecteurs qui n'en jugeront pas de même; nous l'avouons, nous sommes un peu du nombre.

1° Nous ne savions pas qu'on est obligé *de savoir que tous les livres de la nation juive étaient nécessaires au monde :* Personne ne l'avait dit, personne ne l'avait pensé avant vous. Qu'il est utile de vous lire !

2° Faut-il, Monsieur, que des livres soient *nécessaires au monde*, pour que Dieu puisse les inspirer? Ne peut-il inspirer des livres utiles en certain temps et à certaines personnes ?

3° Prouveriez-vous bien que tous les livres perdus de la nation juive ont été inspirés, ou qu'ils n'ont pas été utiles dans le temps et aux personnes pour qui ils avaient été composés ?

4° Il paraît qu'il y a quelque différence entre être utile et être *nécessaire au monde ;* et l'on pourra croire que confondre ces termes, et conclure de l'un à l'autre, ce n'est pas raisonner tout-à-fait juste.

Enfin on pourra croire que vous auriez bien fait de nommer les livres sacrés des Juifs que vous supposez avoir été *falsifiés ;* car on n'en connaît aucun qui, en matière essentielle et importante, ait été *falsifié.* Vous attachez peut-être à ce terme une acception qu'il n'a pas d'ordinaire. En ce cas, il serait bon d'en avertir vos lecteurs dans votre nouvelle édition.

§ II. *De quelques résurrections particiculières rapportées dans les livres sacrés des s Juifs.*

Ces livres sacrés parlent de quelques résurrections particulières, opérées par nos prophètes : on en lit de semblables dans vos Ecritures. Mais tous ces faits, Monsieur, vous paraissent peu croyables ; vous pensez même pouvoir en démontrer l'impossibilité ; et, pour y parvenir, voici comme vous raisonnez :

TEXTE. « Pour qu'un mort ressuscite *au bout de quelques jours*, il faut que toutes les parties imperceptibles de son corps qui s'étaient exhalées dans l'air, et que les vents avaient emportées au loin, reviennent se remettre chacune à leur place, que les vers et les oiseaux, ou les animaux nourris de la substance de ce cadavre, rendent chacun ce qu'ils lui ont pris. Les vers engraissés des entrailles de cet homme auront été mangés par des hirondelles, ces hirondelles par des pies-grièches, ces pies-grièches par des faucons, ces faucons par des vautours : il faut que *chacun* restitue *précisément* ce qui avait appartenu au mort, sans quoi ce ne serait pas *la même personne*. » (Voyez *Introduction à l'Essai sur les mœurs*, art. des *Miracles*, page 144 et 145, tome XVI des *OEuvres*.)

COMMENT. Quelle rapidité d'imagination, Monsieur ! Dans l'intervalle de *quelques jours* c'est-à-dire de deux ou trois jours au plus, vous voyez un homme mort, et les vers engraissés de ses entrailles, et ces vers mangés par des hirondelles ! Cela est déjà bien prompt ; mais ce n'est pas tout. Vous voyez encore « ces hirondelles mangées par des pies-grièches, ces pies-grièches par des faucons, ces faucons, par des vautours : » tout cela dans un si court espace de temps ! En vérité, c'est mener les choses un peu vite, le cours ordinaire de la nature est plus lent.

Néanmoins, comme il n'y a rien dans ces suppositions d'absolument impossible, nous ne voyons point d'inconvénients à vous les accorder.

Mais, Monsieur, est-il bien nécessaire, pour que ce mort *ressuscite, et que ce soit la même personne*, que *toutes les parties imperceptibles* de son corps, qui s'étaient exhalées dans l'air, reviennent se mettre *chacune à leur place*, et que tous les animaux nourris de sa substance lui restituent *précisément* ce qui lui avait appartenu? Est-ce qu'un homme cesse d'être *le même homme* dès qu'il lui manque quelqu'une des *parties imperceptibles* qu'il avait auparavant? Il nous semble qu'on pourrait perdre quelques parties de son corps, même très perceptibles, et n'en être pas moins *le même homme*. Un officier a le bras ou la cuisse emportés d'un coup de canon dans une bataille, ce bras ou cette cuisse sont dévorés par des animaux carnassiers, que d'autres dévorent. Cet officier, Monsieur, parce qu'il lui manque un bras ou une jambe, cesse-t-il d'être l'homme qu'il était? et le ministère, en voulant le récompenser, donne-t-il la croix de Saint-Louis à un autre?

Supposons (ce qu'à Dieu ne plaise, car nous vous sommes sincèrement attachés), que la lecture de quelque méchante critique, de la nôtre, par exemple, vous donne un accès de fièvre, et qu'on vous tire deux ou trois palettes de sang, en seriez-vous moins le même M. de Voltaire? et si votre sang, jeté quelque part, était « mangé par les vers, ces vers par des hirondelles, ces hirondelles par des pies-grièches, ces pies-grièches par des faucons, ces faucons par des vautours, etc., » faudrait-il, pour que vous fussiez *la même personne*, que tous ces animaux vous restituassent *précisément tout ce qui vous appartenait*? Quoi? vous avez tant philosophé, Monsieur, et vous ne savez pas encore que *ce qui vous appartient* n'est pas vous!

Mais ne courons point à des hypothèses affligeantes. Vous transpirez : *des parties imperceptibles* de votre corps s'exhalent continuellement dans l'air. Par cette transpiration, vous perdrez aujourd'hui environ deux livres de ces parties *imperceptibles*. Quand vous vous lèverez demain, ne serez-vous plus M. de Voltaire? Et l'Académie française sera-t-elle réduite à nommer à votre place, en déplorant votre perte?

Ce raisonnement, prétendu victorieux, contre la possibilité des résurrections, n'est donc pas des plus justes ; et en le faisant, Monsieur, vous n'aviez pas trop présents à l'esprit les principes de la métaphysique sur l'identité des personnes; convenez-en.

§ III. *Singulière façon de prouver qu'on n'écrivait que sur la pierre du temps de Moïse.*

Vous voulez donc absolument, Monsieur, qu'on n'ait écrit que sur la pierre du temps de notre législateur? Le faux, le ridicule de cette opinion ne vous arrête point ; vous y tenez si fortement, que rien ne peut vous en déprendre. Vous croyez même pouvoir la persuader à vos lecteurs ; et, pour la leur prouver, vous dites :

TEXTE. « Il est si vrai qu'on n'écrivait que sur la pierre, que l'auteur du livre de Josué dit que le *Deutéronome* fut écrit sur un autel de pierres brutes enduites de mortier. Apparemment que Josué n'avait pas intention que ce livre fût durable. » — (Voyez *Dialogue entre un caloyer et un homme de bien*, page 144, tome XXXVI des *OEuvres*.)

COMMENT. Mauvais raisonnement, Monsieur, et mauvaise plaisanterie.

Mauvais raisonnement ; car ne voyez-vous pas à quoi il se réduit ? C'est dire en deux mots : « Josué écrivit sur du mortier ; donc on n'écrivait que sur la pierre, ou Josué écrivit le *Deutéronome* sur des pierres ; donc il n'avait pas intention que ce livre fût durable. »

Mauvaise plaisanterie, car si elle a quelque sel, ce n'est que dans la supposition que Josué aurait écrit sur du mortier et que ce mortier aurait été semblable au vôtre. Mais si ce mortier était une espèce de stuc capable de résister aux injures de l'air, surtout dans un climat tel que celui de la Palestine, comme l'ont pensé quelques savants, ou si ce mortier ne servait qu'à lier des pierres sur lesquelles Josué fit écrire, comme d'autres le prétendent avec fondement (1), que devient votre plaisanterie ?

Assurément, Monsieur, quand on plaisante ou qu'on raisonne de cette manière, il faut avoir d'ailleurs bien de l'esprit pour se faire lire !

§ IV. *De Ninus, fondateur de Ninive et du grand-prêtre Jaddus; comment le savant critique prouve que ni l'un ni l'autre n'existèrent.*

Vous avez, Monsieur, une autre façon de raisonner fort singulière ; c'est que vous concluez de la terminaison d'un nom d'homme, si cet homme a existé ou non. Exemple.

TEXTE. « Il n'y a pas eu plus de Ninus, fondateur de Ninvah, nommée par nous Ninive, que de Bélus, fondateur de Babylone ; nul prince asiatique ne porta un nom en *us.* » (Voyez *Introduct. à l'Essai sur les mœurs*, art. des Chaldéens, page 47, tome XVI des *Œuvres.*)

COMMENT. *Ninvah, nommée par nous Ninive*, est un trait d'érudition qu'on admirera sans doute. Mais que pensera-t-on de ce raisonnement ? *Nul prince asiatique ne porta un nom en us ; donc il n'y a point eu de Ninus, fondateur de Ninive !* N'est-ce pas exactement comme si l'on prétendait qu'il n'y a point eu de Pompée, parce qu'aucun général romain n'a porté de nom en *ée* ? Eh ! non, pourrait-on répondre, il n'y a point eu de Pompée, mais il y a eu un Pompeius, que les Français ont nommé Pompée. Ce changement de terminaison empêche-t-il que ce Romain n'ait existé ?

Ce genre d'argument vous plaît tant, vous le trouvez si victorieux, que vous l'employez avec la plus grande confiance en divers endroits de vos ouvrages.

C'est ainsi que vous tâchez d'infirmer ce que rapporte l'his-

(1) *Avec fondement.* C'est le sens que le P. Houbigant donne à ce texte. *Édit.*

torien Josèphe , qu'Alexandre fut reçu par le grand-prêtre des Juifs.

TEXTE. « Alexandre fut reçu par le grand-prêtre Jaddus , supposé qu'il y ait eu en effet un prêtre juif nommé Jaddus. » (*Phil. de l'his.*, art. d'un mensonge de Flavien Josèphe — Voyez *Introduction à l'Essai sur les mœurs*, p. 205 , t. XVI des *Œuvres*.)

COMMENT. Non , Monsieur , ce prêtre juif ne se nommait point *Jaddus* , il se nommait *Joade ou Joiada*. Mais de ce que le grand-prêtre *Joade* ou *Joiada* est appelé *Jaddus* par les Français , et *Jaddous* en grec par Josèphe , s'ensuit-il qu'il n'ait point reçu Alexandre , et que Josèphe soit un menteur ? *Cette manière de raisonner n'est pas celle d'Euclide.*

§ VI. *Beaux raisonnements sur la tour de Babel.*

TEXTE. « Presque tous les commentateurs se croient obligés de supposer que la fameuse tour élevée à Babylone , pour observer les astres , était un reste de la tour de Babel, que les hommes voulurent élever jusqu'au ciel. On ne sait pas trop ce que les commentateurs entendent par le ciel. Est-ce la lune ! Est-ce la planète de Vénus ? Il y a loin d'ici là. (Voyez *Introd. à l'Essai sur les mœurs* , art. des Chaldéens. page 48 , tome XVI des *Œuvres*.)

COMMENT. Vous direz, Monsieur , que ceci est moins un raisonnement qu'une plaisanterie. Mais quelle plaisanterie , et qu'elle est bien placée ! Quoi ! vous ne savez pas qu'élever jusqu'au ciel ne signifie qu'élever très haut ? C'est une expression d'usage dans toutes les langues, même dans la vôtre. On dit tous les jours , élever un édifice jusqu'au ciel , des montagnes qui s'élèvent jusqu'aux cieux (1). Si quelque froid

(1) *Jusqu'aux cieux.* Ces mots nous rappellent ces vers d'un grand poète :

« J'ai vu l'impie adoré sur la terre ;

critique s'avisait de répondre : *Qu'appelez-vous élever jusqu'au ciel ? Qu'entendez-vous par le ciel ? Est-ce la lune ?
est-ce la planète de Vénus ? Il y a loin d'ici là :* on rirait
sans doute ; mais de qui et de quoi ?

§ VI. *Sur l'étymologie du mot Babel.*

Vous ne raisonnez pas mieux sur le mot Babel. Ce mot vous
embarrasse.

TEXTE. « Je ne sais pourquoi il est dit dans la *Genèse* que
Babel signifie confusion. » (*Dict. phil.*, art. Babel.)

COMMENT. Votre embarras nous étonne, Monsieur. Puisque vous savez le chaldéen, comme il paraît par tous vos
ouvrages, vous pourriez soupçonner que Babel, par une
abréviation dont il y a mille exemples dans toutes les langues,
pourrait venir de *Babel*, mot chaldéen, qui, dit-on, signifie
confondre.

A cette étymologie, vous en préférez une autre. Vous tirez le nom de *Babel* des mots *Ba* et *Bel*. Vous dites :

TEXTE. « *Ba* signifie père dans les langues orientales, et
Bel signifie Dieu. *Babel* signifie la ville de Dieu. » (*Ibid.*)

COMMENT. *Ba* signifie *père*, *Bel* signifie *Dieu* ; donc *Babel* signifie *la ville de Dieu*. Voilà, Monsieur, votre logique
ordinaire.

Il nous semble que, pour raisonner juste il aurait fallu
dire : donc *Babel* signifie *Père-Dieu* ou *Père-Bel.*

> » Pareil au cèdre, il portait dans les cieux
>> » Son front audacieux ;
> » Il semblait à son gré gouverner le tonnerre,
>> » Fouler aux pieds ses ennemis vaincu :
> » Je n'ai fait que passer, il n'était déjà plplu. »

Voilà certainement d'assez beaux vers, quoique imités de l'hébreu.
M. de Voltaire croit-il que ces mots, *il portait dans les cieux son front
audacieux*, soient inintelligibles ? et aurait-il bonne grâce d'opposer à
Racine *la lune et la planète de Vénus !*

Ainsi, votre étymologie n'est ni des plus claires, ni des mieux raisonnées.

C'est avec la même force de raisonnement que vous dites ailleurs :

TEXTE. « *Bab* signifie père, *Bel* est le nom du *Seigneur*, *Babel*, la *ville du Seigneur*, la *ville de Dieu*, ou, selon d'autres, *la porte de Dieu*. (Voyez *Introduction à l'Essai sur les mœurs*, art. des Chaldéens, page 46 et 47, tome XVI des *OEuvres*.)

COMMENT. *Bab*, etc. Ceci diffère un peu de ce que vous venez de dire. Ce n'est plus *Ba*, c'est *Bab* qui signifie *père* : à la bonne heure. Mais de ce que *Bab* signifie *Père*, et *Bel*, *Seigneur*, conclure que *Babel* est la *ville de Dieu*, la *porte de Dieu*, il faut en convenir, c'est encore *puissamment raisonner* ! L'admirable logique !

§ VII. *Sur les mots de Pythonisse et de Python.*

TEXTE. « La pythonisse d'Endor, qui évoqua l'ombre de Samuel, est assez connue. Il est vrai qu'il est fort étrange que ce mot *Python*, qui est grec, fût connu des Juifs du temps de Saül. Plusieurs savants en ont conclu que cette histoire ne fut écrite que quand les Juifs furent en commerce avec les Grecs, après Alexandre. » (*Phil de l'hist.* — Voyez *Introduction à l'Essai sur les mœurs*, art. Magie, page 135, tome XVI des *OEuvres*.)

COMMENT. *Connu des Juifs du temps de Saül*, etc. Le mot *Python qui est grec* (1), et bas grec, qui, loin de se

_____

(1) *Le mot* Python, *qui est grec*, etc. Le terme hébreu qui répond au mot *Python* est *Ob*. Le mot grec des *Septante* et des Pères de l'Église grecque est *Engastrimuthos*.

Les *Engastrimuthes* ou *ventriloques* étaient une sorte de devins qui prédisaient ou feignaient de prédire l'avenir, en répondant d'une voix sourde, qui paraissait sortir du creux de leur ventre, et comme de dessous terre. Bien des gens ont nié qu'on pût parler de la sorte ;

trouver dans le texte hébreu, ne se voit pas même dans la version grecque des *Septante*, qu'on ne lit enfin que dans la *Vulgate* ; ce mot *connu des Juifs du temps de Saül !* Assurément rien ne serait plus *étrange*.

Mais d'où savez-vous, Monsieur, que ce mot leur ait été *connu* du temps de Saül ? et comment une idée si bizarre vous est-elle venue à l'esprit ?

Plusieurs savants ! Un seul, Monsieur, vous et nul autre.

Concluent, etc. Quoi ! de ce que le mot de *Python* se trouve dans la *Vulgate*, ces savants concluent que le texte hébreu, où il ne se trouve pas, *ne fut écrit que quand les Juifs furent en commerce avec les Grecs, après Alexandre ?* Voilà Monsieur, d'excellents dialecticiens, d'admirables raisonneurs !

Vous répétez le même raisonnement dans le *Traité de la Tolérance*.

TEXTE. « On peut remarquer encore qu'il est bien étrange que le mot de *Python* se trouve dans le *Deutéronome*, long-temps avant que ce mot grec pût être connu des Hébreux : aussi n'est-il pas dans l'hébreu (Voyez *Politique et Législation*, tome II, *Traité de la tolérance*, art. extrême tolérance des Juifs, page 141, tome XXX des *OEuvres*.)

mais divers savants modernes, entre autres Eugubinus, Cœliús, Rhodiginus, Oleaster, etc., attestent qu'ils ont vu des hommes et des femmes engastrimuthes, et que ces personnes répondaient du ventre avec exactitude aux demandes qu'on leur faisait. Il y en a même des exemples plus récents. L'auteur du *Dictionnaire* de Trévoux, art. *ventriloque*, raconte qu'il a connu un officier ventriloque qui, à l'armée, s'amusait quelquefois à donner l'alarme à ses camarades en parlant de cette manière. M. l'abbé de la Chapelle vient de donner un *Traité* sur les ventriloques, où il raconte en détail ce qu'exécutent le ventriloque de Vienne en Autriche et celui de Saint-Germain-en-Laye ; d'où l'on peut conclure que la plupart des ventriloques anciens n'étaient que des imposteurs. *Edit.*

—Aujourd'hui les ventriloques sont encore plus connus et plus communs. Qui n'a entendu parler des fameuses scènes de ventriloque de M. Comte ?　　　　　　　　　　　　　L. D.

COMMENT. Que voulez-vous dire, Monsieur ? Quoi ! il est *étrange*, et *bien étrange* qu'un mot grec, qui ne pouvait être connu des Hébreux, ne se trouve pas *dans l'hébreu* ? Il est *étrange* que ce mot grec, devenu latin par l'usage, se trouve dans une version latine ! Non, Monsieur, il n'y a *d'étrange* ici que cette étrange façon de raisonner.

Si nous, *francs ignorants*, nous eussions fait de pareils raisonnements, comme vous nous auriez relevés ! Heureusement notre logique va pied à pied, et n'a pas la marche rapide et transcendante de la vôtre.

Vous dites quelque part que *Jean-Jacques Rousseau n'est pas mûr pour le raisonnement, et qu'il n'a jamais fait un bon syllogisme*. Il est vrai que le citoyen *de la petite république voisine de vos terres* (1) n'a pas toujours raisonné juste. Mais voyez si vous raisonnez mieux, et s'il vous convient bien d'entreprendre *Jean-Jacques* sur sa logique. Si vous n'estimez pas beaucoup la sienne, il paraît qu'en revanche il ne fait pas grand cas de la vôtre. Il la juge bien superficielle : à l'en croire, Monsieur, *vous n'avez jamais fait un raisonnement d'une demi-ligne de profondeur.*

Les voilà, ces grands précepteurs du genre humain ! Oh ! qu'il sera bien instruit, quand il aura pour maître ces nouveaux docteurs qui se reprochent mutuellement, et, à ce qu'ils prétendent, non sans fondement, de n'avoir jamais su raisonner ?

Jeunesse avide de savoir, allez à leur école ; vous en reviendrez bien instruite, et le jugement bien formé !

_____

(1) *La petite république voisine de mes terres.* C'est ainsi que M. de Voltaire désigne la république de Genève. *Aut.*

XVIVe EXTRAIT.

Petits mensonges d'un grand écrivain,.

Personne n'ignore qu'actuellement, dans la bonne littérature, on met une grande différence entre les *mensonges imprimés* et les mensonges de vive voix. Ceux-ci n'échappent jamais à un galant homme. Pour ceux-là, vous le savez, Monsieur, de célèbres écrivains ne s'en font pas scrupule.

On lit dans *vos Mélanges* un long chapitre sur ces *mensonges imprimés* (1). Vous en citez plusieurs. Quand vous voudrez en augmenter le nombre, vous pourrez y ajouter le texte suivant. C'est un passage de *Dictionnaire philosophique,* au mot *sicle.* Vous y dites, en parlant des Hébreux à leur départ d'Egypte :

TEXTE. « Ils avaient aussi volé, sans doute, beaucoup. de sicles ; et nous avons vu qu'un des plus zélés partisans de cette horde hébraïque, évalue ce qu'ils avaient volé, seulement en or, à neuf millions. Je ne compte pas après lui.

COMMENT. C'est ainsi que vous répondez à notre *secrétaire :* cela n'est pas bien, Monsieur; notre *secrétaire* n'a rien dit de ce que vous lui prêtez là. Il n'a dit nulle part que nos pères, en quittant l'Egypte *aient volé neuf millons :* encore moins qu'ils *aient volé* neuf millons *seulement en or.* On peut s'en convaincre en relisant nos premières lettres.

Il est donc clair que dans ce moment, *la Vérité, qui,* à ce que vous dites, Monsieur, *quand vous écrivez, tient la plume,* l'avait laissée tomber entre les mains du *Mensonge.*

(1) Les mensonges imprimés se trouvent dans les *Mélanges hist.,* tome II , XXVIII des *OEuvres.*

Ce ne sont pas là, il est vrai, de ces mensonges qui déshonorent les gens et qui les damnent. On voit bien que vous y avez mis plus de gaîté que de malice. Ce sont de petits stratagèmes que vous vous permettez quelquefois quand l'ennemi presse.

Vous pourriez encore ajouter à votre chapitre.... Mais non; c'en est assez. Finissons.

Nous espérons, Monsieur, que vous serez content de cet extrait: il est court; et vous savez mieux que personne qu'il ne tenait qu'à nous de le faire plus long.

NOTE DES ÉDITEURS.

Nous recevons de l'imprimerie ce billet du compositeur. « Votre dernier extrait, Messieurs, est trop court : il me manque deux pages pour finir ma feuille. Si vous pouviez m'envoyer de quoi les remplir, vous obligeriez beaucoup votre très humble serviteur,

> *Samuel Leblond.* »

« Vous voyez, Messieurs, que j'ai pour patron un saint de *l'ancien Testament*. M. de Voltaire en a parlé quelquefois indignement : il va jusqu'à le traiter de prêtre-boucher. C'est une raillerie. Ne pourriez-vous pas en dire un mot ? »

Réponse. « Votre zèle pour la gloire de votre patron est tout-à-fait édifiant, Monsieur Leblond, mais nous ne pouvons rien ajouter à notre manuscrit.

» Quant au mot de *prêtre-boucher*, qui vous scandalise, ce n'est qu'une indécente et mauvaise plaisanterie qu'il faut mépriser.

» Elle est indécente. M. de Voltaire oublie ici, et trop souvent ailleurs, qu'il vit dans une société de chrétiens, et que c'est manquer à l'honnêteté et aux premiers principes d'éducation de parler outrageusement, dans une société, de ce que cette société révère.

» Elle est mauvaise, car elle porte à faux. Samuel, vous le savez, Monsieur Leblond, n'était pas boucher, et ce que vous ne savez peut-être pas, ce que M. de Voltaire ignore, puisqu'il suppose le contraire, que Samuel n'était pas prêtre ; il ne pouvait pas l'être. Les prêtres étaient tous de la famille d'Aaron : Samuel n'en était pas. On doute même qu'il ait été de la tribu de Lévi (1).

» Ainsi, monsieur Leblond, au lieu de vous fâcher du prétendu bon mot que M. de Voltaire a cru faire contre votre patron et contre les prêtres, riez-en avec nous. N'ayez pas la simplicité de prendre une ignorance pour de l'énergie, et une bévue pour une épigramme. »

(1) *La tribu de Lévi.* Samuel était un de ces enfants que les parents consacraient ou vouaient au Seigneur, non pour être immolés, comme M. de Voltaire feint de le penser, mais pour servir dans le temple ou dans le tabernacle. CHRÉT.

FIN DU TOME SECOND.

TABLE.

—

LETTRES

DE QUELQUES JUIFS ALLEMANDS ET POLONAIS A M. DE VOLTAIRE.

TROISIÈME PARTIE.

RÉFUTATION de divers endroits du *Traité de la tolérance*, et autres écrits de M. de Voltaire. Page   6

LETTRE PREMIÈRE, où l'on examine s'il était impossible qu'il se trouvât dans le pays des Madianites autant de filles et autant de bestiaux que le rapporte l'auteur du livre des *Nombres*.   1

§ I. Si l'auteur du livre des *Nombres* a avancé que les Israélites trouvèrent tous ces bestiaux et toutes ces filles dans le camp des Madianites.   3

§ II. S'il était impossible qu'il se soit trouvé trente-deux mille filles dans un pays d'environ huit lieues de long, sur un peu moins de large.   4

§ III. S'il est incroyable que les bestiaux dont l'auteur du livre des *Nombres* fait le détail aient pu vivre dans le pays des Madianites.   8

§ IV. Avantages négligés dans les calculs précédents.   10

§ V. Nature du terroir des Madianites : objections de l'auteur, et réponses.   14

§ VI. De l'étendue du pays des Madianites. Que le critique n'a pu se flatter de la connaître au juste. Qu'il est, sur cet objet, peu d'accord et en contradiction formelle avec lui-même.   16

§ VII. Ce qu'on peut penser, avec le plus de vraisemblance, des Madianites et de leur pays, et ce qui doit le plus étonner dans ce que l'auteur dit de la victoire remportée sur eux par nos pères.   19

LETTRE II. Si les Juifs ont été un peu anthropophages.   22

§ I. Première preuve, tirée de ce que plusieurs peuples ont mangé de la chair humaine.   24

§ II. Seconde preuve. Menace de Moïse.   27

§ III. Troisième preuve, tirée des promesses d'*Ezéchiel*.   28

§ IV. Scrupule du critique.   31

LETTRE III. Si les Juifs immolaient des hommes à la Divinité, et si leur loi autorisait ces sacrifices.   34

§ I. On avoue que quelques Juifs ont offert aux dieux des Chananéens des sacrifices de sang humain. Ces sacrifices réprouvés par la loi. Horreur qu'elle en inspire.   35

§ II. Que la loi des Juifs, loin d'ordonner ou d'approuver qu'ils offrissent à leur Dieu ces sacrifices, le leur défendait expressément.   37

§ III. Objection tirée de la loi du cherem, *Lévitique*, chapitre XXVI, v. 29. Réponse.

§ IV. S'il est évident que Jephté immola réellement sa fille ; si ce sacrifice, en le supposant réel, était dans l'esprit de la loi.   43

§ V. Autres prétendus exemples de sacrifices de sang humain ; d'Agag, des trente-deux filles madianites, de Jonathas, etc.   47

§ VI. Si c'est une question de nom que les Juifs aient sacrifié ou non des hommes à la Divinité.   50

§ VII. Récapitulation et conclusion.   51

LETTRE IV. De la permanence de l'âme après la mort ; des peines et des récompenses d'une autre vie. Ce qu'en pensaient les Hébreux, et ce qu'en pense M. de Voltaire.   52

§ I. Sentiments des Juifs sur la permanence des âmes, etc.   53

§ II. Qu'il n'est pas probable que les Juifs n'aient connu ces dogmes que depuis la captivité de Babylone.   54

§ III. Que la plupart des raisons qui prouvent que les Perses, les Babyloniens, etc., croyaient la permanence des âmes, prouvent aussi que les anciens Hébreux la croyaient de même. 56

§ IV. Preuves particulières de la croyance de ces dogmes chez les anciens Hébreux, tirées des livres de *Moïse*. 61

§ V. Preuves de la croyance de ces dogmes chez les Hébreux, avant la captivité de Babylone, tirées des livres postérieurs à *Moïse*. 65

§ VI. Réponses à quelques objections du critique. 66

§ VII. Ce que pense M. de Voltaire de la spiritualité et de la permanence des âmes. S'il y a une âme. 71

PETIT COMMENTAIRE,

Extrait d'un plus grand, à l'usage de M. de Voltaire et de ceux qui lisent ses *OEuvres*. — Suite. 74

Vᵉ EXTRAIT. D'Abraham. S'il a existé. Qui il était. 74

§ I. Si l'histoire d'Abraham est certaine, et si les Juifs descendent de ce patriarche. 74

§ II. Traditions des Arabes sur Abraham; qu'elles ne détruisent pas ce que les livres des *Juifs* en rapportent. 77

§ III. Traditions des Persans sur Abraham; si les Persans le connurent avant les Juifs. S'il est le même que Zoroastre; trois sentiments sur Zoroastre et sur ses écrits. Que dans aucun de ces sentiments Abraham ne peut être Zoroastre. Réflexions sur les livres de *Zoroastre*. 79

§ IV. Si les Indiens sont les premiers qui aient connu Abraham. 90

VIᵉ EXTRAIT. Voyages d'Abraham. Petites méprises de géographie accompagnées de plusieurs autres. Voyages en Palestine. 91

§ I. Des obstacles qu'Abraham eut à surmonter. S'ils étaient tels que le critique les représente. 95

§ II. Si Abraham n'eut aucun motif raisonnable d'entreprendre ce voyage. 99

§ III. Age d'Abraham lorsqu'il entreprit ce voyage. 100

VIIe Extrait. Voyages d'Abraham : suite. Voyages en Egypte.   104

§ I. Route qu'Abraham avait à faire. Si elle était aussi longue et aussi difficile que le croit M. de Voltaire.   104

§ II. Conduite d'Abraham en Egypte. Odieuse imputation de l'illustre écrivain.   106

§ III. Sara enlevée.   108

§ IV. Raisonnements curieux du savant critique sur les présents faits à Abraham.   110

VIIIe Extrait. Autre voyage d'Abraham : autres méprises.   115

§ I. Abraham poursuit les quatre rois , et les défait.   115

§ II. Voyage d'Abraham à Gérar.   124

§ III. Traits contre les commentateurs des livres *saints*.   126

IXe Extrait. Promesses faites à Abraham.   127

§ I. Promesse de la terre de Chanaan.   128

§ II. Promesse d'une nombreuse postérité.   131

§ III. Résumé des difficultés du savant critique , et de nos réponses sur l'histoire d'Abraham.   136

Xe Extrait. De la circoncision. Ancienneté et pratique constante de ce rite parmi les Hébreux. Méprises et contradictions du savant critique.   138

§ I. Si la pratique de la circoncision remonte à Abraham.   139

§ II. Où et quand les Israélites furent circoncis, selon M. de Voltaire.   141

XIe Extrait. De la circoncision : suite. Origine de ce rite. Si les Juifs l'ont emprunté des Egyptiens. Maladresse avec laquelle le savant critique soutient l'affirmative.   145

§ I. Improbabilité qu'il ajoute à l'opinion qu'il défend.   146

§ II. Il contredit une des plus fortes preuves qu'il allègue.   147

§ III. Il s'appuie de l'autorité d'Hérodote , et il la renverse.   149

§ IV. Il traduit mal le passage d'Hérodote qu'il cite.   150

§ V. Il contredit Hérodote dans la partie principale du récit même sur lequel il s'appuie ; l'expédition de Sésostris.   158

§ VI. Examen de quelques autres raisons alléguées par l'habile écrivain. Prétendu aveu de Josèphe. Autorité de Clément d'Alexandrie, etc.   161

§ VII. Qu'il n'est pas croyable que les Israélites aient emprunté la circoncision des Egyptiens.   165
§ VIII. D'où les Egyptiens ont pris la circoncision,   166

LETTRES

DE QUELQUES JUIFS ALLEMANDS ET POLONAIS, A M. DE VOLTAIRE.

TROISIÈME PARTIE. — *Suite.*

LETTRE PREMIÈRE. De Moïse.   169

§ I. De l'existence de Moïse, si l'on peut raisonnablement la
mettre en question.   169

§ II. Autorités dont le critique prétend s'appuyer; si elles
sont fort respectables.   172

§ III. Autre autorité : celle du savant Bolingbroke : mais
de quel Bolingbroke.   174

§ IV. Ce que M. de Voltaire fait dire à ses savants.   175

§ V. Si aucun des auteurs profanes cités par Josèphe n'a
parlé de Moïse. S'il n'en est fait mention dans aucun auteur profane jusqu'au temps d'Aurélien.   176

§ VI. Si aucun des écrivains profanes n'a parlé de Moïse
avant le règne de Ptolémée. Pourquoi il est difficile d'en
citer qui aient nommé expressément le législateur juif.
Si on peut en conclure qu'il était inconnu à la terre entière avant Ptolémée.   178

§ VII. De l'auteur de Mercure Trismégiste. Si c'est une grande perte qu'il n'ai rien dit de Moïse.   180

§ VIII. Si Moïse est le Misem, le Bacchus des vers orphiques.   181

§ IX. Si l'histoire de Moïse a été copiée sur ce qu'on racon-
tait de Bacchus dans les orgies.   185

§ X. Si les Grecs n'ont pu tirer ces idées de chez les Juifs. 187

§ XI. Si les miracles de Moïse sont une preuve qu'il n'a jamais existé.   189

§ XII. CONCLUSION.   190

Lettre II. Des prophètes juifs. Objections de l'illustre écrivain ; réponses. 191

§ I. Première objection. Impossibilité de savoir l'avenir. 191

§ II. Seconde objection. Prophéties réduites au calcul des probabilités. 192

§ III. Troisième objection. Prophètes chez les autres nations. 193

§ IV. Quatrième objection. Prophètes juifs accusés d'avoir eu les mêmes motifs , et d'avoir usé des mêmes ressources que les faux prophètes des autres nations. 194

§ V. Cinquième objection. Faux prophètes chez les Juifs ; prétendue difficulté de les distinguer des vrais. 196

§ VI. Sixième objection. Mauvais traitements faits aux prophètes. 197

Lettre III. Si la nature n'est plus telle aujourd'hui qu'elle était du temps des prophètes juifs. 199

§ I. Des possédés et des enchanteurs. 200

§ II. De quelques prétendues métamorphoses. 202

§ III. Races de géants ; s'il y en a eu et s'il en existe encore. 206

§ IV. Pygmées d'Ezéchiel. 208

§ V. 209

Lettre IV. Des prophètes juifs : suite. Du langage typique , allégorique, parabolique qu'ils emploient. De la liberté et naïveté de quelques expressions dont ils usent. 210

§ I. Langage typique ; son énergie ; usité chez divers peuples anciens et modernes , sauvages et policés. 211

§ II. Allégories et paraboles employées par nos prophètes. 213

§ III. Jérémie portant des jougs. 214

§ IV. Isaïe marche nu. 215

§ V. D'Osée. 217

§ VI. D'Ezéchiel. Allégories de ce prophète. Contradiction du critique. 221

§ VII. D'Ezéchiel : suite. Ses visions. 223

Lettre V. Si les prophéties des Juifs ont été fabriquées après les évènements. 228

§ I. Que cette prétention infirmerait les objections précédentes. 228

§ II. Qu'elles n'ont pu être fabriquées par un seul faussaire.

§ III. Qu'elles n'ont pu l'être par plusieurs faussaires. 230

§ IV. Qu'elles n'ont pu l'être dans le temps et les lieux où le critique prétend qu'elles l'ont été. 230

§ V. Prophéties citées par plusieurs écrivains canoriques. Conséquences qui en résultent. Vains efforts du critique pour les éluder. 232

PETIT COMMENTAIRE,

Extrait d'un plus grand, à l'usage de M. de Voltaire et de ceux qui lisent ses œuvres. — *Suite.*

XIIIᵉ Extrait. Des Juifs, et de divers reproches que leur fait l'illustre écrivain. 234

§ I. Reproches de grossièreté, d'ignorance des arts, etc. 235
§ II. Superstition reprochée aux Juifs. 240
§ III. Reproche d'usure. 242
§ IV. Vol et brigandage reprochés aux Juifs. 244

XIVᵉ Extrait. Des rares connaissances de M. de Voltaire dans les langues savantes. Langues latine et grecque. 247

§ I. De la langue latine. Du *Nicticorax*, de la *Vulgate*. 248
§ II. Latin du savant critique. 249
§ III. Passage de la *Vulgate* mal traduit. 249
§ IV. Contre-sens de plus grande conséquence. 250
§ V. De la langue grecque. De quelques méprises, sans doute typographiques, sur cette langue. 252
§ VI. De quelques autres légères fautes qui pourraient bien n'être pas des fautes d'impression. 254

XVᵉ Extrait. De la connaissance des langues : suite. Des langues hébraïque, chaldaïque, etc. 259

§ I. Pauvreté et difficulté de la langue hébraïque; preuve qu'en donne le savant critique; observations sur ces preuves. 259
§ II. De l'obscurité de la langue hébraïque. Si elle est telle que nos livres saints soient absolument inintelligibles. 263

§ III. Pourquoi principalement la langue hébraïque paraît maintenant obscure et pauvre. 265

§ IV. Du mot *Israël.* Si Jacob n'a pu avoir le nom d'*Israël*, et les Hébreux celui d'*Israélites*, qu'après ou pendant la captivité de Babylone. Oubli et contradictions du critique. 266

§ V. Des noms de Dieu usités chez les Juifs. Méprises et contradictions de l'illustre écrivain sur ce sujet. Du mot *El.* 270

§ VI. Du mot *Elohim.* 272

§ VII. Suite du même sujet. Du nom de Dieu *Iaho* ou *Jehovah.* 277

§ VIII. Suite du même sujet. Du mot *Adonaï.* 279

XVIe EXTRAIT. De la connaissance des langues : suite. Des langues chaldaïque, phénicienne, etc. 280

§ I. De la langue chaldéenne, et des noms des anges. 280

§ II. De la langue phénicienne, et de quelques mots phéniciens, etc., traduits par M. de Voltaire. 283

§ III. De la langue égyptienne. 285

§ IV. Aveu remarquable et généreux de M. de Voltaire. 289

XVIIe EXTRAIT. De Salomon ; son élévation au trône ; mort de son frère ; étendue de ses états. 291

§ I. Elévation de Salomon au trône. 292

§ II. Mort d'Adonias. 294

§ III. Etendue des états de Salomon. 296

XVIIIe EXTRAIT. De Salomon : suite. Si le livre des *Proverbes* est de ce prince. 299

§ I. Si le livre des *Proverbes* est un écrit indigne de Salomon. 300

§ II. Si le livre des *Proverbes* fut composé dans Alexandrie. 304

XIXe EXTRAIT. De Salomon : suite. M. de Voltaire le vante ; en quoi. 309

§ I. Le luxe de Salomon loué par M. de Voltaire. 309

§ II. Salomon proposé pour modèle aux souverains ; en quoi. 310

XX⁰ Extrait. De Salomon : suite. Calculs de ses richesses, de ses chevaux, etc. 311

§ I. Des richesses laissées par David à Salomon. 312
§ II. Des chevaux de Salomon. 317
§ III. Des richesses que rapportait à Salomon sa flotte d'O-phir. 322

XXI⁰ Extrait. Du livre de la *Sagesse*. De quelques méprises de l'habile critique ; et de quelque chose de plus que des méprises. 324

§ I. De l'auteur du livre de la *Sagesse* : ce livre attribué, selon le savant critique, à Philon de Biblos. 325
§ II. Idée bizarre du savant critique ; il fait le *Pentateu-que* postérieur au livre de la *Sagesse*. 326
§ III. Raisons alléguées par le critique pour prouver que le *Pentateuque* est postérieur au livre de la *Sagesse*. 327

XXII⁰ Extrait. Observations mêlées. Méprises et distractions du savant auteur sur divers objets. 330

§ I. Livre de *Josué*, etc., mis dans le *Pentateuque*. 330
§ II. Chérubins de Salomon posés dans l'arche, et vus par les Romains. 331
§ III. Des livres qui, selon le savant critique, sont la seule loi des Juifs. 333
§ IV. Loi du lévirat, beau-frère déchaussé : soulier jeté à la tête. 335
§ V. Prétendue contradiction entre nos lois. 336
§ VI. Si, chez les Juifs, c'était la coutume d'épouser sa sœur. 337
§ VII. De Bénadab, et des deux femmes de Samarie 338

XXIII⁰ Extrait. De la logique, ou de quelques raisonnements de M. de Voltaire. 342

§ I. Des livres des *Juifs* ; raisonnement du savant critique sur leur inspiration. 342
§ II. De quelques résurrections particulières rapportées dans les livres sacrés des *Juifs*. 345
§ III. Singulière façon de prouver qu'on n'écrivait que sur la pierre du temps de Moïse. 346

§ IV. De Ninus, fondateur de Ninive, et du grand-prêtre
Jaddus : comment le savant critique prouve que ni l'un
ni l'autre n'existèrent. 347

§ V. Beaux raisonnements sur la tour de Babel. 348

§ VI. Sur l'étymologie du mot *Babel*. 349

§ VII. Sur les mots de *Pythonisse* et de *Python*. 350

XXIIVᵉ EXTRAIT. Petits mensonges d'un grand écrivain. 353

Note des éditeurs. 354

FIN DE LA TABLE DU SECOND VOLUME.

www.ingramcontent.com/pod-product-compliance
Lightning Source LLC
Chambersburg PA
CBHW070305030726
47505CB00004B/909